应用型本科会计人才培养系列教材

YINGYONGXING BENKE KUAIJI RENCAI PEIYANG XILIE JIAOCAI

会计学（第二版）

KUAIJIXUE

主　编 ○ 郭秀珍

副主编 ○ 昝文华　吕晓玥

西南财经大学出版社
Southwestern University of Finance & Economics Press

中国·成都

创百年名校　育华夏英才

应用型本科会计人才培养系列教材

YINGYONGXING BENKE KUAIJI RENCAI PEIYANG XILIE JIAOCAI

编委会

主任委员

郭银华 *教授*　　陈美华 *教授*

委　　员（按姓氏笔划排序）

杨洛新 *教授*　　张翠凤 *教授*　　陈　云 *教授*

邵文梅 *教授*　　俞雪花 *教授*　　高艳荣 *教授*

郭秀珍 *教授*　　崔　莉 *教授*　　韩明君 *教授*

总 序

会计学院是广州华商学院最早成立的院系之一，现开设会计学、财务管理、审计学和税收学四个专业。其中，会计学专业设会计师、注册会计师、管理会计师、金融会计、会计智能化和国际注册会计师（ACCA）六个专业方向；财务管理专业设公司理财和财务分析师（CFA）两个专业方向；审计学专业设审计师和信息技术（IT）审计两个专业方向；税收学专业设注册税务师专业方向。经过多年的探索，会计学院逐步形成以下办学特色：一是以 ACCA 和 CFA 为代表的国际化教学特色，二是以管理会计师（GAMA）卓越班为代表的协同育人特色，三是以线上线下混合教学实验区为代表的建构教学特色，四是将会计与投融资融为一体的多学科融合特色，五是以华商云会计产业学院为代表的产教融合特色。目前，会计学专业为国家一流专业建设点，财务管理专业为省级一流专业建设点，会计学科为广东省会计类特色重点学科。

在长期的教学实践中，广州华商学院一直秉承优质的教学理念，优选国内同类教材中最受欢迎的教材作为各专业课程的指定教材。教材选定的一般原则是：若有多种同类教材，首选教育部规划教材；若有多种教育部规划教材，首选其中的获奖教材；若没有教育部规划教材，优先选择国内知名高校的教材。这种教材筛选方式保证了会计学科各专业教学的高质量，但也不可避免地带来了一些问题。首先，所选教材难以满足应用型高校会计人才培养的需要。财政部出台的《会计行业中长期人才发展规划（2010—2020 年)》明确指出，适应经济社会发展对高素质应用型会计人才需求，加大应用型高层次会计人才培养力度。华商学院作为一所民办应用型高校，不论是从办学分工，还是从社会需求角度考虑，都必须以培养应用型人才为主要目标，但现有的教育部规划教材或名校教材大多偏重理论教学，鲜有明确为培养应用型人才而打造的教材。其次，各专业教材之间的衔接度不高。现有教材大多是各专业教师根据各学科教学要求选择的高规格知名高校教材，导致所选各学科教材之间的衔接度不高，有的内容重复讲授，有的内容则被遗漏，教学内容缺乏系统安排。最后，所选教材知识陈旧，跟不上相关会计准则与制度的变化。近年来，我国会计准则及税法、审计等相关法规制度均发生了较大变化，如新的《企业会计准则》的持续发布和重新修订、《管理会计基本指引》和《管理会计应用指引》的发布与实施，以及增值税法规和《中华人民共和国企业所得税法》的相继修订，导致现有教材内容跟不上制度的变化，学生无法系统地学习最新专业知识。在这一背景下，及时编写一套实践性和系统性强、体系完整、内容新颖、适用于应用型高校会计人才培养的会计系列教材就显得极为必要。

本系列教材的特点主要表现在以下几方面：第一，实践性强。本系列教材知识体系的构建、教学内容的选择以应用型人才培养为主要目标。第二，系统性强。各教材之间互有分工、各有重点、密切配合，共同构建了一个结构合理、内容完整的知识体系。第三，通用性强。本系列教材力求同时满足会计学、财务管理、审计学和税收学四个专业，多个专业方向同类课程的教学和学习要求，既方便了教师的教学安排，又增加了学生跨专业选课的便利性。第四，新颖性强。本系列教材根据最新发布的会计准则、税收法规，以及相关规章制度编写，以确保学生所学专业知识的新颖性。第五，可读性强。本系列教材力求做到通俗易懂、便于理解和使用，以方便学生自主学习、自主探索。

本系列教材包括会计学、财务管理、审计学和税收学四个专业的专业基础课、专业必修课和专业选修课教材。首批教材包括《初级财务会计》《中级财务会计》《高级财务会计》《成本会计》《管理会计》《财务管理》《审计学》《会计学》。第二批教材包括《财务共享服务》《会计信息系统》《企业行为模拟》《资本市场运作》《高级财务管理》。第三批教材包括《会计职业道德》《金融会计》《税法》《税收筹划》等。

本系列教材由广州华商学院的教授或教学经验丰富的教师担任主编，并由广州华商学院特聘教授或特聘讲席教授负责审稿，从而为所编教材的质量提供了保证。鉴于本系列教材涉及面较广，相关会计准则、制度处于不断的变动之中，加之编者学识有限，难免存在不当之处，真诚希望各位读者批评指正。

2021 年 6 月

第二版前言

　　随着我国社会主义市场经济体制的逐步完善，会计在经济管理中的地位越来越重要，会计信息对经济管理决策和控制的作用日益显著，不懂会计知识、不理解和不善于利用会计信息的人，很难做好经济管理工作。经济管理类专业的学生更应该认识到，会计知识在其今后工作中的重要作用。要想做好经济管理工作，就必须掌握会计的基本理论、基本方法和基本技能。因此，我国大多数高等院校经济管理类专业的教学计划中都将"会计学"作为核心课程，这也说明了会计在管理中的重要作用。

　　本书是专门为我国高等院校非会计学专业，如经济管理类专业的学生编写的会计学教材。本书不仅可以作为非会计学专业学生学习之用，而且可以作为从事经济管理工作的非会计人员的培训教材。本书是非会计学专业学生学习会计课程的入门教材，涵盖了基础会计和中级财务会计的大部分内容。本书的第一章至第四章是基础会计的内容，第五章至第十五章是中级财务会计的内容，第十六章是财务报表分析的内容。

　　根据非会计学专业学生的培养目标要求，本书与会计学专业的教材有着重要的区别。非会计学专业的学生学习会计的角度与会计学专业的学生是不同的，会计学专业的学生学习会计是为了将来从事会计工作，而非会计学专业的学生学习会计是利用所学的会计知识去从事经济管理工作，是站在管理的角度去学会计，主要是掌握会计的基本原理和基本方法，了解会计信息的加工过程，理解各项会计指标的经济含义，并能熟练地运用各项会计政策且阅读财务报表，以便更好地理解和利用会计信息从事管理工作。基于这一目的，本书在编写时，注重讲解会计的基本原理、会计处理中各项政策与方法的选择，不求细而全，但愿少而精，力争由浅入深、通俗易懂。

　　会计始终是处于发展与变化之中的，而教材也应该紧跟这种发展与变化。为了适应会计规范的不断变化和会计新业务的出现对会计教学提出的新要求，本书全体作者结合2017年财政部修订并发布的《企业会计准则第14号——收入》《企业会计准则第22号——金融工具确认和计量》以及2019年财政部、税务总局、海关总署联合下发的《关于深化增值税改革有关政策的公告》以及财政部发布的《关于修订印发 2019 年度一般企业财务报表格式的通知》（财会〔2019〕6 号）等规范对会计业务的影响，编写了《会计学》教材。本书由郭秀珍教授担任主编，负责全书写作大纲的拟定和编写的组织工作，并对全书进行了总纂。昝文华老师和吕晓玥老师担任副主编，负责全书的修订和校对工作。具体的写作分工如下：第一、二、十一章由郭秀珍教授编写和修订；第三、四、五章由叶鹏老师编写和修订；第六、七、十五、十六章由李垒老师编写，由昝文华老师和马玉娟老师修订；第八、九、十章由周群老师编写和修订；第十二、十三、十四章由吕晓玥老师编写和修订；最后由郭秀珍教授、吕晓玥老师负责校对。本书得到了杨洁红、黄绮眉的支持和帮助，在此表示感谢。由于编者水平有限，书中错误和疏漏之处在所难免，欢迎广大读者和同行专家批评指正，以便修订时加以完善。

编　者

2023 年 1 月

目　录

会/计/学

第一章
绪 论

- -

【学习目标】

知识目标：理解并掌握企业财务会计的基本概念与基本理论，包括会计目标、会计基本假设与记账基础、会计信息质量特征、财务会计与管理会计的联系和区别等。

技能目标：理解会计假设与记账基础、会计信息质量特征、财务会计与管理会计的联系和区别等。

能力目标：理解财务会计的目的和财务报告的目标，掌握财务会计的基本前提、会计信息的质量要求。

【知识点】

会计假设与记账基础、会计目标、会计信息质量特征等。

【篇头案例】

对于"会计"一词的含义，清代学者焦循在《孟子·正义》中的解释为"零星算之为计，总合算之为会"。这主要说明，会计既要进行连续的个别核算，又要把个别核算加以综合，进行系统全面的核算。正所谓"没有规矩，不成方圆"，会计作为一种核算系统，就要遵守一定的规则或行为规范。这种行为规范就是会计准则，其存在的必要性就如同交通规则对公共交通一样。如果没有会计准则，会计核算就没有共同遵守的规则和要求，它所提供的信息和资料也必定没有共同的基础，会计也就失去了其存在和发展的意义。那么，基本会计准则主要包括哪些内容呢？

第一节 会计目标

会计是以货币为主要计量单位，反映和监督一个单位经济活动的一种经济管理工作。会计是随着人类社会生产的发展和经济管理的需要而产生、发展并不断完善起来的。

会计目标又称会计目的、财务报告目标，是指会计实践活动期望达到的境地或结果。

会计目标是一个根本问题，直接影响着会计准则的制定与实施。

从理论上看，会计目标主要包括四个方面的内容：为什么要提供会计信息、向谁提供会计信息、提供哪些会计信息、以何种方式提供会计信息。

目前，国内外理论界对会计目标的认识主要有两种代表性的观点：受托责任观和决策有用观。

一、受托责任观

受托责任观是由英国中世纪庄园管家责任演变而来的。商品经济社会形成后，随着社会化大生产规模的扩大，社会资源的所有权和经营权分离现象十分普遍，委托代理关系的存在使得资源的委托方更加关注受托方经营业绩的信息，旨在为现实的资产所有者提供会计信息的传统受托责任观由此登上历史舞台。

受托责任观认为，财务报告的目标是以恰当的形式向资源所有者（委托人）如实报告资源经营者（受托人）受托责任的履行情况。该观点的理论渊源是委托代理理论，认为只要有资源的所有者与经营者的分离就存在受托责任，其提供的会计信息更多地着眼于过去，强调利润指标，以利润表为中心，着重评价经营者的经营业绩。

二、决策有用观

随着资本市场的产生，传统的受托责任观开始面对新的挑战。由于不同的历史时期，受托责任不同，企业管理层权限也不同，即从最早的对资产安全保管和按照规定用途使用负责，逐步延伸为对资产的保值增值负责，乃至对企业的社会责任负责；负责的对象也从早期的所有者，扩展为企业利害关系人，即包括现有的和潜在的所有者、债权人、企业员工、政府以及社会公众。这些对会计信息产生了多元化需求，要求会计能够更多地反映企业未来的发展趋势，因此会计提供的信息也相应做出改变，更能适应新会计环境的决策有用观便应运而生了。

当资本市场发展到股权相对比较分散的状况下，众多小股东由于成本效益原则并不愿意对企业的管理当局进行监督。这样明确的委托代理关系就逐渐模糊，投资者开始采用"用脚投票"的方式对待其认为经营管理业绩不好的公司。因此，决策有用观逐渐发展盛行起来。

决策有用观在20世纪70年代产生于美国，以发达的资本市场为经济背景。该观点认为，会计目标是向信息使用者提供有助于其进行决策的信息，信息更多是控制现在、面向未来，以资产负债表为中心，着眼于评价企业的未来现金流量。

对会计目标的定位应具有一定的前瞻性，应反映出可以遇见的会计环境的变迁对会计目标提出的基本要求。目前，在会计准则制定方面比较具有代表性和影响力的国际组织或国家是国际会计准则理事会、美国、中国等。其会计目标的设定相对比较明确，简述如下：

（一）国际会计准则理事会（IASB）

IASB对会计目标的描述如下：会计报表的目标是向范围更广泛的使用者提供有关企业财务状况、经营成果和财务状况变动的信息，从而有助于其做出财务决策；财务报表同时显示管理层履行受托责任的结果或报告管理层对所托付的资源的经管责任。

（二）美国

美国财务会计准则委员会（FASB）明确按决策有用性定位会计目标，在发布的公告中指出财务报告本身并不是目的，旨在提供对商业和经济决策有用的信息，以决策有用这个笼统目标扩充和细化出其他目标，主张其他即使是更多面向受托责任的目标也关乎决策。会计报告受托责任的作用可以视为提供决策有用信息的辅助目标或只是其一部分，决策有用性实质上囊括了一切。

（三）中国

从 20 世纪 50 年代直至 20 世纪 90 年代初，企业会计标准一直采用企业会计制度的形式。

2006 年 2 月 15 日，中华人民共和国财政部在对原基本会计准则做出重大修订的基础上，发布了《企业会计准则——基本准则》和 38 项具体会计准则。这标志着我国已基本建立起既适合中国国情又与国际会计准则趋同的能够独立实施的企业会计准则体系。

2014 年上半年，财政部又先后发布了《企业会计准则第 39 号——公允价值计量》《企业会计准则第 40 号——合营安排》和《企业会计准则第 41 号——在其他主体中权益的披露》，并对部分会计准则进行了修订。

财政部于 2006 年 2 月 15 日发布的《企业会计准则——基本准则》第四条规定："财务会计报告的目标是向财务会计报告使用者提供与企业财务状况、经营成果和现金流量等有关的会计信息，反映企业管理层受托责任履行情况，有助于财务会计报告使用者作出经济决策。"基本准则对财务会计报告的目标进行了明确定位，将保护投资者利益、满足投资者进行投资决策的信息需求放在了突出位置，彰显了财务会计报告的目标在企业会计准则中的重要作用。

许多国家及国际组织对会计目标的定位存在一些共性的因素，随着全球化进程的日益加快，全球化的资本市场已初见端倪，在全球范围内的资源配置中的重要作用也已初步显现。面对这样的国际经济环境，会计目标的定位出现了国际协调的趋势，决策有用观已得到大多数国家和地区的认可，并作为会计准则制定的理论基础。

第二节 会计基本假设与记账基础

一、会计基本假设

会计假设又称会计核算的基本前提，是对会计核算所处的时间、空间环境做的合理设定。根据《企业会计准则——基本准则》的规定，会计基本假设包括会计主体、持续经营、会计分期和货币计量。

（一）会计主体

会计主体是指企业会计确认、计量和报告的空间范围，即会计信息反映的特定单位或组织，是对会计事务处理对象和范围的限定。

会计核算的对象是特定单位的经济活动。经济活动又是由各项具体的经济业务构成的，而每项经济业务往往又与其他单位的经济业务相联系。由于社会经济关系的错综复杂，会计人员首先就需要确定会计核算的范围，明确哪些经济活动应当予以确认、计量和报告，哪些经济活动不应包括在核算的范围内，也就是要确定会计主体。

会计主体不同于法律主体。一般来说，法律主体必然是一个会计主体。例如，一个企业作为一个法律主体，应当建立财务会计系统，独立反映其财务状况、经营成果和现金流量。但是，会计主体不一定是法律主体。例如，企业集团中的母公司拥有若干子公司，母、子公司虽然是不同的法律主体，但是母公司对子公司拥有控制权，为了全面反映企业集团的财务状况、经营成果和现金流量，我们有必要将企业集团作为一个会计主体，编制合并财务报表。在这种情况下，尽管企业集团不属于法律主体，但它却是会计主体。例如，由企业管理的证券投资基金、企业年金基金等，尽管不属于法律主体，但属于会计主体，我们应当对每项基金进行会计确认、计量和报告。因此，作为会计主体必须具备以下三个条件：第一，具有一定数量的经济资源；第二，进行独立的生产经营活动或其他业务活动；第三，实行独立核算并提供反映本主体经济活动情况的会计报表。

【例1-1】兴华公司20×8年基金管理公司管理了10只证券投资基金。对于该公司来讲，一方面，公司本身既是法律主体，又是会计主体，需要以公司为主体核算公司的各项经济活动，以反映整个公司的财务状况、经营成果和现金流量；另一方面，每只基金尽管不属于法律主体，但需要单独核算，并向基金持有人定期披露基金财务状况和经营成果等，因此每只基金也属于会计主体。

（二）持续经营

持续经营是指在可以预见的将来，企业将会按当前的规模和状态继续经营下去，不会停业，也不会大规模削减业务。

在持续经营假设下，企业会计确认、计量和报告应当以持续经营为前提。明确这一基本假设，就意味着会计主体将按照既定的用途使用资产、既定的合约条件清偿债务，会计人员就可以在此基础上选择会计政策和估计方法。只有设定企业是持续经营的，才能进行正常的会计处理，采用历史成本计价，在历史成本的基础上进一步采用计提折旧的方法等。这些会计处理方法的运用都是基于企业持续经营这一前提的。

持续经营是企业会计核算选择、使用会计处理方法的前提条件。若无持续经营前提，一些公认的会计处理方法将无法被采用。只有在持续经营条件下，企业拥有的资产才能按原定的目标和用途在正常的经营过程中被耗用、出售或转让；企业承担的各种债务才能按原定承诺条件在正常经营过程中被清偿；企业会计核算才可以依据会计计量和确认原则，解决很多常见的资产计价问题。例如，企业对其在生产经营过程中使用的固定资产以历史成本为计价基础，并按其使用情况和历史成本确定折旧方法计提折旧费用。

会计正是在持续经营这一前提条件下，才能使会计方法和程序建立在非清算的基础之上，而不采用合并、破产清算那一套处理方法，解决财产计价和收益确认的问题，保持会计信息处理的一致性和稳定性。例如，只有在持续经营的前提下，企业的资产和负债才有区分为流动和非流动的必要；企业的资产才以历史成本计价，而不以清算价格计价。这一假设为企业正确地计量财产的价值、确定收益提供了前提条件。

（三）会计分期

会计分期是指将一个企业持续不断的生产经营活动期间划分为若干个首尾相接、间距相等的会计期间。通常情况下，会计年度是按公历起讫日确定的。会计期间的划分有营业制和历年制，我国采用历年制。会计分期按公历制划分为月份、季度、半年度和年度。中期报告是指短于一个完整的会计年度的报告，如半年报、季报和月报。会计分期假设的作用体现为定期对企业的生产经营活动进行总结，计算盈亏，即时提供所需的会计信息。在会计分期假设下，企业应当划分会计期间，分期结算账目和编制财务报告。会计期间通常分为年度和中期。

（四）货币计量

货币计量是指会计主体在进行会计确认、计量和报告时以货币计量单位，反映会计主体的财务状况、经营成果和现金流量。

我国会计准则规定，会计核算以人民币为记账本位币。业务收支以外币为主的企业，也可以选定某种外币作为记账本位币，但编制的会计报表应当折算为人民币来反映。我国在境外设立的企业，通常用当地币种进行日常会计核算，但向国内编报会计报表时，应当将其折算为人民币。

以货币计量为假设，会计可以全面反映企业的各项生产经营活动和有关交易、事项。但是，统一采用货币计量也有缺陷。例如，某些影响企业财务状况和经营成果的因素，如企业经营战略、研发能力、市场竞争力等，往往难以用货币来计量，但这些信息对使用者决策也很重要，因此企业可以在财务中补充披露有关非财务信息来弥补上述缺陷。在有些情况下，统一采用货币计量也有缺陷，某些影响企业财务状况和经营成果的因素，如企业经营战略、研发能力、市场竞争力等，往往难以用货币来计量，但这些信息对使用者决策来讲也很重要，因此企业可以在财务报表附注中补充披露有关非财务信息来弥补上述缺陷。

二、会计记账基础

会计记账基础是指在进行会计事项的账务处理上认定收入和费用的标准。会计记账基础包括收付实现制和权责发生制。

会计记账基础是指会计确认和计量在时间上的要求。会计记账基础有以下两种：

（一）权责发生制

权责发生制又称应计制或应收应付制，是指在收入和费用实际发生时确认，不必等到实际收到或支付现金时才确认。权责发生制要求，凡是当期已经实现的收入和已经发生或应当负担的费用，无论款项是否收付，都应当作为当期的收入和费用，计入利润表；凡是不属于当期的收入和费用，即使款项已在当期收付，也不应当作为当期的收入和费用。

在实务中，企业交易或事项的发生时间与相关货币收支时间有时并不完全一致，如销售实现，但款项尚未收到；或者款项已经支出，但并不是为本期生产经营活动而发生的。为了明确会计核算的确认基础，真实地反映特定会计期间的财务状况和经营成果，企业在会计核算过程中应当以权责发生制为基础，确认收入和费用。

例如，兴华公司20×8年3月已按合同发出商品，并向银行办妥了托收货款的手续，而货款在4月才能收到。在权责发生制下，商品的销售收入应计入3月。

我国会计准则规定，企业应当以权责发生制为基础进行会计确认、计量和报告。事业单位的经营业务也可以以权责发生制确认、计量收入和费用。

（二）收付实现制

收付实现制又称"现计制"或"现收现付制"，即对各项收入和费用的认定是以款项的实际收付为标准。凡在本期实际收到款项的收入和支付款项的费用，无论其是否应归属于本期，都应作为本期的收入和费用记账；凡在本期未收到款项的收入和支付款项的费用，虽应归属本期，但也不应作为本期的收入和费用入账。

收付实现制是与权责发生制相对应的一种会计记账基础，它以实际收到或支付的现金作为确认收入和费用的依据。

例如，兴华公司20×8年3月已按合同发出商品，并向银行办妥了托收货款的手续，而货款在4月才能收到，在收付实现制下，商品的销售收入应计入4月。

收付实现制是我国行政单位会计采用的会计记账基础。目前，我国的行政单位会计采用收付实现制，事业单位会计除经营业务可以采用权责发生制外，其他大部分业务采用收付实现制。

第三节　会计信息质量要求

会计信息质量要求是对企业财务报告提供高质量会计信息的基本规范，是使财务报告中提供的会计信息对投资者等决策有用应具备的基本特征。根据《企业会计准则——基本准则》的规定，会计信息质量要求包括可靠性、相关性、可理解性、可比性、实质重于形式、重要性、谨慎性和及时性等（见图1-1）。其中，可靠性、相关性、可理解性和可比性是会计信息的关键质量要求。会计信息质量要求是企业财务报告中提供会计信息应具备的基本质量特征。实质重于形式、重要性、谨慎性和及时性是会计信息的次级质量要求，是对可靠性、相关性、可理解性和可比性等质量要求的补充和完善，尤其是在对某些特殊交易或事项进行处理时，需要根据这些质量要求来把握其会计处理原则。另外，及时性还是会计信息相关性和可靠性的制约因素，企业需要在相关性和可靠性之间寻求一种平衡，以确定信息及时披露的时间。

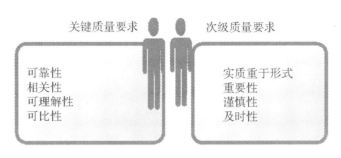

关键质量要求　　　　　次级质量要求

可靠性　　　　　　　　实质重于形式
相关性　　　　　　　　重要性
可理解性　　　　　　　谨慎性
可比性　　　　　　　　及时性

图 1-1　会计信息质量要求

一、可靠性

可靠性要求企业应当以实际发生的交易或事项为依据进行确认、计量和报告，如实反映符合确认和计量要求的各项会计要素及其他相关信息，保证会计信息真实可靠、内容完整。

会计信息要有用，必须以可靠为基础，可靠性是高质量会计信息的关键所在。企业以虚假的经济业务进行确认、计量、报告，属于违法行为，不仅会严重损害会计信息质量，而且会误导投资者，干扰资本市场，导致会计秩序混乱。例如，企业根据虚构的、没有发生的或者尚未发生的交易或者事项进行确认、计量和报告或者编制的会计报表及其附注内容等存在随意遗漏或者减少应予披露的信息，这就违背了会计信息质量要求的可靠性原则。

【例 1-2】兴华公司 20×8 年年末发现公司销售萎缩，无法实现年初确定的销售收入目标，但考虑到在当年春节前后，公司销售可能会出现较大幅度的增长，公司为此虚构了一部分客户，在 20×8 年年末制定了若干存货出库凭证，并确认销售收入实现。公司这种处理不是以实际发生的交易事项为依据的，而是虚构的交易事项，违背了会计信息质量要求的可靠性原则，也违背了《中华人民共和国会计法》的规定。

二、相关性

相关性要求企业提供的会计信息应当与财务报告使用者的经济决策需要相关，有助于财务报告使用者对企业过去、现在或未来的情况做出评价或预测。相关性要求体现在：第一，决策有用性。对相关性的主体财务报告使用者来说，会计信息应该是满足所有信息使用者的通用信息。第二，具有反馈价值，即把过去决策产生的实际效果反馈给决策者，以验证过去决策是否有误。第三，具有预测价值，即能帮助决策者预测未来的可能结果，提高决策的准确性。可靠性、相关性是整个会计信息质量要求中最重要的两个要求，是由财务报告的目标引申出来的。可靠性、相关性信息质量要求与财务报告目标的关系为：决策相关目标对会计信息质量的要求是相关性，受托责任目标对会计信息质量的要求是可靠性。

会计信息是否有用、是否具有价值，关键是看其与使用者的决策需要是否相关，是否有助于决策或提高决策水平。相关的会计信息应当能够有助于使用者评价企业过去的决策，证实或修正过去的有关预测，因此具有反馈价值。相关的会计信息应当具有预测价值，有助于使用者根据财务报告提供的会计信息预测企业未来的财务状况、经营成果和现金流量。例如，区分收入和利得、费用和损失，区分流动资产和非流动资产、流动负债和非流动负债以及适度引入公允价值等，都可以提升会计信息的相关性。

会计信息质量的相关性要求是以可靠性为基础的，两者是统一的。也就是说，会计信息在可靠性前提下，尽可能地做到相关性，以满足投资者等财务报告使用者的决策需要。

三、可理解性

可理解性要求企业提供的会计信息应当清晰明了，便于财务报告使用者理解和使用。怎样将专业的会计信息提供给社会大众、非财会人员，使之对其决策有用，会计信息的可理解性显得尤为重要。因此，财务报告不仅包括表内信息，还包括大量的文字说明。

企业编制财务报告、提供会计信息的目的在于使用，而要使用者有效利用会计信息，应当能让其了解会计信息的内涵，弄懂会计信息的内容，这就要求财务报告提供的会计信息应当清晰明了、易于理解。只有这样，才能提高会计信息的有用性，实现财务报告的目标，满足向投资者等财务报告使用者提供决策有用信息的要求。投资者等财务报告使用者通过阅读、分析、使用财务报告信息，能够了解企业的过去和现状以及企业净资产或企业价值的变化过程，预测未来的发展趋势，从而做出科学的决策。

四、可比性

可比性要求企业提供的会计信息应当相互可比。可比性有横向可比和纵向可比两层含义。

（一）横向可比

横向可比，即不同企业的会计信息要具有可比性。不同企业发生相同或相似的交易、事项时，应当采用规定的会计政策，确保会计信息口径一致、相互可比。对于相同或相似的交易、事项，不同的企业应当采用一致的会计政策，以使不同的企业按照一致的确认、计量和报告基础提供有关会计信息。

（二）纵向可比

纵向可比，即同一企业不同时期的会计信息要具有可比性。同一企业对不同时期发生的相同或相似的交易、事项，应当采用一致的会计政策，不得随意变更，以使不同时期的会计资料相互可比。

五、实质重于形式

实质重于形式要求企业应当按照交易或事项的经济实质进行会计确认、计量和报告，不应仅以交易或事项的法律形式为依据。

如果企业仅仅以交易或事项的法律形式为依据进行会计确认、计量和报告，那么就容易导致会计信息失真，无法如实反映经济现实和实际情况。大多数情况下，经济业务的法律形式反映了经济实质。在有些情况下，当经济实质与法律形式不一致时，企业应该按照经济实质为标准进行会计核算。例如，售后以固定价格回购的商品，不应当确认销售收入；融资租入的固定资产应视为自有资产进行核算管理。

企业发生的交易或事项在多数情况下的经济实质和法律形式是一致的，但在有些情况下也会出现不一致。例如，企业按销售合同销售商品但又签订了售后回购协议，虽然从法律形式上看实现了收入，但如果企业没有将商品所有权上的主要风险和报酬转移给购货方，则没有满足收入确认的各项条件，即使签订了商品销售合同或已将商品交付给购货方，也不应当确认销售收入。又如，在企业合并中，经常会涉及"控制"的判断。有些合并从投资比例来看，虽然投资者拥有被投资企业 50% 或 50% 以下的股份，但是投资企业通过章程、协议等有权决定被投资企业财务和经营政策的，就不应当简单地以持股比例来判断控制权，而应当根据实质重于形式的原则来判断投资企业对被投资单位的控制程度。

【例 1-3】兴华公司 20×8 年 3 月以融资租赁方式租入资产，虽然从法律形式来讲企业并不拥有其所有权，但是由于租赁合同中规定的租赁期相当长，接近于该资产的使用寿命；租赁期结束时承租企业有优先购买该资产的权利；在租赁期内承租企业有权支配资产并从中受益等，因此从其经济实质来看，兴华公司能够控制融资租入资产创造的未来经济利益，在会计确认、计量和报告上就应当将以融资租赁方式租入的资产视为企业的资产，列入企业的资产负债表。

六、重要性

重要性要求企业提供的会计信息应当反映与企业财务状况、经营成果和现金流量有关的所有重要交易或事项。

某项企业的会计信息的省略或错报会影响使用者据此做出经济决策，则该信息具有重要性。重要性的应用需要依赖职业判断，企业应当根据其所处环境和实际情况，从项目的性质和金额两个方面来判断其重要性。

例如，我国上市公司要求对外提供季度财务报告，考虑到季度财务报告披露的时间较短，从成本效益原则考虑，季度财务报告没有必要像年度财务报告那样披露详细的附注信息。因此，《企业会计准则第 32 号——中期财务报告》规定，公司季度财务报告附注应当以年初至本中期末为基础编制，披露自上年度资产负债表日之后发生的、有助于理解企业财务状况、经营成果和现金流量变化情况的重要交易或事项。这种附注披露就体现了会计信息质量的重要性要求。

七、谨慎性

谨慎性要求企业对交易或事项进行会计确认、计量和报告时应当保持应有的谨慎，不应高估资产或收益、低估负债或费用。

但是，谨慎性的应用并不允许企业设置秘密准备，企业如果故意低估资产或收益，或者故意高估负债或费用，将不符合会计信息的可靠性和相关性要求，降低会计信息质量，扭曲企业实际的财务状况和经营成果，从而对使用者的决策产生误导，

9

这是会计准则所不允许的。计提各项资产的减值准备、固定资产的加速折旧等，都是谨慎性的体现。

在市场经济环境下，企业的生产经营活动面临着许多风险和不确定性，如应收款项的可收回性、固定资产的使用寿命、无形资产的使用寿命、售出存货可能发生的退货或返修等。会计信息质量的谨慎性要求，企业在面临不确定性因素的情况下做出职业判断时，应当保持应有的谨慎，充分估计到各种风险和损失，既不高估资产或收益，也不低估负债或费用。例如，企业对发生的或有事项，通常不能确认或有资产；相反，相关的经济利益很可能流出企业而且构成现时义务并能够可靠计量时，企业应当及时确认为预计负债，这就体现了会计信息质量的谨慎性要求。又如，企业在进行所得税会计处理时，只有在确凿证据表明未来期间很可能获得足够的应纳税所得额用来抵扣暂时性差异时，才应当确认相关的递延所得税资产；而对发生的相关应纳税暂时性差异，企业应当及时足额确认递延所得税负债，这也是会计信息谨慎性要求的具体体现。

八、及时性

及时性要求企业对已经发生的交易或事项及时进行确认、计量和报告，不得提前或延后。

企业在会计确认、计量和报告过程中应符合及时性要求。一是要及时收集会计信息，即在经济交易或事项发生后，及时收集整理各种原始单据或凭证；二是要及时处理会计信息，即按照会计准则的规定，及时对经济交易或事项进行确认、计量，并编制财务报告；三是要及时传递会计信息，即按照国家规定的有关时限，及时将编制的财务报告传递给财务报告使用者，便于其及时使用和决策。

会计信息的价值在于帮助所有者或使用者做出经济决策，具有时效性。可靠的、相关的会计信息如果未被及时提供，也就失去了时效性，对使用者的效用就大大降低，甚至不再具有实际意义。

第四节　财务会计和管理会计

一、财务会计（financial accounting）

财务会计是以传统会计为主要内容，通过一定的程序和方法，将企业经济活动中大量的、日常的业务数据，经过记录、分类和汇总，编制会计报告，向会计信息使用者提供反映企业财务状况及其变动情况和经营成果的会计。财务会计的发展与改革应充分考虑管理会计的要求，以提高信息交换处理能力和兼容能力，避免不必要的重复和浪费。

二、管理会计（management accounting）

管理会计是利用财务会计提供的会计信息及其经济活动中的相关资料，运用数学、统计学等方面的一系列技术和方法，通过整理、计算、对比、分析等手段的运用，向企业内部各级经营管理人员提供用于短期和长期经营决策、预测、制订计划、指导和控制企业经济活动的信息的报告会计。管理会计需要的许多资料来源于财务会计系统，管理会计的主要工作内容是对财务信息进行再加工和再利用。

财务会计与管理会计的联系和区别归纳如表1-1所示。

表1-1 财务会计与管理会计的联系和区别

项目	财务会计	管理会计
目的	通过记录经济业务，编制财务报告，对内对外提供有用信息	收集、加工和阐明计划和控制所用的资料，只供企业内部管理之需要
所需资料	记录已经发生的经济业务	经营管理所需要的有关过去和将来的各种资料
指导原则	公认会计原则	不受公认会计原则的限制
报告时期	按年度、半年度、季度、月度（过去时期）	按任何时期报告，也可以临时报送（过去时期或将来时期，侧重于将来时期）
报告种类	按照规定报告资产负债表、利润表、现金流量表等	经营管理需要的各种预算、分析说明、报告、图表等，种类和格式不受限制
精确程度	精确	相对精确但强调及时
报告重点	整个企业的经济活动过程	各部门、各地区、各种产品的相关信息
报告接受人	企业管理当局、相关投资者、债权单位、工商管理部门、税务部门等	企业各级各部门管理当局
使用的量度	货币量度	主要使用货币量度，兼用实物量度、劳动量度、关系量度（如百分率、指数、比例等）
运用的数学方法	算术方法	线性规划、概率论、图示法、微积分等各种数学方法
实施程度	企业全面实施	视需要和可能而定

【本章小结】

本章主要介绍了会计的基本理论，包括会计目标、会计基本假设与记账基础、会计信息质量要求、财务会计与管理会计的联系和区别等。

会计目标主要有两种代表性的观点，即受托责任观和决策有用观。

会计的基本假设有会计主体、持续经营、会计分期和货币计量。会计记账基础包括权责发生制和收付实现制。会计信息质量要求包括可靠性（客观性）、相关性（有用性）、可理解性（明晰性）、可比性、实质重于形式、重要性、谨慎性（稳健性）、及时性。

【主要概念】

受托责任观；决策有用观；会计基本假设；会计记账基础；会计信息质量特征。

【简答题】

1. 什么是会计目标，会计目标包括哪些内容？
2. 会计信息质量要求有哪些？
3. 什么是会计假设，会计假设包括哪些内容？
4. 什么是会计记账基础，会计记账基础包括哪些内容？

第二章
会计要素确认与计量

【学习目标】

知识目标：理解并掌握会计要素和会计等式。

技能目标：具备会计计量属性是会计要素金额的确定基础，历史成本、重置成本、可变现净值、现值、公允价值等会计计量属性的确认能力。

能力目标：理解并掌握会计要素包括两类：一是反映企业财务状况的会计要素，包括资产、负债和所有者权益；二是反映企业经营成果的会计要素，包括收入、费用和利润。

【知识点】

会计要素、会计等式、历史成本、重置成本、可变现净值、现值、公允价值等会计计量属性。

【篇头案例】

某大学教会计的刘老师在暑假期间遇到四位活跃于股市的中学同学。他们中的第一位是代理股票买卖的证券公司的经纪人，第二位是受资产经营公司之托任某上市公司的董事的企业高管，第三位为个人投资者，第四位是某证券报股票投资专栏记者。当问及如何在股市中操作时，四位同学的回答分别如下：

第一位："分析股价的涨跌规律，不看会计信息。"

第二位："凭直觉炒股。"

第三位："关键是获得各种信息，至于财务信息是否重要则很难说。"

第四位："公司财务信息非常重要。"

请问：你认为会计信息重要吗？请分析四个人不同答案的原因。

第一节　会计要素

会计要素是根据交易或事项的经济特征确定的财务会计对象的基本分类。《企业会计准则——基本准则》规定，会计要素按照其性质分为资产、负债、所有者权益、收入、费用和利润。其中，资产、负债和所有者权益要素侧重于反映企业的财务状况，收入、费用和利润要素侧重于反映企业的经营成果。

会计要素的界定和分类可以使财务会计系统更加科学严密，为投资者等财务报告使用者提供更加有用的信息。对每个会计要素的确认都应既满足其定义，又符合其确认条件。会计要素如图2-1所示。

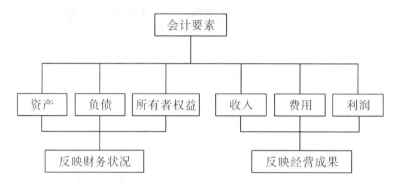

图2-1 会计要素

企业财务会计的对象是企业的资金运动及其形成的财务关系。为了具体地反映与监控这一内容，我们需要对会计对象进行分类。会计要素就是对会计对象的基本分类，是会计对象的具体化，是反映会计主体财务状况、经营成果的基本单位。

我国《企业会计准则——基本准则》把企业的会计要素划定为资产、负债、所有者权益、收入、费用和利润六项。

一、资产

（一）资产的特征

资产是指企业过去的交易或事项形成的、由企业拥有或控制的、预期会给企业带来经济利益的资源。

资产具有以下特征：

（1）企业过去的交易或事项形成的。过去的交易或事项包括购买、生产、建造行为以及其他交易或事项。预期在未来发生的交易或事项不形成资产。例如，企业签订合同，在半年后购买产品，在签订合同时不确认资产。

（2）由企业拥有或控制。由企业拥有或控制是指企业享有某项资源的所有权，或者虽然不享有某项资源的所有权，但该资源能被企业控制。例如，企业对融资租入的固定资产拥有实际控制权，可以将其确认为企业的资产。

（3）预期会给企业带来经济利益。预期会给企业带来经济利益是指直接或间接形成现金和现金等价物流入企业的潜力。不能给企业带来经济利益的资源不属于资产的范畴。对现在无法确定未来经济利益的资产，企业应该对不能带来或不能确定经济利益的部分计提减值准备。例如，待处理财产损失或库存已失效、已毁损的存货，它们已经不能给企业带来未来经济利益，就不应作为资产。

（二）资产的确认

资产的确认既要符合资产的定义，又要同时满足以下条件：

（1）与该资源有关的经济利益很可能（概率在50%以上）流入企业。

（2）该资源的成本或价值能够可靠计量。

符合资产定义和资产确认条件的项目，应当列入资产负债表；符合资产定义，但不符合资产确认条件的项目，不应列入资产负债表。

（三）资产的分类

企业的资产可以划分为流动资产与非流动资产两大类。

（1）流动资产。流动资产是指可以合理地预期将在一年内转换为现金或被销售、耗用的资产。流动资产主要包括货币资金、交易性金融资产、应收票据、应收及预付款项、存货等。

（2）非流动资产。非流动资产是指除流动资产以外的所有其他资产。非流动资产包括长期债权投资、长期股权投资、固定资产和无形资产等。

二、负债

（一）负债的特征

负债是指由过去的交易或事项形成的，预期会导致经济利益流出企业的现时义务。

负债具有以下特征：

（1）负债是由企业过去的交易或事项形成的，企业将在未来发生的承诺、签订的合同等交易或事项，不形成负债。负债有确切的受款人和偿付日期，或者受款人和偿付日期可以合理地估计确定。

（2）负债的清偿预期会导致经济利益流出企业。

（3）负债是企业承担的现时义务。现时义务是指企业在现行条件下已承担的义务。未来发生的交易或事项形成的义务，不属于现时义务，不应确认为负债。

（二）负债的确认

负债的确认既要符合负债的定义，又要同时满足以下条件：

（1）与该义务有关的经济利益很可能流出企业。

（2）未来流出的经济利益的金额能够可靠地计量。

符合负债定义和负债确认条件的项目，应当列入资产负债表；符合负债定义，但不符合负债确认条件的项目，不应当列入资产负债表。

（三）负债的分类

负债按其偿还期的长短可以分为流动负债与非流动负债。

流动负债是指偿还期在一年或长于一年的一个营业周期以内的债务。流动负债主要包括短期借款、应付票据、应付账款、应付职工薪酬、应交税费、应付利润、应付股利和其他应付款等。

非流动负债是指偿还期在一年或长于一年的一个营业周期以上的债务。非流动负债主要包括长期借款、应付债券和长期应付款等。

三、所有者权益

（一）所有者权益的特征

所有者权益是指企业资产扣除负债后，由所有者享有的剩余权益。企业的所有者权益又称为股东权益，在数量上等于全部资产减去全部负债后的余额。

所有者权益具有以下特征：

（1）除非发生减资、清算，企业不需要偿还所有者权益。

（2）企业清算时，只有在清偿所有负债后，所有者权益才返还给所有者。

（3）所有者权益是指所有者具有参与企业收益的分配权。

（二）所有者权益的确认

所有者权益体现的是所有者在企业中享有的剩余权益，因此所有者权益的确认主要依赖于其他会计要素，尤其是资产和负债的确认。所有者权益金额的确定主要取决于资产和负债的计量。

（三）所有者权益的构成

所有者权益按其来源主要包括所有者投入的资本、直接计入所有者权益的利得和损失、留存收益等。

（1）所有者投入的资本。所有者投入的资本是指所有者对企业的投资部分，既包括构成企业注册资本或股本部分的金额，也包括投入资本超过注册资本或股本部分的金额，即资本溢价或股本溢价。前者称为实收资本（股本），后者称为资本公积。

（2）直接计入所有者权益的利得和损失。利得是指由企业非日常活动形成的、会导致所有者权益增加的、与所有者投入资本无关的经济利益的流入。损失是指由企业非日常活动发生的、会导致所有者权益减少的、与向所有者分配利润无关的经济利益的流出。

（3）留存收益是企业历年实现的净利润留存于企业的部分，主要包括计提的盈余公积和未分配利润。

四、收入

（一）收入的特征

收入是指企业在日常活动中形成的、会导致所有者权益增加的、与所有者投入资本无关的经济利益的总流入。

收入具有以下特征：

（1）收入应当是企业在日常活动中形成的，那些偶然发生的经济流入（如罚款收入、出售无形资产净收益、非货币性资产交换确认的收益、债务重组收益等），属于利得，不属于营业收入。

（2）收入会导致所有者权益的增加，不会导致所有者权益增加的经济流入不是收入，如银行借款、企业代税务机关收取的税款等。

（3）收入是与所有者投入资本无关的经济利益的总流入。

（二）收入的确认

收入的确认既要符合收入的定义，又要同时满足以下条件：

（1）与收入相关的经济利益很可能流入企业。

（2）经济利益流入企业的结果会导致企业资产的增加或负债的减少。

（3）经济利益的流入额能够可靠地计量。

（三）收入的分类

收入可以分为主营业务收入和其他业务收入。

（1）主营业务收入。主营业务收入指企业为完成其经营目标在所从事的主要经营活动中取得的收入。不同的行业具有不同的主营业务。主营业务收入的特点是经常发生、在收入中占较大比重。

（2）其他业务收入。其他业务收入指企业在除主营业务以外的其他经营活动中取得的收入。其他业务收入的特点是不常发生，在收入中所占比重较小。

五、费用

（一）费用的特征

费用是指企业在日常活动中发生的、会导致所有者权益减少的、与向所有者分配利润无关的经济利益的总流出。

费用具有以下特征：

（1）费用是企业在日常活动中发生的经济利益的流出。

（2）费用会导致企业所有者权益的减少，如用银行存款支付销售费用。

（3）费用是与向所有者分配利润无关的经济利益的总流出，费用可能会减少企业资产、增加企业负债，或者两者兼而有之。

（二）费用的确认

费用的确认既要符合费用的定义，又要同时满足以下条件：

（1）与费用相关的经济利益很可能流出企业。

（2）经济利益流出企业的结果会导致资产的减少或负债的增加。

（3）经济利益的流出额能够可靠地计量。

（三）费用的分类

1. 产品生产成本

产品生产成本是指计入产品成本的费用，又称产品制造成本（或生产成本）。计入产品成本的费用，按其与产品的关系，又可以分为直接费用和间接费用。

（1）直接费用。直接费用是指直接为生产产品或提供劳务而发生的各项费用，包括直接材料费、直接人工费和其他直接费用。

（2）间接费用。间接费用是指间接为生产产品或提供劳务而发生的各项费用，包括间接材料费、间接人工费以及其他间接费用。在制造业，间接费用也称制造费用。

2. 期间费用

不计入产品成本的费用一般按期间归集，故称为期间费用。期间费用包括销售费用、管理费用和财务费用等，这些费用直接计入当期损益。

（1）销售费用。销售费用是指企业在销售过程中发生的各项费用。

（2）管理费用。管理费用是指企业行政管理部门为组织和管理生产经营活动而发生的各项费用。

（3）财务费用。财务费用是指企业为筹集生产经营所需资金等开展理财活动所发生的各项费用。

六、利润

(一) 利润的特征

利润是指企业在一定会计期间的经营成果。利润是评价企业管理层业绩的指标之一，也是投资者等财务报告使用者进行决策时的重要参考。利润包括收入减去费用后的净额、直接计入当期利润的利得和损失等。收入减去费用后的净额反映的是企业日常活动的收支，直接计入当期利润的利得和损失反映的是企业非日常活动的业绩（如营业外收入、营业外支出）。企业应当严格区分收入和利得、费用和损失，以反映企业的经营业绩。

(二) 利润的确认

利润的确认主要依赖于收入和费用以及利得和损失的确认，其金额的确定也主要取决于收入、费用、利得、损失金额的计量。

(三) 利润的构成

利润分为营业利润、利润总额和净利润。

（1）营业利润。营业利润是指营业收入减去营业成本和税金及附加，再减去期间费用和资产减值损失后的金额。

（2）利润总额。利润总额是指营业利润加上营业外收入，减去营业外支出后的金额。

（3）净利润。净利润是指利润总额减去所得税费用后的金额。

第二节　会计等式

一、会计等式的含义

会计等式是反映会计要素数额关系的计算公式，包括反映企业财务状况和经营成果两种会计等式。

(一) 反映财务状况的会计等式

资产＝负债+所有者权益

该等式是反映资金运动相对静止时的会计等式，是最基本的会计等式，又称为存量会计等式或会计恒等式。这一等式是复式记账法的理论基础，也是编制资产负债表的依据。

我们知道，任何企业都必须拥有一定的资产，这些资产分布在企业经济活动的各个方面，有不同的表现形态，如货币资金、原材料、房屋建筑物等；同时，企业的资产都有其来源，要么来源于投资者，形成企业的所有者权益；要么来源于债权人，形成企业的债权人权益，即企业的负债。因此，资产与负债和所有者权益实际上是同一价值运动的两个方面，两者必然相等。

(二) 反映经营成果的会计等式

利润＝收入−费用

该等式是反映企业一定时期的经营成果的等式，又称为增量会计等式。企业经过一定时期的生产经营，其结果的主要部分等于收入扣除费用后的余额。对非日常活动的利得和损失，企业按照会计准则的规定计入当期损益的部分也应该予以计入。这一等式是编制利润表的依据。

二、经济业务的发生对会计恒等式的影响

经济业务又称为会计事项，是指在企业的生产经营活动中发生的、引起会计要素增减变动的事项。企业在生产经营过程中发生的经济业务虽然多种多样，但是从它们引起会计要素变动的情况来看，不外乎以下九种类型，如表2-1所示。

表2-1　各项经济业务的发生对会计等式的影响

经济业务	资产	负债	所有者权益	变动类型
1	增加	增加		等式两边同时增加
2	增加		增加	
3	减少	减少		等式两边同时减少
4	减少		减少	
5	增加、减少			等式一边有增有减
6		增加、减少		
7			增加、减少	
8		增加	减少	
9		减少	增加	

下面结合企业经营过程中发生的经济业务，举例说明资产、负债、所有者权益的增减变化及其对会计等式的影响。

【例2-1】20×8年1月1日，甲、乙和丙三人共同出资组建A公司。按照协议约定，甲出资作价50 000元的房屋，乙出资作价20 000元的电脑，丙出资30 000元的现金。三人按出资比例享有对企业的所有权。

这笔业务使得该企业的资产总额增加100 000元。其中，房屋50 000元，电脑20 000元，银行存款30 000元，所有者权益增加100 000元。会计等式的两边同时增加100 000元，会计等式的等量关系不变。

【例2-2】20×8年1月15日，兴华公司将上一年利润的一部分以现金股利的形式分派给股东50 000元，用银行存款支付。

这笔经济业务使得资产和所有者权益同时减少50 000元，等式两边同时减少，会计等式的等量关系不变。

【例2-3】20×8年3月15日，兴华公司收到客户所欠的货款80 000元并存入银行。

这笔经济业务使得资产项目一增一减，金额均为80 000元，会计等式的等量关系不变。

我们通过上述分析可以看出，不论发生何种经济业务，在任何时点上，"资产＝负债＋所有者权益"这个会计等式都成立。

随着经营活动的进行，企业会取得各项收入，同时也必然发生相关的费用。企业一定时期的收入扣除相关的费用后，即为企业的利润。企业利润的取得，表明企业资产总额和净资产的增加。由于利润属于所有者，利润的实现意味着企业所有者权益的增加；反之，若企业发生亏损，就意味着企业所有者权益的减少。等式表示如下：

资产＝负债＋所有者权益＋利润

资产＝负债＋所有者权益＋（收入－费用）

上式为会计等式的扩展形式，动态地反映了企业财务状况和经营成果之间的关系。财务状况反映了企业一定日期资产的存量情况，而经营成果则反映了一定期间资产的增量或减量。企业的经营成果最终会影响到企业的财务状况，企业实现利润将使企业资产存量增加或负债减少，发生亏损将使企业资产存量减少或负债增加。待期末结账后，利润归入所有者权益项目，会计等式又恢复成基本形式，即"资产＝负债＋所有者权益"。因此，会计等式的扩展形式又称为动态等式。

通过上述分析，我们可以得出如下结论：企业在生产经营过程中发生的每一项经济业务，都必然会引起会计等式中一方或双方发生等额的变化，即当涉及等式双方时，必然会出现同方向的变化（同增同减）；当只涉及等式一方时，则必然出现相反方向的变化（一增一减）。由此可见，企业任何一项经济业务的发生都不会影响或破坏资产、负债和所有者权益之间的恒等关系。

第三节　会计计量属性

会计计量是指采用一定的尺度确定会计要素的增减变动，即对经营事项涉及的会计要素进行数量上的反映，包括货币计量、实物计量和劳动计量。会计计量属性反映的是会计要素金额的确定基础，主要包括历史成本、重置成本、现值、可变现净值、公允价值等。

一、历史成本

历史成本是指资产按照购置时支付的现金或现金等价物的金额，或者按照购置资产时所付出的对价的公允价值计量。负债按照因承担现时义务而实际收到的款项或资产的金额，或者承担现时义务的合同金额，或者按照日常活动中为偿还债务预期需要支付的现金或现金等价物的金额计量。

二、重置成本

重置成本是指资产按照现在购买相同或相似资产所支付的现金或现金等价物的金额计量。重置成本主要是在固定资产盘盈时使用。

三、现值

现值是指资产按照预计从其持续使用和最终处置中产生的未来净现金流入量的折现金额计量。负债按照预计期限内需要偿还的未来净现金流出量的折现金额计量。资产减值时用现值作为减值判断的标准。在分期购买，且付款期限较长（通常在三年以上）时，其产生的负债也会用现值计量。

四、可变现净值

可变现净值是指资产按照其正常对外销售所能收到现金或现金等价物的金额扣减该资产至完工时估计将要发生的成本、估计的销售费用以及相关税费后的金额计量。可变现净值在存货的期末计量时使用。

五、公允价值

公允价值是指市场参与者在计量日发生的有序交易中，出售一项资产所能收到或转移一项负债所需支付的价格。交易性金融资产、其他债权投资、投资性房地产等可以用公允价值计量。

会计要素的计量属性归纳如表 2-2 所示。

表 2-2　会计要素的计量属性

计量属性	概念	资产的计量	负债的计量	备注
历史成本（实际成本）	取得或制造某项财产物资时所实际支付的现金或其他等价物	按照购置时支付的现金或现金等价物的金额，或者购置时所付出的对价的公允价值计量	按照因承担现时义务而实际收到的款项或资产的金额，或者承担现时义务的合同金额，或者日常活动中为偿还债务预期需要支付的现金或现金等价物的金额计量	传统的会计计量属性，一般应采用此计量属性
重置成本（现行成本）	按照当前市场条件，重新取得同样一项资产所需支付的现金或现金等价物金额	按照现在购买相同或相似资产所需支付的现金或现金等价物的金额计量	按照现在偿付该项债务所需支付的现金或现金等价物的金额计量	常用于盘盈固定资产的计量
现值	对未来现金流量以恰当的折现率进行折现后的价值，是考虑货币时间价值的一种计量属性	按照预计从其持续使用和最终处置中所产生的未来净现金流入量的折现金额计量	按照预计期限内需要偿还的未来净现金流出量的折现金额计量	常用于非流动资产可收回金额和以摊余成本计量的金融资产价值的确定等

表2-2(续)

计量属性	概念	资产的计量	负债的计量	备注
可变现净值	在日常生产经营过程中，以预计售价减去进一步加工成本和预计销售费用以及相关税费后的净值	按照正常对外销售所能收到现金或现金等价物的金额扣减该资产至完工时估计将要发生的成本、估计的销售费用以及相关税费后的金额计量	—	常用于存货资产减值情况下的后续计量
公允价值	在公平交易中熟悉情况的双方自愿进行资产交换或债务清偿的金额	按照在公平交易中熟悉情况的交易双方自愿进行资产交换的金额计量	按照在公平交易中熟悉情况的交易双方自愿进行资产交换或债务清偿的金额计量	主要应用于交易性金融资产、其他债权投资和投资性房地产等计量

【本章小结】

本章主要介绍了会计要素、会计等式和会计计量属性等。

会计要素分为两大类：一是反映企业财务状况的会计要素，包括资产、负债和所有者权益；二是反映企业经营成果的会计要素，包括收入、费用和利润。会计计量是指采用一定的尺度确定会计要素的增减变动，即对经营事项涉及的会计要素进行数量上的反映，包括货币计量、实物计量和劳动计量。会计计量属性是会计要素金额的确定基础，主要有历史成本、重置成本、现值、可变现净值、公允价值等会计计量属性。

【主要概念】

会计要素；会计等式；会计计量属性。

【简答题】

1. 什么是会计要素，会计要素包括哪些内容？

2. 什么是会计等式，会计等式包括哪些内容？

3. 什么是会计计量属性，会计计量属性包括哪些内容？

第三章
复式记账法及其应用

【学习目标】

知识目标：理解并熟练掌握借贷记账法。

技能目标：熟练运用借贷记账法分析、记录经济业务。

能力目标：理解会计核算方法体系与内容，理解借贷记账法的原理。

【知识点】

会计核算方法体系、复式记账法、主要经济业务举例等。

【篇头案例】

2003 年，美国悬疑小说家丹·布朗出版了《达·芬奇密码》一书，历经三年多时间，该书全球畅销 4 000 多万册。作者发挥丰富的想象力认为，达·芬奇的不朽杰作《最后的晚餐》和《蒙娜丽莎的微笑》，居然不是纯粹的艺术创作。这些艺术作品中隐含了密码，传递了可以动摇基督教信仰基础的大秘密。刘顺仁教授天马行空地想象，认为在《最后的晚餐》画作中，丹·布朗指证那个隐藏的 "M" 是 "money"。因为达·芬奇一直深受现代会计学之父卢卡·帕乔利的影响。据记载，自 1496 年起，达·芬奇跟着帕乔利在米兰学了三年几何，据说他还因为太过沉迷而耽误了艺术创作。在达·芬奇遗留的手稿中，他多次提到如何把学来的透视法与比例学运用于绘画创作中。为了答谢恩师，达·芬奇为帕乔利 1509 年的著作《神圣比例学》画了六十几幅精美的插图。

1494 年，帕乔利在威尼斯出版了会计学的开山之作《算术、几何、比及比例概要》，系统介绍了 "威尼斯会计方法"，即所谓的 "复式会计"。正是帕乔利这一贡献使得一切商业活动都可转换为以 "money" 为符号的表达。

"复式会计" 可以把复杂的经济活动转换成以货币作为计量单位的会计数字（"帕乔利的密码"）。这些密码拥有极强大的压缩威力，即使再大型的公司，其在市场竞争中所创造或亏损的财富，都能被压缩汇总成薄薄的几张财务报表。这些财务报表透露的信息必须丰富、充足，否则投资人或银行不愿意提供资金。但是，这些财务报表又不能过于直白透明，否则竞争对手可能会轻而易举地学习到公司的经营方法。因此，"帕乔利的密码" 隐含的信息往往不易被了解。

那么，复杂的经济事项是如何转换成以财务报表为载体的财务信息的呢？

第一节　会计核算方法体系

会计方法是指实现会计职能，完成会计任务的手段。按照会计方法的范围和功能划分，会计方法可以分为会计核算方法、会计分析方法和会计检查方法。会计核算方法是基础，会计分析方法是会计核算方法的继续与发展，会计检查方法是会计核算方法和会计分析方法的保证与必要补充。会计核算是会计最重要的基础性工作，为会计分析和会计检查提供基础性的会计信息。

会计核算方法是指会计对单位已经发生的经济活动进行连续、系统和全面的反映与监督所采用的方法。会计核算方法体系包括设置会计科目与账户、复式记账、填制与审核会计凭证、登记会计账簿、成本计算、财产清查、编制财务会计报告。这七种方法构成了一个完整的、科学的方法体系。

一、设置会计科目与账户

设置会计科目与账户是指对会计对象的具体内容进行分类记录的方法。会计对象包含的内容纷繁复杂，我们可以根据各会计对象具体内容的不同特点和管理要求设置会计科目与账户，按照一定的标准进行分类，确定分类的具体项目名称，即会计科目；据此，在会计账簿中开设相应的账户，就可以使所设置的账户既有分工又有联系地反映整个会计对象的内容，提供管理需要的各种信息。

会计学广泛地运用了分类研究方法，对会计对象具体内容按核算和管理的要求进行分类，形成了不同级别的会计科目与账户，既包含总括的分类记录，也包含明细的分类记录。因此，会计科目与账户是分类记录的归属，是对会计数据进行加工的依据和标准。科学地设置会计科目与账户，是正确进行会计核算的基础和前提。

二、复式记账

复式记账是指对每一项经济业务，都以相等的金额同时在两个或两个以上的相关账户中进行登记的一种专门的记账方法。复式记账有着明显的特点：第一，它对每笔经济业务都必须以相等的金额，在相互关联的两个或两个以上的账户进行登记，使得每一项经济业务涉及的两个或两个以上的账户之间产生一种平衡关系，或者称为账户对应关系；第二，在对应账户中记录的金额平行相等；第三，通过账户的对应关系，人们可以了解经济业务的来龙去脉；第四，通过账户的平衡关系，人们可以检查有关经济业务的记录是否正确。

例如，企业到银行存入 10 万元现金。这笔经济业务，一方面要在"银行存款"账户中记增加 10 万元，另一方面又要在"库存现金"账户中记减少 10 万元。"银行存款"账户和"库存现金"账户相互联系地分别记入 10 万元。这样一来，人们既可以了解这笔经济业务的具体内容，又可以知道该项经济活动的来龙去脉，全面、完整、系统地了解资金运动的过程和结果。

三、填制与审核会计凭证

会计凭证是记录经济业务、明确经济责任以及登记账簿的书面凭据。填制与审核会计凭证是指通过对会计凭证的填制和审核来核算和监督每一项经济业务，保证账簿记录正确、完整的一种专门方法。已经发生的经济业务必须由经办人或单位填制原始凭证，并签名或盖章。所有原始凭证都要经过会计部门和其他有关部门的审核，只有经过审核并确认为正确无误的原始凭证，才能作为填制记账凭证的依据并作为登记账簿的依据。

四、登记会计账簿

登记会计账簿是指根据审核无误的原始凭证及记账凭证，把经济业务序时地、分类地登记到账簿中去。会计账簿具有一定的结构、格式，是用来全面、连续、系统地记录各项经济业务的会计簿籍。企业应开设相应的账户，把所有的经济业务记入账簿中的账户，还应定期计算和累计各项核算指标，并定期进行结账、对账，保证账证相符、账账相符以及账实相符。会计账簿提供的信息是编制会计报表的主要依据。

五、成本计算

成本计算是指记录各成本计算对象的价值耗费，即对生产、经营过程中发生的成本、费用进行归集，以确定各成本计算对象的总成本和单位成本的一种专门方法。通过成本计算，企业可以正确地进行成本计价，来考核经济活动中的各项耗费，促使企业加强核算、节约支出，提高经济效益。

六、财产清查

财产清查是对各项财产物资进行实物盘点、账面核对以及对各项往来款项进行查询、核对，并查明实有数与账存数是否相符的一种专门方法。在日常会计核算过程中，企业为了保证会计信息真实准确，必须定期或不定期地对各项财产物资、往来款项进行清查、盘点与核对。在清查中，如果发现账实不符，企业应及时查明原因，并调整账簿记录，使账存数额与实存数额相符。通过财产清查，企业可以查明各项财产物资、债权债务、所有者权益情况，加强物资管理。总而言之，财产清查对于保证会计核算资料的正确性与监督财产的安全和合理使用具有非常重要的作用。

七、编制财务会计报告

财务会计报告是企业向财务会计报告使用者提供与企业财务状况、经营成果和现金流量等有关会计信息的书面报告。编制财务会计报告是对日常会计核算资料的总结，将账簿记录的内容定期加以分类、整理和汇总，形成会计信息使用者需要的各种指标，报送给会计信息使用者，以便其据此进行决策。

财务会计报告提供的信息也是进行会计分析、会计检查的重要依据。完成财务会计报告，意味着这一会计期间会计核算工作的结束。

上述会计核算的各种方法相互联系、密切配合，会计在对经济业务进行记录和核算的过程中，不论是采用手工处理方式，还是使用计算机数据处理系统，对日常发生的经济业务，都要先取得合法合理的凭证，按照设置的账户，进行复式记账；根据会计账簿的记录，进行成本计算；在财产清查账实相符的基础上编制财务会计报告。会计核算的这七种方法相互联系、缺一不可，形成一个完整的方法体系。

第二节　复式记账法

在经济业务发生之后，会计必须运用记账方法，将经济业务对会计要素（资产、负债、所有者权益、收入、费用和利润）的影响，结合会计确认、计量，转换为会计语言，才能登记账簿，编制财务会计报告。记账方法是根据一定的记账原理、记账规则、记账符号，记录经济业务的一种专门方法，包括单式记账法和复式记账法。

单式记账法是指对所发生的经济业务，只在一个账户中进行单方面记录的记账方法。例如，企业用银行存款购买原材料的业务发生以后，只在账户中登记银行存款的付款业务，而对原材料的收进业务，不做相应的记录。这种记账方法的优点是操作简单；其缺点是对经济业务的反映片面，无法反映经济业务的来龙去脉，也不利于检查账务处理是否正确。自从进入近代会计阶段以后，单式记账法就逐渐退出了历史舞台。

复式记账法是指对所发生的经济业务，都要以相等的金额，在相互关联的两个或两个以上的账户中进行记录的记账方法。以销售业务为例，某商店销售了 1 000元的大米，并收到现金，则应同时记录现金增加 1 000 元和收入增加 1 000 元，说明销售这一业务一方面增加了商店的现金资产，另一方面也增加了商店的收入。从这个例子可以看出，复式记账法对经济业务的反映系统而且全面，准确记录了现金和收入的变动，同时也使得经济业务的会计记录便于相互核对，有利于减少记账差错。复式记账法按种类的不同分为借贷记账法、收付记账法和增减记账法。其中，借贷记账法应用最广泛。

一、借贷记账法的概念

借贷记账法是目前世界上最科学、应用最为广泛的复式记账法。借贷记账法是按照复式记账原理，以"借"和"贷"两个字作为记账符号，对发生的每一笔经济业务，都要以相等的金额、相反的方向，在两个或两个以上相互联系的账户中进行连续、分类的登记的方法。

借贷记账法最早出现于 13~14 世纪的意大利。当时，意大利沿海城市的商品经济特别是海上贸易已经有很大的发展，在商品交换中，为了适应借贷资本和商业资本经营者管理的需要，逐步形成了这种记账方法。借贷记账法的"借"和"贷"两个字最初是从借贷资本家的角度来解释的。借贷资本家以经营货币资金为主要业务，对于收进来的存款，记在贷主（creditor）的名下，表示自身债务即"欠人"的增加；对于付出去的放款，记在借主（debtor）的名下，表示自身债权即"人欠"的增加。最初，"借"和"贷"两个字反映的是借贷资本家的债权、债务及其增减变化。但是，随着商品经济的发展，借贷记账法得到广泛的运用，所记录的经济业务也不再限于货币资金的借贷，而是扩大到财产物资增减变化和经营损益等的增减变化。这样，"借"和"贷"两个字逐渐演变成纯粹的记账符号，失去了原来字面上的意义，成为会计上的专业术语。到了 15 世纪，借贷记账法逐渐完备，被用来反映资本的存在形态和所有者权益的增减变化。与此同时，西方国家的会计学者提出了借贷记账法的理论依据，即"资产＝负债＋资本"的平衡等式，并根据这个理论确立了借贷记账法的记账规则，从而使借贷记账法日臻完善，为世界各地普遍采用。我国于 1993 年实施的《企业会计准则——基本会计准则》明确规定，我国境内所有企业在进行会计核算时，必须统一采用借贷记账法。目前，即使行政事业单位，也都采用借贷记账法。

二、借贷记账法的记账符号

记账符号是指会计核算中采用的一种抽象标记，表示经济业务的增减变动和记账方向。借贷记账法以"借"和"贷"作为记账符号，"借"（英文简写 Dr）表示记入账户的借方，"贷"（英文简写 Cr）表示记入账户的贷方。

在借贷记账法下，"借"和"贷"作为记账符号对会计等式两边的会计要素规定了相反的含义，即总体来看，无论是"借"还是"贷"，都既可以表示增加又可以表示减少。具体来看，"借"对会计等式左边的账户，即资产、费用类账户表示增加，对会计等式右边的账户，即负债、所有者权益、收入和利润账户表示减少；"贷"对会计等式左边的资产、费用类账户表示减少，对会计等式右边的负债、所有者权益、收入和利润类账户表示增加。

三、借贷记账法的账户结构

在借贷记账法下，任何账户都分为借方、贷方，账户的左边称为借方，账户的右方称为贷方。记账时，账户的借方和贷方必须做相反方向的记录。也就是说，对于每一个账户来说，如果借方用来登记增加额，则贷方就用来登记减少额；如果借方用来登记减少额，则贷方就用来登记增加额。在一个会计期间内，借方登记的合计数称为借方发生额，贷方登记的合计数称为贷方的发生额。那么，对于资产、负债、所有者权益、收入、费用、利润类等账户，究竟用哪一方来登记增加额、用哪一方来登记减少额呢？这要根据各个账户反映的经济内容，也就是由其性质来决定。

下面分别说明借贷记账法下各类账户的结构。

资产是对资金或资源的占用。对于资产类账户，其账户结构是借方登记增加额，贷方登记减少额，期末余额一般在借方。例如，企业从银行提取现金 10 000 元，应记在"库存现金"账户的借方，表示库存现金的增加；同时应记在"银行存款"账户的贷方，表示银行存款的减少。资产类账户期末余额的计算公式如下：

资产类账户期末借方余额＝期初借方余额＋本期借方发生额－本期贷方发生额

资产类账户简化结构如图 3-1 所示。

借方		资产类账户	贷方	
期初余额	×××			
增加额	×××	减少额	×××	
本期发生额	×××	本期发生额	×××	
期末余额	×××			

图 3-1　资产类账户简化结构

负债和所有者权益是企业的资金来源，它们与资产（资金或资源的占用）是相对的两个方面。前者反映资金从何处来，后者反映资金用到哪里去。例如，企业可以从银行取得贷款，然后用这笔贷款购买固定资产。因此，负债和所有者权益类账户的结构正好与资产类账户的结构相反，其借方登记负债及所有者权益的减少额，贷方登记负债及所有者权益的增加额，账户的期末余额一般在贷方。例如，企业从银行取得短期借款 10 万元，收到贷款时应贷记"短期借款"账户，表示负债的增加；还款时应借记"短期借款"账户，表示负债的减少（清偿）。该类账户期末余额的计算公式如下：

负债及所有者权益账户期末贷方余额＝期初贷方余额＋本期贷方发生额－本期借方发生额

负债及所有者权益类账户简化结构如图 3-2 所示。

借方		负债及所有者权益类账户	贷方	
		期初余额	×××	
减少额	×××	增加额	×××	
本期发生额	×××	本期发生额	×××	
		期末余额	×××	

图 3-2　负债及所有者权益类账户简化结构

费用是企业生产经营过程中对资金或资源的一种消耗，与资产占用资金类似，所有费用类账户的结构与资产类账户相同。借方登记费用的增加额，贷方登记费用的减少（转销）额。例如，企业支付广告费 1 万元，应借记"销售费用"账户，表示费用的增加。由于借方登记的费用增加额一般在期末都要通过贷方转出，因此费用类账户期末一般没有余额。费用类账户简化结构如图 3-3 所示。

借方		费用类账户	贷方	
增加额	×××	减少额	×××	
本期发生额	×××	本期发生额	×××	

图 3-3　费用类账户简化结构

收入可以为企业带来资金或资源的流入，与负债和所有者权益类似，因此收入类账户的结构是借方登记收入的减少（转销）额，贷方登记收入的增加额。例如，企业销售商品取得收入 5 万元，应贷记"主营业务收入"账户，表示收入的增加。由于贷方登记的收入增加额一般在期末要通过借方转出，所以收入类账户通常也没有期末余额。收入类账户简化结构如图 3-4 所示。

借方		收入类账户	贷方	
减少额	×××	增加额		×××
本期发生额	×××	本期发生额		×××

图 3-4　收入类账户简化结构

利润和收入一样，可以为企业带来资金或资源的流入，因此利润类账户的结构是借方登记利润的增加额，贷方登记利润的减少额；期末如有余额，则在贷方。利润类账户简化结构如图 3-5 所示。

借方		利润类账户	贷方	
		期初余额		×××
减少额	×××	增加额		×××
本期发生额	×××	本期发生额		×××
		期末余额		×××

图 3-5　利润类账户简化结构

根据上述内容，我们可将借贷记账法下各类账户的结构归纳如表 3-1 所示。

表 3-1　借贷记账法下各类账户的结构

账户类别	借方	贷方	余额方向
资产类	增加	减少	余额在借方
负债类	减少	增加	余额在贷方
所有者权益类	减少	增加	余额在贷方
收入类	减少（转销）	增加	一般无余额
费用类	增加	减少（转销）	一般无余额
利润类	减少	增加	一般在贷方

四、借贷记账法的记账规则

按照复式记账的原理，借贷记账法的记账规则可以表述为"有借必有贷，借贷必相等"。任何一笔经济业务都必须同时分别记录到两个或两个以上的账户中去；所记录的账户必须包括借、贷两个记账方向，不能只记入借方或只记入贷方；借贷

29

金额的合计必须相等。在较为简单的经济业务中，会计记录可能只包括一个借方和一个贷方，而对于有些复杂的经济业务，需要将其登记在一个账户的借方或几个账户的贷方，或者登记在一个账户的贷方或几个账户的借方，但借贷双方的金额都必须相等。

第三节　主要经济业务举例

一、借贷记账法的基本步骤

借贷记账法的基本步骤如下：

第一，分析经济业务影响的账户类型（资产、负债、所有者权益、收入、费用或利润）。

第二，确定被影响的账户是增加还是减少。

第三，根据借贷记账法下各账户的结构，确定是借记该账户还是贷记该账户。

第四，确定借贷双方金额是否相等。

二、会计分录

按照借贷记账法借记或贷记相关账户的会计记录即为会计分录，简称分录。仅包括一借一贷的分录称为简单会计分录，包含多个借方或多个贷方的分录称为复合会计分录。按照惯例，在会计分录中每一个借方或贷方都需独占一行，借方在贷方之前，贷方应向右侧适当缩进。简言之，上借下贷，借贷适当错位。

三、主要经济业务举例

【例3-1】20×8年1月5日，赵先生从个人账户中提取50万元，投资创立一家小超市，存入超市的银行账户作为原始资本。

分析：根据会计主体假设，企业核算的只应是本企业发生的经济事项。因此，超市业主赵先生个人账户的变化不必反映在超市的会计记录中。上述业务对超市的影响只是收到业主的资本金50万元。一方面，超市收到50万元，应将其作为企业的资产入账。根据借贷记账法的要求，资产的增加应记为借方，对应的具体资产账户为"银行存款"。另一方面，这50万元是赵先生对超市的投资，应反映为所有者权益。根据借贷记账法的要求，所有者权益增加记在贷方，在会计科目表中，其对应的账户名称应为"实收资本"。因此，该业务的会计分录表示为：

借：银行存款　　　　　　　　　　　　　　　　　　500 000
　　贷：实收资本　　　　　　　　　　　　　　　　　　500 000

【例3-2】20×8年1月12日，超市花费30 000元购进了货架和计算机等设备，以支票支付。（假设不考虑相关税费）

分析：一方面，超市增加了货架和计算机等固定资产，资产增加应记在借方；另一方面，超市以支票的形式，从银行账户中支取了30 000元，使银行存款减少，银行存款属于资产，资产减少应记在贷方。因此，该业务的会计分录表示为：

借：固定资产　　　　　　　　　　　　　　　　　　　30 000

　　贷：银行存款　　　　　　　　　　　　　　　　　　　30 000

【例3-3】20×8年1月15日，超市从厂家购进各类存货，共计价值80 000元，约定月底付款。（假设不考虑相关税费）

分析：一方面，超市取得了存货，存货属于资产类账户，资产增加应记在借方，对应的账户名称为"库存商品"；另一方面，超市购货未付现款，而是约定月底付清，表明超市目前存在对供应商的欠款80 000元。根据借贷记账法，负债的增加应记在贷方。一般购销业务中的未付款项应使用"应付账款"账户。因此，该业务的会计分录表示为：

借：库存商品　　　　　　　　　　　　　　　　　　　80 000

　　贷：应付账款　　　　　　　　　　　　　　　　　　　80 000

【例3-4】20×8年1月20日，超市从银行账户提取现金5 000元备用。

分析：一方面，超市的库存现金增加5 000元，"库存现金"账户为资产类账户，资产的增加应记在借方；另一方面，超市的银行存款减少5 000元，"银行存款"账户也是资产类账户，资产的减少应记在贷方。因此，该业务的会计分录表示为：

借：库存现金　　　　　　　　　　　　　　　　　　　5 000

　　贷：银行存款　　　　　　　　　　　　　　　　　　　5 000

【例3-5】20×8年1月25日，员工报销联系进货和购买货架、计算机时发生的交通费235元。（假设不考虑相关税费）

分析：该业务一方面减少了超市的库存现金235元，"库存现金"账户属于资产类账户，减少应记在贷方；另一方面报销交通费应记入"管理费用"账户，费用增加应记在借方。因此，该业务的会计分录表示为：

借：管理费用　　　　　　　　　　　　　　　　　　　235

　　贷：库存现金　　　　　　　　　　　　　　　　　　　235

【例3-6】20×8年1月31日，超市正式开业，经统计，超市当天销售额为2 536元，收款全部为现金。（假设不考虑相关税费）

分析：该业务中超市的库存现金增加2 536元，"库存现金"账户属于资产类账户，增加应记在借方；同时超市的主营业务收入增加2 536元，"主营业务收入"账户属于收入类账户，增加应记在贷方。因此，该业务的会计分录表示为：

借：库存现金　　　　　　　　　　　　　　　　　　　2 536

　　贷：主营业务收入　　　　　　　　　　　　　　　　　2 536

【例3-7】20×8年1月31日，超市以库存现金支付员工当月工资1 500元。

分析：一方面，员工工资对于超市来说，是一种销售费用，"销售费用"账户属于费用类账户，费用增加应记在借方；另一方面，支付库存现金给员工，表明超市的库存现金减少，"库存现金"账户属资产类账户，资产减少应记在贷方。因此，该业务的会计分录表示为：

借：销售费用　　　　　　　　　　　　　　　　　　　1 500

　　贷：库存现金　　　　　　　　　　　　　　　　　　　1 500

【例3-8】20×8年1月31日，超市用支票转账支付15日进货时所欠的货款80 000元。

分析：该业务首先减少了企业的应付账款80 000元，"应付账款"账户属于负债类账户，减少应记在借方；同时超市以支票支付货款，直接减少了企业的银行存款80 000元，"银行存款"属于资产类账户，减少应记在贷方。因此，该业务的会计分录表示为：

借：应付账款 　　　　　　　　　　　　　　　　　80 000
　　贷：银行存款 　　　　　　　　　　　　　　　　　　80 000

【例3-9】20×8年1月31日，超市计算和结转当天销售产品的进货成本1 880元。

分析：该业务首先增加了超市的主营业务成本1 880元，"主营业务成本"账户属于费用类账户，增加应记在借方；产品销售后，其库存下降，"库存商品"账户属于资产类账户，减少应记在贷方。因此，该业务的会计分录表示为：

借：主营业务成本 　　　　　　　　　　　　　　　　1 880
　　贷：库存商品 　　　　　　　　　　　　　　　　　　1 880

【例3-10】20×8年1月31日，超市从银行取得3个月期限的周转贷款10万元，款项当天存入超市银行账户。

分析：该业务首先增加了短期借款，"短期借款"账户属于负债类账户，增加应记在贷方；同时款项入账，增加了超市的银行存款，"银行存款"账户属于资产类账户，资产的增加应记在借方。因此，该业务的会计分录表示为：

借：银行存款 　　　　　　　　　　　　　　　　　100 000
　　贷：短期借款 　　　　　　　　　　　　　　　　　100 000

【本章小结】

本章主要介绍了会计核算方法体系、借贷记账法以及借贷记账法的运用等。

会计核算方法是指会计对单位已经发生的经济活动进行连续、系统和全面的反映与监督所采用的方法。会计核算方法体系包括设置会计科目与账户、复式记账、填制与审核会计凭证、登记会计账簿、成本计算、财产清查、编制财务会计报告。

在经济业务发生之后，企业运用借贷记账法，将经济业务对企业各会计要素资产、负债、所有者权益、收入、费用和利润的影响进行分析，结合会计确认、计量，转换为会计语言。

【主要概念】

会计核算方法体系；借贷记账法；主要经济业务举例。

【简答题】

1. 什么是会计核算方法，会计核算方法体系包括哪些内容？
2. 借贷记账法的原理是什么？
3. 如何运用借贷记账法分析经济业务？

第四章
会计凭证与账簿

【学习目标】

知识目标：理解并掌握会计凭证与会计财务账簿的概念和分类。

技能目标：具备填制会计凭证、登记会计账簿的能力。

能力目标：理解会计凭证的作用，理解会计账簿设置的意义，了解账务处理的程序。

【知识点】

会计凭证、会计账簿、账务处理程序等。

【篇头案例】

史密斯于 2019 年 5 月以其个人存款 50 000 元在某大学附近开办了一家文具店，他是该公司唯一的所有者和经营者。2019 年 6 月是他开始营业的第一个月，发生了以下业务：

（1）6 月 1 日，史密斯购买一台空调，价值 3 000 元，安装在文具店。

（2）6 月 1 日，史密斯购买一套价值 350 元的办公用品和一台价值 2 000 元的电脑。

（3）6 月 2 日，史密斯销售文具，收取现金 600 元。

（4）6 月 3 日，史密斯销售文具，收取现金 800 元。

（5）6 月 10 日，某公司订购一批文具，史密斯收到银行转账 3 000 元。

……

思考：文具店发生的这么多业务应该如何记录下来呢？

会计凭证是记录经济业务的书面凭据，是重要的原始会计资料。填制和审核凭证的工作质量及凭证传递环节设置是否合理有效，将直接影响整个会计核算资料是否具有真实性与合法性。

第一节　会计凭证

一、会计凭证的概念和作用

会计凭证简称凭证，是记录经济业务、明确经济责任，并据以登记账簿的书面证明。

会计主体办理任何一项经济业务，都必须办理凭证手续，由执行和完成该项经济业务的有关人员取得或填制会计凭证，记录经济业务的发生日期、具体内容以及数量和金额，并在凭证上签名或盖章，对经济业务的合法性、真实性和正确性负完全责任。所有会计凭证都要经过会计部门审核无误后才能作为记账的依据。因此，填制和审核会计凭证，是会计信息处理的重要方法之一，同时也是整个会计核算工作的起点和基础。

会计凭证具有以下几个方面的作用：

（一）会计凭证是提供原始资料、反映经济业务、传导经济信息的工具

会计信息是经济信息的重要组成部分，一般通过数据，以凭证、账簿、报表等形式反映出来。填制会计凭证可以及时、正确地反映经济业务的发生与完成情况，履行会计的核算职能。任何一项经济业务的发生，都要编制或取得会计凭证。例如，企业发生材料收发业务时，外购材料必须取得供货单位开具的合理合法的材料采购发票；材料运达企业时，仓库保管部门验收入库，必须开具材料入库单；部门领用材料时，必须填制领料单等。

会计凭证是记录经济活动的最原始资料，是经济信息的载体。企业通过会计凭证的加工、整理和传递，达到取得和传导经济信息的目的，以协调各部门、各单位之间的经济活动，保证生产经营每个环节的正常运转，并为会计分析、会计检查提供了基础材料。

（二）会计凭证是登记会计账簿的依据

任何单位，每发生一项经济业务，如库存现金的收付、货物的进出以及往来款项的结算等，都必须通过填制会计凭证来如实记录经济业务的内容、数量、金额，并审核无误后，才能据以登记入账。如果没有合法的凭证作为依据，任何经济业务都不能登记到账簿中去。因此，做好会计凭证的填制和审核工作，是保证会计账簿资料真实性、正确性的重要条件。

（三）会计凭证是明确经济责任的手段

填制和审核会计凭证，可以明确经济责任，建立和完善经济责任制。每一笔经济业务发生后，都要由经办单位和有关人员办理凭证手续并签名盖章，这就要求有关部门和人员对经济活动的真实性、正确性、合法性负责。例如，报销差旅费时，出差人员旅途中发生的交通费、住宿费等都必须取得合理合法的交通费发票和住宿费发票；报销时，主管领导必须审核签字，会计人员再根据审核后的单据办理报销手续。这无疑会增强有关部门、有关人员的责任感，促使其严格按照有关政策、制

度、计划或预算来办事。如发生违法乱纪或经济纠纷事件，企业也可以借助会计凭证确定各经办部门、人员相关的经济责任，并据以进行正确的处理，从而加强经营管理的岗位责任制。

（四）会计凭证是执行会计监督的条件

审核会计凭证是财会人员行使会计监督职能的重要形式，可以充分发挥会计的监督职能，确认经济业务合理合法，保证会计信息真实可靠。会计主管和会计人员都要对取得或填制的会计凭证进行严格审核，加强对经济业务的监督；对不合法、不真实的凭证应拒绝受理；对错误的凭证应予以更正，防止错误和弊端的发生，保护会计主体拥有资产的安全完整，维护投资者、债权人和有关各方的合法权益。

会计凭证按其填制程序和用途的不同，可以分为原始凭证和记账凭证两大类。下面分别进行阐述。

二、原始凭证

原始凭证是指在经济业务发生时填制或取得的，载明经济业务具体内容和完成情况的书面证明。原始凭证是进行会计核算的原始资料和主要依据。

原始凭证按其来源不同，可分为外来原始凭证和自制原始凭证两种。

外来原始凭证是指在经济业务发生时，从其他单位或个人处取得的凭证。例如，供货单位开来的货物发票、银行开来的收款或付款通知等都属于外来原始凭证。

自制原始凭证是由本单位经办业务的部门和人员在执行或完成某项经济业务时所填制的凭证。自制原始凭证按其填制程序和内容不同，又可分为一次凭证、累计凭证和汇总原始凭证三种。

一次凭证也称为一次有效凭证，是指只记载一项经济业务或同时记载若干项同类经济业务，填制手续一次完成的凭证，如领料单（见表4-1）。一次凭证只能反映一笔业务的内容，使用方便灵活，但数量较多，核算比较麻烦。

表4-1 （企业名称）
领料单

领料单位： No：

用途： 年 月 日

序号	品名	规格	请领数量	单位

记账： 发料： 领料单位负责人： 领料：

累计凭证也称为多次有效凭证，是指连续记载一定时期内不断重复发生的同类经济业务，是在一次凭证中多次进行才能完成的凭证。例如，限额领料单（见表4-2）就是一种累计凭证。企业使用累计凭证，由于平时随时登记发生的经济业务，并计算累计数，期末计算总数后作为记账的依据，因此能减少凭证数量，简化凭证填制手续。

表 4-2 （企业名称）

限额领料单

领料单位：　　　　　　　　　　　　　　　计划产量：
用途：　　　　　　　　　　　　　　　　　　单耗定额：
材料名称：　　　　　　　　　　　　　　　　领料限额：
计量单位：　　　　　　　　　　　　　　　　单价：
发料仓库：　　　　　　　　　　　　　　　　编号：

日期	请领		实发						备注
	数量	请领单位盖章	数量	发料人	领料人	累计	限额结余		备注
累计实发金额									

仓库负责人：　　　　　　　　　　　　　　　生产计划部门负责人：

汇总原始凭证也称为原始凭证汇总表，是根据很多同类经济业务的原始凭证定期加以汇总而重新编制的凭证。例如，月末根据月份内所有领料单汇总编制的领料单汇总表，也称为发料汇总表（见表4-3），就是汇总原始凭证。

表 4-3 （企业名称）

领料单汇总表

年　月

用途（借方科目）	上旬	中旬	下旬	月计
生产成本				
甲产品				
乙产品				
制造费用				
管理费用				
在建工程				
本月领料合计				

三、记账凭证

记账凭证是指以审核无误的原始凭证为依据，填写借贷科目及金额等相关信息用来确定会计分录，并据以登记账簿的书面文件。记账凭证是会计分录的主要载体，也是登记账簿的直接依据。

由于原始凭证种类繁多、格式不一，不便于在原始凭证上编制会计分录，据以记账，因此企业有必要将各种原始凭证反映的经济内容加以归类整理，确认为某一会计要素后，填制记账凭证。从原始凭证到记账凭证的过程是经济信息转换成会计信息的过程，是会计的初始确认阶段。

记账凭证按照其用途不同，可以分为通用记账凭证和专用记账凭证两类。

通用记账凭证是适用于所有经济业务的、统一格式的记账凭证，会计人员需要根据具体业务涉及的会计科目逐个填写各个借方科目和贷方科目。

专用记账凭证是指分类反映经济业务的记账凭证。这种记账凭证按其反映经济业务的内容不同，又可以分为收款凭证、付款凭证和转账凭证。收款凭证记录库存现金和银行存款等货币资金流入企业的业务，如收到货款存入银行等。付款凭证记录库存现金和银行存款等货币资金流出企业的业务，如用库存现金发放工资、以银行存款支付费用等。转账凭证记录不涉及货币资金变动的业务，如向仓库领料、产成品交库等。

专用记账凭证的一般格式见表4-4、表4-5、表4-6。通用记账凭证的一般格式与转账凭证相同。

表 4-4　收款凭证

| 借方科目 | | 年　月　日 | | 收字第　号 |

摘要	贷方科目		金额	记账
	一级科目	二级或明细分类科目		
合计				

会计主管：　　　记账：　　　出纳：　　　审核：　　　填制：

附件　张

表 4-5　付款凭证

贷方科目　　　　　　　　　　　　　　　　年　月　日　　　　　　　　　　付字第　号

摘要	借方科目		金额	记账
	一级科目	二级或明细分类科目		
合计				

附件　张

会计主管：　　　　　记账：　　　　　出纳：　　　　　审核：　　　　　填制：

表 4-6　转账凭证

年　月　日　　　　　　　　　　转字第　号

摘要	一级科目	二级或明细分类科目	借	贷	记账
合计					

附件　张

会计主管：　　　　　记账：　　　　　出纳：　　　　　审核：　　　　　填制：

记账凭证按其填列会计科目的数目不同，可以分为单式记账凭证和复式记账凭证。

单式记账凭证是在一张记账凭证上只填列每笔会计分录中的一方科目，其对应科目只做参考，不据以记账。填列借方科目的称为借项记账凭证（见表 4-7），填列贷方科目的称为贷项记账凭证（见表 4-8）。这样一来，每一笔会计分录至少要填制两张单式记账凭证，用编号联系起来，以便查对。

企业设置了单式记账凭证，一方面便于汇总，也就是说，每张凭证只汇总一次，可以减少差错；另一方面为了实行会计部门内部的岗位责任制，即每个岗位的工作人员都要对与其有关的账户负责，同时也有利于贯彻内部控制制度，防止差错和舞弊。然而，由于凭证张数多、不易保管，填制凭证的工作量较大，因此使用的单位较少。

表 4-7　借项记账凭证

对应科目：主营业务收入　　　　　　　　　年　月　日

摘要	一级科目	二级或明细科目	金额	记账
销售收入存入银行	银行存款		35 000	√

会计主管：　　　　记账：　　　　复核：　　　　出纳：　　　　填制：

表 4-8　贷项记账凭证

对应科目：银行存款　　　　　　　　　　　年　月　日

摘要	一级科目	二级或明细科目	金额	记账
销售收入存入银行	主营业务收入		35 000	√

会计主管：　　　　记账：　　　　复核：　　　　出纳：　　　　填制：

　　复式记账凭证是在一张凭证上完整地列出每笔会计分录涉及的全部科目。上述专用记账凭证和通用记账凭证都是复式记账凭证。其优点是在一张凭证上就能完整地反映每一笔业务的全貌，填写方便，附件集中，便于凭证的分析与审核；其缺点是不便于分工记账和科目汇总。

四、会计凭证的传递

　　会计凭证的传递是指凭证从取得或填制时起，经过审核、记账、装订到归档保管时止，在单位内部各有关部门和人员之间按规定的时间、路线办理业务手续和进行处理的过程。

　　会计凭证的传递主要包括凭证的传递路线、传递时间和传递手续三个方面的内容。各单位应该根据经济业务的特点、机构设置、人员分工及经营管理上的需要，明确规定会计凭证的联次及流程，既要使会计凭证经过必要的环节进行审核和处理，又要避免会计凭证在不必要的环节停留，以保证会计凭证沿着最简捷、最合理的路线传递。

　　会计凭证的传递时间是指各种凭证在各经办部门、环节停留的最长时间。会计凭证的传递时间应考虑各部门和有关人员，在正常情况下办理经济业务所需时间来合理确定。明确会计凭证的传递时间，能防止拖延处理和积压凭证，保证会计工作的正常秩序，以提高工作效率。所有会计凭证的传递与处理，应该在报告期内完成，否则将会影响会计核算的及时性。

　　会计凭证的传递手续是指在凭证传递过程中的衔接手续，要做到完备严密、简便易行。会计凭证的收发、交接必须按相应的手续及制度办理，以保证会计凭证的真实性、完整性。

第二节　会计账簿

一、会计账簿的含义与作用

在会计核算工作中，经济业务发生之后，企业首先要取得或填制会计凭证，并进行审核确认。会计凭证的填制工作完成以后，会计凭证中所有信息应记入会计账簿，企业据以在有关账户中进行登记。账户是按照规定的会计科目在会计账簿中分别设立的，根据会计凭证把经济业务记入有关账户，就是指把经济业务记入设立在会计账簿中的账户。

会计账簿是指以会计凭证为依据，由若干具有专门格式、相互联结的账页组成，序时、连续、系统、全面地反映和记录会计主体经济活动全部过程的簿籍。根据会计凭证在有关账户中进行登记，就是指把会计凭证反映的经济业务的内容记入设立在会计账簿中的账户，即通常所说的登记账簿，也称记账。

设置与登记会计账簿是会计工作的重要环节，也是会计核算的一种专门方法。会计账簿主要有以下作用：

（一）会计账簿是对会计凭证的系统总结

在会计核算中，会计凭证可以反映和监督经济业务的完成情况。但是一张会计凭证只能反映一项或几项经济业务，所提供的信息是零星的、片面的、不连续的，并不能把某一期间的全部经济活动完整地反映出来。通过登记会计账簿，企业可以把会计凭证提供的资料进一步归类汇总，形成集中的、全面的、系统的会计核算资料。在会计账簿中，企业既可以将会计凭证提供的资料按总分类账户和明细分类账户加以归类，进行分类核算，提供总括的核算资料或提供详细的资料；又可以将会计凭证提供的资料按时间顺序在日记账簿中加以记录和反映，序时、详细地提供某类业务或全部业务的完成情况的资料。因此，会计账簿是对会计凭证的系统总结，能够全面、系统、连续地反映会计主体经济活动的轨迹，这对于各单位加强经济核算、提高管理水平以及探索资金运动的规律具有重要的作用。

（二）会计账簿是考核企业经营情况的重要依据

通过登记会计账簿，企业可以记录整个经济活动的运行情况，完整地反映企业的财务状况和经营成果，从而评价企业的经营情况。与此同时，企业也可以监督、促进各单位遵纪守法、依法经营。

（三）会计账簿是编制财务会计报告的主要依据

会计账簿的记录是编制财务会计报告的主要依据，会计主体定期编制的资产负债表、利润表等会计报表的各项数据均来源于会计账簿。会计主体在编制财务报表及其附注时，对生产经营状况、利润实现与分配情况、税款缴纳情况、各种财产物资变动情况进行说明的，也主要以会计账簿为依据。从这个意义上来说，财务会计报告的正确和及时与会计账簿有着密切的关系。

二、会计账簿的种类

会计是一个信息系统，它为投资人、债权人以及管理层提供信息。从这个意义上来说，会计工作是一种信息处理工作，进行信息处理运用的工具就是会计账簿。因此，企业想要做好会计工作，就需要设置多种会计账簿，建立完整的会计账簿体系。

会计账簿的种类是多种多样的，可以按照不同的标准进行分类，以便正确地设置和使用会计账簿。会计账簿的主要分类方法如下：

（一）会计账簿按用途分类

会计账簿按用途分类，可以分为序时账簿、分类账簿和备查账簿。

序时账簿也称为日记账，是按照经济业务完成时间的先后顺序进行逐日逐笔登记的账簿。日记账又可以分为普通日记账和特种日记账。普通日记账是将企业每天发生的所有经济业务，无论其性质如何，都按其先后顺序，编制会计分录记入账簿；特种日记账是按照经济业务性质单独设置的账簿，只把特定项目按照经济业务的先后顺序记入账簿，以反映其详细情况。在我国会计实务中，为了加强库存现金与银行存款的管理与核算，企业对有关库存现金和银行存款的收、支业务按照其发生的时间先后顺序进行序时核算，分别设置库存现金日记账和银行存款日记账。

分类账簿是对全部经济业务按总分类账和明细分类账进行分类登记的账簿。总分类账簿简称总账，是根据总账科目开设账户，用来分类登记所有经济业务，提供总括核算资料的账簿。明细分类账簿简称明细账，是根据总账科目所属明细科目开设账户，用来分类登记某一类经济业务，提供明细核算资料的账簿。

备查账簿又称为辅助账簿，是对某些在序时账簿和分类账簿等主要账簿中未能记载的会计事项或记载不全的经济业务进行补充登记的账簿。因此，备查账簿也叫补充登记簿，可以对某些经济业务的内容提供必要的参考资料，没有固定的格式，一般根据实际需要进行设计，如租入固定资产登记簿。

（二）会计账簿按外表形式分类

会计账簿按外表形式分类，可以分为订本式账簿、活页式账簿和卡片式账簿等。

订本式账簿简称订本账，是把具有一定格式的账页加以编号并装订成固定本册的账簿，库存现金日记账、银行存款日记账和总分类账一般采用这种形式。其优点是可以避免账页散失或被抽换；其缺点是账页固定后，不能确定各账户应该预留多少账页，不能根据需要增减账页，不便于会计人员分工记账。

活页式账簿简称活页账，是把零散的账页装在账夹内，可以随时增添账页的账簿。活页账适用于一般明细分类账。其优点是可以根据需要灵活加页或排列，也便于分工记账；其缺点是账页容易散失和被抽换。为了克服此缺点，企业使用活页账时必须按账页顺序编号，期末装订成册，加编目录，并由有关人员盖章后保存。

卡片式账簿简称卡片账，是将硬卡片作为账页，存放在卡片箱内保管的账簿。固定资产明细账常采用卡片账。卡片账实际上是一种活页账。其优缺点与活页账基本相同，使用卡片账一般不需要每年更换。

（三）会计账簿按账页格式分类

会计账簿按账页格式分类，可以分为三栏式账簿、多栏式账簿、数量金额式账簿、横线登记式账簿等。

三栏式账簿是指设有借方、贷方和余额三个基本栏目的账簿。日记账、总分类账以及资本、债权、债务明细账多采用三栏式账簿。

多栏式账簿是指在账簿的借方和贷方两个基本栏目按需要分设若干专栏的账簿。生产成本、销售费用、管理费用、财务费用等明细账多采用多栏式账簿。

数量金额式账簿是指采用数量与金额双重记录的账簿。原材料、库存商品等多采用数量金额式账簿。

横线登记式账簿是指将前后密切相关的经济业务在同一横行内进行详细登记，以检查每笔经济业务完成及变动情况的账簿，也称平行式账簿。材料采购、在途物资多采用横线登记式账簿。

第三节 账务处理程序

一、账务处理程序概述

（一）账务处理程序的意义

账务处理程序也称会计核算组织程序或会计核算形式，是指会计凭证、会计账簿、财务报表相结合的方式。该程序包括会计凭证和账簿的种类、格式，会计凭证与账簿之间的联系方法，由原始凭证到编制记账凭证、登记明细分类账和总分类账、编制财务报表的工作程序和方法等。

会计凭证、会计账簿、财务报表之间的结合方式不同，就形成了不同的账务处理程序，不同的账务处理程序又有不同的方法、特点和适用范围。科学、合理地选择适用于本单位的账务处理程序，对于有效地组织会计核算具有重要意义。

（1）科学、合理地选择适用于本单位的账务处理程序有利于会计工作程序的规范化，确定合理的凭证、账簿与报表之间的联系方式，保证会计信息加工过程的严密性，提高会计信息质量。

（2）科学、合理地选择适用于本单位的账务处理程序有利于保证会计记录的完整性、正确性，通过凭证、账簿与报表之间的牵制作用，增强会计信息的可靠性。

（3）科学、合理地选择适用于本单位的账务处理程序有利于减少不必要的会计核算环节，通过井然有序的账务处理程序，提高会计工作效率，保证会计信息的及时性。

（二）账务处理程序的种类

常用账务处理程序主要有记账凭证账务处理程序、汇总记账凭证账务处理程序和科目汇总表账务处理程序。以下就这三种账务处理程序做简要介绍。

二、记账凭证账务处理程序

（一）基本内容

记账凭证账务处理程序是指发生的经济业务事项都要根据原始凭证或汇总原始凭证编制记账凭证，然后根据记账凭证直接登记总分类账的一种账务处理程序。其特点是直接根据记账凭证逐笔登记总分类账。记账凭证账务处理程序是最基本的账务处理程序。在这一程序中，记账凭证可以是通用记账凭证，也可以分设收款凭证、付款凭证和转账凭证，需要设置库存现金日记账、银行存款日记账、明细分类账和总分类账，其中库存现金日记账、银行存款日记账和总分类账一般采用三栏式，明细分类账根据需要采用三栏式、多栏式和数量金额式。

其一般程序如下：

（1）根据原始凭证编制汇总原始凭证。

（2）根据原始凭证或汇总原始凭证，编制记账凭证。

（3）根据收款凭证、付款凭证逐笔登记库存现金日记账和银行存款日记账。

（4）根据原始凭证、汇总原始凭证和记账凭证，登记各种明细分类账。

（5）根据记账凭证逐笔登记总分类账。

（6）期末，库存现金日记账、银行存款日记账和明细分类账的余额同有关总分类账的余额核对相符。

（7）期末，根据总分类账和明细分类账的记录，编制财务报表。

记账凭证账务处理程序如图4-1所示。

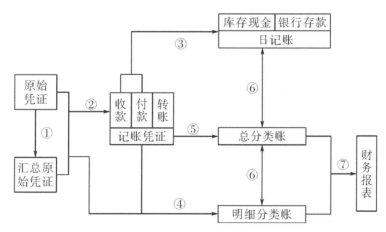

图4-1 记账凭证账务处理程序

（二）优缺点及适用范围

记账凭证账务处理程序简单明了，易于理解，总分类账可以较详细地反映经济业务的发生情况。其缺点是登记总分类账的工作量较大。记账凭证账务处理程序适用于规模较小、经济业务量较少的单位。

三、汇总记账凭证账务处理程序

（一）基本内容

汇总记账凭证账务处理程序是根据原始凭证或汇总原始凭证编制记账凭证，再根据记账凭证编制汇总记账凭证，然后据以登记总分类账的一种账务处理程序。其特点是定期根据记账凭证分类编制汇总收款凭证、汇总付款凭证和汇总转账凭证，再根据汇总记账凭证登记总分类账。在这一程序中，除设置收款凭证、付款凭证和转账凭证外，还应设置汇总收款凭证、汇总付款凭证和汇总转账凭证，账簿的设置与记账凭证账务处理程序基本相同。

其一般程序如下：

（1）根据原始凭证编制汇总原始凭证。

（2）根据原始凭证或汇总原始凭证，编制记账凭证。

（3）根据收款凭证、付款凭证逐笔登记库存现金日记账和银行存款日记账。

（4）根据原始凭证、汇总原始凭证和记账凭证，登记各种明细分类账。

（5）根据各种记账凭证编制有关汇总记账凭证。

（6）根据各种汇总记账凭证登记总分类账。

（7）期末，将库存现金日记账、银行存款日记账和明细分类账的余额同有关总分类账的余额核对相符。

（8）期末，根据总分类账和明细分类账的记录，编制财务报表。

汇总记账凭证账务处理程序如图4-2所示。

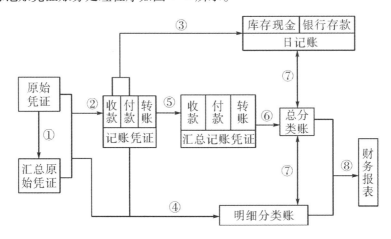

图4-2　汇总记账凭证账务处理程序

（二）优缺点及适用范围

汇总记账凭证账务处理程序减轻了登记总分类账的工作量，按照账户对应关系汇总编制记账凭证，便于了解账户之间的对应关系。其缺点是按每一贷方科目编制汇总转账凭证，不利于会计核算的日常分工，并且当转账凭证较多时，编制汇总转账凭证的工作量较大。这一账务处理程序适用于规模较大、经济业务较多的单位。

四、科目汇总表账务处理程序

（一）基本内容

科目汇总表账务处理程序又称记账凭证汇总表账务处理程序，是根据记账凭证定期编制科目汇总表，再根据科目汇总表登记总分类账的一种账务处理程序。其特点是编制科目汇总表并据以登记总分类账。其记账凭证、账簿的设置与记账凭证账务处理程序基本相同。

其一般程序如下：

（1）根据原始凭证编制汇总原始凭证。

（2）根据原始凭证或汇总原始凭证，编制记账凭证。

（3）根据收款凭证、付款凭证逐笔登记库存现金日记账和银行存款日记账。

（4）根据原始凭证、汇总原始凭证和记账凭证，登记各种明细分类账。

（5）根据各种记账凭证编制科目汇总表。

（6）根据科目汇总表登记总分类账。

（7）期末，库存现金日记账、银行存款日记账和明细分类账的余额同有关总分类账的余额核对相符。

（8）期末，根据总分类账和明细分类账的记录，编制财务报表。

科目汇总表账务处理程序如图4-3所示。

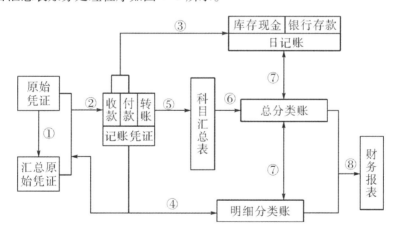

图4-3 科目汇总表账务处理程序

（二）优缺点及适用范围

科目汇总表账务处理程序减轻了登记总分类账的工作量，并可以做到试算平衡、简明易懂、方便易学。其缺点是科目汇总表不能反映账户对应关系，不便于核对账目。科目汇总表账务处理程序适用于经济业务较多的单位。

【本章小结】

本章主要介绍了会计凭证、会计账簿、账务处理程序等。

会计凭证简称凭证，是记录经济业务、明确经济责任，并据以登记账簿的书面证明。会计凭证按其填制程序和用途的不同，可以分为原始凭证和记账凭证两大类。会计账簿是指以会计凭证为依据，由若干具有专门格式、相互联结的账页组成，序时、连续、系统、全面地反映和记录会计主体经济活动全部过程的簿籍。账簿按用途分类，可以分为序时账簿、分类账簿和备查账簿；按外表形式分类，可以分为订本式账簿、活页式账簿和卡片式账簿等；按账页格式分类，可以分为三栏式账簿、多栏式账簿、数量金额式账簿、横线登记式账簿。

账务处理程序也称会计核算组织程序或会计核算形式，是指会计凭证、会计账簿、财务报表相结合的方式。该程序包括会计凭证和账簿的种类、格式，会计凭证与账簿之间的联系方法，由原始凭证到编制记账凭证、登记明细分类账和总分类账、编制财务报表的工作程序和方法等。

【主要概念】

会计凭证；会计账簿；账务处理程序。

【简答题】

1. 什么是会计凭证？会计凭证有何作用？
2. 会计凭证包括哪些内容？
3. 为什么要设置会计账簿？会计账簿分类有哪些？其优缺点各是什么？

第五章
货币资金及应收款项

【学习目标】

知识目标：理解并掌握货币资金的会计处理、应收账款核算的总价法。

技能目标：能够运用本章所学知识对货币资金、应收账款、应收票据、预付及其他应收款项、坏账等内容进行正确的账务处理。

能力目标：理解并掌握货币资金、应收款项以及坏账的概念与会计核算。

【知识点】

货币资金、应收账款、应收票据、预付及其他应收款项、坏账等。

【篇头案例】

兴华公司的出纳在某两天现金业务结束后，例行进行现金清查，分别发现现金短缺 50 元和现金溢余 30 元。对此，他经过反复思考也未找到原因。为了保全自己的面子，同时又考虑到两次账实不符的金额很小，他决定采取下列办法进行处理：现金短缺 50 元，自掏腰包补齐；现金溢余 30 元，暂时收起。由于该公司高层管理部门一般对公司银行存款的实际金额并不清楚具体实际数额，这甚至有时会影响公司日常业务的核算，因此公司经理指派有关人员检查一下出纳的工作。结果发现这样的状况：出纳每次编制银行存款余额调节表时，只根据公司银行存款日记账的余额加或减对账单中企业的未入账款项来确定公司银行存款的实有数，而且出纳在每次做完此项调节工作后，就立即将这些未入账的款项登记入账。

思考：兴华公司出纳的做法有哪些不妥之处？

第一节　货币资金

货币资金是指货币形态的资金，是资产负债表的一个流动资产项目，包括库存现金、银行存款和其他货币资金。其他货币资金包括外埠存款、银行汇票存款、银行本票存款、信用证保证金存款、信用卡存款、存出投资款等。在资产负债表中，流动资产大类下的"货币资金"是根据"库存现金""银行存款""其他货币资金"三个总账科目的借方余额合计数填列的。

货币资金是企业资金运动的起点和终点、是企业生产经营的先决条件。随着再生产过程的进行，企业会形成频繁的货币资金的收支。企业取得现金投资、接受现金捐赠、取得银行借款、销售产品后取得货款收入等，会形成货币资金的收入；购买材料、支付工资及其他费用、归还借款以及缴纳税费等，会形成货币资金的支出。

一、库存现金

库存现金是指存放于企业财会部门、由出纳人员经管的货币。本章中所提到的现金指库存现金，属于狭义的现金概念。库存现金是企业流动性最强的资产，企业应当严格遵守国家有关现金管理制度，正确进行现金收支的核算，监督现金使用的合法性与合理性。

根据《现金管理暂行条例》的规定，开户单位之间的经济往来，除了按该条例规定的范围可以使用现金外，应当通过开户银行进行转账结算。现金的使用范围如下：

（1）职工工资、津贴。

（2）个人劳务报酬。

（3）根据国家规定颁发给个人的科学技术、文化艺术、体育等各种资金。

（4）各种劳保、福利费用以及国家规定的对个人的其他支出。

（5）向个人收购农副产品和其他物资的价款。

（6）出差人员必须随身携带的差旅费。

（7）结算起点以下的零星支出。

（8）中国人民银行确定需要支付现金的其他支出。

《现金管理暂行条例》规定的结算起点为 1 000 元。

因采购地点不固定、交通不便、生产或市场急需、抢险救灾以及其他特殊情况下必须使用现金的，开户单位应当向开户银行提出申请，由本单位财会部门负责人签字或盖章，经开户银行审核后，予以支付现金。

开户银行应当根据实际需要，核定开户单位 3~5 天的日常零星开支所需的库存现金限额。边远地区和交通不发达地区的开户单位可按多于 5 天，但不得超过 15 天的日常零星开支的需要确定。经核定的库存现金限额，需要增加或减少的，应当向开户银行提出申请，由开户银行核定。

开户单位现金收入应于当日送存银行；如当日送存确有困难，由开户银行确定送存时间。开户单位支付现金，可以从本单位库存现金限额中支付或者从开户银行提取，不得从本单位的现金收入中直接支付（"坐支"）。企业从开户银行提取现金，应当如实写明用途，由本单位财会部门负责人签字或盖章，经开户银行审核后，予以支付现金。

（一）库存现金收付的日常业务核算

企业设"库存现金"科目核算库存现金的收付、结存情况。该科目借方登记库存现金的增加额，贷方登记库存现金的减少额；期末余额在借方，反映库存现金的余额。企业收取现金时，借记"库存现金"科目，贷记有关科目；支付现金时，借记有关科目，贷记"库存现金"科目。

企业应当设置库存现金总分类账和库存现金日记账，分别进行库存现金的总分类核算和明细分类核算。库存现金日记账由出纳人员按照业务发生的先后顺序逐笔登记。每日终了，应当在库存现金日记账上计算出当日的库存现金收入合计额、库存现金支出合计额和结余额，并将库存现金日记账的账面结余额与实际库存现金额相核对，保证账款相符。月度终了，库存现金日记账的余额应当与"库存现金"总账的余额核对，做到账账相符。

【例5-1】兴华公司有关现金的日常业务的会计分录编制。

①兴华公司将现金368 000元存到银行。

借：银行存款　　　　　　　　　　　　　　　　　368 000
　　贷：库存现金　　　　　　　　　　　　　　　　　　368 000

②兴华公司签发支票，从银行存款账户取出15 000元现金。

借：库存现金　　　　　　　　　　　　　　　　　15 000
　　贷：银行存款　　　　　　　　　　　　　　　　　　15 000

（二）库存现金借支的核算

职工出差预支差旅费，通过"其他应收款"科目核算。

职工预支差旅费时，企业应借记"其他应收款"科目，贷记"库存现金"科目。职工凭发票报账时，企业应按经批准的报销金额借记"管理费用""销售费用"科目，贷记"其他应收款"科目，按照收回的（或者补付的）现金借记（或贷记）"库存现金"科目。

【例5-2】兴华公司采购员小明因公出差，借支现金21 000元。

借：其他应收款——小明　　　　　　　　　　　　21 000
　　贷：库存现金　　　　　　　　　　　　　　　　　　21 000

小明差旅费花了15 000元，经批准予以报销。小明交回相关的发票和现金余款6 000元。

借：库存现金　　　　　　　　　　　　　　　　　6 000
　　管理费用　　　　　　　　　　　　　　　　　15 000
　　贷：其他应收款——小明　　　　　　　　　　　　　21 000

（三）库存现金盘点发生短缺或溢余时的核算

根据《会计基础工作规范》的规定，库存现金应当定期进行盘点，一般采用实地盘点法，盘点时出纳人员应在场。企业对于清查的结果应当编制现金盘点报告单，现金的账面余额必须与库存数相符。若账款不符，则应通过"待处理财产损溢——待处理流动资产损溢"科目核算现金短缺或溢余，按管理权限报经批准后进行账务处理。

企业设置"待处理财产损溢——待处理流动资产损溢"科目核算企业在财产清查过程中查明的各种流动资产盘盈、盘亏和毁损的处理情况。该科目可按盘盈、盘亏的资产种类和项目进行明细核算。企业的财产损益，应查明原因，在期末结账前处理完毕，处理后该科目无余额。

对于现金短缺的情形，属于应由责任人赔偿或保险公司赔偿的部分，记入其他应收款；属于无法查明的其他原因，记入管理费用。对于现金溢余的情形，属于应支付给有关人员或单位的，记入其他应付款；属于无法查明原因的，记入营业外收入。

值得注意的是，财政部会计资格评价中心编写的全国会计专业技术资格考试辅导教材《初级会计实务》一书中给出的会计处理规则如下：无法查明原因的现金短缺，记入"管理费用"科目；无法查明原因的现金溢余，记入"营业外收入"科目。

【例5-3】兴华公司盘点库存现金的账务处理如下：

①现金短缺的情形（实际款数少于账簿记载金额）。

兴华公司发现现金短缺8 000元：

借：待处理财产损溢——待处理流动资产损溢   8 000

  贷：库存现金   8 000

经查明，兴华公司应向员工李丽追回个人借款3 000元（借款当时未立借据），其余原因不明，计入管理费用。

借：其他应收款——李丽   3 000

  管理费用   5 000

  贷：待处理财产损溢——待处理流动资产损溢   8 000

②现金溢余的情形（实际款数多于账簿记载金额）。

兴华公司发现现金溢余2 000元：

借：库存现金   2 000

  贷：待处理财产损溢——待处理流动资产损溢   2 000

溢余原因不明，经批准计入营业外收入：

借：待处理财产损溢——待处理流动资产损溢   2 000

  贷：营业外收入   2 000

二、银行存款

银行存款是存款人存放在银行或其他金融机构的货币资金。根据国家相关规定，凡独立核算的单位都必须在其所在地银行开立账户，办理存款、取款以及各种转账业务。

企业的货币资金，除了在规定限额以内可以保存少量的库存现金以外，其余都必须存入银行。银行存款的收支业务由出纳负责办理。每笔银行存款收入和支出业务，都必须根据经过审核无误的原始凭证编制记账凭证。

（一）银行结算账户的分类

银行结算账户是指银行为存款人开立的办理资金收付结算的人民币活期存款账户。银行结算账户按存款人分为单位银行结算账户和个人银行结算账户。

根据《人民币银行结算账户管理办法》的规定，存款人以单位名称开立的银行结算账户为单位银行结算账户，按用途分为基本存款账户、一般存款账户、专用存款账户、临时存款账户。

基本存款账户是企业因办理日常转账结算和现金收付业务需要开立的银行结算账户，是企业的主办账户。企业日常经营活动的资金收付、库存现金的支取以及员工工资、奖金的发放，应该通过该账户来办理。

一般存款账户是企业因借款或其他结算需要，在基本存款账户开户银行以外的银行营业机构开立的银行结算账户，用于办理借款转存、借款归还和其他结算的资金收付。该账户可以办理现金缴存，但不得办理现金支取。

专用存款账户是指存款人按照法律、行政法规和规章制度的规定，对其特定用途的资金，如基本建设资金、更新改造资金、证券交易结算资金、单位银行卡备用金、社会保障基金等，进行专项管理和使用而开立的银行结算账户，用于办理各项专用资金的收付。

临时存款账户是指存款人因临时需要并在规定期限内使用而开立的银行结算账户。该账户主要用于设立临时机构以及存款人异地临时经营活动、注册验资活动发生的资金收付。临时存款账户的有效期最长不得超过 2 年。临时存款账户支取现金，应该按照国家关于现金管理的相关规定办理。

个人银行结算账户是自然人开立的可以办理支付结算业务的存款账户，用于办理个人转账收付和现金支取。自然人可以根据需要申请开立个人银行结算账户，也可以在已开立的储蓄账户中选择并向开户银行申请确认为个人银行结算账户。

（二）银行结算方式

企业日常大量的与其他单位或个人的经济业务往来都是通过银行结算的。为了规范支付结算行为，保障支付结算活动中当事人的合法权益，加速资金周转和商品流通，中国人民银行根据《中华人民共和国票据法》和《票据管理实施办法》制定了《支付结算办法》，规定了企业可以选择使用的票据结算工具和结算方式，即"四票""三式"以及信用卡和国际贸易中采用的信用证结算方式。

1. 银行汇票

银行汇票是指由出票银行签发的，由其在见票时按照实际结算金额无条件支付给收款人或持票人的票据。银行汇票的出票银行为银行汇票的付款人。单位和个人各种款项的结算都可以使用银行汇票。银行汇票可以用于转账，填明"现金"字样的银行汇票也可以用于支取现金。

银行汇票的提示付款期限为自出票日起 1 个月。持票人超过付款期限提示付款的，代理付款人不予受理。申请人使用银行汇票，应向出票银行填写银行汇票申请书，填明收款人名称、汇票金额、申请人名称、申请日期并签章，签章为预留银行的签章。申请人和收款人均为个人，需要使用银行汇票向代理付款人支取现金的，申请人必须在银行汇票申请书上填明代理付款人名称，在"汇票金额"栏先填写"现金"字样，后填写汇票金额。申请人或收款人为单位的，不得在"银行汇票申请书"上填明"现金"字样。

企业取得银行汇票后即可持银行汇票向收款单位办理结算。收款单位受理付款单位交付的银行汇票时，应在出票金额以内，根据实际需要的款项办理结算，并将实际结算金额和多余金额准确、清晰地填入银行汇票和解讫通知的有关栏内，未填明实际结算金额和多余金额或实际结算金额超过出票金额的，银行不予受理。银行汇票的实际结算金额低于出票金额的，其多余金额由出票银行退交申请企业。

收款单位可以将银行汇票背书转让给被背书人。银行汇票的背书转让以不超过出票金额的实际结算金额为准。未填写实际结算金额或实际结算金额超过出票金额的银行汇票不得背书转让。银行汇票丧失，失票人可以凭人民法院出具的其享有票据权利的证明，向出票银行请求付款或退款。

2. 商业汇票

商业汇票是由出票人签发的，委托付款人在指定日期无条件支付确定的金额给收款人或持票人的票据。商业汇票既可用于同城结算也可用于异地结算。在银行开立存款账户的法人以及其他组织必须具有真实的交易关系或债权债务关系，才能使用商业汇票。商业汇票按承兑人不同，可以分为商业承兑汇票和银行承兑汇票。

商业承兑汇票是按照交易双方约定，由付款人或收款人签发，由银行以外的付款人承兑的商业汇票。付款人承兑商业汇票时，应当在汇票正面记载"承兑"字样和承兑日期并签章。承兑不得附有条件，否则视为拒绝承兑。汇票到期时，持票人应在提示付款期限（自汇票到期日起 10 日）内通过开户银行委托收款或直接向付款人提示付款。如果付款人存款账户不足以支付票款，银行将填制付款人未付票款通知书，连同商业承兑汇票通过持票人开户银行退回持票人。

银行承兑汇票是按照交易双方约定，由在承兑银行开立存款账户的付款人签发的商业汇票。承兑银行按票面金额向出票人收取 0.05% 的手续费。银行承兑汇票的出票人应于汇票到期前将票款足额交存其开户银行。承兑银行应在汇票到期日或到期日后的见票当日支付票款。如果银行承兑汇票的出票人对于汇票到期日未能足额交存票款，承兑银行除凭票向持票人无条件付款外，对出票人尚未支付的汇票金额按照每天 0.05% 计收利息。

商业汇票的付款期限由交易双方商定，最长不得超过 6 个月。汇票到期，付款人或承兑银行存在合法抗辩事由拒绝支付的，应自接到付款通知或商业汇票的次日起 3 日内，出具拒绝付款证明，通过持票人开户银行转交持票人。

商业汇票可以背书转让。符合条件的商业汇票的持票人可持未到期的商业汇票连同贴现凭证向银行申请贴现。商业汇票的持票人向银行办理贴现必须具备下列条件：

（1）在银行开立存款账户的企业法人以及其他组织。

（2）与出票人或直接前手之间具有真实的商品交易关系。

（3）提供与其直接前手之间的增值税发票和商品发运单据复印件。

3. 银行本票

银行本票是由出票银行签发的，承诺自己在见票时无条件支付确定金额给收款人或持票人的票据。单位或个人在同一票据交换区域需要支付各种款项，都可以使用银行本票。银行本票可以用于转账，填明"现金"字样的银行本票也可以用于支取现金，现金银行本票的申请人和收款人均为个人。申请人或收款人为单位的，不得申请签发现金银行本票。银行本票的提示付款期限自出票日起最长不得超过两个月。

企业申请使用银行本票时，应填写银行本票申请书，填明收款人名称、申请人名称、支付金额、申请日期等事项并签章。银行本票见票即付。持票人超过提示付款期限没有获得付款的，在票据权利时效内向出票银行做出说明，并提供本人身份证或单位证明，可持银行本票向出票银行请求付款。银行本票丧失，持票人可以凭人民法院出具的其享有票据权利的证明，向出票银行请求付款或退款。

4. 支票

支票是由出票人签发的，委托办理支票存款业务的银行在见票时无条件支付确定的金额给收款人或持票人的票据。支票上印有"现金"字样的为现金支票，现金支票只能用于支取现金。支票上印有"转账"字样的为转账支票，转账支票只能用于转账。

单位或个人在同一票据交换区域的各种款项结算都可以使用支票。支票的出票人为经中国人民银行当地分支行批准办理支票业务的银行机构开立可以使用支票的存款账户的单位和个人。支票的出票人签发支票的金额不得超过付款时在付款人处实有的存款金额，禁止签发空头支票。支票的提示付款期限为自出票日起 10 日，但中国人民银行另有规定的除外。超过提示付款期限提示付款的，持票人开户银行不予受理，付款人不予付款。在付款期限内，出票人在付款人处的存款足以支付支票金额时，付款人应当在见票当日足额付款。

5. 汇兑

汇兑是汇款人委托银行将其款项支付给收款人的结算方式。单位和个人的各种款项的结算都可以使用汇兑结算方式。汇兑分为电汇和信汇两种，由汇款人自行选择。

信汇是指汇款人委托银行通过邮寄方式将款项划转给收款人；电汇是指汇款人委托银行通过电报方式将款项划转给收款人。汇兑结算方式适用于异地之间的各种款项结算，划拨款项简便、灵活。

6. 托收承付

托收承付是根据购销合同由收款人发货后委托银行向异地付款人收取款项，由付款人向银行承认付款的结算方式。使用托收承付结算方式的收款单位和付款单位，必须是国有企业、供销合作社以及经营管理较好，并经开户银行审查同意的城乡集体所有制工业企业。办理托收承付结算的款项，必须是商品交易以及因商品交易而产生的劳务供应的款项。代销、寄销、赊销商品的款项不得办理托收承付结算。

收付双方使用托收承付结算方式必须签有符合《中华人民共和国经济合同法》的购销合同，并在合同上订明使用托收承付结算方式。托收承付结算每笔的金额起点为 10 000 元，新华书店系统每笔的金额起点为 1 000 元。

收款人按照签订的购销合同发货后，应将托收凭证并附发运凭证或其他符合托收承付结算的有关证明和交易单证送交银行，办理托收。托收承付结算款项的划回方式分为邮寄和电报，由收款人选用。

付款人（购货单位）收到托收凭证及其附件后，应在承付期内审查核对，安排资金。购货单位承付货款有验单承付和验货承付两种方式，由收付双方商量选用，并在合同中明确规定。验单承付期为 3 天，从购货单位开户银行发出通知的次日算起（承付期内遇法定节假日顺延）；验货付款的承付期为 10 天，从运输部门向付款人发出提货通知的次日算起，付款人在承付期内，未向银行表示拒绝付款，银行即视为承付，在承付期满的次日上午将款项划给收款人。

7. 委托收款

委托收款是指收款人委托银行向付款人收取款项的结算方式。单位和个人凭已承兑的商业汇票、债券、存单等付款人债务证明办理款项的结算，都可以使用委托收款结算方式。委托收款在同城、异地均可以使用，不受金额起点限制，其结算款项的划回方式分为邮寄和电报两种，由收款人选用。

委托收款以银行为付款人的，银行应在当日将款项主动支付给收款人；以单位为付款人的，银行通知付款人后，付款人应于接到通知当日书面通知银行付款。付款人审查有关债务证明后，对收款人委托收取的款项需要拒绝付款的，有权提出拒绝付款。

在同城范围内，收款人收取公用事业费，必须具有收付双方事先签订的经济合同，由付款人向开户银行授权，并经开户银行同意，经中国人民银行当地分支行批准，可以使用同城特约委托收款。

8. 信用卡

信用卡是指商业银行向个人和单位发行的，向特约单位购物、消费和向银行存取现金，且具有消费信用的特制载体卡片。信用卡按使用对象分为单位卡和个人卡。凡在中国境内金融机构开立基本存款账户的单位均可申领单位卡。单位卡可申领若干张，持卡人资格由申领单位法定代表人或其委托的代理人书面指定和注销。单位卡账户的资金一律从其基本存款账户转账存入，不得交存现金，不得将销货收入的款项存入其账户。单位的款项严禁存入个人卡账户。单位卡一律不得支取现金，不得用于 10 万元以上的商品交易、劳务供应款项结算。

9. 信用证

信用证是指开证银行依据申请人的申请开出的、凭符合信用证条款的单据支付的付款承诺。信用证结算方式是国际贸易结算的一种主要方式。经中国人民银行批准经营结算业务的商业银行总行以及经商业银行总行批准开办信用证结算业务的分支机构也可以办理国内企业之间商品交易的信用证结算业务。

采用信用证结算方式时，收款单位收到信用证后，即备货装运，签发有关发票账单，连同运输单据和信用证送存银行，根据退还的信用证等有关凭证编制收款凭证；付款单位在接到开证行的通知时，根据付款的有关单据编制付款凭证。

（三）银行存款的核算

企业设"银行存款"科目核算其银行存款的收付和结存情况。"银行存款"科目借方登记银行存款的增加额，贷方登记银行存款的减少额；期末余额在借方，反映银行存款的余额。

企业接受付款人交付的支票时，应在转账收款完毕时，借记"银行存款"科目，根据具体情形贷记"主营业务收入"或"应收账款"等相关科目。

企业接受付款人通过汇兑方式转账支付的款项，收取通过托收承付方式或委托收款方式结算的款项时，应在收到收款通知书时借记"银行存款"科目，根据具体情形贷记"主营业务收入"或"应收账款"等相关科目。

企业签发支票支取现金、通过汇兑等转账结算方式支付款项时，借记"库存现金""原材料""库存商品"等相关科目，贷记"银行存款"科目。

【例5-4】兴华公司20×8年2月销售产品确认收入 1 000 000 元，收到支票已送存银行。（不考虑相关税费）

兴华公司账务处理如下：

借：银行存款　　　　　　　　　　　　　　　　　　　　1 000 000

　　贷：主营业务收入　　　　　　　　　　　　　　　　　　1 000 000

【例5-5】兴华公司20×8年2月购入一批原材料，价款50 000元，货款已通过转账支付，材料已经到达并验收入库。（不考虑相关税费）

兴华公司账务处理如下：

借：原材料　　　　　　　　　　　　　　　　　　　　　　50 000

　　贷：银行存款　　　　　　　　　　　　　　　　　　　　50 000

（四）银行存款余额调节表

企业应当设置银行存款总账和银行存款日记账，分别进行银行存款的总分类核算和明细分类核算。企业可以按开户银行和其他金融机构、存款种类等设置银行存款日记账，根据收付款凭证，按照业务的发生顺序逐笔登记。每日终了，企业应结出余额。银行存款日记账应定期与银行对账单核对，至少每月核对一次。

企业银行存款账面余额与银行对账单余额之间如有差额，应编制银行存款余额调节表调节相符，如没有记账错误，调节后的双方余额应相等。

导致企业银行存款账面余额与银行对账单余额之间产生差异的原因多为记账错误或存在未达账项。发生未达账项的具体情况有以下四种：一是企业已收款入账，银行尚未收款入账；二是企业已付款入账，银行尚未付款入账；三是银行已收款入账，企业尚未收款入账；四是银行已付款入账，企业尚未付款入账。编制银行存款余额调节表（见表5-1）的目的只是核对账目，银行存款余额调节表本身并不能充当调整银行存款账面余额的会计凭证。

表5-1　银行存款余额调节表　　　　　　　　单位：元

项目	金额	项目	金额
企业银行存款日记账余额		银行对账单余额	
加：银行已收、企业未收款		加：企业已收、银行未收款	
减：银行已付、企业未付款		减：企业已付、银行未付款	
调节后（应有）余额		调节后（应有）余额	

【例5-6】兴华公司20×8年5月1日银行存款日记账的余额为54 000元，银行转来对账单的余额为83 000元。经逐笔核对，兴华公司发现以下未达账项：

（1）兴华公司送存转账支票60 000元，并已登记银行存款增加，但银行尚未记账。

（2）兴华公司开出转账支票45 000元，但持票单位尚未到银行办理转账，银行尚未记账。

（3）兴华公司委托银行代收某公司购货款48 000元，银行已收妥并登记入账，但企业尚未收到收款通知，尚未记账。

（4）银行代兴华公司支付电话费4 000元，银行已登记企业银行存款减少，但企业未收到银行付款通知，尚未记账。

银行存款余额调节表编制如表 5-2 所示。

表 5-2　银行存款余额调节表　　　　　　　　　　单位：元

项目	金额	项目	金额
企业银行存款日记账余额	54 000	银行对账单余额	83 000
加：银行已收、企业未收款	48 000	加：企业已收、银行未收款	60 000
减：银行已付、企业未付款	4 000	减：企业已付、银行未付款	45 000
调节后（应有）余额	98 000	调节后（应有）余额	98 000

三、其他货币资金

其他货币资金是指企业除库存现金、银行存款以外的各种货币资金，主要包括银行汇票存款、银行本票存款、信用卡存款、信用证保证金存款、存出投资款、外埠存款等。

企业设"其他货币资金"科目核算其银行汇票存款、银行本票存款、信用卡存款、信用证保证金存款、存出投资款、外埠存款等各种其他货币资金。该科目借方登记增加数，贷方登记减少数，期末余额在借方，反映企业持有的其他货币资金余额。该科目可以按外埠存款的开户银行、银行汇票或本票、信用证的收款单位，设"银行汇票""银行本票""信用卡""信用证保证金""存出投资款"等明细科目进行明细核算。

（一）银行汇票存款和银行本票存款

企业申请办理银行汇票、银行本票，将款项交存银行时，借记"其他货币资金——银行汇票或银行本票"科目，贷记"银行存款"科目。企业将银行汇票、银行本票用于实际开支时，借记"在途物资"或"原材料""库存商品""应交税费——应交增值税（进项税额）"等科目，贷记"其他货币资金——银行汇票或银行本票"科目。企业收回剩余款项时，借记"银行存款"科目，贷记"其他货币资金——银行汇票或银行本票"科目。企业收到银行汇票或银行本票、填制进账单到开户银行办理款项入账手续时，根据进账单及销售发票等，借记"银行存款"科目，贷记"主营业务收入""应交税费——应交增值税（销项税额）"等科目。

【例 5-7】兴华公司申请开出 100 000 元的银行汇票用于异地采购。

缴存该笔款项的账务处理如下：

借：其他货币资金——银行汇票　　　　　　　　　　　100 000
　　贷：银行存款　　　　　　　　　　　　　　　　　　　　100 000

使用银行汇票支付采购款 79 100 元（其中增值税进项税额为 9 100 元）的账务处理如下：

借：在途物资　　　　　　　　　　　　　　　　　　　70 000
　　应交税费——应交增值税（进项税额）　　　　　　　9 100
　　贷：其他货币资金——银行汇票　　　　　　　　　　　　79 100

收到退回的余款时：

借：银行存款　　　　　　　　　　　　　　　　　　　20 900
　　贷：其他货币资金——银行汇票　　　　　　　　　　　　20 900

（二）信用卡存款

信用卡按是否向发卡银行交存备用金分为贷记卡、准贷记卡两类。贷记卡是指发卡银行给予持卡人一定的信用额度，持卡人可以在信用额度内先消费、后还款的信用卡。准贷记卡是指持卡人须先按发卡银行要求交存一定金额的备用金，当备用金账户余额不足支付时，可在发卡银行规定的信用额度内透支的信用卡。准贷记卡的透支期限最长为 60 天，贷记卡的首月最低还款额不得低于其当月透支余额的 10%。

企业应填制信用卡申请表，连同支票和有关资料一并送存发卡银行，根据银行盖章退回的进账单第一联，借记"其他货币资金——信用卡"科目，贷记"银行存款"科目。企业用信用卡购物或支付有关费用，收到开户银行转来的信用卡存款的付款凭证及所附发票账单，借记"管理费用"等科目，贷记"其他货币资金——信用卡"科目。企业信用卡在使用过程中，需要向其账户续存资金的，借记"其他货币资金——信用卡"科目，贷记"银行存款"科目。企业的持卡人如不需要继续使用信用卡时，应持信用卡主动到发卡银行办理销户。销卡时，单位卡科目余额转入企业基本存款户，不得提取现金，借记"银行存款"科目，贷记"其他货币资金——信用卡"科目。

（三）信用证保证金存款

信用证保证金存款是指企业为了开具信用证而存入开证行的信用证保证金专户存款。

开证申请人使用信用证时，应委托其开户银行办理开证业务。开证行根据申请人提交的开证申请书、信用证申请人承诺书及购销合同决定是否受理开证业务。开证行在决定受理该项业务时，应向申请人收取不低于开证金额 20% 的保证金，并可根据申请人资信情况要求其提供抵押、质押或由其他金融机构出具保函。开证行开立信用证，应按规定向申请人收取开证手续费及邮电费。

企业填写信用证申请书，将信用证保证金交存银行时，应根据银行盖章退回的信用证申请书回单，借记"其他货币资金——信用证保证金"科目，贷记"银行存款"科目。企业接到开证行通知，根据供货单位信用证结算凭证及所附发票账单，借记"在途物资"或"原材料""库存商品""应交税费——应交增值税（进项税额）"等科目，贷记"其他货币资金——信用证保证金"科目。企业将未用完的信用证保证金存款余额转回开户银行时，借记"银行存款"科目，贷记"其他货币资金——信用证保证金"科目。

（四）存出投资款

存出投资款是指企业已存入证券公司但尚未进行投资的资金。

企业向证券公司划出资金时，应按实际划出的金额，借记"其他货币资金——存出投资款"科目，贷记"银行存款"科目；购买股票、债券等时，借记"交易性金融资产"等科目，贷记"其他货币资金——存出投资款"科目。

【例 5-8】兴华公司短期投资及其账务处理情况如下：

兴华公司向证券公司划出 9 000 000 元，准备进行短期股票投资。其账务处理如下：

  借：其他货币资金——存出投资款   9 000 000

   贷：银行存款   9 000 000

兴华公司用 8 880 000 元购入某只股票，列为"交易性金融资产"。其账务处理如下：

  借：交易性金融资产——成本   8 880 000

   贷：其他货币资金——存出投资款   8 880 000

（五）外埠存款

外埠存款是指企业为了在外地进行临时或零星采购而汇到设在外地（采购地）的临时存款账户的款项。

企业将款项汇往外地时，应填写汇款委托书，委托开户银行办理汇款。汇入地银行以汇款单位名义开立临时采购账户。该账户的存款不计利息、只付不收、付完清户，除了采购人员可从中提取少量现金外，一律采用转账结算。企业将款项汇往外地开立采购专用账户时，根据汇出款项凭证，编制付款凭证，进行账务处理，借记"其他货币资金——外埠存款"科目，贷记"银行存款"科目；收到采购人员转来供应单位发票账单等报销凭证时，借记"在途物资"或"原材料""库存商品""应交税费——应交增值税（进项税额）"等科目，贷记"其他货币资金——外埠存款"科目；采购完毕收回剩余款项时，根据银行的收账通知，借记"银行存款"科目，贷记"其他货币资金——外埠存款"科目。

第二节 应收账款

应收账款是指企业在日常的经营过程中因销售商品、产品、提供劳务等业务，应向购货单位收取的款项，主要包括企业销售商品或提供劳务等应向有关债务人收取的价款、增值税销项税额及代购货单位垫付的包装费、运杂费等。

为了反映和监督应收账款的增减变动及其结存情况，企业应设置"应收账款"科目核算企业因销售商品、产品提供劳务等经营活动应收取的款项。"应收账款"科目可以按债务人进行明细核算。该科目借方登记由于销售商品、产品以及提供劳务等而发生的应收账款（应收账款的增加额），包括应收取的价款、税款以及代垫款等，贷方登记已经收回的应收账款（应收账款的减少额），期末余额如在借方，反映企业尚未收回的应收账款；期末余额如在贷方，表示企业预收的账款。

一、通常情形下应收账款的核算

企业记录应收账款时，按应收金额，借记"应收账款"科目，按确认的营业收入，贷记"主营业务收入"等科目。企业收回应收账款时，借记"银行存款"等科目，贷记"应收账款"科目。涉及增值税销项税额的，企业应进行相应的处理。

企业代购货单位垫付的包装费、运杂费，借记"应收账款"科目，贷记"银行存款"等科目；收回代垫费用时，借记"银行存款"科目，贷记"应收账款"科目。

【例 5-9】兴华公司销售给 A 公司一批产品，不含税价款为 300 000 元，增值税额为 39 000 元，以银行存款代垫运杂费 6 000 元。

销售成立，记录债权时，企业账务处理如下：

借：应收账款　　　　　　　　　　　　　　　　　345 000
　　贷：主营业务收入　　　　　　　　　　　　　　300 000
　　　　应交税费——应交增值税（销项税额）　　　 39 000
　　　　银行存款　　　　　　　　　　　　　　　　 6 000

需要说明的是，企业代购货单位垫付包装费、运杂费也应计入应收账款，通过"应收账款"科目核算。

实际收到款项时，企业账务处理如下：

借：银行存款　　　　　　　　　　　　　　　　　345 000
　　贷：应收账款　　　　　　　　　　　　　　　　345 000

二、商业折扣的会计处理

商业折扣是指企业为促进商品销售而在商品标价上给予的价格优惠，就是大家所熟悉的"打折"。企业销售商品涉及商业折扣的，应当按照扣除商业折扣后的金额确定销售商品收入的金额。

【例 5-10】兴华公司销售给 B 公司一批产品，按照价目表上标明的价格计算，其不含税售价金额为 20 000 元。由于是批量销售，兴华公司给予 B 公司 10% 的商业折扣。适用的增值税率为 13%。兴华公司为 B 公司代垫运费 100 元（用现金支付）。

销售成立，记录债权时，企业账务处理如下：

借：应收账款　　　　　　　　　　　　　　　　　20 440
　　贷：主营业务收入　　　　　　　　　　　　　　18 000
　　　　应交税费——应交增值税（销项税额）　　　 2 340
　　　　库存现金　　　　　　　　　　　　　　　　 100

实际收到款项时，企业账务处理如下：

借：银行存款　　　　　　　　　　　　　　　　　20 440
　　贷：应收账款　　　　　　　　　　　　　　　　20 440

三、现金折扣的会计处理

现金折扣是指在赊销方式的交易中销售方为鼓励采购方在约定期限内提早付款而提供的付款优惠，严格地说就是"提前付款折扣"。例如，购销双方可能在买卖合同中约定，购货方应在 30 天内付清全款，如果在 10 天内付款，则可享受 2% 的折扣，如果在 20 天内付款，则可享受 1% 的折扣。这样的付款条件在国际商务中常常简写为"2/10，1/20，n/30"。

现金折扣是实际成交价格形成之后销售方推出的鼓励采购方提前付款的收款策略，销售方和采购方都需要对现金折扣进行账务处理。

根据我国企业会计准则的规定，销售货物涉及现金折扣的，应当以扣除现金折扣前的金额记录作为应收账款的入账价值；现金折扣在实际发生时记入"财务费用"科目。这种账务处理规则就是会计理论研究中所称的"总价法"或"总价入账法"。

研究者进行理论探讨时提出了应收账款会计核算的"净价法"。如果采用这种方法，企业应在销售成立时将扣除最大额度的现金折扣后的债权金额（"净价"）作为应收账款的入账价值。客户的实际付款时间如果与先前的估计有出入，则需另行进行调整处理。

作为对比，"总价法"可以全面地反映销售和收款过程。"净价法"仅有理论探讨价值，其实用价值较差。因此，我国的会计法规体系要求采用的是"总价法"。

【例5-11】兴华公司6月1日向C公司销售一批产品，不含税售价为10 000 000元，增值税税额为1 300 000元。为了使货款尽快到账，兴华公司给出的现金折扣条款是"2/10，1/20，n/30"。（假定计算现金折扣包括增值税）

以下分别采用总价法和净价法进行账务处理。

（1）基于总价法的账务处理。

①销售成立时的账务处理如下：

借：应收账款 11 300 000
　　贷：主营业务收入 10 000 000
　　　　应交税费——应交增值税（销项税额） 1 300 000

②假设C公司于10日内支付了全部价款，账务处理如下：

借：银行存款 11 074 000
　　财务费用 226 000
　　贷：应收账款 11 300 000

③假设C公司于10日后、20日内支付了全部价款，账务处理如下：

借：银行存款 11 187 000
　　财务费用 113 000
　　贷：应收账款 11 300 000

④假设C公司于20日后、30日内支付了全部价款，账务处理如下：

借：银行存款 11 300 000
　　贷：应收账款 11 300 000

（2）基于净价法的账务处理。

①销售成立时的账务处理如下：

借：应收账款 11 074 000
　　财务费用 226 000
　　贷：主营业务收入 10 000 000
　　　　应交税费——应交增值税（销项税额） 1 300 000

②假设C公司于10日内支付了全部价款，账务处理如下：

借：银行存款 11 074 000
　　贷：应收账款 11 074 000

③假设C公司于10日后、20日内支付了全部价款，账务处理如下：

借：银行存款 11 187 000

　　　　贷：应收账款　　　　　　　　　　　　　　　　　　　11 074 000

　　　　　　财务费用　　　　　　　　　　　　　　　　　　　　　113 000

④假设 C 公司于 20 日后、30 日内支付了全部价款，账务处理如下：

借：银行存款　　　　　　　　　　　　　　　　　　　　11 300 000

　　贷：应收账款　　　　　　　　　　　　　　　　　　　11 074 000

　　　　财务费用　　　　　　　　　　　　　　　　　　　　　226 000

第三节　应收票据

　　应收票据是指企业因销售商品或产品、提供劳务等收到的商业汇票。商业汇票是一种由出票人签发的，委托付款人在指定日期无条件支付确定金额给收款人或持票人的票据。根据承兑人不同，商业汇票分为商业承兑汇票和银行承兑汇票。

　　为了核算和监督应收票据取得、票款收回等经济业务，企业应当设置"应收票据"科目，借方登记取得的应收票据的面值，贷方登记到期收回票款或到期前向银行贴现的应收票据的票面余额；期末余额在借方，反映企业持有的商业汇票的票面金额。

　　"应收票据"科目可以按照开出、承兑商业汇票的单位进行明细核算，并设置应收票据备查簿，逐笔登记商业汇票的种类、号数和出票日、票面金额、交易合同号和付款人、承兑人、背书人的姓名或单位名称、到期日、背书转让日、贴现日、贴现率和贴现净额以及收款日和收回金额、退票情况等资料。商业汇票到期结清票款或退票后，在备查簿中应予注销。

一、取得应收票据和收回到期票款

　　应收票据取得的原因不同，其会计处理亦有所区别。企业因债务人抵偿前欠货款而取得的应收票据，借记"应收票据"科目，贷记"应收账款"科目；因销售商品或产品、提供劳务等收到开出、承兑的商业汇票，借记"应收票据"科目，贷记"主营业务收入""应交税费——应交增值税（销项税额）"等科目。

　　商业汇票到期收回款项时，企业应按实际收到的金额，借记"银行存款"科目，贷记"应收票据"科目。

【例 5-12】兴华公司向 A 公司销售一批产品，货款为 1 500 000 元，尚未收到，已办妥托收手续，适用增值税税率为 13%。

兴华公司账务处理如下：

借：应收账款　　　　　　　　　　　　　　　　　　　　1 695 000

　　贷：主营业务收入　　　　　　　　　　　　　　　　　1 500 000

　　　　应交税费——应交增值税（销项税额）　　　　　　 195 000

15 日后，兴华公司收到 A 公司寄来一张 3 个月期的商业承兑汇票，面值为 1 695 000元，抵付产品货款。

兴华公司账务处理如下：

借：应收票据   1 695 000

  贷：应收账款   1 695 000

在本例中，A 公司用商业承兑汇票抵偿前欠的货款 1 695 000 元，应借记"应收票据"科目，贷记"应收账款"科目。

3 个月后票据到期，兴华公司收回票面金额 1 695 000 元存入银行。

兴华公司账务处理如下：

借：银行存款   1 695 000

  贷：应收票据   1 695 000

二、转让应收票据

实务中，企业可以将自己持有的商业汇票背书转让。背书是指在票据背面或粘单上记载有关事项并签章的票据行为。背书转让的，背书人应当承担票据责任。企业将持有的商业汇票背书转让以取得所需物资时，按应计入取得物资成本的金额，借记"材料采购"或"原材料""库存商品"等科目，按增值税专用发票上注明的可抵扣的增值税额，借记"应交税费——应交增值税（进项税额）"科目，按商业汇票的票面金额，贷记"应收票据"科目，如有差额，借记或贷记"银行存款"等科目。

【例 5-13】承【例 5-12】兴华公司将上述应收票据背书转让，以取得生产经营所需的 A 材料，A 材料金额为 1 500 000 元，适用的增值税税率为 13%。

兴华公司账务处理如下：

借：原材料——A 材料   1 500 000

  应交税费——应交增值税（进项税额）   195 000

  贷：应收票据   1 695 000

第四节　预付及其他应收款项

一、预付款项

预付款项是指企业按照合同规定预付的款项。企业应当设置"预付账款"科目，核算预付款项的增减变动及其结存情况。预付款项情况不多的企业，可以不设置"预付账款"科目，而直接通过"应付账款"科目核算。

企业根据购货合同的规定向供应单位预付款项时，借记"预付账款"科目，贷记"银行存款"科目。企业收到所购物资，按应计入购入物资成本的金额，借记"材料采购"或"原材料""库存商品""应交税费——应交增值税（进项税额）"等科目，贷记"预付账款"科目；当预付货款小于采购货物所需支付的款项时，应将不足部分补付，借记"预付账款"科目，贷记"银行存款"科目；当预付货款大于采购货物所需支付的款项时，对收回的多余款项应借记"银行存款"科目，贷记"预付账款"科目。

【例 5-14】兴华公司向 D 公司采购材料 5 000 吨（1 吨等于 1 000 千克，下同），单价 10 元，所需支付的款项总额 50 000 元。兴华公司按照合同规定向 D 公司预付货款的 50%，验收货物后补付其余款项。

兴华公司账务处理如下：

（1）预付 50% 的货款。

借：预付账款——D 公司　　　　　　　　　　　　　　　　　25 000
　　贷：银行存款　　　　　　　　　　　　　　　　　　　　　　25 000

（2）收到 D 公司发来的 5 000 吨材料，验收无误，增值税专用发票记载的货款为 50 000 元，增值税税额为 6 500 元。兴华公司以银行存款补付所欠款项 31 500 元。

借：原材料　　　　　　　　　　　　　　　　　　　　　　　50 000
　　应交税费——应交增值税（进项税额）　　　　　　　　　　6 500
　　贷：预付账款——乙公司　　　　　　　　　　　　　　　　56 500
借：预付账款——乙公司　　　　　　　　　　　　　　　　　31 500
　　贷：银行存款　　　　　　　　　　　　　　　　　　　　　31 500

二、其他应收款项

其他应收款项是指企业除应收票据、应收账款、预付款项等以外的其他各种应收及暂付款项。其主要内容包括：

（1）应收的各种赔款、罚款，如因企业财产等遭受意外损失而应向有关保险公司收取的赔款等。

（2）应收的出租包装物租金。

（3）应向职工收取的各种垫付款项，如为职工垫付的水电费、应由职工负担的医药费、房租费等。

（4）存出保证金，如租入包装物支付的押金。

（5）其他各种应收、暂付款项。

为了反映和监督其他应收账款的增减变动及其结存情况，企业应当设置"其他应收款"科目进行核算。"其他应收款"科目的借方登记其他应收款项的增加，贷方登记其他应收款项的收回，期末余额一般在借方，反映企业尚未收回的其他应收款项。

【例 5-15】兴华公司以银行存款替副总经理垫付应由其个人负担的医疗费 5 000 元，拟从其工资中扣回。兴华公司账务处理如下：

（1）垫支时。

借：其他应收款　　　　　　　　　　　　　　　　　　　　　5 000
　　贷：银行存款　　　　　　　　　　　　　　　　　　　　　5 000

（2）扣款时。

借：应付职工薪酬　　　　　　　　　　　　　　　　　　　　5 000
　　贷：其他应收款　　　　　　　　　　　　　　　　　　　　5 000

【例 5-16】兴华公司租入包装物一批，以银行存款向出租方支付押金 10 000 元。兴华公司账务处理如下：

借：其他应收款——存出保证金　　　　　　　　　　　　　　10 000
　　贷：银行存款　　　　　　　　　　　　　　　　　　　　　10 000

【例5-17】承【例5-16】租入包装物按期如数退回，兴华公司收到出租方退还的押金 10 000 元，已存入银行。兴华公司账务处理如下：

借：银行存款　　　　　　　　　　　　　　　　　　　　　10 000
　　贷：其他应收款——存出保证金　　　　　　　　　　　　　　10 000

第五节　坏账准备

坏账是指应收账款中部分无法收回或收回可能性很小的款项。由于发生坏账而产生的损失，称为坏账损失。

一、坏账的确认

通常情况下，应收账款符合下列条件之一时，就应确认为坏账：

（1）债务人破产，以其破产财产清偿后仍然无法收回。

（2）债务人死亡，以其遗产清偿后仍然无法收回。

（3）债务人较长时间内（如超过三年）未履行其偿债义务，且有确凿证据证明已无力清偿债务的。

企业对于可能发生的坏账，有两种不同的会计处理方法——直接转销法和备抵法。直接转销法是平时并不对可能发生的坏账进行预计，而只是到坏账实际发生时直接冲销应收账款。备抵法是指在坏账损失实际发生前，根据权责发生制原则估计损失，形成坏账准备，待坏账损失实际发生时再冲减坏账准备。我国企业会计准则规定采用备抵法核算坏账。

采用备抵法核算坏账，企业应设置"坏账准备"科目。"坏账准备"科目是"应收账款"等科目的备抵科目，其贷方反映坏账准备的计提数，借方反映坏账准备的转销数或已确认并转销的坏账。期末时，该科目如有余额一般为贷方余额，表示已计提但尚未转销的坏账准备数额。同时，企业应设置"信用减值损失"科目核算其计提金融资产减值准备所形成的损失。该科目借方登记发生额（增加数），贷方登记结转额（减少数）。期末结转后，该科目无余额。

二、直接转销法

直接转销法是指在坏账实际发生时，直接确认坏账损失的方法。

企业实际发生坏账时，按实际发生的金额，借记"信用减值损失"，贷记"应收账款"等相关科目；坏账收回时，按收回的金额，借记"应收账款"等相关科目，贷记"信用减值损失"，同时借记"银行存款"科目，贷记"应收账款"等相关科目。

三、备抵法

备抵法是在每一个会计期间，先估计坏账损失，计入信用减值损失，同时建立坏账准备，待坏账实际发生时，根据其金额冲减坏账准备，并转销相应的应收账款。

根据备抵法，每一个会计期间都要对坏账损失进行估计，其估计的方法有应收账款余额百分比法、账龄分析法、赊销百分比法等。

应收账款余额百分比法是指根据应收账款期末余额的一定百分比来确定当期的坏账准备数，进而确认当期坏账损失的一种估计坏账损失的方法。其计算公式如下：

"坏账准备"期末数 = "应收账款"期末余额 × 估计坏账率

企业计提坏账准备时，借记"信用减值损失"科目，贷记"坏账准备"科目。以后期间，如果当期应计提坏账准备的金额大于其期初账面余额，企业应按其差额进行计提；如果应计提坏账准备金额小于其期初账面余额，企业应按其差额做一笔相反的会计分录，即借记"坏账准备"科目，贷记"信用减值损失"科目，冲减多计提的坏账准备。

对确实无法收回的应收款项，企业按管理权限报经批准后作为坏账。企业转销应收款项时，借记"坏账准备"科目，贷记"应收账款"等科目。

以前期间已转销的应收款项以后又收回时，企业应按实际收回的金额，借记"应收账款"等科目，贷记"坏账准备"科目；实际收回时，借记"银行存款"科目，贷记"应收账款"等科目。

【例 5-18】兴华公司从 20×6 年开始计提坏账准备。20×6—20×9 年的一些相关账务处理如下：

（1）20×6 年年末，应收账款余额为 1 200 000 元，各个单项金额都非重大。兴华公司按照以前年度的实际损失率确定坏账准备的计提比例为 0.5%。当年的坏账准备提取额 = 1 200 000×0.5% = 6 000 元。

借：信用减值损失　　　　　　　　　　　　　　　　　　　　6 000
　　贷：坏账准备　　　　　　　　　　　　　　　　　　　　　　　6 000

（2）20×7 年 9 月，兴华公司发现有 1 600 元的应收账款无法收回，经批准后做出账务处理。

借：坏账准备　　　　　　　　　　　　　　　　　　　　　　1 600
　　贷：应收账款　　　　　　　　　　　　　　　　　　　　　　　1 600

（3）20×8 年 12 月 31 日，兴华公司应收账款余额为 1 440 000 元。20×8 年年末应收账款余额应计提的坏账准备金额为 1 440 000×0.5% = 7 200 元。这是 20×7 年年末坏账准备的应有余额。而在年末计提坏账准备前，"坏账准备"科目的贷方余额为 6 000-1 600 = 4 400 元。因此，20×8 年度应补提的坏账准备金额为 7 200-4 400 = 2 800 元。

借：信用减值损失　　　　　　　　　　　　　　　　　　　　2 800
　　贷：坏账准备　　　　　　　　　　　　　　　　　　　　　　　2 800

（4）20×9 年 6 月接银行通知，兴华公司 20×8 年度已冲销的 1 600 元坏账又收回，款项已存入银行。兴华公司账务处理如下：

借：应收账款　　　　　　　　　　　　　　　　　　　　　　1 600
　　贷：坏账准备　　　　　　　　　　　　　　　　　　　　　　　1 600
借：银行存款　　　　　　　　　　　　　　　　　　　　　　1 600
　　贷：应收账款　　　　　　　　　　　　　　　　　　　　　　　1 600

【本章小结】

本章主要介绍了货币资金、应收账款、应收票据、预付及其他应收款项、坏账等的会计处理。

货币资金是指货币形态的资金，是资产负债表的一个流动资产项目，包括库存现金、银行存款和其他货币资金。应收账款是指企业在日常的经营过程中因销售商品、提供劳务等，应向购货单位收取的款项，主要包括企业销售商品或产品、提供劳务等应向有关债务人收取的价款及增值税及代购货单位垫付的包装费、运杂费等。应收票据是指企业因销售商品或产品、提供劳务等而收到的商业汇票。商业汇票是一种由出票人签发的，委托付款人在指定日期无条件支付确定金额给收款人或持票人的票据。根据承兑人不同，商业汇票分为商业承兑汇票和银行承兑汇票。

企业对于可能发生的坏账，有两种不同的会计处理方法：直接转销法和备抵法。

【主要概念】

货币资金；应收账款；应收票据；预付及其他应收款项；坏账等。

【简答题】

1. 什么是货币资金？货币资金包括哪些内容？
2. 在商业折扣或现金折扣的情况下，应收账款如何进行核算？
3. 什么是预付款项？如何进行核算？
4. 其他应收款项包括哪些内容？
5. 对可能发生的坏账，企业应如何进行核算？

第六章
存　货

【学习目标】

知识目标：熟悉存货的概念和内容，理解存货的确认条件与存货清查，掌握存货的购进与发出的会计核算，了解存货跌价准备的计提与转回。

技能目标：存货是企业一项重要的流动资产，能够对企业的存货进行合理的分类，并进行准确的会计核算。

能力目标：熟悉并理解存货在企业整个周转过程，包括存货的购进、发出和期末清查各阶段的价值变动情况。

【知识点】

存货购进的核算、存货发出的先进先出、一次加权平均、移动加权平均、个别计价方法的核算、存货的盘存制度、存货清查的会计核算等。

【篇头案例】

假如你是一家会计师事务所的审计助理人员，正在协助审查南方某市一家装备制造企业的存货。你通过监督盘点和检查相关资料，发现该企业的存货堆放混乱，仓库与财务部门没有保存应有的账簿资料，企业具体有多少类存货，每类存货的最高存量与最低存量是多少，存货的成本为多少尤其是每一种产品的单位成本为多少，生产一件产品需要多少原材料等相关资料无从知晓。但每月企业都要投入大量的现金用于存货购进，车间总强调材料供应不及时，而销售部门认为生产调度出了问题，大批即将完工的产品遍布各生产车间，企业交货不及时，目前已经陷入资金紧张的困境。你认为该企业的关键问题何在？如何尽快扭转被动的局面？存货核算能提供哪些信息？企业存货核算不实，会带来何种潜在风险？存货的期末余额对当期销货成本有何影响？期末存货质量如何影响当期损益？要回答这些问题，你必须认真学习本章的相关内容。

第一节　存货概述

企业之所以持有存货，是由于采购、生产和销售等环节存在时间差。存货是企业的一项重要的流动资产，可以说存货是企业利润产生的源泉。通常，存货的价值占企业流动资产的比重较大。存货核算不仅是计算和确定企业生产成本和销售成本、确定期末结存存货成本的重要内容，而且也是恰当地反映企业财务状况、经营成果的主要依据。为了加强存货的会计核算和管理，进一步提高存货信息的真实性，我国《企业会计准则第 1 号——存货》主要规范了存货的确认、计量和相关信息的披露。

一、存货的概念、特征及种类

存货在企业资产中占有极为重要的地位，与其他资产相比具有较强的流动性和一定的时效性。存货在企业的生产经营过程中，始终处于不断地耗用、销售和重置中。如果存货长期不能耗用或销售，就有可能变为积压物资或需要降价销售，从而给企业带来损失，因此对存货进行全面的核算尤为重要。

（一）存货的概念

存货是指企业在日常活动中持有以备出售的产成品或商品、处在生产过程中的在产品、在生产过程或提供劳务过程中耗用的材料和物料等。这个定义强调企业持有存货的目的是生产耗用或出售，而不是自用。这一特点明显区别于固定资产、无形资产等非流动资产。

（二）存货的特征

（1）存货是一种具有物质实体的有形资产。存货包括了原材料、在产品、产成品及商品、周转材料等各类具有物质实体的材料物资，因此有别于金融资产、无形资产等没有实物形态的资产。

（2）存货属于流动资产，具有较强的流动性。存货通常在一年或超过一年的一个营业周期内被销售或耗用，并不断地被周转，因此属于一项流动资产。

（3）存货持有的目的是销售或生产耗用。企业持有为了出售的存货主要是指企业生产的产品或商品，企业持有的原材料是为了生产产品而耗用。企业在判断一个资产项目是否属于存货时，应考虑持有资产的目的。例如，对生产销售机器设备的企业来说，机器设备属于存货；而对使用机器设备进行产品生产的企业来说，机器设备属于固定资产。

（4）存货属于非货币性资产，存在价值减损的可能性。存货通常能够在正常的生产经营过程中被销售或耗用，并最终转化为货币资金。但由于存货的价值易受市场价格以及其他因素变动的影响，其能够转换的货币资金数额不是固定的，具有较大的不确定性。存货也可能长期不能销售或耗用，导致存货积压，给企业造成损失。

（三）存货的种类

存货分布于企业生产经营的各个环节，而且种类繁多、用途各异。不同行业的企业，由于经济业务的具体内容各不相同，因此存货的构成也不尽相同。例如，服务性企业的主要业务是提供劳务，其存货以办公用品、家具用具以及少量消耗性物料为主；商业企业的主要业务是商品购销，其存货以待销售的商品为主，也包括少量的周转材料和其他物品；工业企业的主要业务是生产销售产品，其存货构成比较复杂，不仅包括各种将在生产经营过程中耗用的原材料、周转材料，也包括仍然处于在生产过程中的在产品，还包括准备出售的产成品。以工业企业为例，存货主要包括如下内容：

（1）原材料。原材料是指在生产过程中经加工改变其形态或性质并构成产品主要实体的各种原料及主要材料、辅助材料、外购半成品、修理用备件（备品备件）、包装材料、燃料等。

（2）在产品。在产品是指仍处于生产过程中、尚未完工入库的生产物，包括正处于各个生产工序尚未制造完成的在产品以及虽已制造完成但尚未办理检验入库的产品。

（3）自制半成品。自制半成品是指在本企业已经过一定生产过程的加工并检验合格交付半成品仓库保管，但尚未最终制造完成，仍需进一步加工的中间产品。

（4）产成品。产成品是指企业已经完成全部生产过程并验收入库，可以按照合同规定的条件送交订货单位，或者可以作为商品对外销售的产品。

（5）外购商品。外购商品是指企业购入的不需要任何加工就可以对外销售的商品。

（6）周转材料。周转材料是指企业能够多次使用、逐渐转移其价值但仍保持原有形态、不确认为固定资产的材料，如包装物和低值易耗品。包装物是指为了包装本企业产品而储备的各种包装容器，如桶、箱、瓶、坛等，其主要作用是盛装、装潢产品。低值易耗品是指不符合固定资产确认条件的各种用具物品，如工具、管理用具、玻璃器皿、劳保用品以及在经营过程中周转使用的容器等。

二、存货的确认条件与范围

企业要把存货录入会计系统进行披露时，首先要确认存货，在此前提下，应当同时满足存货确认的以下两个条件，才能加以确认：

（一）与该存货有关的经济利益很可能流入企业

我们知道，资产最重要的特征就是预期会给企业带来经济利益，而存货作为企业的一项重要的流动资产，其确认的关键就是判断存货是否很可能给企业带来经济利益。通常存货确认的一个重要标志，就是企业是否拥有某项存货的所有权，也就是说存货所有权上的主要风险和报酬是否转移。对销售方来说，存货所有权转出一般可以表明其所包含的经济利益已经流出企业；对购货方而言，存货所有权的转入一般可以表明其所包含的经济利益能够流入企业。因此，确定企业存货所应包括的范围依据的一条基本原则就是凡是在盘存日期，其法定所有权属于企业的一切存货，不管其存放地点如何都属于企业的存货。

（二）该存货的成本能够可靠计量

存货作为资产的重要组成部分，在确认时必须符合资产确认的基本条件，即成本能够可靠计量。成本能够可靠计量是指成本的计量必须以取得确凿、可靠的证据为依据，并且具有可验证性。如果存货成本不能可靠计量，存货的价值就无法衡量，则存货不能予以确认。

凡是符合存货的定义并同时具备上述两个条件的存货，才可以在资产负债表上作为存货项目加以列示。关于存货范围的确认需要说明以下几点：

第一，关于代销商品的归属。代销商品（也称委托销售商品）是指一方委托另一方代其销售的商品。从商品所有权的转移来分析，代销商品在售出以前，所有权属于委托方，受托方只是代对方销售商品。因此，代销商品应作为委托方的存货处理。但为了使受托方加强对代销商品的核算和管理，《企业会计准则第1号——存货》也要求受托方将其受托代销商品纳入账内核算。

第二，关于在途商品等项目的处理。销售方按销售合同、协议规定已确认销售（如已收到货款等），而尚未发运给购货方的商品，应作为购货方的存货而不应该再作为销售方的存货。购货方已收到商品但尚未收到销货方结算发票等的商品，购货方应作为其存货处理。购货方已经确认为购进（如已经付款）而尚未到达入库的在途商品，购货方应将其作为存货处理。

第三，关于购货约定问题。约定未来购入的商品，由于企业并没有实际的购货行为发生，因此不作为企业的存货，也不确认有关的负债和费用。

第二节　存货购进

存货入账价值的准确确定是存货初始核算的一个重要内容，其确定的准确与否直接影响企业财务状况和经营成果。按照《企业会计准则第1号——存货》的规定，企业的各种存货都应当将取得时实际投入或实际支付的现金等作为入账价值，也就是存货应当按照成本进行初始计量。存货成本包括采购成本、加工成本和其他成本。

不同的方式（途径）形成的存货，其入账价值包括的内容不同。企业取得存货的方式主要有购买、自制、接受投资者投入、盘盈、非货币性资产交换、债务重组等。存货的会计处理方法有实际成本和计划成本两种方法，计划成本通过企业管理当局按预先制定的成本对存货的收发进行核算，计划成本和实际成本的差异通过"材料成本差异"账户进行汇集和分配。鉴于对非会计专业教学的考虑，这里我们只介绍实际成本下存货的核算。

一、外购存货的成本的确定

外购存货的成本是指存货从采购到入库前所发生的全部合理必要的支出，即采购成本，一般包括购买价款、相关税费、保险费、运输费、装卸费、运输途中的合理损耗、入库前的整理挑选费用以及其他可归属于存货采购成本的费用。

（1）购买价款是指企业购入的材料或商品的发票账单上列明的价款，但不包括按规定可以抵扣的增值税税额。

（2）相关税费是指企业购买、自制或委托加工存货发生的进口关税和其他税费。进口关税是指从中华人民共和国境外购入的货物和物品，根据税法规定所缴的进口关税；其他税费是指企业购买存货发生的消费税、资源税和不能从销项税额中抵扣的增值税等。

（3）保险费是指企业在存货的购买过程中发生的财产保险费等。

（4）运输途中的合理损耗是指企业与供应或运输部门签订的合同中规定的合理损耗或必要的自然损耗。

（5）入库前的整理挑选费用是指购入的存货在入库前需要挑选整理而发生的费

用，包括挑选过程中所发生的工资、费用支出和必要的损耗，但要扣除下脚料、残料的价值。

（6）其他费用是指除了上述各项内容之外，可直接归属于存货采购成本的各种费用，如存货在采购过程中发生的仓储费、包装费等。

以上各种费用若明确由某种材料负担，可以直接计入该种材料的采购成本，不能分清的，应按材料的重量、买价等比例，采用一定的方法分配计入各种材料的采购成本。

应当注意的是，市内零星货物运杂费、采购人员的差旅费、采购机构的经费以及供应部门经费等，一般不应当包括在存货的采购成本中。

二、外购存货的会计处理

企业原材料按实际成本核算应设置的主要账户有"原材料"账户、"在途物资"账户、"应付账款"账户、"预付账款"账户和"应付票据"账户等。其中，"原材料"账户是用来核算企业库存材料实际成本的增减变动及结存情况的账户。其借方登记外购、自制、委托加工、盘盈等途径取得的原材料实际成本的增加，贷方登记发出、领用、销售、盘亏等方式减少的原材料实际成本；期末余额在借方，表示库存材料实际成本的期末结余额。"原材料"账户应按照材料的保管地点或类别设置明细账户，进行明细核算。"在途物资"账户是用来核算企业已经购入但尚未到达或尚未验收入库材料实际成本的增减变动及其结余情况。其借方登记已经购入但未到达或未入库材料的买价和采购费用，贷方登记结转验收入库材料的实际成本；期末余额在借方，表示尚未验收入库材料的实际成本，即在途材料的实际成本。"在途物资"账户应按照供应单位名称设置明细账户，进行明细核算。

企业从外部购入材料时，由于采用的结算方式和采购地点等不同，经常会出现收料和付款时间不一致的情况。此外，外购存货还可能采用预付款购货方式、赊购方式等。因此，企业外购存货的账务处理也有所区别，具体说明如下：

（一）存货验收入库和货款结算同时完成

材料和有关的结算凭证同时到达，企业应根据结算凭证、购货发票、运费收据、收料单等凭证，对买价及采购费用等借记"原材料"账户，对购入材料的增值税进项税按照增值税专用发票上的税额借记"应交税费——应交增值税（进项税额）"账户，按实际支付的货款贷记"银行存款""其他货币资金""应付票据"等账户。

【例6-1】兴华公司20×9年6月向A公司购入一批原材料，增值税专用发票上注明的材料价款为50 000元，增值税进项税额为6 500元。货款已通过银行转账支付，材料已验收入库。兴华公司账务处理如下：

借：原材料 50 000
　　应交税费——应交增值税（进项税额） 6 500
　　贷：银行存款 56 500

（二）货款已结算但存货尚在运输途中

在已经支付货款或开出承兑商业汇票，但存货尚在运输途中或虽已运达但尚未验收入库的情况下，企业应于支付货款或开出承兑商业汇票时，按发票账单等结算凭证确定的存货成本，借记"在途物资"科目，按增值税专用发票上注明的增值税进项税额，借记"应交税费——应交增值税（进项税额）"科目，按实际支付的款项或应付票据的面值，贷记"银行存款""应付票据"等科目。待存货运达企业并验收入库后，企业再根据有关验货凭证，借记"原材料""周转材料""库存商品"等存货科目，贷记"在途物资"科目。

【例6-2】兴华公司20×9年6月向B公司购入一批原材料，增值税专用发票上注明的材料价款为30 000元，增值税进项税额为3 900元；同时，收到销货方代垫运杂费的发票，增值税专用发票上注明金额为2 000元、税额为180元。发票上货款已通过银行转账支付，材料尚在运输途中。

（1）支付货款时，材料尚在运输途中，兴华公司账务处理如下：

增值税进项税额=3 900+180=4 080（元）

原材料采购成本=30 000+2 000=32 000（元）

借：在途物资	32 000
应交税费——应交增值税（进项税额）	4 080
贷：银行存款	36 080

（2）原材料运达企业，验收入库，兴华公司账务处理如下：

借：原材料	32 000
贷：在途物资	32 000

（三）存货已验收入库但货款尚未结算

材料到达企业，但有关结算凭证等未到。对这种情况，企业在月内一般暂不入账，待凭证到达之后再按前述情况入账。如果到了月末，有关凭证仍未到达，为了使得账实相符，全面反映企业的资产和负债，企业应按暂估价或按合同价借记"原材料""库存商品"等科目，贷记"应付账款——暂估应付款"科目，下个月月初再编制相同的红字凭证予以冲回。待有关结算凭证到达之后，再按当月收付款处理。

【例6-3】兴华公司20×9年6月向C公司购入一批原材料并已验收入库，直到月末有关发票账单等也未到达公司。该批材料的估计价款为310 000元。

由于材料已到达但发票账单未到，因此兴华公司在月末应按估价入账，下个月月初再用红字冲回。兴华公司账务处理如下：

（1）验收入库不做处理，6月末估价入库。

借：原材料	310 000
贷：应付账款——暂估应付账款	310 000

（2）下月月初红字冲回。

借：原材料	310 000
贷：应付账款——暂估应付账款	310 000

（3）待发票账单到达时结算并付款（发票上注明金额为320 000元、税额为41 600元）。

借：原材料	320 000
应交税费——应交增值税（进项税额）	41 600

贷：银行存款 361 600

（四）采用预付账款方式购入存货

企业在采用预付货款方式购入存货情况下，先预付货款时，按照实际预付的金额，借记"预付账款"科目，贷记"银行存款"科目。预付货款的材料到达企业时，企业根据供货单位发来材料附带的有关凭证，将材料的价款、税款等与原预付款进行比较。如果原预付款大于材料的价款和税款，企业收到材料时应借记"原材料""应交税费——应交增值税（进项税额）"科目，贷记"预付账款"科目；收到供货方退回来的货款时，借记"银行存款"科目，贷记"预付账款"科目。如果原预付款小于材料的价款、税款，企业收到材料时借记"原材料""应交税费——应交增值税（进项税额）"科目，贷记"预付账款"科目。企业补付货款时，借记"预付账款"科目，贷记"银行存款"科目。

【例6-4】兴华公司20×9年6月向D公司采购原材料一批，6月10日预付D公司货款50 000元。D公司于6月20日向兴华公司交付所购材料，并开具了增值税专用发票，材料价款为100 000元，增值税进项税额为13 000元。6月25日，兴华公司将应补付的货款63 000元通过银行转账支付。兴华公司账务处理如下：

（1）6月10日，预付货款时。

借：预付账款 50 000

　　贷：银行存款 50 000

（2）6月20日，收到材料验收入库时。

借：原材料 100 000

　　应交税费——应交增值税（进项税额） 13 000

　　贷：预付账款 113 000

（3）6月25日，补付货款时。

借：预付账款 63 000

　　贷：银行存款 63 000

（五）采用赊购方式购入存货

企业在采用赊购方式购入存货的情况下，应于存货验收入库后，按照发票账单等结算凭证确定的存货成本，借记"原材料""库存商品"等科目，按增值税专用发票上注明的增值税进项税额，借记"应交税费——应交增值税（进项税额）"科目，按应付未付的货款，贷记"应付账款"科目；待支付款项或开出商业汇票后，再根据实际支付的货款金额或应付票据面值，借记"应付账款"科目，贷记"银行存款""应付票据"等科目。

【例6-5】兴华公司20×9年6月向E公司采购原材料一批，取得对方开具的增值税专用发票，上面注明材料价款为20 000元，增值税进项税额为2 600元。根据合同约定，兴华公司下个月付款。兴华公司账务处理如下：

（1）赊购材料，验收入库时。

借：原材料 20 000

　　应交税费——应交增值税（进项税额） 2 600

　　贷：应付账款 22 600

（2）下个月支付货款时。

借：应付账款   22 600

    贷：银行存款   22 600

三、外购存货发生短缺的会计处理

企业在存货采购过程中，如果发生了存货短缺、毁损等情况，应及时查明原因，区别情况进行处理。

（1）属于运输途中的合理损耗，企业应计入有关存货的采购成本。

（2）属于供货单位或运输单位的责任造成的存货短缺，企业应由责任人补足存货或赔偿货款，不计入存货的采购成本。

（3）属于自然灾害或意外事故等非常原因造成的存货毁损，企业在报经批准处理后，将扣除保险公司和过失人赔偿后的净损失，计入营业外支出。

尚待查明原因的短缺存货，企业先将其成本转入"待处理财产损溢"科目核算。待查明原因后，企业再按上述要求进行会计处理。上述短缺存货涉及增值税的，企业应进行相应处理。

第三节　存货发出

企业的各种存货形成之后，根据需要会陆续从仓库发出，用于销售或消耗，处于不断的流转过程中。因此，存货的计量不仅包括形成存货时入账价值的确定问题，而且还涉及发出存货的计价及会计期末结存存货的计价问题。

一、存货成本流转假设

存货流转包括实物流转和成本流转两个方面。从理论上说，存货的成本流转应当与实物流转相一致，即取得存货时确定的各项存货入账成本应当随着该存货的销售或耗用而同步结转。在会计实务中，由于存货品种繁多，流进流出数量很大，而且同一存货因不同时间、不同地点、不同方式取得而单位成本各有差异，很难保证存货的成本流转与实物流转完全一致。因此，会计上可行的处理方法是，按照一个假定的成本流转方式来确定发出存货的成本，而不强求存货的成本流转与实物流转相一致。这就是存货成本流转假设。

采用不同的存货成本流转假设在期末结存存货与本期发出存货之间分配存货成本，就产生了不同的存货计价方法，如个别计价法、先进先出法、月末一次加权平均法、移动加权平均法、后进先出法等。由于不同的存货计价方法得出的计价结果各不相同，因此存货计价方法的选择将对企业的财务状况和经营成果产生一定的影响。其主要体现在以下三个方面：

（1）存货计价方法对损益计算有直接影响。如果期末存货计价过低，就会低估当期收益，反之则会高估当期收益；如果期初存货计价过低，就会高估当期收益，反之则会低估当期收益。

（2）存货计价方法对资产负债表有关项目金额的计算有直接影响，包括流动资产总额、所有者权益等项目。

（3）存货计价方法对所得税应纳税额的计算有一定的影响。

二、发出存货的计价方法

发出存货的计价实际上是在发出存货和库存存货（未发出存货）之间分配成本的问题。按照国际惯例，结合我国实际情况，《企业会计准则第1号——存货》规定，对于发出的存货，按照实际成本核算的，可以采用先进先出法、月末一次加权平均法、移动加权平均法和个别计价法等方法确定其实际成本；当期末结存存货的实际成本偏离市价时，可以采用成本与市价孰低法对那些成本高于市价的存货，计提存货跌价准备。对发出存货采用计划成本核算的，企业应在会计期末结转应负担的成本差异，从而将发出存货的计划成本调整为实际成本。关于发出存货按实际成本计价的几种主要的方法，介绍如下：

（一）先进先出法

先进先出法是以先购入的存货应先发出（销售或耗用）这样一种存货实物流动假设为前提，对发出存货进行计价。采用这种方法，先购入的存货成本在后购入存货成本之前转出，并据此确定发出存货和期末存货的成本。其具体操作过程是：最先发出存货的成本按照第一批入库存货的成本确定，第一批存货发完后，再按第二批存货的成本计价，以此类推。采用先进先出法对存货进行计价，可以将发出存货的计价工作分散在平时进行，减轻了月末的计算工作量，既适用于实地盘存制，也适用于永续盘存制，而且可以随时了解储备资金的占用情况，期末结存存货成本比较接近于现行成本水平，更具有财务分析意义。但是，当企业的存货种类较多，收发次数比较频繁且单位成本又各不相同时，其计算的工作量就比较大。另外，先进先出法不是以现行成本与现行收入相配比，因此当物价上涨时，该方法会高估企业本期利润和期末存货的价值，造成企业虚增利润，不利于资本的保全，显然违背了谨慎性原则的要求。先进先出法下计算发出存货和结存存货成本的公式如下：

发出存货成本＝发出存货数量×先入库存货的单位成本

期末结存存货成本＝期初结存存货成本＋本期入库存货成本－本期发出存货成本

（二）月末一次加权平均法

月末一次加权平均法是指以当月全部进货数量加上月初存货数量作为权数，去除以当月全部进货成本、加上月初存货存成，计算出存货的加权平均单位成本，并以此作为基础计算当月发出存货的成本和期末存货的成本的一种方法。采用月末一次加权平均法计算发出存货的成本，只需在月末计算出加权平均单位成本，因此平时的核算工作比较简单，但月末的核算工作量比较大，可能会影响有关成本计算的及时性，也不能随时从账簿中观察到各种存货的发出和结存情况，不便于对存货占用资金的日常管理。月末一次加权平均法下有关计算公式如下：

加权平均单位成本＝（月初结存存货成本＋本月收入存货成本）÷（月初结存存货数量＋本期收入存货数量）

发出存货的实际成本＝发出存货的数量×加权平均单位成本

期末结存存货的成本=期末结存存货的数量×加权平均单位成本

＝期初结存存货成本+本期入库存货成本-本期发出存货成本

（三）移动加权平均法

移动加权平均法是指以每次进货的成本与原有库存存货的成本之和，除以每次进货数量与原有库存存货的数量之和，据以计算加权平均单位成本，作为在下次进货前计算各次发出存货成本的依据。此种方法在计算机操作下很容易实现。

（四）个别计价法

个别计价法又称个别认定法、具体辨认法或分批实际法，其特征是注重所发出存货具体项目的实物流转与成本流转之间的联系，逐一辨认各批发出存货和期末存货所属的购进批别或生产批别，分别按其购入或生产时所确定的单位成本计算各批发出存货和期末存货的成本。该方法把每一种存货的实际成本作为计算发出存货成本和期末存货成本的基础。对不能替代使用的存货、为特定项目专门购入或制造的存货以及提供的劳务，企业通常采用个别计价法确定发出存货的成本。在实际工作中，越来越多的企业采用计算机信息系统进行会计处理。这样个别计价法可以广泛应用于发出存货的计价，并且个别计价法确定的存货成本最为准确。

以下举例说明几种主要的存货计价方法的计算过程。

【例6-6】兴华公司20×8年4月1日结存甲材料1 700件，单位成本24元；4月5日入库甲材料1 000件，单位成本26元；4月12日发出甲材料2 000件；4月16日入库甲材料2 400件，单位成本28元；4月22日发出甲材料1 360件。兴华公司分别采用先进先出法、月末一次加权平均法计算4月发出甲材料的成本和4月末结存甲材料的成本。其计算过程及结果如下：

（1）先进先出法。

发出甲材料的成本=（1 700×24+300×26）+（700×26+660×28）=85 280（元）

月末结存甲材料的成本=1 700×24+（1 000×26+2 400×28）-85 280=48 720（元）

（2）月末一次加权平均法。

$$加权平均单位成本=\frac{1\ 700×24+1\ 000×26+2\ 400×28}{1\ 700+1\ 000+2\ 400}=26.27（元）$$

发出甲材料成本=26.27×3 360=88 267.20（元）

月末结存甲材料的成本=期初结存存货成本+本期收入存货成本-本期发出存货成本=1 700×24+（1 000×26+2 400×28）-88 267.20=45 732.80（元）

三、发出存货的会计处理

按照上述发出存货的计价方法和发出存货数量的确定方法，企业就可以确定发出存货的成本，并按发出存货的不同用途，分别在不同的账户中进行核算。

企业生产经营领用原材料时，借记"生产成本""制造费用""管理费用"等账户，贷记"原材料"账户；在建工程或福利部门领用原材料时，借记"在建工程""应付职工薪酬"等账户，贷记"原材料"等账户。企业出售原材料时，借记"银行存款""其他应收款"等账户，贷记"其他业务收入""应交税费——应交增值税（销项税额）"账户；结转出售原材料成本时，借记"其他业务成本"账户，贷记"原材料"账户。

企业发出包装物等周转材料用于生产、出售、出租、出借时，借记"生产成本""销售费用"（随同产品出售不单独计价、出借）、"其他业务成本"（随同产品出售单独计价、出租）等科目，贷记"周转材料"科目。

企业存货如果按计划成本核算，在月末时应将计划成本调整为实际成本，按不同用途存货的计划成本结合本月差异率或上月差异率计算确定各自应负担的差异额，如果是超支差异额，则借记"生产成本""制造费用""管理费用"等有关科目，贷记"材料成本差异"科目；如果是节约差异额，则借记"材料成本差异"科目，贷记前述有关科目。

【例6-7】兴华公司20×8年6月领用材料情况如下：生产A产品领用原材料925 00元，生产B产品领用原材料160 000元，车间一般性耗用原材料40 000元，原材料按实际成本核算。兴华公司账务处理如下：

借：生产成本——A产品	925 000
生产成本——B产品	160 000
制造费用	40 000
贷：原材料	1 125 000

【例6-8】兴华公司20×8年6月为进行固定资产机器设备安装工程领用生产用原材料70 000元。兴华公司账务处理如下：

借：在建工程	70 000
贷：原材料	70 000

【例6-9】兴华公司20×9年6月销售一批原材料，售价60 000元，增值税7 800元，款项存入银行。该批材料的成本为40 000元。兴华公司账务处理如下：

借：银行存款	67 800
贷：其他业务收入	60 000
应交税费——应交增值税（销项税额）	7 800
借：其他业务成本	40 000
贷：原材料	40 000

第四节　存货清查

一、存货结存数量的确定方法

企业在经营过程中，将发出或结存存货的成本作为一种费用成本或库存资产进行核算时，其一般的表达式为单位成本乘以发出或结存存货的数量。该式中单位成本的确定方法在上一节已经做了相应的介绍，因此本节介绍确定发出和结存存货数量的两种盘存制度，即永续盘存制和实地盘存制，以便于根据不同的盘存制度采取相应的方法确定发出存货的数量。

（一）永续盘存制

永续盘存制又称账面盘存制，是指在会计核算过程中，对于各种存货平时根据有关的凭证，按其数量在存货明细账中既登记存货的收入数，又登记存货的发出数，可以随时根据账面记录确定存货结存数的制度。在永续盘存制下确定存货数量的计算公式是：

期末结存存货数量＝期初结存存货数量＋本期入库存货数量－本期发出存货数量

采用永续盘存制确定存货的数量，要求建立健全存货的收入、发出的规章制度，随时在有关账面上能够了解到存货的收入、发出以及结存的信息，并保证这些信息的准确无误，因此就应该对存货进行定期或不定期的清查盘点，以确定账实是否相符。这种盘存制度核算手续比较严密，在一定程度上能起到防止差错、提供全面资料、便于加强管理和保护存货安全完整的作用。通过存货明细账所提供的结存数，企业可以随时与预定的最高、最低库存限额进行比较，发出库存积压或不足的信号，以便及时处理，加速资金周转。但是，在这种方法下，存货明细账核算工作量较大，同时还可能出现账面记录和实际不符的情况。为此，就要对存货进行定期或不定期的核对，以查明存货账实是否相符。

（二）实地盘存制

实地盘存制又称以计耗制或以存计消制，是指在会计核算过程中，对于各种存货，平时只登记其收入数，不登记其发出数，会计期末通过实地盘点确定实际盘存数，倒轧本期发出存货数量的一种方法。实地盘存制有关的计算公式如下：

期初结存存货＋本期收入存货＝本期耗用或销售存货＋期末结存存货

期末结存存货成本＝实际库存数量×存货单位成本

实际库存数量＝实地盘点数量＋已计提未销售数量－已销售未计提数量＋在途数量

本期发出存货成本＝期初结存存货成本＋本期收入存货成本－期末结存存货成本

企业采用实地盘存制，将期末存货实地盘存的结果作为计算本期发出存货数量的依据，平时不需要对发出的存货进行登记，应该说核算手续比较简单。但是，采用这种计算方法，无法根据账面记录随时了解存货的发出和结存情况，由于是以存计销或以存计耗倒算发出存货成本，必然将非销售或非生产耗用的损耗、短缺或贪污盗窃造成的损失，全部混进销售或耗用的成本之中，这显然是不合理的，也不利于对存货进行日常的管理和控制。同时，在存货品种、规格繁多的情况下，对存货进行实地盘点需要消耗较多的人力、物力，影响正常的生产经营活动，造成浪费，因此这种方法一般适用于存货品种规格繁多且价值较低的企业，尤其适用于自然损耗大、数量不易准确确定的存货。

我们可以看出，无论是永续盘存制还是实地盘存制，都要每年至少对存货进行一次实物盘点，因此在实际工作中一个企业往往不是单一地使用永续盘存制或实地盘存制，更为实际的选择是在永续盘存制的基础上对存货进行定期盘存，把两种盘存制度结合使用，使之优势互补。

二、存货清查结果的会计处理

为了完成企业的正常生产、经营业务，企业需要持有各种各样的存货，而且有些存货的收发还非常频繁，因此在各种存货的收发、计量和核算过程中难免发生差错、自然损耗、丢失、被盗等问题，这些问题会导致存货的盘盈或盘亏，出现账实不符。为了保证存货的真实性、完整性，做到随时随地账实相符，企业就必须对存货进行清查。

按照《企业会计准则第 1 号——存货》的规定，企业的存货应当定期、不定期地进行盘点，每年至少一次。企业应当采用实地盘点法对存货进行清查。在具体实地盘点之前，企业应根据存货的收发凭证将存货的全部收发业务计入存货明细账，经过稽核计算出余额，并将账面存货数量填入存货盘点表，在盘点时应根据各类存货的不同性质，分别采用点数、过磅、丈量等方法点清实际结存数，并将其填入存货盘点表。

存货的清查结果可能账存与实存相符，也可能不符。造成账实不符的原因有两方面：一是记账有误；二是发生盘盈（实存大于账存）或盘亏（实存小于账存）。对记账错误，企业可以按照规定的错账更正方法进行更正。对存货的盘盈、盘亏，企业应根据存货盘存单、存货盘亏报告单（实存账存对比表）进行相关的处理，以保证账实相符，报经有关部门批准后，再进行批准后的会计处理。

对存货盘盈、盘亏的结果进行处理时，企业需要通过"待处理财产损溢"账户下设"待处理流动资产损溢"明细账户进行核算。该账户的借方登记清查时的盘亏数、毁损数及报经批准后盘盈的转销数，贷方登记清查时的盘盈数及报经批准后盘亏的转销数。盘盈的存货，按其重置成本或计划成本，借记"原材料"等科目，贷记"待处理财产损溢——待处理流动资产损溢"科目；盘亏的存货，按其实际成本或计划成本，借记"待处理财产损溢——待处理流动资产损溢"科目，贷记"原材料"等科目（为简化，这里没有考虑增值税）。

若存货清查结果与账面记录不符，企业应于会计期末前查明原因，并根据企业的管理权限，经企业股东大会、董事会、经理（厂长）会议或类似机构批准后，在期末结账前处理完毕。盘盈的存货应冲减当期的管理费用。盘亏的存货在减去过失人或保险公司等赔偿款和残料价值之后，计入当期的管理费用；属于非常损失的，计入营业外支出。

企业按照规定程序批准转销盘盈存货价值时，应借记"待处理财产损溢——待处理流动资产损溢"科目，贷记"管理费用"科目；按规定程序批准转销盘亏存货价值时，根据导致存货盘亏的不同原因，分别借记"管理费用"科目（自然损耗、管理不善、收发计量不准确等）、"其他应收款"科目（责任人赔偿或保险赔偿）、"营业外支出"科目（非常损失）等，贷记"待处理财产损溢——待处理流动资产损溢"科目。

盘盈或盘亏的存货如果在会计期末结账前尚未报经批准的，应在对外提供财务会计报告时先按规定进行处理，并在财务报表附注中做出说明；如果其后批准处理的金额与已处理的金额不一致，应按其差额调整财务报表相关项目的年初数。

以下我们以实际成本核算为例，说明存货清查结果的处理过程。

【例 6-10】兴华公司在财产清查中发现一批账外原材料 4 360 千克，实际总成本为 65 200 元。其批准前后的账务处理如下：

（1）批准前的账务处理。

借：原材料　　　　　　　　　　　　　　　　　　　　　65 200
　　贷：待处理财产损溢——待处理流动资产损溢　　　　　　　65 200

（2）批准后的账务处理。

借：待处理财产损溢——待处理流动资产损溢　　　　　　65 200
　　贷：管理费用　　　　　　　　　　　　　　　　　　　　　65 200

【例题 6-11】兴华公司在财产清查中发现一批原材料盘亏，其账面计量的实际成本为 140 000 元，增值税为 18 200 元。经查，造成盘亏的原因是收发计量不准确。其批准前后的账务处理如下：

（1）批准前的账务处理。

借：待处理财产损溢——待处理流动资产损溢　　　　　　158 200
　　贷：原材料　　　　　　　　　　　　　　　　　　　　　140 000
　　　　应交税费——应交增值税（进项税额转出）　　　　　　18 200

（2）批准后的账务处理。

借：管理费用　　　　　　　　　　　　　　　　　　　　158 200
　　贷：待处理财产损溢——待处理流动资产损溢　　　　　　158 200

【例 6-12】兴华公司在财产清查过程中发现一批原材料盘亏（不考虑增值税），价值 52 000 元。经查，这是由于自然灾害造成的，保险公司应给予的赔偿款核定为 30 000 元。其批准前后的账务处理如下：

（1）批准前的账务处理。

借：待处理财产损溢——待处理流动资产损溢　　　　　　52 000
　　贷：原材料　　　　　　　　　　　　　　　　　　　　　52 000

（2）批准后的账务处理。

借：营业外支出　　　　　　　　　　　　　　　　　　　22 000
　　其他应收款　　　　　　　　　　　　　　　　　　　　30 000
　　　贷：待处理财产损溢——待处理流动资产损溢　　　　　52 000

【例 6-13】兴华公司在清查过程中发现一批原材料盘亏，其账面计量的实际成本为 3 000 元。增值税为 390 元。经查，这是保管人员工作失职造成的。其批准前后的账务处理如下：

（1）批准前的账务处理。

借：待处理财产损溢——待处理流动资产损溢　　　　　　3 390
　　贷：原材料　　　　　　　　　　　　　　　　　　　　　3 000
　　　　应交税费——应交增值税（进项税额转出）　　　　　　390

（2）批准后的账务处理。

借：其他应收款——保管员　　　　　　　　　　　　　　3 390
　　贷：待处理财产损溢——待处理流动资产损溢　　　　　　3 390

【本章小结】

本章主要介绍了存货的概念、特征及种类，存货的确认条件与范围；存货购进；

存货发出；存货清查。

【主要概念】

存货；实际成本法；永续盘存制；实地盘存制；先进先出法；加权平均法。

【简答题】

1. 什么是存货？存货有哪些特征？试以你所了解的某个企业为例，具体说明哪些内容构成该企业的存货。

2. 企业外购存货的采购成本包括哪些内容？

3. 什么是永续盘存制？永续盘存制下如何确定发出存货和结存存货的成本？

4. 什么是实地盘存制？实地盘存制下如何确定发出存货和结存存货的成本？

5. 企业发出存货可以采用哪些不同的计价方法？不同的计价方法对企业的财务状况和经营成果有哪些影响？

第七章
金融资产与投资

【学习目标】

知识目标：理解交易性金融资产、以摊余成本计量的金融资产、以公允价值计量且其变动计入其他综合收益的金融资产以及长期股权投资的概念。

技能目标：能对各类金融资产和投资进行会计核算，包括初始确认和后续确认计量。

能力目标：能区分各类金融资产，对金融资产进行合理分类。

【知识点】

交易性金融资产、债权投资、可供出售金融资产、长期股权投资、权益法、成本法等。

【篇头案例】

天海公司是一家综合性商贸集团公司，公司注册资本为人民币 4 500 万元，资产总值为 8 000 万元，下属有一个控股的电器销售公司和一个大型超市，投资比例均在 51% 以上。2020 年年初在投资顾问的建议下，天海公司以一部分闲置资金购买二级市场上的股票，该股票可以随时在证券市场上进行交易；购入某公司发行的可转换 3 年期债券；购入国家发行的 3 年期国债。以上投入，每年都可以获得相应回报。

从该案例我们知道，天海公司为了合理地使用资金，使其发挥最大的效用，除了加强资金的有效管理外，还将闲置资金投资在其他单位的经营活动中，以获得最大经济效益。

思考：作为一名财务人员，你认为天海公司所进行的以上活动属于什么活动？该项活动有什么特点？对企业经济活动有什么影响？为什么？

第一节　投资及其分类

一、投资的内容

企业除了从事自身的生产经营活动外，还可以通过对外投资获得利益，以实现其经营目标。对外投资是指企业为通过分配来增加财富，或者为谋求其他利益而将资产让渡给其他单位获得的另一项资产。

企业对外投资可以按不同的标准进行分类，如按照投资方式不同可以分为直接投资和间接投资，按照投资期限不同可以分为短期投资和长期投资，按照投资性质不同可以分为股权投资和债权投资。

企业的对外投资形成的资产属于金融资产的范畴。在企业会计准则中，规范对外投资形成的金融资产的会计准则主要有《企业会计准则第 22 号——金融工具确认和计量》和《企业会计准则第 2 号——长期股权投资》。本章有关对外投资的内容，主要以上述两个会计准则为依据，分别介绍《企业会计准则第 22 号——金融工具确认和计量》所规范的金融资产（本章以下所称的金融资产）和《企业会计准则第 2 号——长期股权投资》所规范的长期股权投资。

二、金融资产的分类

企业应当根据其管理金融资产的业务模式和金融资产的合同现金流量特征，将取得的金融资产在初始确认时划分为以摊余成本计量的金融资产、以公允价值计量且其变动计入其他综合收益的金融资产和以公允价值计量且其变动计入当期损益的金融资产三类。

（一）以摊余成本计量的金融资产

金融资产同时符合下列条件的，应当分类为以摊余成本计量的金融资产：

（1）企业管理该金融资产的业务模式是以收取合同现金流量为目标。

（2）该金融资产的合同条款规定，在特定日期产生的现金流量，仅为对本金和以未偿付本金金额为基础的利息的支付。

例如，企业持有的公司债券、政府债券等金融资产，其合同现金流量特征一般仅为对本金和以未偿付本金金额为基础的利息的支付，如果企业管理这些金融资产的业务模式是以收取合同现金流量为目标，则应分类为以摊余成本计量的金融资产。此外，企业的应收款项、应收票据等金融资产通常也都能够同时满足分类为以摊余成本计量的金融资产的条件。

在会计处理上，以摊余成本计量的金融资产具体可以划分为债权投资和应收款项两部分。其中，债权投资应当通过"债权投资"账户进行核算，应收款项应当分别通过"应收账款""应收票据""其他应收款"等账户进行核算。由于应收款项并不属于对外投资的范畴，并且在前面已经做了专门介绍，因此本章以下所述以摊余成本计量的金融资产只包括债权投资。

（二）以公允价值计量且其变动计入其他综合收益的金融资产

金融资产同时符合下列条件的，应当分类为以公允价值计量且其变动计入其他综合收益的金融资产：

（1）企业管理该金融资产的业务模式既以收取合同现金流量为目标又以出售该金融资产为目标。

（2）该金融资产的合同条款规定，在特定日期产生的现金流量，仅为对本金和以未偿付本金金额为基础的利息的支付。

企业分类为以公允价值计量且其变动计入其他综合收益的金融资产和分类为以摊余成本计量的金融资产所要求的合同现金流量特征是相同的，两者的区别仅在于企业管理金融资产的业务模式不尽相同。例如，企业持有的公司债券、政府债券等金融资产，如果企业管理这些金融资产的业务模式既以收取合同现金流量为目标又以出售该金融资产为目标，则应分类为以公允价值计量且其变动计入其他综合收益的金融资产。

企业持有的权益工具投资，通常只能分类为以公允价值计量且其变动计入当期损益的金融资产。但企业持有的非交易性权益工具投资，在初始确认时可以指定为以公允价值计量且其变动计入其他综合收益的金融资产。该指定一经做出，不得撤销。

在会计处理上，以公允价值计量且其变动计入其他综合收益的金融资产，应当通过"其他债权投资"账户进行核算；指定为以公允价值计量且其变动计入其他综合收益的非交易性权益工具投资，应当通过"其他权益工具投资"账户进行核算。

（三）以公允价值计量且其变动计入当期损益的金融资产

企业持有的分类为以摊余成本计量的金融资产和以公允价值计量且其变动计入其他综合收益的金融资产之外的金融资产，应当分类为以公允价值计量且其变动计入当期损益的金融资产，主要包括交易性金融资产和指定为以公允价值计量且其变动计入当期损益的金融资产。

1. 交易性金融资产

金融资产满足下列条件之一的，表明企业持有该金融资产的目的是交易性的：

（1）取得相关金融资产的目的主要是近期出售。

（2）相关金融资产在初始确认时属于集中管理的可辨认金融工具组合的一部分，且有客观证据表明近期实际存在短期获利模式。

（3）相关金融资产属于衍生工具，但符合财务担保合同定义的衍生工具以及被指定为有效套期工具的衍生工具除外。

2. 指定为以公允价值计量且其变动计入当期损益的金融资产

在初始确认时，如果能够消除或显著减少会计错配，企业可以将金融资产指定为以公允价值计量且其变动计入当期损益的金融资产。该指定一经做出，不得撤销。

在会计处理上，交易性金融资产和指定为以公允价值计量且其变动计入当期损益的金融资产，应当通过"交易性金融资产"账户进行核算。

三、长期股权投资的分类

长期股权投资是指投资方对被投资方实施控制、重大影响的权益性投资以及对其合营企业的权益性投资。因此，长期股权投资按照对被投资方施加影响的程度，可以分为能够实施控制的权益性投资、具有重大影响的权益性投资和对合营企业的权益性投资。

（一）能够实施控制的权益性投资

控制是指投资方拥有对被投资方的权力，通过参与被投资方的相关活动而享有可变回报，并且有能力运用对被投资方的权力影响其回报金额。

投资方能够对被投资方实施控制的，被投资方为其子公司，投资方应当将其子公司纳入合并财务报表的范围。

（二）具有重大影响的权益性投资

重大影响是指投资方对被投资方的财务和经营政策有参与决策的权力，但并不能够控制或与其他方一起共同控制这些政策的制定。

投资方能够对被投资方施加重大影响的，被投资方为其联营企业。

（三）对合营企业的权益性投资

合营安排是指一项由两个或两个以上的参与方共同控制的安排。共同控制是指按照相关约定对某项安排所共有的控制，并且该安排的相关活动必须经过分享控制权的参与方一致同意后才能决策。

合营安排可以分为共同经营和合营企业。共同经营是指合营方享有该安排相关资产且承担该安排相关负债的合营安排；合营企业是指合营方仅对该安排的净资产享有权利的合营安排。

长期股权投资仅指对合营安排享有共同控制的参与方（合营方）对其合营企业的权益性投资，既不包括对合营安排不享有共同控制的参与方的权益性投资，也不包括共同经营。

第二节 交易性金融资产

一、交易性金融资产的含义

交易性金融资产主要是指企业为了近期内出售而持有的金融资产，如企业以赚取差价为目的从二级市场上购买的股票、债券、基金等。

另外，指定为以公允价值计量且其变动计入当期损益的金融资产，一般是指该金融资产不满足确认为交易性金融资产的条件时，企业仍可以在符合某些特定条件的情况下将其指定为按公允价值计量，并将公允价值变动计入当期损益。通常情况下，只有直接指定能够产生更相关的会计信息时，企业才能将某项金融资产指定为以公允价值计量且其变动计入当期损益的金融资产。

企业应设置"交易性金融资产"账户，核算以交易为目的而持有的股票投资、债券投资、基金投资等交易性金融资产的公允价值，并按照交易性金融资产的类别和品种设置"成本""公允价值变动"进行明细核算。其中，"成本"明细账户反映交易性金融资产的初始入账金额；"公允价值变动"明细账户反映交易性金融资产在持有期间的公允价值变动金额。需要注意的是，企业持有的指定为以公允价值计量且其变动计入当期损益的金融资产，也通过"交易性金融资产"账户核算，不单独设置会计账户核算。

二、交易性金融资产的取得

交易性金融资产应当把取得时的公允价值作为初始入账金额，相关的交易费用在发生时直接计入当期损益。其中，交易费用是指可直接归属于购买、发行或处置金融工具新增的外部费用，主要包括支付给代理机构、咨询公司、券商等的手续费和佣金及其他必要支出，但不包括债券溢价、折价、融资费用、内部管理成本以及其他与交易不直接相关的费用。企业为发行金融工具所发生的差旅费等，不属于交易费用。

企业取得交易性金融资产所支付的价款中，如果包含已宣告但尚未发放的现金股利或已到付息期但尚未领取的债券利息，性质上属于暂付应收款，应单独确认为应收项目，不计入交易性金融资产的初始入账金额。

【例7-1】2×18年1月10日，兴华公司按每股6.50元的价格从二级市场上购入A公司每股面值为1元的股票50 000股作为交易性金融资产，并支付交易费用1 200元。兴华公司财务处理如下：

初始入账金额=6.50×50 000=325 000（元）

借：交易性金融资产——A公司股票（成本）　　　　　　325 000
　　投资收益　　　　　　　　　　　　　　　　　　　　　1 200
　　贷：银行存款　　　　　　　　　　　　　　　　　　　　　326 200

【例7-2】2×18年3月25日，兴华公司按每股8.6元的价格从二级市场购入B公司每股面值1元的股票30 000股作为交易性金融资产，并支付交易费用1 000元。股票购买价格中包含每股0.20元已宣告但尚未发放的现金股利。该现金股利于2×18年4月20日发放。兴华公司财务处理如下：

（1）2×18年3月25日，购入B公司股票。

初始入账金额=（8.60-0.20）×30 000=252 000（元）

应收现金股利=0.20×30 000=6 000（元）

借：交易性金融资产——B公司股票（成本）　　　　　　252 000
　　应收股利　　　　　　　　　　　　　　　　　　　　　6 000
　　投资收益　　　　　　　　　　　　　　　　　　　　　1 000
　　贷：银行存款　　　　　　　　　　　　　　　　　　　　259 000

（2）2×18年4月20日，收到发放的现金股利。兴华公司财务处理如下：

借：银行存款　　　　　　　　　　　　　　　　　　　　6 000
　　贷：应收股利　　　　　　　　　　　　　　　　　　　　　6 000

【例7-3】2×18年7月1日，兴华公司支付价款86 800元，从二级市场购入甲公司于2×18年7月1日发行的面值80 000元、期限5年、票面利率6%、每年6月30日付息、到期还本的债券作为交易性金融资产，并支付交易费用300元。债券购买价格中包含已到付息期但尚未领取的利息4 800元。

（1）2×18年7月1日，购入甲公司债券。

初始入账金额=86 800-4 800=82 000（元）

借：交易性金融资产——甲公司债券（成本）　　　　　　82 000
　　应收利息　　　　　　　　　　　　　　　　　　　　　4 800
　　投资收益　　　　　　　　　　　　　　　　　　　　　300
　　贷：银行存款　　　　　　　　　　　　　　　　　　　　87 100

（2）收到甲公司支付的债券利息。

借：银行存款 4 800

贷：应收利息 4 800

三、交易性金融资产持有期间的会计处理

（一）现金股利或债券利息收益的确认

企业取得债券并分类为以公允价值计量且其变动计入当期损益的金融资产，在持有期间，应于每一资产负债表日或付息日计提债券利息，计入当期投资收益。企业取得股票并分类为以公允价值计量且其变动计入当期损益的金融资产，在持有期间，只有在同时符合下列条件时才能确认股利收入并计入当期投资收益：

（1）企业收取股利的权利已经确立。

（2）与股利相关的经济利益很可能流入企业。

（3）股利的金额能够可靠计量。

【例7-4】接【例7-1】，兴华公司持有A公司股票50 000股。2×18年3月20日，A公司宣告2×17年度利润分配方案，每股分派现金股利0.3元，并于2×18年4月15日发放。兴华公司账务处理如下：

（1）2×18年3月20日，A公司宣告分派现金股利。

应收现金股利=0.30×50 000=15 000（元）

借：应收股利 15 000

贷：投资收益 15 000

（2）2×18年4月15日，兴华公司收到A公司派发的现金股利。

借：银行存款 15 000

贷：应收股利 15 000

【例7-5】接【例7-3】，2×18年12月31日，兴华公司对持有的面值80 000元、期限5年、票面利率6%、每年6月30日付息的甲公司债券计提利息。兴华公司账务处理如下：

应收债券利息=80 000×6%×1/2=2 400（元）

借：应收利息 2 400

贷：投资收益 2 400

（二）交易性金融资产的期末计量

交易性金融资产取得时，是按公允价值入账的，反映了企业取得交易性金融资产的实际成本，但交易性金融资产的公允价值是不断变化的，会计期末的公允价值则代表了交易性金融资产的现时价值。根据企业会计准则的规定，资产负债表日交易性金融资产应按公允价值反映，公允价值的变动计入当期损益。

资产负债表日交易性金融资产的公允价值高于其账面余额时，应按两者之间的差额，调增交易性金融资产的账面余额，同时确认公允价值上升的收益；交易性金融资产的公允价值低于其账面余额时，应按两者之间的差额，调减交易性金融资产的账面余额，同时确认公允价值下跌的损失。

【例7-6】兴华公司每年12月31日对持有的交易性金融资产按公允价值进行后

续计量，确认公允价值变动损益。2×18 年 12 月 31 日，兴华公司持有的交易性金融资产账面余额和当日公允价值资料，如表 7-1 所示。

表 7-1　交易性金融资产账面余额和公允价值表

2×18 年 12 月 31 日　　　　　　　　　　　　　　　　　　　　单位：元

交易性金融资产项目	调整前账面余额	期末公允价值	公允价值变动损益	调整后账面余额
A 公司股票	325 000	260 000	-65 000	260 000
B 公司股票	252 000	297 000	45 000	297 000
甲公司债券	82 000	85 000	3 000	85 000

根据表 7-1 的资料，兴华公司 2×18 年 12 月 31 日确认公允价值变动损益的账务处理如下：

　　借：公允价值变动损益　　　　　　　　　　　　　　　　　65 000
　　　　贷：交易性金融资产——A 公司股票（公允价值变动）　　　65 000
　　借：交易性金融资产——B 公司股票（公允价值变动）　　　45 000
　　　　贷：公允价值变动损益　　　　　　　　　　　　　　　　45 000
　　借：交易性金融资产——甲公司债券（公允价值变动）　　　3 000
　　　　贷：公允价值变动损益　　　　　　　　　　　　　　　　3 000

四、交易性金融资产的处置

企业处置交易性金融资产的主要会计问题是正确确认处置损益。交易性金融资产的处置损益是指处置交易性金融资产实际收到的价款，减去所处置交易性金融资产账面余额后的差额。其中，交易性金融资产的账面余额是指交易性金融资产的初始入账金额加上或减去资产负债表日累计公允价值变动后的金额。如果在处置交易性金融资产时，企业已计入应收项目的现金股利或债券利息尚未收回，还应从处置价款中扣除该部分现金股利或债券利息之后，确认处置损益。

【例 7-7】接【例 7-1】和【例 7-6】，2×19 年 2 月 20 日，兴华公司将持有的 A 公司股票售出，实际收到出售价款 266 000 元。股票出售日 A 公司股票账面价值为 260 000 元，其中成本为 325 000 元，已确认公允价值变动损失 65 000 元。兴华公司账务处理如下：

　　处置损益＝266 000-260 000＝6 000（元）
　　借：银行存款　　　　　　　　　　　　　　　　　　　266 000
　　　　交易性金融资产——A 公司股票（公允价值变动）　　65 000
　　　　贷：交易性金融资产——A 公司股票（成本）　　　　325 000
　　　　　　投资收益　　　　　　　　　　　　　　　　　　6 000

【例 7-8】接【例 7-2】和【例 7-6】，兴华公司持有 B 公司股票 30 000 股，2×19 年 3 月 5 日，B 公司宣告 2×18 年度利润分配方案，每股分派现金股利 0.10 元，并拟于 2×19 年 4 月 15 日发放；2×19 年 4 月 1 日，大华公司将持有的 B 公司的股票售出，实际收到出售价款 298 000 元。股票出售日，B 公司股票账面价值为 297 000

元，其中成本为 252 000 元，已确认公允价值变动收益 45 000 元。兴华公司账务处理如下：

（1）2×19 年 3 月 5 日，B 公司宣告分配现金股利。

应收现金股利 = 0.10×30 000 = 3 000（元）

借：应收股利	3 000	
贷：投资收益		3 000

（2）2×19 年 4 月 1 日，兴华公司将 B 公司股票售出。

借：银行存款	298 000	
投资收益	2 000	
贷：交易性金融资产——B 公司股票（成本）		252 000
——B 公司股票（公允价值变动）		45 000
应收股利		3 000

【例 7-9】接【例 7-3】、【例 7-5】和【例 7-6】，2×19 年 5 月 10 日，兴华公司将甲公司债券售出，实际收到出售价款 88 600 元。债券出售日，甲公司债券已计提但尚未收到的利息为 2 400 元，账面价值为 85 000 元，其中成本为 82 000 元，已确认公允价值变动收益 3 000 元。兴华公司账务处理如下：

处置损益 = 88 600−85 000−2 400 = 1 200（元）

借：银行存款	88 600	
贷：交易性金融资产——甲公司债券（成本）		82 000
——甲公司债券（公允价值变动）		3 000
应收利息		2 400
投资收益		1 200

第三节 债权投资

一、债权投资的含义

金融资产同时符合下列条件的，应当分类为以摊余成本计量的金融资产：

（1）企业管理该金融资产的业务模式是以收取合同现金流量为目标。

（2）该金融资产的合同条款规定，在特定日期产生的现金流量，仅为对本金和以未偿付本金额为基础的利息的支付。以摊余成本计量的金融资产本章会计核算用"债权投资"科目核算，即企业长期持有的债务类金融资产。

企业应设置"债权投资"账户，核算持有的以摊余成本计量的金融资产，并按照债权投资的类别和品种，分别按"成本""利息调整""应计利息"等进行明细核算。其中，"成本"明细账户反映债权投资的面值，"利息调整"明细账户反映债权投资的初始入账金额与面值的差额以及按照实际利率法分期摊销后该差额的摊余金额。"应计利息"明细账户反映企业计提的到期一次还本付息、债权投资应计未收的利息。

二、债权投资的取得

债权投资应当将取得时的公允价值与相关交易费用之和作为初始入账金额。如果实际支付的价款中包含已到付息期但尚未领取的债券利息，企业应单独确认为应收项目，不构成持债权投资的初始入账金额。

【例7-10】2×18年1月1日，兴华公司从活跃市场上购入甲公司当日发行的面值500 000元、期限5年、票面利率6%、每年12月31日付息、到期还本的债券并分类为以摊余成本计量的金融资产。实际支付的购买价款（包括交易费用）为528 000元。兴华公司账务处理如下：

借：债权投资——甲公司债券（成本）　　　　　　　　500 000
　　　　　——甲公司债券（利息调整）　　　　　　　 28 000
　　贷：银行存款　　　　　　　　　　　　　　　　　　528 000

【例7-11】2×18年1月1日，兴华公司购入乙公司当日发行的面值1 000 000元、期限5年、票面利率5%、到期一次还本付息（利息不计复利）的债券并分类为以摊余成本计量的金融资产。实际支付的购买价款（包括交易费用）为912 650元。兴华公司账务处理如下：

借：债权投资——乙公司债券（成本）　　　　　　　1 000 000
　　贷：银行存款　　　　　　　　　　　　　　　　　　912 650
　　　　债权投资——乙公司债券（利息调整）　　　　　87 350

三、债权投资利息收入的确认

（一）债权投资利息收入的确认

（1）债权投资的账面余额与摊余成本。以摊余成本计量的债权投资的账面余额是指"债权投资"账户的账面实际余额，即债权投资的初始入账金额加上（初始入账金额低于面值时）或减去（初始入账金额高于面值时）利息调整的累计摊销额后的余额，或者债权投资的面值加上（初始入账金额高于面值时）或减去（初始入账金额低于面值时）利息调整的摊余金额。其公式表示如下：

账面余额=初始入账金额±利息调整累计摊销额
　　　　=面值±利息调整的摊余金额

需要注意的是，如果金融资产为到期一次还本付息的债券，其账面余额还应当包括应计未付的债券利息；如果金融资产提前收回了部分本金（面值），其账面余额还应当扣除已偿还的本金。

债权投资的摊余成本是指该债权投资的初始入账金额经下列调整后的结果：

①扣除已偿还的本金。

②加上或减去采用实际利率法将该初始入账金额与到期日金额之间的差额进行摊销形成的累计摊销额（利息调整的累计摊销额）。

③扣除累计计提的损失准备。

在会计处理上，以摊余成本计量的债权投资计提的损失准备是通过专门设置的备抵调整账户单独核算的。从会计账户之间的关系来看，债权投资的摊余成本也可用下式来表示：

　　摊余成本＝"债权投资"账户的账面余额－"债权投资减值准备"账户的账面余额

　　因此，如果债权投资没有计提损失准备，其摊余成本等于账面余额。

　　（2）实际利率法。实际利率法是指以实际利率为基础计算债权投资的摊余成本以及将利息收入或利息费用分摊计入各会计期间的方法。实际利率是指将债权投资在预期存续期内估计未来现金流量，折现为该债权投资账面余额所使用的利率。例如，企业购入债券作为债权投资，实际利率就是将该债券未来收回的利息和本金折算为现值恰好等于债权投资初始入账金额的折现率。

　　对于没有发生信用减值的债权投资，采用实际利率法确认利息收入并确定债权投资账面余额的程序如下：

　　①以债权投资的面值乘以票面利率计算确定应收利息。

　　②以债权投资的期初账面余额乘以实际利率计算确定利息收入。

　　③以应收利息与利息收入的差额作为当期利息调整摊销额。

　　④以债权投资期初账面余额加上（初始入账金额低于面值时）或减去（初始入账金额高于面值时）当期利息调整摊销额作为期末账面余额。

　　已发生信用减值的债权投资应当以债权投资的摊余成本乘以实际利率（或经信用调整的实际利率）计算确定其利息收入。本章不涉及发生信用减值的债权投资的会计处理。

　　（二）分期付息债券利息收入的确认

　　债权投资如为分期付息、一次还本的债券，企业应当于付息日或资产负债表日计提债券利息，同时按摊余成本和实际利率计算确认当期利息收入并摊销利息调整。

　　【例7-12】接【例7-10】，兴华公司于20×8年1月1日购入的面值500 000元、期限5年、票面利率6%、每年12月31日付息、初始入账金额为528 000元的甲公司债券，在持有期间采用实际利率法确认利息收入并摊销利息调整的账务处理如下：

　　（1）计算债券的实际利率。由于甲公司债券的初始入账金额高于面值，因此实际利率一定低于票面利率，先按5%作为折现率进行测算。查年金现值系数表和复利现值系数表可知，5期、5%的年金现值系数和复利现值系数分别为4.329 5和0.783 5。甲公司债券的利息和本金按5%作为折现率计算的现值如下：

　　债券每年应收利息＝500 000×6%＝30 000（元）

　　利息和本金的现值＝30 000×4.329 5+500 000×0.783 5＝521 635（元）

　　上式计算结果小于甲公司债券的初始入账金额，说明实际利率小于5%，再按4%作为折现率进行测算。查年金现值系数表和复利现值系数表可知，5期、4%的年金现值系数和复利现值系数分别为4.451 8和0.821 9。甲公司债券的利息和本金按4%作为折现率计算的现值如下：

　　利息和本金的现值＝30 000×4.451 8+500 000×0.821 9＝544 504（元）

　　上式计算结果大于甲公司债券的初始入账金额，说明实际利率大于4%。因此，实际利率介于4%～5%。使用插值法估算实际利率如下：

实际利率=4%+（5%-4%）×$\dfrac{544\,504-528\,000}{544\,504-521\,635}$=4.72%

（2）采用实际利率法编制利息收入与摊余成本计算表。兴华公司采用实际利率法编制的利息收入与摊余成本计算表如表7-2所示。

表7-2　利息收入与摊余成本计算表（实际利率法）

日期	应收利息 /元	实际利率 /%	利息收入 /元	利息调整摊销 /元	摊余成本 /元
2×18-01-01					528 000
2×18-12-31	30 000	4.72	24 922	5 078	522 922
2×19-12-31	30 000	4.72	24 682	5 318	517 604
2×20-12-31	30 000	4.72	24 431	5 569	512 035
2×21-12-31	30 000	4.72	24 168	5 832	506 203
2×22-12-31	30 000	4.72	23 797	6 203	500 000
合计	150 000	—	122 000	28 000	—

（3）编制各年确认利息收入并摊销利息调整的会计分录（各年收到债券利息的会计处理略）。

①2×18年12月31日。

借：应收利息　　　　　　　　　　　　　　　　　　　　　　30 000
　　贷：投资收益　　　　　　　　　　　　　　　　　　　　24 922
　　　　债权投资——甲公司债券（利息调整）　　　　　　　5 078

②2×19年12月31日。

借：应收利息　　　　　　　　　　　　　　　　　　　　　　30 000
　　贷：投资收益　　　　　　　　　　　　　　　　　　　　24 682
　　　　债权投资——甲公司债券（利息调整）　　　　　　　5 318

③2×20年12月31日。

借：应收利息　　　　　　　　　　　　　　　　　　　　　　30 000
　　贷：投资收益　　　　　　　　　　　　　　　　　　　　24 431
　　　　债权投资——甲公司债券（利息调整）　　　　　　　5 569

④2×21年12月31日。

借：应收利息　　　　　　　　　　　　　　　　　　　　　　30 000
　　贷：投资收益　　　　　　　　　　　　　　　　　　　　24 168
　　　　债权投资——甲公司债券（利息调整）　　　　　　　5 832

⑤2×22年12月31日。

借：应收利息　　　　　　　　　　　　　　　　　　　　　　30 000
　　贷：投资收益　　　　　　　　　　　　　　　　　　　　24 682
　　　　债权投资——甲公司债券（利息调整）　　　　　　　5 318

（4）编制债券到期，收回债券本金的会计分录。

借：银行存款　　　　　　　　　　　　　　　　　　　500 000

　　贷：债权投资——甲公司债券（成本）　　　　　　　　　500 000

（三）到期一次还本付息债券利息收入的确认

债权投资如为到期一次还本付息的债券，企业应当于资产负债表日计提债券利息，计提的利息通过"债权投资——应计利息"账户核算，同时按摊余成本和实际利率计算当期利息收入并摊销利息调整。

【例7-13】接【例7-11】，兴华公司于2×18年1月1日购入的面值1 000 000元、期限5年、票面利率5%、到期一次还本付息、初始入账金额为912 650元的乙公司债券，在持有期间采用实际利率法确认利息收入并摊销利息调整的账务处理如下：

（1）计算债券的实际利率。由于乙公司债券的初始入账金额低于面值，因此实际利率一定高于票面利率，先按6%作为折现率进行测算。查复利现值系数表可知，5期、6%的复利现值系数为0.747 3。乙公司债券的利息和本金按6%作为折现率计算的现值如下：

债券每年应计利息 = 1 000 000×5% = 50 000（元）

利息和本金的现值 = （50 000×5+1 000 000）×0.747 3 = 934 125（元）

由于计算结果大于乙公司债券的初始入账金额，说明实际利率大于6%，再按7%作为折现率进行测算。查复利现值系数表可知，5期、7%的复利现值系数为0.713 0。乙公司债券的利息和本金按7%作为折现率计算的现值如下：

利息和本金的现值 = （50 000×5+1 000 000）×0.713 0 = 891 250（元）

计算结果小于乙公司债券的初始入账金额，说明实际利率小于7%。因此，实际利率介于6%~7%。使用插值法估算实际利率如下：

$$实际利率 = 6\% + （7\%-6\%） \times \frac{934\ 125-912\ 650}{934\ 125-891\ 250} = 6.5\%$$

（2）采用实际利率法编制利息收入与摊余成本计算表。兴华公司采用实际利率法编制的利息收入与摊余成本计算表如表7-3所示。

表7-3　利息收入与摊余成本计算表（实际利率法）

日期	应收利息 /元	实际利率 /%	利息收入 /元	利息调整摊销 /元	摊余成本 /元
2×18-01-01					912 650
2×18-12-31	50 000	6.5	59 322	9 322	971 972
2×19-12-31	50 000	6.5	63 178	13 178	1 035 150
2×20-12-31	50 000	6.5	67 285	17 285	1 102 435
2×21-12-31	50 000	6.5	71 658	21 658	1 174 093
2×22-12-31	50 000	6.5	75 907	25 907	1 250 000
合计	250 000	—	337 350	87 350	—

（3）编制各年确认利息收入并摊销利息调整的会计分录。

①2×18 年 12 月 31 日。

借：债权投资——乙公司债券（应计利息）　　　　　　　50 000
　　　　　　——乙公司债券（利息调整）　　　　　　　9 322
　　贷：投资收益　　　　　　　　　　　　　　　　　　　　　59 322

②2×19 年 12 月 31 日。

借：债权投资——乙公司债券（应计利息）　　　　　　　50 000
　　　　　　——乙公司债券（利息调整）　　　　　　　13 178
　　贷：投资收益　　　　　　　　　　　　　　　　　　　　　63 178

③2×20 年 12 月 31 日。

借：债权投资——乙公司债券（应计利息）　　　　　　　50 000
　　　　　　——乙公司债券（利息调整）　　　　　　　17 285
　　贷：投资收益　　　　　　　　　　　　　　　　　　　　　67 285

④2×21 年 12 月 31 日。

借：债权投资——乙公司债券（应计利息）　　　　　　　50 000
　　　　　　——乙公司债券（利息调整）　　　　　　　21 658
　　贷：投资收益　　　　　　　　　　　　　　　　　　　　　71 658

⑤2×22 年 12 月 31 日。

借：债权投资——乙公司债券（应计利息）　　　　　　　50 000
　　　　　　——乙公司债券（利息调整）　　　　　　　25 907
　　贷：投资收益　　　　　　　　　　　　　　　　　　　　　75 907

（4）编制债券到期，收回债券本息的会计分录。

借：银行存款　　　　　　　　　　　　　　　　　　1 250 000
　　贷：债权投资——乙公司债券（成本）　　　　　　　　1 000 000
　　　　　　——乙公司债券（应计利息）　　　　　　　250 000

四、债权投资的处置

企业处置债权投资时，应将取得的价款与所处置投资账面价值之间的差额计入处置当期投资收益。其中，投资的账面价值是指投资的账面余额减除已计提的减值准备后的差额，即摊余成本。如果在处置债权投资时，企业已计入应收项目的债权利息尚未收回，还应从处置价款中扣除该部分债权利息，确认处置损益。

【例7-14】兴华公司因持有意图发生改变，于2×18 年 9 月 1 日将 2×18 年 1 月 1 日购入的面值 200 000 元、期限 5 年、票面利率 5%、每年 12 月 31 日付息的丙公司债券全部出售，实际收到出售价款 206 000 元。丙公司债券的初始入账金额为200 000 元。兴华公司账务处理如下：

借：银行存款　　　　　　　　　　　　　　　　　　206 000
　　贷：债权投资——丙公司债券（成本）　　　　　　　　200 000
　　　　投资收益　　　　　　　　　　　　　　　　　　　6 000

第四节　其他金融工具投资

一、其他债权投资

（一）其他债权投资的取得

企业应当设置"其他债权投资"账户，用来核算持有的以公允价值计量且其变动计入其他综合收益的金融资产，并按照其他债权投资的类别和品种，分别以"成本""利息调整""应计利息""公允价值变动"等进行明细核算。其中，"成本"明细账户反映其他债权投资的面值；"利息调整"明细账户反映其他债权投资的初始入账金额与其面值的差额以及按照实际利率法分期摊销后该差额的摊余金额；"应计利息"明细账户反映企业计提的到期一次还本付息其他债权投资应计未收的利息；"公允价值变动"明细账户反映其他债权投资的公允价值变动金额。

其他债权投资应当把取得该金融资产的公允价值和相关交易费用之和作为初始入账金额。如果支付的价款中包含已到付息期但尚未领取的利息，应单独确认为应收项目，不构成其他债权投资的初始入账金额。

【例7-15】2×17年1月1日，兴华公司购入B公司当日发行的面值600 000元、期限3年、票面利率8%、每年12月31日付息、到期还本的债券，分类为以公允价值计量且其变动计入其他综合收益的金融资产，实际支付购买价款（包括交易费用）620 000元。兴华公司账务处理如下：

借：其他债权投资——B公司债券（成本）　　　　　　600 000
　　　　　　　　——B公司债券（利息调整）　　　 20 000
　　贷：银行存款　　　　　　　　　　　　　　　　　　　620 000

（二）其他债权投资持有收益的确认

其他债权投资在持有期间确认利息收入的方法与按摊余成本计量的债权投资相同，即采用实际利率法确认当期利息收入，计入投资收益。需要注意的是，企业在采用实际利率法确认其他债权投资的利息收入时，应当以不包括"公允价值变动"明细账户余额的其他债权投资账面余额和实际利率计算确定利息收入。

【例7-16】接【例7-15】，兴华公司2×17年1月1日购入的面值600 000元、期限3年、票面利率8%、每年12月31日付息、到期还本、初始入账金额为620 000元的B公司债券，在持有期间采用实际利率法确认利息收入的账务处理如下：

（1）计算实际利率。由于B公司债券的初始入账金额高于面值，因此实际利率一定低于票面利率，先按7%作为折现率进行测算。查年金现值系数表和复利现值系数表可知，3期、7%的年金现值系数和复利现值系数分别为2.624 3和0.816 3。B公司债券的利息和本金按7%作为折现率计算的现值如下：

债券每年应收利息 = 600 000 × 8% = 48 000（元）

利息和本金的现值 = 48 000 × 2.624 3 + 600 000 × 0.816 3 = 615 746（元）

计算结果小于B公司债券的初始入账金额，说明实际利率小于7%。再按6%作为折现率进行测算。查年金现值系数表和复利现值系数表可知，3 期、6% 的年金现值系数和复利现值系数分别为 2.673 和 0.839 6。B 公司债券的利息和本金按 6% 作为折现率计算的现值如下：

利息和本金的现值 = 48 000×2.673+600 000×0.839 6 = 632 064（元）

计算结果大于 B 公司债券的初始入账金额，说明实际利率大于 6%。因此，实际利率介于 6%~7%。使用插值法估算实际利率如下：

$$实际利率 = 6\% + (7\%-6\%) \times \frac{632\ 064-620\ 000}{632\ 064-615\ 746} = 6.74\%$$

（2）采用实际利率法编制利息收入与账面余额（不包括"公允价值变动"明细账户的余额）计算表。兴华公司在购买日采用实际利率法编制的利息收入与账面余额计算表如表 7-4 所示。

表 7-4　利息收入与账面余额计算表（实际利率法）

日期	应收利息 /元	实际利率 /%	利息收入 /元	利息调整摊销 /元	摊余成本 /元
2×17-01-01					620 000
2×17-12-31	48 000	6.74	41 788	6 212	613 788
2×18-12-31	48 000	6.74	41 369	6 631	607 157
2×19-12-31	48 000	6.74	40 843	7 157	600 000
合计	144 000	—	124 000	20 000	—

（3）编制各年确认利息收入并摊销利息调整的会计分录（各年收到债券利息的会计处理略）。

①2×17 年 12 月 31 日。

借：应收利息　　　　　　　　　　　　　　　　　　　　48 000
　　贷：投资收益　　　　　　　　　　　　　　　　　　41 788
　　　　其他债权投资——B 公司债券（利息调整）　　　6 212

②2×18 年 12 月 31 日。

借：应收利息　　　　　　　　　　　　　　　　　　　　48 000
　　贷：投资收益　　　　　　　　　　　　　　　　　　41 369
　　　　其他债权投资——B 公司债券（利息调整）　　　6 631

③2×19 年 12 月 31 日。

借：应收利息　　　　　　　　　　　　　　　　　　　　48 000
　　贷：投资收益　　　　　　　　　　　　　　　　　　40 843
　　　　其他债权投资——B 公司债券（利息调整）　　　7 157

（三）其他权投资的期末计量

其他债权投资的价值应按资产负债表日的公允价值反映，公允价值的变动计入其他综合收益。资产负债表日其他债权投资的公允价值高于其账面余额时，应按两者之间的差额调增其他债权投资的账面余额，同时将公允价值变动计入其他综合收益；其他债权投资的公允价值低于其账面余额时，应按两者之间的差额调减其他债权投资的账面余额，同时按公允价值变动减计其他综合收益。

【例 7-17】接【例 7-15】和【例 7-16】，兴华公司持有的面值 600 000 元、期限 3 年、票面利率 8%、每年 12 月 31 日付息的 B 公司债券，2×17 年 12 月 31 日的市价（不包括应计利息）为 615 000 元，2×18 年 12 月 31 日的市价（不包括应计利息）为 608 000 元。兴华公司账务处理如下：

（1）2×17 年 12 月 31 日，确认公允价值变动。

公允价值变动 = 615 000 - 613 788 = 1 212（元）

借：其他债权投资——B 公司债券（公允价值变动）　　　　　1 212
　　贷：其他综合收益——其他债权投资公允价值变动　　　　　　　1 212

调整后 B 公司债券账面价值 = 613 788 + 1 212 = 615 000（元）

（2）2×18 年 12 月 31 日，确认公允价值变动。

调整前 B 公司债券账面价值 = 615 000 - 6 631 = 608 369（元）

公允价值变动 = 608 000 - 608 369 = -369（元）

借：其他综合收益——其他债权投资公允价值变动　　　　　369

　　贷：其他债权投资——B 公司债券（公允价值变动）　　　　369

调整后 B 公司债券账面价值 = 608 369 - 369 = 608 000（元）

（四）其他债权投资的处置

处置其他债权投资时，企业应将取得的处置价款与该金融资产账面余额之间的差额计入投资收益；同时将原直接计入其他综合收益的累计公允价值变动对应处置部分的金额转出，计入投资收益。

【例 7-18】接【例 7-15】、【例 7-16】和【例 7-17】，2×19 年 3 月 1 日，兴华公司将持有的面值 600 000 元、期限 3 年、票面利率 8%、每年 12 月 31 日付息、到期还本的 B 公司债券售出，实际收到出售价款 612 000 元。出售日，B 公司债券账面余额为 608 000 元，其中成本 600 000 元，利息调整（借方）7 157 元，公允价值变动（借方）843 元（1 212 - 369）。兴华公司账务处理如下：

借：银行存款　　　　　　　　　　　　　　　　　　　612 000
　　贷：其他债权投资——B 公司债券（成本）　　　　　　600 000
　　　　　　　　——B 公司债券（利息调整）　　　　　　　7 157
　　　　　　　　——B 公司债券（公允价值变动）　　　　　　843
　　　　投资收益　　　　　　　　　　　　　　　　　　　4 000
借：其他综合收益——其他债权投资公允价值变动　　　　　　843
　　贷：投资收益　　　　　　　　　　　　　　　　　　　　843

二、其他权益工具投资

（一）其他权益工具投资的取得

企业应当设置"其他权益工具投资"科目，用来核算持有的以公允价值计量且其变动计入其他综合收益的非交易性权益工具投资，并按照非交易性权益工具投资的类别和品种，分别以"成本""公允价值变动"等进行明细核算。其中，"成本"明细账户反映非交易性权益工具投资的初始入账金额，"公允价值变动"明细账户反映非交易性权益工具投资在持有期间公允价值变动金额。

其他权益工具投资应当将取得时的公允价值和相关交易费用之和作为初始入账金额。如果支付的价款中包含已到付息期但尚未领取的利息或已宣告但尚未发放的现金股利，应单独确认为应收项目，不构成其他权益工具投资的初始入账金额。

【例7-19】2×18年4月20日，兴华公司按每股7.60元的价格从二级市场购入A公司每股面值1元的股票80 000股并指定为以公允价值计量且其变动计入其他综合收益的非交易性权益工具投资，支付交易费用1 800元。股票购买价格中包含每股0.20元已宣告但尚未领取的现金股利，该现金股利于2×18年5月10日发放。

（1）2×18年4月20日，购入A公司股票。

初始入账金额=（7.60-0.20）×80 000+1 800=593 800（元）

应收现金股利=0.20×80 000=16 000（元）

借：其他权益工具投资——A公司股票（成本）　　593 800

　　应收股利　　　　　　　　　　　　　　　　　 16 000

　　贷：银行存款　　　　　　　　　　　　　　　　　　　　609 800

（2）2×18年5月10日，收到A公司发放的现金股利。

借：银行存款　　　　　　　　　　　　　　　　　 16 000

　　贷：应收股利　　　　　　　　　　　　　　　　　　　　 16 000

（二）其他权益工具投资持有收益的确认

其他权益工具投资在持有期间，只有在同时满足股利收入的确认条件（见交易性金融资产持有收益的确认）时，才能确认为股利收入并计入当期投资收益。

【例7-20】接【例7-19】，2×19年4月15日，A公司宣告每股分派现金股利0.25元（该现金股利已同时满足股利收入的确认条件），该现金股利于2×19年5月15日发放。兴华公司持有A公司股票80 000股。兴华公司账务处理如下：

（1）2×19年4月15日，A公司宣告分派现金股利。

应收现金股利=0.25×80 000=20 000（元）

借：应收股利　　　　　　　　　　　　　　　　　 20 000

　　贷：投资收益　　　　　　　　　　　　　　　　　　　　 20 000

（2）2×19年5月15日，收到A公司发放的现金股利。

借：银行存款　　　　　　　　　　　　　　　　　 20 000

　　贷：应收股利　　　　　　　　　　　　　　　　　　　　 20 000

（三）其他权益工具投资的期末计量

其他权益工具投资的价值应按资产负债表日的公允价值反映，公允价值的变动计入其他综合收益。

【例7-21】接【例7-19】，兴华公司持有的80 000股A公司股票2×18年12月31日的每股市价为8.20元，2×19年12月31日的每股市价为7.50元。兴华公司账务处理如下：

（1）2×18 年 12 月 31 日，调整金融资产账面余额。

公允价值变动 = 8.20×80 000−593 800 = 62 200（元）

借：其他权益工具投资——A 公司股票（公允价值变动）　　62 200

　　贷：其他综合收益　　　　　　　　　　　　　　　　　　　　62 200

调整后 A 公司股票账面余额 = 593 800+62 200 = 8.20×80 000 = 656 000（元）

（2）2×19 年 12 月 31 日，调整金融资产账面余额。

公允价值变动 = 7.50×80 000−656 000 = −56 000（元）

借：其他综合收益　　　　　　　　　　　　　　　　　　　56 000

　　贷：其他权益工具投资——A 公司股票（公允价值变动）　　56 000

调整后 A 公司股票账面余额 = 656 000−56 000 = 7.50×80 000 = 600 000（元）

（四）其他权益工具投资的处置

处置其他权益工具投资时，企业应将取得的处置价款与该金融资产账面余额之间的差额计入留存收益；同时，该金融资产原计入其他综合收益的累计利得或损失对应处置部分的金额应当从其他综合收益中转出，计入留存收益。其中，其他权益工具投资的账面余额，是指其他权益工具投资的初始入账金额加上或减去累计公允价值变动后的金额，即出售前最后一个计量日其他权益工具投资的公允价值。如果在处置其他权益工具投资时，已计入应收项目的现金股利尚未收回，还应从处置价款中扣除该部分现金股利，确认处置损益。

【例 7-22】接【例 7-19】和【例 7-21】，2×20 年 2 月 20 日，兴华公司出售持有的 80 000 股 A 公司股票，实际收到价款 650 000 元。出售日，A 公司股票账面余额为 600 000 元（593 800+62 200−56 000），其中，成本 593 800 元，公允价值变动（借方）6 200 元（62 200−56 000）。兴华公司按照 10% 提取法定盈余公积。兴华公司账务处理如下：

借：银行存款　　　　　　　　　　　　　　　　　　　650 000

　　贷：其他权益工具投资——A 公司股票（成本）　　　　　593 800

　　　　　　　　　　　　——A 公司股票（公允价值变动）　　6 200

　　　盈余公积　　　　　　　　　　　　　　　　　　　　　5 000

　　　利润分配——未分配利润　　　　　　　　　　　　　　45 000

借：其他综合收益——其他权益工具投资公允价值变动　　6 200

　　贷：投资收益　　　　　　　　　　　　　　　　　　　　　620

　　　利润分配——未分配利润　　　　　　　　　　　　　　5 580

第五节　长期股权投资

一、长期股权投资的内容

长期股权投资是指投资方对被投资方能够实施控制或具有重大影响的权益性投

资以及对其合营企业的权益性投资。

（一）能够实施控制的权益性投资

控制是指投资方拥有对被投资方的权利，通过参与被投资方的相关活动而享有可变回报，并且有能力运用对被投资方的权利影响其回报金额。

投资方能够对被投资方实施控制的，被投资方为其子公司，投资方应当将其子公司纳入合并报表的合并范围。

（二）具有重大影响的权益性投资

重大影响是指投资方对被投资方的财务和经营政策有参与决策的权利，但并不能够控制或与其他方一起共同控制这些政策的制定。

投资方能够对被投资方施加重大影响的，被投资方为其联营企业。

（三）对合营企业的权益性投资

合营安排是指一项由两个或两个以上的参与方共同控制的安排。共同控制是指按照相关约定对某项安排所共有的控制，并且该安排的相关活动必须经过分享控制权的参与方一致同意后才能决策。

合营安排可以分为共同经营和合营企业。共同经营是指合营方享有该安排相关资产且承担该安排相关负债的合营安排；合营企业是指合营方仅对该安排的净资产享有权利的合营安排。

长期股权投资仅指对合营安排享有共同控制的参与方（合营方）对其合营企业的权益性投资，不包括对合营安排不享有共同控制的参与方的权益性投资，也不包括共同经营。

除能够实施控制的权益性投资、具有重大影响的权益性投资和对合营企业的权益性投资外，企业持有的其他权益性投资，应当按照企业会计准则的规定，在初始确认时划分为以公允价值计量且其变动计入当期损益的金融资产或可供出售金融资产。

二、长期股权投资的取得

企业在取得长期股权投资时，应按初始投资成本入账。长期股权投资可以通过企业合并形成，也可以通过企业合并以外的其他方式取得。在不同的取得方式下，初始投资成本的确定方法有所不同。但是，无论企业以何种方式取得长期股权投资，实际支付的价款或对价中包含已宣告但尚未发放的现金股利或利润，应作为应收项目单独入账，不构成长期股权投资的初始投资成本。

（一）企业合并形成的长期股权投资

企业合并是指将两个或两个以上单独的企业合并形成一个报告主体的交易或事项。企业合并通常包括吸收合并、新设合并和控股合并三种形式。其中，吸收合并和新设合并均不形成投资关系，只有控股合并形成投资关系。因此，企业合并形成的长期股权投资是指控股合并所形成的投资方（合并后的母公司）对被投资方（合并后的子公司）的股权投资。企业合并形成的长期股权投资应当区分同一控制下的企业合并和非同一控制下的企业合并分别确定初始投资成本。

1. 同一控制下的企业合并形成的长期股权投资

参与合并的企业在合并前后受同一方或相同多方最终控制且该控制并非暂时性

的，为同一控制下的企业合并。对同一控制下的企业合并，从能够对参与合并各方在合并前及合并后均实施最终控制的一方来看，其能够控制的资产在合并前及合并后并没有发生变化，合并方通过企业合并形成的对被合并方的长期股权投资，其成本代表的是在被合并方所有者权益账面价值中按持股比例享有的份额。因此，同一控制下企业合并形成的长期股权投资，应当将合并日取得的被合并方所有者权益在最终控制方合并财务报表中的账面价值份额作为初始投资成本。

合并方支付合并对价的方式主要有支付现金、转让非现金资产、承担债务、发行权益性证券等。如果初始投资成本大于支付的合并对价的账面价值（或权益性证券的面值），则其差额应当计入资本公积（资本溢价或股本溢价）；如果初始投资成本小于支付的合并对价的账面价值（或权益性证券的面值），则其差额应当首先冲减资本公积（仅限于资本溢价或股本溢价），资本公积余额不足冲减的，应依次冲减盈余公积、未分配利润。

合并方为进行企业合并而发行债券或权益性证券支付的手续费、佣金等，应当计入所发行债券或权益性证券的初始确认金额；合并方为进行企业合并而发生的各项直接相关费用，如审计费用、评估费用、法律服务费用等，应当于发生时计入当期管理费用。

【例7-23】兴华公司和A公司是同为甲公司控制的两个子公司。2×18年2月20日，兴华公司和A公司达成合并协议，约定兴华公司以3 800万元的银行存款作为合并对价，取得A公司80%的股份。A公司80%的股份系甲公司于2×16年1月1日从本集团外部购入（属于非同一控制下的企业合并）。购买日，A公司可辨认净资产公允价值为3 500万元。2×16年1月1日—2×18年3月1日，A公司以购买日可辨认净资产的公允价值为基础计算的净利润为1 000万元，无其他所有者权益变动。2×18年3月1日，兴华公司实际取得A公司的控制权。当日，A公司所有者权益在最终控制方合并财务报表中的账面价值总额为4 500万元（3 500+1 000），兴华公司"资本公积——股本溢价"账户余额为150万元。在与A公司的合并中，兴华公司以银行存款支付审计费用、评估费用、法律服务费用等共计65万元。兴华公司账务处理如下：

初始投资成本＝4 500×80%＝3 600（万元）

借：长期股权投资——A公司	36 000 000	
资本公积——股本溢价	1 500 000	
盈余公积	500 000	
贷：银行存款		38 000 000
借：管理费用	650 000	
贷：银行存款		650 000

【例7-24】兴华公司和B公司是同为甲公司控制的两个子公司。根据兴华公司和B公司达成的合并协议，2×18年4月1日，兴华公司以增发的权益性证券作为合并对价，取得B公司90%的股份。兴华公司增发的权益性证券为每股面值1元的普通股股票，共增发2 500万股，支付手续费及佣金等发行费用80万元。2×18年4月1日，兴华公司实际取得对B公司的控制权。当日，B公司所有者权益在最终控制方甲公司合并财务报表中的账面价值总额为5 000万元。兴华公司账务处理如下：

初始投资成本 = 5 000×90% = 4 500（万元）

借：长期股权投资——B 公司   45 000 000
  贷：股本   25 000 000
    资本公积——股本溢价   20 000 000
借：资本公积——股本溢价   800 000
  贷：银行存款   800 000

2. 非同一控制下的企业合并形成的长期股权投资

参与合并的各方在合并前后不受同一方或相同的多方最终控制，为非同一控制下的企业合并。非同一控制下的企业合并，购买方应将企业合并视为一项购买交易，合理确定合并成本，作为长期股权投资的初始投资成本。合并成本为购买方在购买日为取得对被购买方的控制权而付出的资产、发生或承担的负债以及发行的权益性证券的公允价值。

购买方作为合并对价付出的资产，应当按照以公允价值处置该资产的方式进行会计处理。其中，付出资产为固定资产、无形资产的，付出资产的公允价值与其账面价值的差额，计入营业外收入或营业外支出；付出资产为金融资产的，付出资产的公允价值与其账面价值的差额，计入投资收益；付出资产为存货的，按其公允价值确认收入，同时按其账面价值结转成本。

购买方为进行企业合并而发行债券或权益性证券支付的手续费、佣金等，应当计入发行债券或权益性证券的初始确认金额；购买方为进行企业合并而发生的各项直接相关费用，如审计费用、评估费用、法律服务费用等，应当于发生时计入当期管理费用。

【例7-25】兴华公司和 C 公司为两个独立的法人企业，合并之前不存在任何关联方关系。2×18 年 1 月 10 日，兴华公司和 C 公司达成合并协议，约定兴华公司以库存商品和银行存款作为合并对价，取得 C 公司 70% 的股份。兴华公司付出库存商品的账面价值为 3 200 万元，购买日公允价值为 4 000 万元，增值税税额为 520 万元；付出银行存款的金额为 5 000 万元。2×18 年 2 月 1 日，兴华公司实际取得对 C 公司的控制权。在与 C 公司的合并中，兴华公司以银行存款支付审计费用、评估费用、法律服务费用等共计 90 万元。兴华公司账务处理如下：

合并成本 = 4 000+520+5 000 = 9 520（万元）

借：长期股权投资——C 公司   95 200 000
  贷：主营业务收入   40 000 000
    应交税费——应交增值税（销项税额）   5 200 000
    银行存款   50 000 000
借：主营业务成本   32 000 000
  贷：库存商品   32 000 000
借：管理费用   900 000
  贷：银行存款   900 000

【例7-26】兴华公司和 D 公司为两个独立的法人企业，合并之前不存在任何关联方关系。兴华公司和 D 公司达成合并协议，约定兴华公司以发行的权益性证券作为合并对价，取得 D 公司 80% 的股份。兴华公司拟增发的权益性证券为每股面值 1 元的普通股股票，共增发 1 600 万股，每股公允价值 3.50 元。2×18 年 7 月 1 日，兴华公司完成了权益性证券的增发，发生手续费及佣金等发行费用 120 万元。在兴华公司和 D 公司的合并中，兴华公司另以银行存款支付审计费用、评估费用、法律服务费用等共计 80 万元。兴华公司账务处理如下：

合并成本 = 3.50×1 600 = 5 600（万元）

借：长期股权投资——D 公司	56 000 000
贷：股本	16 000 000
资本公积——股本溢价	40 000 000
借：资本公积——股本溢价	1 200 000
贷：银行存款	1 200 000
借：管理费用	800 000
贷：银行存款	800 000

（二）非企业合并方式取得的长期股权投资

除企业合并形成的对子公司的长期股权投资外，企业支付现金、发行权益性证券等方式取得的对被投资方不具有控制的长期股权投资，为非企业合并方式取得的长期股权投资，如取得的对合营企业、联营企业的长期股权投资。企业通过非企业合并方式取得的长期股权投资，应当将实际支付的价款、发行权益性证券的公允价值等作为初始投资成本。

【例 7-27】兴华公司以支付现金的方式取得 E 公司 25% 的股份，实际支付的买价为 3 200 万元，在购买过程中另支付手续费等相关费用 12 万元。股份购买价款中包含 E 公司已宣告但尚未发放的现金股利 100 万元。兴华公司在取得 E 公司股份后，派人员参与了 E 公司的生产经营决策，能够对 E 公司施加重大影响，兴华公司将其划分为长期股权投资。兴华公司账务处理如下：

（1）购入 E 公司 25% 的股份。

初始投资成本 = 3 200+12-100 = 3 112（万元）

借：长期股权投资——E 公司（投资成本）	31 120 000
应收股利	1 000 000
贷：银行存款	32 120 000

（2）收到 E 公司派发的现金股利。

借：银行存款	1 000 000
贷：应收股利	1 000 000

三、长期股权投资的后续计量

企业取得的长期股权投资在持有期间，要根据对被投资方是否能够实施控制，分别采用成本法和权益法进行核算。

（一）长期股权投资的成本法

1. 成本法的适用范围

根据《企业会计准则第 2 号——长期股权投资》的规定，长期股权投资按成本法核算适用于投资企业能够对被投资单位实施控制的长期股权投资，即对子公司的投资。

2. 成本法的核算

成本法是指长期股权投资按成本计价的方法。在成本法下，长期股权投资的核算应当按照初始投资成本计价，追加或收回投资应当调整长期股权投资的成本。同一控制下的企业合并形成的长期股权投资，其初始成本为合并日取得被合并方所有者权益账面价值的份额。

被投资单位宣告分配的现金股利或利润，投资企业按享有的部分确认为当期投资收益，借记"应收股利"科目，贷记"投资收益"科目；实际收到现金股利或利润时，借记"银行存款"科目，贷记"应收股利"科目。投资企业在确认被投资单位应分得的现金股利或利润后，应当考虑长期股权投资是否发生减值。在判断该类长期股权投资是否存在减值迹象时，企业应当关注长期股权投资的账面价值是否大于被投资单位净资产账面价值的份额等情况。

【例7-28】2×18年1月1日，兴华公司以5 000万元的价格购入F公司60%的股权，购买过程中另支付相关税费50万元。股权购入后，兴华公司能够控制F公司的生产经营和财务决策。2×18年3月1日，F公司宣告分配现金利润500万元；2×18年3月10日，F公司实际分派了利润。假定兴华公司确认投资收益后，其对F公司的长期股权投资未发生减值。兴华公司账务处理如下：

（1）2×18年1月1日，购入长期股权投资。

长期股权投资的入账价值=5 000+50=5 050（万元）

借：长期股权投资——F公司　　　　　　　　　　　50 500 000
　　贷：银行存款　　　　　　　　　　　　　　　　　　50 500 000

（2）2×18年3月1日，F公司宣告分配利润。

借：应收股利　　　　　　　　　　　　　　　　　　3 000 000
　　贷：投资收益　　　　　　　　　　　　　　　　　　3 000 000

（3）2×18年3月10日，收到F公司利润。

借：银行存款　　　　　　　　　　　　　　　　　　3 000 000
　　贷：应收股利　　　　　　　　　　　　　　　　　　3 000 000

（二）长期股权投资的权益法

权益法是指在取得长期股权投资时以投资成本计量，在投资持有期间则要根据投资方应享有被投资方所有者权益份额的变动，对长期股权投资的账面价值进行相应调整的一种会计处理方法。投资方对被投资方具有共同控制或重大影响的长期股权投资，即对合营企业或联营企业的长期股权投资，应当采用权益法核算。

企业采用权益法核算，在"长期股权投资"账户下应当设置"投资成本""损益调整""其他综合收益""其他权益变动"明细账户，分别反映长期股权投资的初始投资成本、被投资方发生净损益及利润分配引起的所有者权益变动、被投资方确认其他综合收益引起的所有者权益变动以及被投资方除上述原因以外的其他原因引起的所有者权益变动而对长期股权投资账面价值进行调整的金额。

1. 取得长期股权投资的会计处理

企业在取得长期股权投资时，按照确定的初始投资成本入账。初始投资成本与应享有被投资方可辨认净资产公允价值份额之间的差额，应区别情况处理。

（1）如果长期股权投资的初始投资成本大于取得投资时应享有被投资方可辨认净资产公允价值的份额，不调整已确认的初始投资成本。

（2）如果长期股权投资的初始投资成本小于取得投资时应享有被投资方可辨认净资产公允价值的份额，应按两者之间的差额调整长期股权投资的账面价值，同时计入当期营业外收入。

【例7-29】2×18年7月1日，兴华公司购入G公司股票1 600万股，实际支付购买价款2 450万元（包括交易税费）。该股份占G公司普通股股份的25%，兴华公司在取得股份后，派人参与了G公司的生产经营决策，因为能对G公司施加重大影响，兴华公司采用权益法核算。

（1）假定投资当时，G公司可辨认净资产公允价值为9 000万元。

应享有G公司可辨认净资产公允价值的份额＝9 000×25%＝2 250（万元）

由于长期股权投资的初始投资成本大于投资时应享有G公司可辨认净资产公允价值的份额，因此企业不调整长期股权投资的初始投资成本。兴华公司账务处理如下：

借：长期股权投资——G公司（投资成本）　　　　　　　　24 500 000
　　贷：银行存款　　　　　　　　　　　　　　　　　　　　　　24 500 000

（2）假定投资当时，G公司可辨认净资产公允价值为10 000万元。

应享有G公司可辨认净资产公允价值的份额＝10 000×25%＝2 500（万元）

由于长期股权投资的初始投资成本小于投资时应享有G公司可辨认净资产公允价值的份额，因此兴华公司应按两者之间的差额调整长期股权投资的初始投资成本，同时计入当期营业外收入。兴华公司账务处理如下：

初始投资成本调整额＝2 500-2 450＝50（万元）

借：长期股权投资——G公司（投资成本）　　　　　　　　24 500 000
　　贷：银行存款　　　　　　　　　　　　　　　　　　　　　　24 500 000
借：长期股权投资——G公司（投资成本）　　　　　　　　　　500 000
　　贷：营业外收入　　　　　　　　　　　　　　　　　　　　　　500 000
调整后的投资成本＝2 450+50＝2 500（万元）

2. 确认投资损益及取得现金股利或利润的会计处理

投资方取得长期股权投资后，应当按照在被投资方实现的净利润或发生的净亏损中，投资方应享有或应分担的份额确认投资损益，同时相应调整长期股权投资的账面价值。投资方应当在被投资方账面净损益的基础上，考虑以下因素对被投资方净损益的影响并进行适当调整后，作为确认投资损益的依据：

（1）被投资方采用的会计政策及会计期间与投资方不一致的，应当按照投资方的会计政策及会计期间对被投资方的财务报表进行调整。

（2）以取得投资时被投资方各项可辨认资产等的公允价值为基础，对被投资方的净损益进行调整，但应考虑重要性原则，不具有重要性的项目可不予调整。

（3）投资方与联营企业及合营企业之间进行商品交易形成的未实现内部交易损益按照持股比例计算的归属于投资方的部分，应当予以抵销。

当被投资方宣告分配现金股利或利润时，投资方按应获得的现金股利或利润确认应收股利，同时抵减长期股权投资的账面价值；被投资方分派股票股利，投资方不进行账务处理，但应于除权日在备查簿中登记增加的股份。

【例7-30】2×18年7月1日，兴华公司购入G公司股票1 600万股，占G公司普通股股份的25%，能够对G公司施加重大影响，兴华公司对该项股权投资采用权益法核算。假定兴华公司与G公司的会计年度及采用的会计政策相同，投资时G公司各项可辨认资产、负债的公允价值与账面价值相同，双方未发生任何内部交易。G公司2×18—2×21年各年取得的净收益及其分配情况和兴华公司相应的账务处理如下：

（1）2×18年度，G公司报告净收益1 500万元；2×19年3月10日，G公司宣告2×18年度利润分配方案，每股分配现金股利0.10元，假定每月收益相等，1~12月合计净收益为1 500万元。

①确认投资收益。

应确认投资收益 $= 1\ 500 \times 25\% \times \dfrac{6}{12} = 187.5$（万元）

借：长期股权投资——G公司（损益调整）　　　　　　1 875 000

　　贷：投资收益　　　　　　　　　　　　　　　　　　　　　1 875 000

②确认应收股利。

应收现金股利 $= 0.10 \times 1\ 600 = 160$（万元）

借：应收股利　　　　　　　　　　　　　　　　　　　1 600 000

　　贷：长期股权投资——G公司（损益调整）　　　　　　　　1 600 000

③收到现金股利。

借：银行存款　　　　　　　　　　　　　　　　　　　1 600 000

　　贷：应收股利　　　　　　　　　　　　　　　　　　　　　1 600 000

（2）2×19年度，G公司报告净收益1 250万元；2×20年4月15日，G公司宣告2×19年度利润分配方案，每股派送股票股利0.3股，除权日为2×20年5月10日。

①确认投资收益。

应确认投资收益 $= 1\ 250 \times 25\% = 312.5$（万元）

借：长期股权投资——G公司（损益调整）　　　　　　3 125 000

　　贷：投资收益　　　　　　　　　　　　　　　　　　　　　3 125 000

②除权日，在备查簿中登记增加的股份。

股票股利 $= 0.30 \times 1\ 600 = 480$（万股）

持有股票总数 $= 1\ 600 + 480 = 2\ 080$（万股）

（3）2×20年度，G公司报告净损益1 000万元，未进行利润分配。

应确认投资收益 $= 1\ 000 \times 25\% = 250$（万元）

借：长期股权投资——G公司（损益调整）　　　　　　2 500 000

　　贷：投资收益　　　　　　　　　　　　　　　　　　　　　2 500 000

（4）2×21年度，G公司发生亏损500万元，未进行利润分配。

应确认投资损失 $= 500 \times 25\% = 125$（万元）

借：投资收益 1 250 000
　　贷：长期股权投资——G公司（损益调整） 1 250 000

3. 确认其他综合收益的会计处理

被投资方因确认其他综合收益而导致其所有者权益发生变动时，投资方应按照持股比例计算应享有或承担的份额，一方面调整长期股权投资的账面价值，另一方面计入其他综合收益。

【例7-31】兴华公司持有G公司25%的股份，能够对G公司施加重大有限，采用权益法核算。2×18年12月31日，G公司持有的一项成本为1 500万元的可供出售金融资产的公允价值升至2 000万元，G公司按公允价值超过成本的差额500万元调增该项可供出售金融资产的账面价值，并计入其他综合收益，导致其所有者权益发生变动。兴华公司账务处理如下：

应享有其他综合收益份额＝5 000×25%＝1 250（万元）

借：长期股权投资——G公司（其他综合收益） 12 500 000
　　贷：其他综合收益 12 500 000

4. 确认其他权益变动的会计处理

其他权益变动是指被投资方除实现净损益及进行利润分配、确认其他综合收益以外的其他原因导致的所有者权益变动，如被投资方接受股东资本性投入，确认以权益结算的股份支付等导致的所有者权益变动。投资方对于按照持股比例计算的应享有或承担的被投资方其他权益变动份额，应调整长期股权投资的账面价值，同时计入资本公积（其他资本公积）。

【例7-32】兴华公司持有H公司30%的股份，能够对H公司施加重大影响，采用权益法核算。2×18年度，H公司接受其母公司实质上属于资本性投入的现金捐赠，金额为600万元。H公司将其计入资本公积，导致所有者权益发生变动。兴华公司账务处理如下：

应享有其他权益变动份额＝600×30%＝180（万元）

借：长期股权投资——G公司（其他权益变动） 1 800 000
　　贷：资本公积——其他资本公积 1 800 000

四、长期股权投资的处置

企业处置长期股权投资时，应当按照取得的处置收入扣除长期股权投资账面价值和已宣告确认但尚未收到的现金股利之后的差额确认处置损益。采用权益法核算的长期股权投资，处置时还应将其与所处置的长期股权投资相对应的原计入其他综合收益（不能结转损益的除外）或资本公积项目的金额转出，计入处置当期投资损益。

【例7-33】兴华公司对持有H公司股份采用权益法核算。2×18年4月5日，兴华公司将持有的H公司股份全部转让，收到转让价款3 500万元。转让日，该项长期股权投资的账面余额为3 300万元。其中，投资成本2 500万元，损益调整（借方）500万元，其他综合收益（借方）200万元，其他权益变动（借方）100万元。兴华公司账务处理如下：

转让损益＝3 500－3 300＝200（万元）

借：银行存款   35 000 000

  贷：长期股权投资——H公司（投资成本）   25 000 000

          ——H公司（损益调整）   5 000 000

          ——H公司（其他综合收益）   2 000 000

          ——H公司（其他权益变动）   1 000 000

    投资收益   2 000 000

借：其他综合收益   2 000 000

  资本公积——其他资本公积   1 000 000

  贷：投资收益   3 000 000

【本章小结】

本章主要介绍了投资及其分类、交易性金融资产、债权投资、其他金融工具投资、长期股权投资的概念及相关账务处理。

【主要概念】

金融资产；交易性金融资产；债权投资；其他债权投资；其他权益工具投资；长期股权投资；成本法；权益法；摊余成本。

【简答题】

1. 什么是交易性金融资产？资产负债表日，交易性金融资产的价值应如何反映？

2. 什么是债权投资？如何确认债权投资的利息收益？

3. 什么是其他权益工具投资？资产负债表日，其他权益工具投资的价值应如何反映？

4. 企业持有的哪些权益性投资应划分为长期股权投资？

5. 什么是成本法？什么是权益法？两者的适用范围分别是什么？

6. 如何确认长期股权投资的处置损益？

第八章
固定资产与投资性房地产

【学习目标】

知识目标：理解并掌握固定资产与投资性房地产的基本概念与基本理论，包括固定资产初始计量及后续支出、固定资产折旧的计算、投资性房地产的概念、投资性房地产的初始及后续计量。

技能目标：能够熟练掌握固定资产、投资性房地产相关账务处理。

能力目标：理解固定资产、投资性房地产的概念。

【知识点】

固定资产、折旧、初始计量、后续计量、投资性房地产等。

【篇头案例】

程鑫刚刚毕业于某大学财务管理专业，在华宇公司财务部门谋得了一份薪水比较理想的财务工作。华宇公司的总会计师安排程鑫负责固定资产的核算工作。在程鑫从事该项工作的第一个月，恰逢华宇公司新近购入一批笔记本电脑，共10台，总值为8.8万元。华宇公司的经理吴亮要求程鑫将购买的笔记本电脑的成本借记"管理费用"科目。以自己掌握的财务知识，程鑫知道这是违背会计原则的，但是吴亮坚持这样做，程鑫感觉有些为难。

这样做合规矩吗？实质上，程鑫遇到的账务问题是关于固定资产的财务问题。要评价吴亮的做法是否符合相关规定，帮助程鑫分析其这么做的可能原因，就必须掌握本章的知识。

第一节　固定资产

固定资产是指企业为生产商品、提供劳务、出租或经营管理而持有的，使用寿命超过一个会计年度的有形资产。

一、固定资产的特征及确认条件

固定资产是指同时具有下列特征的有形资产：

（1）为生产商品、提供劳务、出租或经营管理而持有的。

（2）使用寿命超过一个会计年度。

固定资产同时满足下列条件的，才能予以确认：

（1）与该固定资产有关的经济利益很可能流入企业。

（2）该固定资产的成本能够可靠计量。

符合上述固定资产特征和确认条件的有形资产，应当确认为固定资产；不符合的确认为存货。

需要注意的是出租不包括作为投资性房地产以经营租赁方式租出的建筑物。备品备件和维修设备通常确认为存货，但某些备品备件和维修设备需要与相关固定资产组合发挥效用，如民用航空运输企业的高价周转件，应当确认为固定资产。

固定资产的各组成部分具有不同使用寿命或以不同方式为企业提供经济利益，适用不同折旧率或折旧方法的，应当分别将各组成部分确认为单项固定资产。

二、固定资产的初始计量

固定资产应当按照成本进行初始计量。由于固定资产的来源渠道不同，其成本构成的具体内容也有所差异。

固定资产的初始计量是指固定资产初始成本的确定。固定资产的成本是指企业构建某项固定资产达到预定可使用状态前所发生的一切合理、必要的支出。这些支出包括直接发生的价款、运杂费、包装费和安装成本等，也包括间接发生的，如应承担的借款利息、外币借款折算差额以及应分摊的其他间接费用。特定行业的特定固定资产的成本确定应考虑预计弃置费用等因素。

（一）外购固定资产

外购固定资产的成本包括购买价款，相关税费，使固定资产达到预定可使用状态前发生的可归属于该项资产的运输费、装卸费、安装费和专业人员服务费等。

企业购入的固定资产又分为不需要安装和需要安装两种情况。

1. 不需要安装

企业购入不需要安装的固定资产，按应计入固定资产成本的金额，借记"固定资产"科目，按增值税的进项税额，借记"应交税费——应交增值税（进项税额）"科目，按支付的金额，贷记"银行存款"等科目。

【例8-1】兴华公司购入一台不需要安装的新设备，发票价格20 000元，增值税进项2 600元，款项全部付清。兴华公司账务处理如下：

借：固定资产   20 000

    应交税费——应交增值税（进项税额）   2 600

  贷：银行存款   22 600

2. 需要安装

企业购入需要安装的固定资产，先记入"在建工程"科目，安装完毕交付使用时再转入"固定资产"科目。企业购入的固定资产超过正常信用条件延期支付价款（如分期付款购买固定资产），实质上具有融资性质的，应按所购固定资产购买价款的现值，借记"固定资产"科目或"在建工程"科目，按增值税的进项税额，借记"应交税费——应交增值税（进项税额）"科目，按应支付的金额，贷记"长期应付款"科目，按其差额，借记"未确认融资费用"科目。

【例 8-2】兴华公司购入一台需要安装的设备，发票价格 100 000 元，增值税进项税额 13 000 元，安装费用 4 000 元，增值税进项税额 240 元，款项全部付清。兴华公司账务处理如下：

（1）购入该项设备。

借：在建工程　　　　　　　　　　　　　　　　　　100 000

　　应交税费——应交增值税（进项税额）　　　　　 13 000

　　贷：银行存款　　　　　　　　　　　　　　　　　　113 000

（2）发生安装费用。

借：在建工程　　　　　　　　　　　　　　　　　　　 4 000

　　应交税费——应交增值税（进项税额）　　　　　　　 240

　　贷：银行存款　　　　　　　　　　　　　　　　　　　4 240

（3）该项设备安装完毕交付使用。

借：固定资产　　　　　　　　　　　　　　　　　　104 000

　　贷：在建工程　　　　　　　　　　　　　　　　　　104 000

（二）自行建造固定资产

企业自行建造的固定资产，有自营建造和出包建造两种方式。采用自营建造方式的，其固定资产的价值包括在自营建造过程中耗用的材料、人工成本，为建造固定资产而发生的借款利息、汇兑损益以及工程完工时物资盘点净亏损等。采用外包建造方式的，其固定资产的入账价值为与承包单位结算的工程价款。

1. 自营工程

企业应通过"在建工程"账户核算工程的实际支出，同时还应设置"工程物资"账户，用来核算企业为在建工程准备的各种物资的实际成本，包括为工程准备的材料、尚未交付安装的设备等的实际成本以及基建期间根据项目规模匡算购入的工具及器具等的实际成本。"工程物资"账户应设置"专用材料""专用设备""为生产准备的工具及器具"等明细账户，进行明细核算。工程物资发生减值准备的，应单独设置"工程物资减值准备"账户进行核算。

【例 8-3】兴华公司采用自营方式建造厂房一幢，为工程购进物资一批，价款 200 000 元（增值税进项税额为 26 000 元，款项已用银行存款支付），全部用于工程建设，为工程支付的建设人员工资 50 000 元，为工程借款而发生的利息 16 000 元，工程完工验收交付使用。兴华公司账务处理如下：

（1）购买工程物资。

借：工程物资——专用材料　　　　　　　　　　　　200 000

　　应交税费——应交增值税（进项税额）　　　　　 26 000

　　贷：银行存款　　　　　　　　　　　　　　　　　　226 000

（2）领用工程物资。

借：在建工程——厂房建筑工程　　　　　　　　　　226 000

　　贷：工程物资　　　　　　　　　　　　　　　　　　226 000

（3）支付建造人员工资。

借：在建工程——厂房建筑工程　　　　　　　　　　 50 000

　　贷：应付职工薪酬　　　　　　　　　　　　　　　　 50 000

（4）计算利息。

借：在建工程　　　　　　　　　　　　　　　　　　16 000

　　贷：长期借款　　　　　　　　　　　　　　　　　　　　16 000

（5）工程达到预定可使用状态，结转在建工程成本。

借：固定资产——厂房　　　　　　　　　　　　　　292 000

　　贷：在建工程——厂房建筑工程　　　　　　　　　　　292 000

2. 出包工程

企业对出包工程的核算通过"在建工程"账户进行，主要是与承包单位结算工程价款。

【例8-4】兴华公司外包仓库建造工程，双方签订的合同约定工程造价500 000元，企业预付工程价款的50%，另外50%待工程竣工验收后再支付（不考虑相关税费）。兴华公司账务处理如下：

（1）向承包单位预付50%的工程价款。

借：在建工程——建筑工程（仓库工程）　　　　　　250 000

　　贷：银行存款　　　　　　　　　　　　　　　　　　　250 000

（2）工程竣工验收后支付另外50%的工程价款。

借：在建工程——建筑工程（仓库工程）　　　　　　250 000

　　货：银行存款　　　　　　　　　　　　　　　　　　　250 000

（3）工程完工并交付使用。

借：固定资产——生产用固定资产　　　　　　　　　500 000

　　贷：在建工程——建筑工程（仓库工程）　　　　　　　500 000

（三）投资者投入固定资产

投资者投入固定资产的成本应当将投资合同或协议约定的价值加上相关税费作为固定资产的入账价值，但合同或协议约定价值不公允的除外。

【例8-5】兴华公司收到A企业投入的生产设备一台，A企业记录的该设备的账面价值为100 000元，双方投资合同约定该设备价值为50 000元。兴华公司账务处理如下：

借：固定资产　　　　　　　　　　　　　　　　　　50 000

　　贷：实收资本　　　　　　　　　　　　　　　　　　　500 000

（四）延期付款购买固定资产

购入固定资产超过正常信用条件延期支付价款（如分期付款购买固定资产），实质上具有融资性质的，应按所购固定资产购买价款的现值，借记"固定资产"或"在建工程"账户；按应支付的金额，贷记"长期应付款"账户；按其差额，借记"未确认融资费用"账户。未确认融资费用应当在信用期内采用实际利率法进行摊销，摊销金额除满足借款费用资本化条件的应当计入固定资产成本外，均应当在信用期间内确认为财务费用，计入当期损益。

【例8-6】假定兴华公司20×7年1月1日从C公司购入甲机器作为固定资产使用。该机器已收到，不需安装。购货合同约定，甲机器的总价款为2 000万元（假设不考虑增值税），分 3 年支付，20×7 年 12 月 31 日支付 1 000 万元，20×8 年 12 月 31 日支付 600 万元，20×9 年 12 月 31 日支付 400 万元。假定折现率为 6%，兴华公司编制会计分录如下：

（1）20×7 年 1 月 1 日。

长期应付款入账价值 = 2 000（万元）

固定资产入账价值 = 1 000×（P/F，6%，1）+600×（P/F，6%，2）+400×（P/F，6%，3）= 1 813.24（万元）

未确认融资费用 = 2 000−1813.24 = 186.76（万元）

借：固定资产——生产用固定资产	18 132 400	
未确认融资费用	1 867 600	
贷：长期应付款		20 000 000

（2）20×7 年 12 月 31 日。

未确认融资费用摊销 = 1 813.24×6% = 108.79（万元）

借：财务费用	1 087 900	
贷：未确认融资费用		1 087 900
借：长期应付款	10 000 000	
贷：银行存款		10 000 000

（3）20×8 年 12 月 31 日。

未确认融资费用摊销 = ［（2 000−1 000）−（186.76−108.79）］×6% = 55.32（万元）

借：财务费用	553 200	
贷：未确认融资费用		553 200
借：长期应付款	6 000 000	
贷：银行存款		6 000 000

（4）20×9 年 12 月 31 日。

未确认融资费用摊销 = 186.76−108.79−55.32 = 22.65（万元）

借：财务费用	226 500	
贷：未确认融资费用		226 500
借：长期应付款	4 000 000	
贷：银行存款		4 000 000

（五）接受捐赠固定资产

接受捐赠的固定资产，应按确定的入账价值，借记"固定资产"账户；按可以抵扣的增值税税额，借记"应交税费——应交增值税（进项税额）"账户，贷记"营业外收入"账户。企业以非货币性交易换入的固定资产及企业接受债务人以非金融资产抵偿债务方式取得的固定资产的核算也将在以后相关章节中介绍，此处从略。

三、固定资产折旧

（一）固定资产折旧的概念

固定资产折旧是指固定资产在使用过程中逐渐损耗而转移到商品或费用中去的那部分价值，也是企业在生产经营过程中由于使用固定资产而在其使用年限内分摊的固定资产耗费。

（二）固定资产折旧的计算

1. 年限平均法

年限平均法又称直线法，是将固定资产的折旧额均衡地分摊到各期的一种方法。采用这种方法计算的每期折旧额都是等额的。其计算公式如下：

$$年折旧额 = \frac{固定资产原值 - 预计净残值}{预计使用年限}$$

月折旧额 = 年折旧额 ÷ 12

在实际工作中，企业按照固定资产原值乘以月固定资产折旧率，按月计算固定资产折旧额。其计算公式如下：

$$年折旧率 = \frac{1 - 预计净残值率}{预计使用年限} \times 100\%$$

月折旧率 = 年折旧率 ÷ 12

月折旧额 = 固定资产原值 × 月折旧率

年限平均法是计算折旧的最基本的方法，也是运用最为广泛的一种方法。

【例 8-7】兴华公司有一台生产用设备，原价 100 000 元，预计可使用 5 年，预计净残值率为 10%。该设备的折旧率和折旧额计算如下：

$$年折旧率 = \frac{1 - 10\%}{5} \times 100\% = 18\%$$

月折旧率 = 18% ÷ 12 = 1.5%

月折旧额 = 100 000 × 1.5% = 1 500（元）

2. 工作量法

工作量法是根据实际工作量计提折旧额的一种方法。其计算公式如下：

$$单位工作量折旧额 = \frac{固定资产原值 \times (1 - 净残值率)}{预计总工作量}$$

某项固定资产月折旧额 = 该项固定资产当月工作量 × 单位工作量折旧额

【例 8-8】兴华公司一辆小汽车原价 100 000 元，预计可行驶 50 万千米，预计报废时的净残值率为 2%，本月该小汽车行驶了 3 000 千米。本月该小汽车应计提的折旧计算如下：

$$每千米折旧额 = \frac{100\,000 \times (1 - 2\%)}{500\,000} = 0.196（元）$$

本月折旧额 = 0.196 × 3 000 = 588（元）

工作量法实际上也是直线法，只不过是按照固定资产完成的工作量计算每期的折旧额。

3. 双倍余额递减法

双倍余额递减法是在不考虑固定资产净残值的情况下，根据每期期初固定资产账面余额和双倍的直线法折旧率计算固定资产折旧的一种方法。其计算公式如下：

$$年折旧率 = \frac{2}{预计使用年限} \times 100\%$$

年折旧额＝年初固定资产账面净值×年折旧率

月折旧额＝年折旧额÷12

实行双倍余额递减法计提折旧的固定资产，应当在其折旧年限到期以前两年内，将固定资产净值扣除预计净残值后的净额平均摊销。

【例8-9】兴华公司某项固定资产原值为30 000元，预计净残值率为4%，预计使用年限为5年，采用双倍余额递减法计提折旧。年折旧率为40%（2/5×100%），各年折旧额的计算如表8-1所示。每年各月折旧额根据年折旧额除以12来计算。

表8-1　折旧计算表（双倍余额递减法）

年份	年初账面净值/元	折旧率/%	折旧计算	折旧额/元	年末账面净值/元
第1年	30 000	40	30 000×40%	12 000	18 000
第2年	18 000	40	18 000×40%	7 200	10 800
第3年	10 800	40	10 800×40%	4 320	6 480
第4年	6 480		（6 480-1 200）/2	2 640	3 840
第5年	3 840		（6 480-1 200）/2	2 640	1 200
合计				28 800	

4. 年数总和法

年数总和法又称合计年限法，是将固定资产的原值减去净残值后的净额乘以一个逐年递减的分数计算每年的折旧额。这个分数的分子代表年初固定资产尚可使用的年数，分母代表使用年数的逐年数字总和。其计算公式如下：

$$年折旧率 = \frac{尚可使用年数}{预计使用年限的年数总和}$$

年折旧额＝（固定资产原值-预计净残值）×年折旧率

月折旧额＝年折旧额÷12

【例8-10】兴华公司某项固定资产的原值为60 000元，预计净残值率为5%，预计使用年限为5年。兴华公司采用年数总和法计算的各年折旧额如表8-2所示。每年各月折旧额根据年折旧额除以12来计算。

表8-2　折旧计算表（年数总和法）

年份	尚可使用年数/年	原值-净残值/元	年折旧率	每年折旧额/元
第1年	5	57 000	5/15	19 000

表8-2（续）

年份	尚可使用年数/年	原值-净残值/元	年折旧率	每年折旧额/元
第2年	4	57 000	4/15	15 200
第3年	3	57 000	3/15	11 400
第4年	2	57 000	2/15	7 600
第5年	1	57 000	1/15	3 800
合计				57 000

上述几种固定资产的折旧方法中，双倍余额递减法和年数总和法属于加速折旧法。企业采用加速折旧法后，在固定资产使用的早期多提折旧，后期少提折旧，其递减的速度逐年加快。加快折旧速度，目的是使固定资产成本在估计耐用年限内加快得到补偿。

5. 固定资产折旧的核算

为核算固定资产折旧，企业应设置"累计折旧"科目。"累计折旧"科目用来核算企业对固定资产计提的累计折旧。该科目应当按照固定资产的类别或项目进行明细核算。该科目期末为贷方余额，反映企业固定资产累计折旧额。

企业一般应当按月提取折旧。固定资产计提折旧时，应以月初可提取折旧的固定资产账面原值为依据。当月增加的固定资产，当月不提折旧，从下月起计提折旧；当月减少的固定资产，当月照提折旧，从下月起不计提折旧。因此，在采用直线法情况下，企业各月计算提取折旧时，可以在上月计提折旧的基础上，对上月固定资产增减情况进行调整后计算当月应计提的折旧额。当月固定资产应计提的折旧额=上月固定资产计提的折旧额+上月增加固定资产应计提的折旧额-上月减少固定资产应计提的折旧额。计提折旧的会计分录为：借记"制造费用""销售费用""管理费用""其他业务成本""研发支出"等科目，贷记"累计折旧"科目。

【例8-11】兴华公司20×8年8月的固定资产折旧计算如下：车间房屋建筑物、机器设备等折旧额为62 000元，管理部门房屋建筑物、机器设备、运输工具等折旧额为18 000元，销售部门房屋建筑物等折旧额为4 000元，租出固定资产折旧额为6 000元。兴华公司计提折旧的会计分录如下：

借：制造费用   62 000
　　管理费用   18 000
　　销售费用   4 000
　　其他业务成本   6 000
　　贷：累计折旧   90 000

四、固定资产的后续支出、处置与清查

固定资产的后续支出通常包括固定资产在使用过程中发生的日常修理费、大修理费用、更新改造支出、房屋装修费用等。

固定资产发生的更新改造支出、房屋装修费用等，符合固定资产的确认条件的，应当计入固定资产成本，同时将被替换部分的账面价值扣除；不符合固定资产的确认条件的，应当在发生时计入当期有关费用。

固定资产的大修理费用和日常修理费用，通常不符合固定资产的确认条件，应当在发生时计入当期有关费用，不得采用预提或待摊方式处理。

（一）资本化的后续支出

资本化的后续支出是指与固定资产的更新改造等有关、符合固定资产确认条件的，应当计入固定资产成本，同时将被替换部分的账面价值扣除，以避免将替换部分的成本和被替换部分的账面价值同时计入固定资产成本。如果企业不能确定被替换部分的账面价值，可以将替换部分的成本视为被替换部分的账面价值。

企业固定资产发生资本化的后续支出时，首先应将相关固定资产的原价、已计提的累计折旧和减值准备转销，将固定资产的账面价值转入在建工程，并停止计提折旧，发生的支出通过"在建工程"科目核算，待工程完工并达到预定可使用状态时，再从在建工程转为固定资产，并按重新确定的使用寿命、预计净残值和折旧方法计提折旧。

【例8-12】兴华公司20×8年12月自行建成了一条生产线，建造成本为600 000元；采用年限平均法计提折旧；预计净残值率为固定资产原价的3%，预计使用年限为6年。20×9年1月1日，兴华公司决定对现有生产线进行改扩建，以提高其生产能力。20×9年1月1日—3月31日，兴华公司发生改扩建支出280 000元，全部以银行存款支付。

生产线改扩建后兴华公司的生产能力将大大提高，能够为兴华公司带来更多的经济利益，改扩建的支出金额也能可靠计量，因此该后续支出符合固定资产的确认条件，应计入固定资产成本，按资本化的后续支出处理方法进行账务处理。兴华公司账务处理如下：

（1）20×8年12月31日，该公司有关账户的余额计算如下：

生产线的年折旧额=600 000×(1-3%)÷6=97 000（元）

累计折旧的账面价值=97 000×2=194 000（元）

固定资产的账面净值=600 000-194 000=406 000（元）

（2）20×9年1月1日，固定资产转入改扩建。

借：在建工程	406 000	
累计折旧	194 000	
贷：固定资产		600 000

（3）20×9年1月1日—3月31日，发生改扩建工程支出。

借：在建工程	280 000	
贷：银行存款		280 000

（4）20×9年3月31日，生产线改扩建工程达到预定可使用状态。

固定资产的入账价值=406 000+280 000=686 000（元）

借：固定资产	686 000	
贷：在建工程		686 000

（二）费用化的后续支出

费用化的后续支出是指与固定资产有关的修理费用等后续支出，不符合固定资产确认条件的，应当根据不同情况分别在发生时计入当期管理费用或销售费用等。

固定资产修理是指固定资产投入使用之后，由于固定资产磨损、各组成部分耐用程度不同，可能导致固定资产的局部损坏。为了维护固定资产的正常运转和使用，充分发挥其使用效能，企业将对固定资产进行必要的维护和修理。固定资产的日常修理、大修理等只是确保固定资产的正常工作状况。这类维修一般范围较小、间隔时间较短、一次修理费用较少，不能改变固定资产的性能，不能增加固定资产的未来经济利益，不符合固定资产的确认条件，在发生时应直接计入当期损益。

企业生产车间发生的固定资产修理费用等后续支出计入"制造费用"账户；行政管理部门发生的固定资产修理费用等后续支出计入"管理费用"账户；企业专设销售机构的，其发生的与专设销售机构相关的固定资产修理费用等后续支出计入"销售费用"账户。

【例 8-13】兴华公司对现有的一台生产用设备进行修理维护，修理过程中发生如下支出：领用库存原材料一批，价值 5 000 元；为购买该原材料支付的增值税进项税额为 650 元；维修人员工资 2 000 元。不考虑其他因素，兴华公司账务处理如下：

借：制造费用   7 000

    贷：原材料   5 000

        应付职工薪酬——工资   2 000

（三）固定资产终止确认和处置

1. 固定资产终止确认的条件

固定资产满足下列条件之一的，应当予以终止确认：

（1）该固定资产处于处置状态。处于处置状态的固定资产不再用于生产商品、提供劳务、出租或经营管理，因此不再符合固定资产的定义，应予以终止确认。

（2）该固定资产预期通过使用或处置不能产生经济利益。固定资产的确认条件之一是与该固定资产有关的经济利益很可能流入企业，如果一项固定资产预期通过使用或处置不能产生经济利益，就不再符合固定资产的定义和确认条件，应予以终止确认。

2. 固定资产处置

企业出售、转让、报废固定资产和发生固定资产毁损，应当将处置收入扣除账面价值和相关税费后的金额计入当期损益。固定资产处置一般通过"固定资产清理"科目核算。其账务处理一般需要经过以下五个步骤：

（1）固定资产转入清理。企业应借记"固定资产清理""累计折旧""固定资产减值准备"科目，按账面原值贷记"固定资产"科目。

（2）发生的清理费用等。企业对固定资产清理过程中应支付的相关税费及其他费用，借记"固定资产清理"科目，贷记"银行存款""应交税费——应交增值税"等科目。

（3）收回出售的固定资产的价款、残料价值和变价收入等。企业应借记"银行存款""原材料"等科目，贷记"固定资产清理""应交税费"科目。

（4）保险赔偿等的处理。对应由保险公司或过失人赔偿的损失，企业借记"其他应收款"等科目，贷记"固定资产清理"科目。

（5）结转净损益的处理。对净损失，企业应借记"营业外支出""资产处置损益"科目，贷记"固定资产清理"科目；对净收益，企业应借记"固定资产清理"科目，贷记"营业外收入""资产处置损益"科目。

【例8-14】兴华公司将一栋厂房出售。该厂房账面原值800 000元，已计提累计折旧200 000元，已计提减值准备100 000元，出售所得收入600 000元（含税），并存入银行。兴华公司以现金支付清理费5 000元。根据政策规定，该公司选择以简易计税方法全额计征增值税，税率为5%。兴华公司账务处理如下：

（1）转入清理。

借：固定资产清理	500 000
累计折旧	200 000
固定资产减值准备	100 000
贷：固定资产	800 000

（2）收到收入。

计算增值税：应纳增值税 = 600 000 ÷（1+5%）×5% = 28 571

借：银行存款	600 000
贷：固定资产清理	571 429
应交税费——简易计税	28 571

（3）核算清理费用。

借：固定资产清理	5 000
贷：库存现金	5 000

（4）结转清理净损失。

借：固定资产清理	95 000
贷：资产处置损益	95 000

（四）固定资产的清查

【例8-15】兴华公司报废设备一台，该设备账面原值200 000元，已计提累计折旧180 000元，已计提减值准备10 000元；在清理过程中，残料变价收入3 000元，并存入银行。兴华公司另以银行存款支付清理费用2 000元。兴华公司账务处理如下：

（1）转出报废固定资产的原值、累计折旧、减值准备。

借：固定资产清理	10 000
累计折旧	180 000
固定资产减值准备	10 000
贷：固定资产	200 000

（2）收到残料变价收入。

借：银行存款	3 000
贷：固定资产清理	3 000

（3）支付清理费用。

借：固定资产清理 2 000
 贷：银行存款 2 000

（4）报废清理净损失转入"营业外支出"。

借：营业外支出——处置非流动资产损失 9 000
 贷：固定资产清理 9 000

（五）固定资产的毁损

【例8-16】兴华公司一批设备由于洪水泛滥被毁坏，其原价为 400 000 元，已计提累计折旧 130 000 元，已计提减值准备 20 000 元。该项固定资产在报废清理时，发生清理费用 5 000 元，以银行存款支付。已毁损固定资产残料变价收入 90 000 元，应收保险公司赔款 120 000 元。兴华公司账务处理如下：

（1）固定资产转入清理。

借：固定资产清理 250 000
 累计折旧 130 000
 固定资产减值准备 20 000
 贷：固定资产 400 000

（2）支付清理费用。

借：固定资产清理 5 000
 贷：银行存款 5 000

（3）变卖残料获得收入。

借：银行存款 90 000
 贷：固定资产清理 90 000

（4）应收保险公司赔偿。

借：其他应收款 120 000
 贷：固定资产清理 120 000

（5）结转固定资产清理的净损失。

借：营业外支出——非常损失 45 000
 贷：固定资产清理 45 000

五、固定资产减值

为核算固定资产减值，企业应设置"固定资产减值准备"科目。"固定资产减值准备"科目用来核算企业固定资产发生减值时计提的减值准备。在资产负债表日，企业根据《企业会计准则第 8 号——资产减值》确定固定资产发生减值的，按应减记的金额，借记"资产减值损失"科目，贷记"固定资产减值准备"科目。对已计提减值准备的固定资产，企业应当按照该固定资产的账面价值（固定资产原值－累计折旧－固定资产减值准备）以及尚可使用寿命重新计算确定折旧率和折旧额。处置固定资产时，企业应同时结转已计提的固定资产减值准备。"固定资产减值准备"科目期末贷方余额，反映企业已计提但尚未转销的固定资产减值准备。

【例8-17】兴华公司有一台生产用设备，原价 100 000 元，预计可使用 5 年，

预计净残值率为 10%，按年限平均法计提折旧。第一年计提折旧 18 000 元
[（100 000-10 000)/5]。因此，第一年年末累计折旧额为 18 000 元，账面净值为
82 000 元。假设根据《企业会计准则第 8 号——资产减值》确定该设备发生减值
12 000 元，则兴华公司计提固定资产减值准备的账务处理如下：

　　借：资产减值损失　　　　　　　　　　　　　　　　　　　12 000
　　　　贷：固定资产减值准备　　　　　　　　　　　　　　　　　12 000

计提减值准备后，该设备的账面价值变为 70 000 元。因此，第二年应计提的折
旧额为：

$$年折旧额 = \frac{70\ 000 - 10\ 000}{4} = 15\ 000\ （元）$$

第二节　投资性房地产

随着我国社会主义市场经济的发展和完善，房地产市场日益活跃，企业持有房
地产除了用于自身管理、生产经营活动场所和对外销售之外，还出现了将房地产用
于赚取租金或增值收益的活动，这甚至是个别企业的主营业务。用于出租或增值的
房地产就是投资性房地产。投资性房地产在用途、状态、目的等方面与企业自用的
将厂房、办公楼等作为生产经营场所的房地产和房地产开发企业用于销售的房地产
是不同的。在我国，土地归国家或集体所有，企业只能取得土地使用权。因此，房
地产中的土地是指土地使用权，房屋是指土地上的房屋等建筑物及构筑物。

一、投资性房地产的定义及特征

投资性房地产是指为赚取租金或使资本增值，或者两者兼有而持有的房地产。
投资性房地产应当能够单独计量和出售。

投资性房地产主要有以下特征：

（一）投资性房地产是一种经营性活动

投资性房地产的主要形式是建筑物使用权、土地使用权。房地产租金就是让渡
资产使用权取得的使用费收入，是企业为完成其经营目标所从事的经营性活动以及
与之相关的其他活动形成的经济利益总流入。投资性房地产的一种形式是持有并准
备增值后转让的土地使用权，尽管其增值收益通常与市场供求、经济发展等因素相
关，但目的是增值后转让以赚取增值收益，通过这种形式取得的收入也是企业为完
成其经营目标所从事的经营性活动以及与之相关的其他活动形成的经济利益的总流
入。根据相关法规的规定，企业房地产出租、国有土地使用权增值后转让均属于一
种经营活动，其取得的房地产租金收入或国有土地使用权转让收益应当缴纳增值税
等。按照国家有关规定认定的闲置土地，不属于持有并准备增值后转让的土地使用
权。在我国，持有并准备增值后转让的土地使用权这种形式较少。

（二）投资性房地产在用途、状态、目的等方面区别于作为生产经营场所的房地产和用于销售的房地产

企业持有的房地产除了用于自身管理、生产经营活动场所和对外销售之外，还用于赚取租金或增值收益的活动，这类活动甚至是个别企业的主营业务。这就需要将投资性房地产单独作为一项资产来核算和反映，与自用的厂房、办公楼等房地产和作为存货（已建完工商品房）的房地产加以区别，从而更加清晰地反映企业所持有房地产的构成情况和盈利能力。企业在首次执行《企业会计准则第3号——投资性房地产》时，应当根据投资性房地产的定义对资产进行重新分类，凡是符合投资性房地产定义和确认条件的建筑物和土地使用权，应当归为投资性房地产。

（三）投资性房地产有两种后续计量模式

企业通常应当采用成本模式对投资性房地产进行后续计量，在满足特定条件的情况下，即有确凿证据表明其所有投资性房地产的公允价值能够持续可靠取得的，也可以采用公允价值模式进行后续计量。也就是说，《企业会计准则第3号——投资性房地产》适当引入公允价值模式，在满足特定条件的情况下，企业可以对投资性房地产采用公允价值模式进行后续计量。但是，同一企业只能采用一种模式对所有投资性房地产进行后续计量，不得同时采用两种计量模式。

二、投资性房地产的范围

投资性房地产的范围包括已出租的土地使用权、持有并准备增值后转让的土地使用权以及已出租的建筑物。

（一）已出租的土地使用权

已出租的土地使用权是指企业通过出让或转让方式取得的，以经营租赁方式出租的土地使用权。企业取得的土地使用权通常包括在一级市场上以缴纳土地出让金的方式取得土地使用权，也包括在二级市场上接受其他单位转让的土地使用权。

【例8-18】兴华公司与A公司签署了土地使用权租赁协议，兴华公司以年租金720万元租赁使用A公司拥有的40万平方米土地使用权。那么，自租赁协议约定的租赁期开始日起，这项土地使用权属于A公司的投资性房地产。

对于以经营租赁方式租入土地使用权再转租给其他单位的，不能将其确认为投资性房地产。

（二）持有并准备增值后转让的土地使用权

持有并准备增值后转让的土地使用权是指企业通过出让或转让方式取得并准备增值后转让的土地使用权。这类土地使用权很可能给企业带来资本增值收益，符合投资性房地产的定义。例如，企业发生转产或厂址搬迁，部分土地使用权停止自用，管理层决定继续持有这部分土地使用权，待其增值后转让以赚取增值收益。

企业依法取得土地使用权后，应当按照国有土地有偿使用合同或建设用地批准书规定的期限动工开发建设。根据1999年4月26日国土资源部发布的《闲置土地处置办法》的规定，土地使用者依法取得土地使用权后，未经原批准地人民政府的同意，超过规定的期限未动工开发建设的建设用地属于闲置土地。具有下列情形之一的，也可以认定为闲置土地：国有土地有偿使用合同或建设用地批准书未规定动

工开发建设日期，自国有土地有偿使用合同生效或土地行政主管部门建设用地批准书颁发之日起满 1 年未动工开发建设的；已动工开发建设但开发建设的面积占应动工开发建设总面积不足 1/3 或已投资额占总投资额不足 25% 且未经批准中止开发建设连续满 1 年的；法律、行政法规规定的其他情形。《闲置土地处置办法》还规定，经法定程序批准，对闲置土地可以选择延长开发建设时间（不超过 1 年）、改变土地用途、办理有关手续后继续开发建设等处置方案。

按照国家有关规定认定的闲置土地不属于持有并准备增值后转让的土地使用权，也就不属于投资性房地产。

（三）已出租的建筑物

已出租的建筑物是指企业拥有产权并以经营租赁方式出租的房屋等建筑物，包括自行建造或开发活动完成后用于出租的建筑物。例如，兴华公司将其拥有的某栋厂房整体出租给 A 公司，租赁期两年，对于兴华公司而言，自租赁期开始日起，这栋厂房属于其投资性房地产。企业在判断和确认已出租的建筑物时，应当把握以下要点：

（1）用于出租的建筑物是指企业拥有产权的建筑物。企业以经营租赁方式租入再转租的建筑物不属于投资性房地产。

【例 8-19】兴华公司与 A 企业签订了一项经营租赁合同，A 企业将其拥有产权的一栋办公楼出租给兴华公司，为期五年。兴华公司一开始将该办公楼改装后用于自行经营餐馆。两年后，由于连续亏损，兴华公司将餐馆转租给丙公司，以赚取租金差价。在这种情况下，对于兴华公司而言，该栋楼不属于其投资性房地产；对于 A 企业而言，该栋楼属于其投资性房地产。

（2）已出租的建筑物是企业已经与其他方签订了租赁协议，约定以经营租赁方式出租的建筑物。自租赁协议规定的租赁期开始日起，经营租出的建筑物属于已出租的建筑物。对于企业持有以备经营出租的空置建筑物，只有企业管理当局（董事会或类似机构）做出正式书面决议，明确表明将其用于经营出租且持有意图短期内不再发生变化的，才可以将其视为投资性房地产。这里的"空置建筑物"指的是企业新购入、自行建造或开发完工但尚未使用的建筑物以及不再用于日常生产经营活动，且经整理后达到可经营出租状态的建筑物。

【例 8-20】兴华公司在当地房地产交易中心通过竞拍取得一块土地的使用权，兴华公司按照合同规定对这块土地进行了开发，并在这块土地上建造了一栋商场，拟用于整体出租，但尚未开发完工。该尚未开发完工的商场不属于空置建筑物，不属于投资性房地产。

（3）企业将建筑物出租，按租赁协议向承租人提供的相关辅助服务在整个协议中不重大的，应当将该建筑物确认为投资性房地产。

【例 8-21】兴华公司将其办公楼出租，同时向承租人提供维护、保安等日常辅助服务，兴华公司应当将其确认为投资性房地产。假如兴华公司购买了一栋写字楼，共 12 层，其中 1 层经营出租给某家大型超市，2~5 层经营出租给 A 公司，6~12 层经营出租给 B 公司，兴华公司同时为该写字楼提供保安、维修等日常辅助服务。兴华公司将写字楼出租，同时提供的辅助服务不重大。对于兴华公司而言，这栋写字楼属于兴华公司的投资性房地产。

三、不属于投资性房地产的项目

（一）自用房地产

自用房地产是指为生产商品、提供劳务或经营管理而持有的房地产。企业生产经营用的厂房和办公楼属于固定资产，企业生产经营用的土地使用权属于无形资产。自用房地产的特征在于，其服务于企业自身的生产经营活动，其价值将随着房地产的使用而逐渐转移到企业的产品或服务中去，通过销售商品或提供服务为企业带来经济利益，在产生现金流量的过程中与企业持有的其他资产密切相关。例如，企业出租给本企业职工居住的宿舍，企业虽然收取租金，但间接为企业自身的生产经营服务，因此具有自用房地产的性质。

（二）作为存货的房地产

作为存货的房地产通常是指地产开发企业在正常经营过程中销售的或为销售而正在开发的商品房和土地。这部分房地产属于房地产开发企业的存货，其生产、销售构成企业的主营业务活动，产生的现金流量也与企业的其他资产密切相关。因此，具有存货性质的房地产不属于投资性房地产。

从事房地产经营开发的企业依法取得的，用于开发后出售的土地使用权属于房地产开发企业的存货，即使是房地产开发企业决定待增值后再转让其开发的土地，也不得将其确认为投资性房地产。

在实务中，存在某项房地产部分自用或作为存货出售，部分用于赚取租金或资本增值的情形。如果某项投资性房地产不同用途的部分能够单独计量和出售，应当分别将其各部分确认为固定资产、无形资产、存货和投资性房地产。

【例8-22】兴华公司（房地产开发商）建造了一栋商住两用楼盘。一层出租给一家大型超市，已签订经营租赁合同，其余楼层都为普通住宅正在公开销售中。在这种情况下，如果一层商铺能够单独计量和出售，兴华公司应当将其确认为投资性房地产，其余楼层为存货，即开发产品。

四、投资性房地产的确认

企业将某个项目确认为投资性房地产，首先应当符合投资性房地产的概念，其次要同时满足投资性房地产的两个确认条件，才能予以确认。

（1）与该投资性房地产有关的经济利益很可能流入企业。

（2）该投资性房地产的成本能够可靠计量。

对于已出租的土地使用权、建筑物，其作为投资性房地产的确认时点为租赁期开始日，即土地使用权、建筑物进入出租状态，开始赚取租金的日期。但企业管理当局对企业持有以备经营出租的空置建筑物做出正式书面决议，明确表明将其用于经营出租且持有意图短期内不再发生变化的，可视为投资性房地产。其作为投资性房地产的时点为企业管理当局就该事项做出正式书面决议的日期。对于持有并准备增值后转让的土地使用权，其作为投资性房地产的确认时点为企业将自用土地使用权停止自用，准备增值后转让的日期。

五、采用成本模式计量的投资性房地产

根据《企业会计准则第 3 号——投资性房地产》的规定，投资性房地产应当按照成本进行初始确认和计量。在后续计量时，企业通常应当采用成本模式，在满足特定条件的情况下也可以采用公允价值模式。但是，同一企业只能采用一种模式对所有投资性房地产进行后续计量，不得同时采用两种计量模式。

成本模式的会计处理比较简单，主要涉及"投资性房地产""投资性房地产累计旧（摊销）""投资性房地产减值准备"等科目，可比照"固定资产""无形资产""累计折旧""累计摊销""固定资产减值准备""无形资产减值准备"等相关科目进行处理。

（一）外购或自行建造的投资性房地产

1. 外购投资性房地产的确认和初始计量

对于外购的房地产，只有在购入的同时开始出租，企业才能将其作为投资性房地产加以确认。例如，某公司拟购入一栋写字楼并将其中一层租赁给其他企业使用，在购买过程中，该公司就与其他公司签订了租赁协议，约定该层写字楼购入时开始起租。在这种情况下，该层写字楼的购入日同时也是租赁期开始日，该公司应当在购入日将其作为投资性房地产加以确认。如果该公司签订的租赁协议约定在购入后三个月再出租，则其应当先将该写字楼作为固定资产加以确认，直至租赁期开始日才能从固定资产转换为投资性房地产。

对于外购采用成本模式计量的土地使用权和建筑物，企业应当按照取得时的实际成本进行初始计量，借记"投资性房地产"科目，贷记"银行存款"等科目。其成本包括购买价款、相关税费和可直接归属于该资产的其他支出。企业购入的房地产，部分用于出租（或资本增值），部分自用，用于出租（或资本增值）的部分应当予以单独确认，即按照不同部分的公允价值占公允价值总额的比例将成本在不同部分之间进行合理分配。

【例 8-23】20×8 年 3 月，兴华公司计划购入一栋写字楼用于对外出租。3 月 15 日，兴华公司与 A 企业签订了经营租赁合同，约定自写字楼购买日起将这栋写字楼出租给 A 企业，为期 5 年。4 月 5 日，兴华公司实际购入写字楼，支付价款共计 5 000 万元。假设不考虑其他因素，兴华公司采用成本模式进行后续计量。兴华公司账务处理如下：

借：投资性房地产——写字楼　　　　　　　　　　　50 000 000

　　贷：银行存款　　　　　　　　　　　　　　　　　　50 000 000

2. 自行建造投资性房地产的确认和初始计量

企业自行建造或开发活动完成后用于出租的房地产属于投资性房地产。只有在自行建造或开发活动完成的同时开始出租，企业才能将自行建造或开发完成的房地产确认为投资性房地产。例如，某房地产开发企业拟将开发的商业街出租，在开发活动完成前就已经完成了招租工作，与进驻该商业街的其他企业签订了房产租赁合同，约定交付使用的日期为租赁期开始日。在这种情况下，商业街的开发完成日同时也是租赁期开始日，企业应当在当日将该项房地产作为投资性房地产加以确认。

如果租赁协议约定竣工后半年才开始起租，或者该公司在竣工后半年才开始招租，则企业应当先将该项房地产作为固定资产、开发产品加以确认，直至租赁期开始日，才能将其从固定资产、存货转换为投资性房地产。

自行建造的采用成本模式计量的投资性房地产，其成本由建造该项资产达到预定可使用状态前发生的必要支出构成，包括土地开发费、建筑成本、安装成本、应予以资本化的借款费用、支付的其他费用和分摊的间接费用等。建造过程中发生的非正常性损失直接计入当期损益，不计入建造成本。企业采用成本模式计量的，应按照确定的成本，借记"投资性房地产"科目，贷记"在建工程"或"开发产品"科目。

【例8-24】20×8年1月，兴华公司从其他单位购入一块土地的使用权，并在这块土地上开始自行建造三栋厂房。20×8年10月，兴华公司预计厂房即将完工，与A公司签订了经营租赁合同，将其中的一栋厂房租赁给A公司使用。租赁合同约定，该厂房于完工（达到预定可使用状态）时开始起租。20×8年11月1日，三栋厂房同时完工（达到预定可使用状态）。该块土地使用权的成本为900万元，三栋厂房的实际造价都为1 000万元，能够单独出售。假设兴华公司采用成本计量模式。兴华公司账务处理如下：

土地使用权中的对应部分同时转换为投资性房地产，即900×（1 000÷3 000）= 300万元。

借：投资性房地产——厂房　　　　　　　　　　　　　10 000 000
　　贷：在建工程　　　　　　　　　　　　　　　　　　　 10 000 000
借：投资性房地产——已出租土地使用权　　　　　　　 3 000 000
　　贷：无形资产——土地使用权　　　　　　　　　　　　 3 000 000

（二）非投资性房地产转换为投资性房地产

非投资性房地产转换为投资性房地产，实质上是因房地产用途发生改变而对房地产进行的重新分类。这里所说的房地产转换是针对房地产用途发生改变而言的，而不是后续计量模式的转变。企业必须有确凿证据表明房地产用途发生改变，才能将投资性房地产转换为非投资性房地产，或者将非投资性房地产转换为投资性房地产，这里的确凿证据包括两个方面：一是企业管理当局应当就改变房地产用途形成正式的书面决议；二是房地产因用途改变而发生实际状态上的改变，如从自用状态改为出租状态。房地产转换形式主要包括：作为存货的房地产改为出租；自用建筑物或土地使用权停止自用，改为出租；自用土地使用权停止自用，改用于资本增值；投资性房地产开始自用。

1.作为存货的房地产转换为投资性房地产

作为存货的房地产转换为投资性房地产，通常指房地产开发企业将其持有的开发产品以经营租赁的方式出租，存货相应地转换为投资性房地产。在这种情况下，转换日为房地产的租赁期开始日。租赁期开始日是指承租人有权行使其使用租赁资产权利的日期。

企业将作为存货的房地产转换为采用成本模式计量的投资性房地产，应当按该项存货在转换日的账面价值，借记"投资性房地产"科目，原已计提跌价准备的，借记"存货跌价准备"科目，按其账面余额，贷记"开发产品"等科目。

【例 8-25】兴华公司是从事房地产开发业务的企业。20×8 年 3 月 10 日，兴华公司与 A 公司签订了租赁协议，将其开发的一栋写字楼出租给 A 公司使用，租赁期开始日为 20×8 年 4 月 15 日。20×8 年 4 月 15 日，该写字楼的账面余额为 45 000 万元，未计提存货跌价准备。

租赁期开始日为 20×8 年 4 月 15 日，当日由存货转换为投资性房地产。兴华公司账务处理如下：

借：投资性房地产——写字楼　　　　　　　　　　　　　450 000 000

　　贷：开发产品　　　　　　　　　　　　　　　　　　　　450 000 000

2. 自用房地产转换为投资性房地产

自用房地产转换为投资性房地产，也就是说，企业将原本用于生产商品、提供劳务或经营管理的房地产改用于出租或资本增值。在这种情况下，转换日为企业停止将该项土地使用权用于生产商品、提供劳务或经营管理且管理当局做出房地产转换决议的日期。

企业应于转换日按照固定资产或无形资产的账面价值，将固定资产或无形资产相应地转换为投资性房地产。

企业将自用土地使用权或建筑物转换为以成本模式计量的投资性房地产时，应当按该项建筑物或土地使用权在转换日的原价、累计折旧、减值准备等，分别将其转入"投资性房地产""投资性房地产累计折旧（摊销）""投资性房地产减值准备"科目，按其账面余额，借记"投资性房地产"科目，贷记"固定资产"或"无形资产"科目，按已计提的折旧或摊销，借记"累计折旧"或"累计摊销"科目，贷记"投资性房地产累计折旧（摊销）"科目，原已计提减值准备的，借记"固定资产减值准备"或"无形资产减值准备"科目，贷记"投资性房地产减值准备"科目。

【例 8-26】兴华公司拥有一栋办公楼，用于本企业总部办公。20×8 年 3 月 10 日，兴华公司与 A 公司签订了经营租赁协议，将这栋办公楼整体出租给 A 公司使用，租赁期开始日为 20×8 年 4 月 15 日，为期 5 年。20×8 年 4 月 15 日，这栋办公楼的账面余额为 45 000 万元，已计提折旧 300 万元。假设兴华公司采用成本计量模式。兴华公司账务处理如下：

借：投资性房地产——写字楼　　　　　　　　　　　　　450 000 000

　　累计折旧　　　　　　　　　　　　　　　　　　　　　　3 000 000

　　贷：固定资产　　　　　　　　　　　　　　　　　　　450 000 000

　　　　投资性房地产累计折旧　　　　　　　　　　　　　　3 000 000

（三）投资性房地产的后续计量

对于采用成本模式进行后续计量的投资性房地产而言，企业应当按照《企业会计准则第 4 号——固定资产》或《企业会计准则第 6 号——无形资产》的有关规定，按期（月）计提折旧或摊销，借记"其他业务成本"等科目，贷记"投资性房地产累计折旧（摊销）"科目。取得的租金收入，借记"银行存款"等科目，贷记"其他业务收入"等科目。

投资性房地产存在减值迹象的，企业应当按照《企业会计准则第 8 号——资产减值》的有关规定，经减值测试后确定发生减值的，应当计提减值准备，借记"资产减值损失"科目，贷记"投资性房地产减值准备"科目。如果已经计提减值准备的投资性房地产的价值又得以恢复，不得转回。

【例8-27】兴华公司将一栋办公楼出租给A公司使用，已确认为投资性房地产，采用成本模式进行后续计量。假设该栋办公楼的成本为2 280万元，按照直线法计提折旧，使用寿命为20年，预计净残值为0。按照经营租赁合同约定，A公司每月支付兴华公司租金10万元。当年12月，这栋办公楼发生减值迹象，经减值调试，其可收回金额为1 700万元，此时办公楼的账面价值为2 000万元，以前未计提减值准备。兴华公司账务处理如下：

（1）计提折旧。

每月计提折旧＝2 280÷20÷12＝9.5（万元）

借：其他业务成本	95 000
贷：投资性房地产累计折旧	95 000

（2）确认租金。

借：银行存款	100 000
贷：其他业务收入	100 000

（3）计提减值准备。

借：资产减值损失	3 000 000
贷：投资性房地产资产减值损失	3 000 000

（四）与投资性房地产有关的后续支出

1. 资本化的后续支出

与投资性房地产有关的后续支出，满足投资性房地产确认条件的，应当计入投资性房地产成本。例如，企业为了提高投资性房地产的使用效能，往往需要对投资性房地产进行改建、扩建而使其更加坚固耐用，或者通过装修而改善其室内装潢，改扩建或装修支出满足确认条件的，应当将其资本化。

采用成本模式计量的，投资性房地产进入改良或装修阶段后，企业应当将其账面价值转入"投资性房地产——××（在建）"科目，借记"投资性房地产——××（在建）""投资性房地产累计折旧（摊销）"等科目，贷记"投资性房地产"科目。发生资本化的改良或装修支出，企业应通过"投资性房地产——××（在建）"科目归集，借记"投资性房地产——××（在建）"科目，贷记"银行存款""应付账款"等科目。改良或装修完成后，继续用于投资性房地产的，企业应当从在建工程转入投资性房地产，借记"投资性房地产"科目，贷记"投资性房地产——××（在建）"科目。

【例8-28】20×8年3月，兴华公司与A公司的一份厂房经营租赁合同即将到期，该厂房按照成本模式进行后续计量，原价为2 000万元，已计提折旧600万元。为了增加厂房的租金收入，兴华公司决定在租赁期满后对厂房进行改扩建，并与丙公司签订了经营租赁合同，约定自改扩建完工时将厂房出租给丙公司。3月15日，兴华公司与A公司的租赁合同到期，厂房随即进入改扩建工程。12月15日，厂房改扩建工程完工，共发生支出150万元，即日兴华公司按照租赁合同将其出租给丙公司。

改扩建支出属于资本化的后续支出，应当计入投资性房地产的成本。兴华公司账务处理如下：

（1）20×8年3月15日，投资性房地产转入改扩建工程。

借：投资性房地产——在建 14 000 000

投资性房地产累计折旧 6 000 000

贷：投资性房地产 20 000 000

（2）20×8年3月15日—12月15日。

借：投资性房地产——在建 1 500 000

贷：银行存款 1 500 000

（3）20×8年12月15日，改扩建工程完工。

借：投资性房地产——厂房 15 500 000

贷：投资性房地产——在建 15 500 000

2. 费用化的后续支出

与投资性房地产有关的后续支出，不满足投资性房地产确认条件的应当在发生时计入当期损益。例如，企业对投资性房地产进行日常维护所发生的支出。企业在发生投资性房地产费用化的后续支出时，借记"其他业务成本"等科目，贷记"银行存款"等科目。

【例8-29】兴华公司对其某项投资性房地产进行日常维修，发生维修支出5万元。

日常维修支出属于费用化的后续支出，应当计入当期损益。兴华公司账务处理如下：

借：其他业务成本 50 000

贷：银行存款 50 000

（五）投资性房地产转换为自用房地产

企业将原本用于赚取租金或资本增值的房地产改用于生产商品、提供劳务或经营管理时，投资性房地产相应地转换为固定资产或无形资产。例如，企业将出租的厂房收回，并用于生产本企业的产品。在此种情况下，转换日为房地产达到自用状态，企业开始将房地产用于生产商品、提供劳务或经营管理的日期。

投资性房地产开始自用，转换日是指房地产达到自用状态，企业开始将房地产用于生产商品、提供劳务或经营管理的日期。

企业将投资性房地产转换为自用房地产时，应当按该项投资性房地产在转换日的账面余额、累计折旧或摊销、减值准备等，分别转入"固定资产""累计折旧""固定资产减值准备"等科目；按投资性房地产的账面余额，借记"固定资产"或"无形资产"科目，贷记"投资性房地产"科目；按已计提的折旧或摊销，借记"投资性房地产累计折旧（摊销）"科目，贷记"累计折旧"或"累计摊销"科目；原已计提减值准备的，借记"投资性房地产减值准备"科目，贷记"固定资产减值准备"或"无形资产减值准备"科目。

【例8-30】20×8年8月1日，兴华公司将出租在外的厂房收回，开始用于本公司生产商品。该项房地产在转换日前采用成本模式计量，其账面价值为2 800万元，其中原价 5 000 万元，累计已提折旧 2 200 万元。兴华公司账务处理如下：

借：固定资产	50 000 000	
投资性房地产累计折旧	22 000 000	
贷：投资性房地产——厂房		50 000 000
累计折旧		22 000 000

（六）投资性房地产的处置

当投资性房地产被处置或永久退出使用且企业不能从其处置中取得经济利益时，企业应当终止确认该投资性房地产。

企业可以通过对外出售或转让的方式处置投资性房地产，对那些由于使用而不断磨损直到最终报废，或者由于遭受自然灾害等非正常损失发生毁损的投资性房地产，企业应当及时进行清理。此外，企业因其他原因，如非货币性资产交换等而减少投资性房地产也属于投资性房地产的处置。企业出售、转让、报废投资性房地产或发生投资性房地产毁损，应当将处置收入扣除其账面价值和相关税费后的金额计入当期损益。

企业处置采用成本模式计量的投资性房地产时，应当按实际收到的金额，借记"银行存款"等科目，贷记"其他业务收入"等科目；按该项投资性房地产的账面价值，借记"其他业务成本"科目，按其账面余额，贷记"投资性房地产"科目；按照已计提的折旧或摊销，借记"投资性房地产累计折旧（摊销）"科目；原已计提减值准备的，借记"投资性房地产减值准备"科目。

【例 8-31】兴华公司将其出租的一栋写字楼确认为投资性房地产，采用成本模式计量。租赁期届满后，兴华公司将该栋写字楼出售给 A 公司，合同价款为 30 000 万元，A 公司已用银行存款付清。出售时，该栋写字楼的成本为 28 000 万元，已计提折旧 3 000 万元。兴华公司账务处理如下：

借：银行存款	300 000 000	
贷：其他业务收入		300 000 000
借：其他业务成本	250 000 000	
投资性房地产累计折旧	30 000 000	
贷：投资性房地产——写字楼		280 000 000

【例 8-32】兴华公司为了满足市场需求，扩大再生产，将生产车间从市中心搬迁到郊区。20×6 年 3 月，管理层决定，将原厂区陈旧厂房拆除平整后，持有已备增值后转让。土地使用权的账面余额为 3 000 万元，已计提摊销 900 万元，剩余使用年限 40 年，按照直线法摊销，不考虑残值。20×9 年 3 月，兴华公司将原厂区出售，取得转让收入 4 000 万元。假设不考虑相关税费。兴华公司账务处理如下：

（1）转换日。

借：投资性房地产——土地使用权	30 000 000	
累计摊销	9 000 000	
贷：无形资产——土地使用权		30 000 000
投资性房地产累计折旧		9 000 000

（2）计提摊销（假设按年）。

借：其他业务成本　　　　　　　　　　　　　　525 000

　　贷：投资性房地产累计折旧　　　　　　　　　　　　525 000

（3）出售。

借：银行存款　　　　　　　　　　　　　　40 000 000

　　贷：其他业务收入　　　　　　　　　　　　　　40 000 000

借：其他业务成本　　　　　　　　　　　　28 425 000

　　投资性房地产累计折旧　　　　　　　　　1 575 000

　　贷：投资性房地产——土地使用权　　　　　　　30 000 000

六、采用公允价值模式计量的投资性房地产

对于投资性房地产，只有存在确凿证据表明其公允价值能够持续可靠取得时，企业才能采用公允价值模式计量。企业一旦选择公允价值模式，就应当对其所有投资性房地产采用公允价值模式进行后续计量。

采用公允价值模式计量投资性房地产，应当同时满足以下两个条件：一是投资性房地产所在地有活跃的房地产交易市场。所在地通常指投资性房地产所在的城市，对于大中型城市，所在地应当为投资性房地产所在的城区。二是企业能够从房地产交易市场上取得同类或类似房地产的市场价格及其他相关信息，从而对投资性房地产的公允价值做出科学合理的估计。同类或类似的房地产，对于建筑物，是指所处地理位置和地理环境相同、性质相同、结构类型相同或相近、新旧程度相同或相近、可使用状况相同或相近的建筑物；对于土地使用权，是指同一位置区域、所处地理环境相同或相近、可使用状况相同或相近的土地。这两个条件必须同时具备，缺一不可。

确定投资性房地产的公允价值时，企业可以参照活跃市场上同类或类似房地产的现行市场价格（市场公开报价）来确定投资性房地产的公允价值。无法取得同类或类似房地产现行市场价格的，企业可以参照活跃市场上同类或类似房地产的最近交易价格，并考虑交易情况、交易日期、所在区域等因素予以确定。企业也可以基于预计未来获得的租金收益和相关现金流量予以计量。企业可以采用具有相关资质和经验的资产评估师评估确定投资性房地产的公允价值。

（一）外购或自行建造的投资性房地产

外购或自行建造的采用公允价值模式计量的投资性房地产应当按照取得时的成本进行初始计量。其实际成本的确定与外购或自行建造的采用成本模式计量的投资性房地产一致。企业应当在"投资性房地产"科目下设置"成本"和"公允价值变动"两个明细科目，外购或自行建造时发生的实际成本，计入"投资性房地产（成本）"科目。

【例8-33】20×8年3月，兴华公司计划购入一栋写字楼用于对外出租。3月15日，兴华公司与A公司签订了经营租赁合同，约定自写字楼购买日起将这栋写字楼出租给A公司，为期5年。4月5日，兴华公司实际购入该写字楼，支付价款共计1 200万元。假设兴华公司拥有的投资性房地产符合采用公允价值模式计量的条件，

采用公允价值模式进行后续计量。兴华公司账务处理如下：

  借：投资性房地产——写字楼   12 000 000

   贷：银行存款   12 000 000

  （二）非投资性房地产转换为投资性房地产

  1. 作为存货的房地产转换为投资性房地产

  企业将作为存货的房地产转换为采用公允价值模式计量的投资性房地产时，应当按该项房地产在转换日的公允价值，借记"投资性房地产（成本）"科目；原已计提跌价准备的，借记"存货跌价准备"科目；按其账面余额，贷记"开发产品"等科目。同时，转换日的公允价值小于账面价值的，企业按其差额，借记"公允价值变动损益"科目；转换日的公允价值大于账面价值的，企业按其差额，贷记"其他综合收益"科目。待该项投资性房地产处理时，因转换计入资本公积的部分应转入当期的其他业务收入，借记"其他综合收益"科目，贷记"其他业务成本"科目。

  【例8-34】20×8年3月10日，兴华公司与A公司签订了租赁协议，将其开发的一栋写字楼出租给A公司。租赁期开始日为20×8年4月15日。20×8年4月15日，该写字楼的账面余额为45 000万元，公允价值为47 000万元。20×8年12月31日，该项投资性房地产的公允价值为48 000万元。兴华公司账务处理如下：

  （1）20×8年4月15日。

  借：投资性房地产——成本   470 000 000

   贷：开发产品   450 000 000

    其他综合收益   20 000 000

  （2）20×8年12月31日。

  借：投资性房地产——公允价值变动   10 000 000

   贷：公允价值变动损益   10 000 000

  2. 自用房地产转换为投资性房地产

  企业将自用房地产转换为采用公允价值模式计量的投资性房地产时，应当按该项土地使用权或建筑物在转换日的公允价值，借记"投资性房地产（成本）"科目；按已计提的累计摊销或累计折旧，借记"累计摊销"或"累计折旧"科目；原已计提减值准备的，借记"无形资产减值准备""固定资产减值准备"科目；按其账面余额，贷记"固定资产"或"无形资产"科目。同时，转换日的公允价值小于账面价值的，按其差额，借记"公允价值变动损益"科目；转换日的公允价值大于账面价值的，按其差额，贷记"其他综合收益"科目。待该项投资性房地产处置时，因转换计入其他综合收益的部分应转入当期损益，借记"其他综合收益"科目，贷记"其他业务成本"科目。

  【例8-35】20×8年6月，兴华公司打算搬迁至新建办公楼，由于原办公楼处于商业繁华地段，兴华公司准备将其出租，以赚取租金收入。20×8年10月，兴华公司完成了搬迁工作，原办公楼停止自用。20×8年12月，兴华公司与A公司签订了租赁协议，将其原办公楼租赁给A公司使用，租赁期开始日为20×8年1月1日，租赁期限为3年。20×8年1月1日，该办公楼的公允价值为35 000万元，其原价为

50 000 万元，已提折旧 14 250 万元。假设兴华公司对投资性房地产采用公允价值模式计量。兴华公司账务处理如下：

兴华公司应当于租赁期开始日（20×8 年 1 月 1 日）将自用房地产转换为投资性房地产。

借：投资性房地产——成本　　　　　　　　　　　　　　350 000 000

　　公允价值变动损益　　　　　　　　　　　　　　　　　7 500 000

　　累计折旧　　　　　　　　　　　　　　　　　　　142 500 000

　　贷：固定资产　　　　　　　　　　　　　　　　　　　　500 000 000

（三）投资性房地产的后续计量

投资性房地产采用公允价值模式进行后续计量的，不计提折旧或摊销，应当以资产负债表日的公允价值计量。资产负债表日，企业按照投资性房地产的公允价值高于其账面余额的差额，借记“投资性房地产——公允价值变动”科目，贷记“公允价值变动损益”科目；按照公允价值低于其账面余额的差额做相反的账务处理。

【例 8-36】兴华公司为从事房地产经营开发的公司。20×8 年 8 月，兴华公司与 A 公司签订租赁协议，约定将兴华公司开发的一栋精装修的写字楼于开发完成的同时开始租赁给 A 公司使用，租赁期为 10 年。20×8 年 10 月 1 日，该写字楼开发完成并开始起租，写字楼的造价为 9 000 万元。20×8 年 12 月 31 日，该写字楼的公允价值为 9 200 万元。假设兴华公司对投资性房地产采用公允价值模式计量。兴华公司账务处理如下：

（1）20×8 年 10 月 1 日，兴华公司开发完成写字楼并出租。

借：投资性房地产——成本　　　　　　　　　　　　　90 000 000

　　贷：开发成本　　　　　　　　　　　　　　　　　　90 000 000

（2）20×8 年 12 月 31 日，以公允价值为基础调整其账面价值，公允价值与原账面价值之间的差额计入当期损益。

借：投资性房地产——公允价值变动　　　　　　　　　2 000 000

　　贷：公允价值变动损益　　　　　　　　　　　　　　2 000 000

（四）投资性房地产的后续支出

1. 资本化的后续支出

与投资性房地产有关的后续支出满足投资性房地产确认条件的应当计入投资性房地产成本。

采用公允价值模式计量的，投资性房地产进入改良或装修阶段，借记“投资性房地产——在建”科目，贷记“投资性房地产——成本”“投资性房地产——公允价值变动”等科目；在改良或装修完成后，继续用于投资性房地产的，借记“投资性房地产——成本”科目，贷记“投资性房地产——在建”科目。

【例 8-37】20×8 年 3 月，兴华公司与 A 公司的一份厂房经营租赁合同即将到期。为了增加厂房的租金收入，兴华公司决定在租赁期满后对厂房进行改扩建，并与 B 公司签订了经营租赁合同，约定自改扩建完工时将厂房出租给 B 公司。3 月 15 日，兴华公司与 A 公司的租赁合同到期，厂房随即进行改扩建。11 月 10 日，厂房改扩建工程完工，共发生支出 150 万元，即日兴华公司按照租赁合同将厂房出租给

B 公司。3 月 15 日，厂房账面余额为 1 200 万元，其中成本 1 000 万元，累计公允价值变动 200 万元。假设兴华公司对投资性房地产采用公允价值模式计量。改扩建支出属于资本化的后续支出，应当计入投资性房地产的成本。兴华公司账务处理如下：

（1）20×8 年 3 月 15 日，投资性房地产转入改扩建工程。

借：投资性房地产——在建   12 000 000

    贷：投资性房地产——成本   10 000 000

              ——公允价值变动   2 000 000

（2）20×8 年 3 月 15 日—11 月 10 日。

借：投资性房地产——在建   1 500 000

    贷：银行存款   1 500 000

（3）20×8 年 1 月 10 日，改扩建工程完工。

借：投资性房地产——成本   13 500 000

    贷：投资性房地产——在建   13 500 000

2. 费用化的后续支出

与投资性房地产有关的后续支出不满足投资性房地产确认条件的应当在发生时计入其他业务成本等当期损益。

（五）投资性房地产转换为自用房地产

企业进行房地产开发，由于市场等原因将开发的房地产用于经营出租，开发的房地产从存货转换为投资性房地产。企业将用于经营出租的房地产收回且重新用于对外销售的，用于经营出租的房地产相应地从投资性房地产再转换为存货时，应当以其转换当日的公允价值作为存货的账面价值，公允价值与原账面价值的差额计入当期损益。

企业将采用公允价值模式计量的投资性房地产转换为自用房地产时，应当以其转换当日的公允价值作为自用房地产的账面价值，公允价值与原账面价值的差额计入当期损益。

转换日，企业按该项投资性房地产的公允价值，借记"固定资产"或"无形资产"科目；按该项投资性房地产的成本，贷记"投资性房地产——成本"科目；按该项投资性房地产的累计公允价值变动，贷记或借记"投资性房地产——公允价值变动"科目；按其差额，贷记或借记"公允价值变动损益"科目。

【例 8-38】20×8 年 10 月 15 日，兴华公司因租赁期满，将出租的写字楼收回，准备作为办公楼用于本公司的行政管理。20×8 年 12 月 1 日，该写字楼正式开始自用，相应地由投资性房地产转换为自用房地产，当日的公允价值为 4 800 万元。该项房地产在转换前采用公允价值模式计量，原账面价值为 4 750 万元，其中成本为 4 500 万元、公允价值变动为增值 250 万元。兴华公司账务处理如下：

借：固定资产   48 000 000

    贷：投资性房地产——成本   45 000 000

              ——公允价值变动   2 500 000

    公允价值变动损益   500 000

（六）投资性房地产的处置

企业出售、转让采用公允价值模式计量的投资性房地产时，应当按实际收到的金额，借记"银行存款"等科目，贷记"其他业务收入"科目；按该项投资性房地产的账面余额，借记"其他业务成本"科目；按其成本，贷记"投资性房地产——成本"科目；按其累计公允价值变动，贷记或借记"投资性房地产——公允价值变动"科目。同时，企业将投资性房地产累计公允价值变动转入其他业务成本，借记或贷记"公允价值变动损益"科目，贷记或借记"其他业务成本"科目。若存在原转换日计入其他综合收益的金额，也一并转入其他业务成本，借记"其他综合收益"科目，贷记"其他业务成本"科目。

【例8-39】兴华公司为一家房地产开发公司。20×8年3月10日，兴华公司与A公司签订了租赁协议，将其开发的一栋写字楼出租给A公司使用，租赁期开始日为20×8年4月15日。20×8年4月15日，该写字楼的账面余额为45 000万元，公允价值为47 000万元。20×8年12月31日，该项投资性房地产的公允价值为48 000万元。20×8年6月，租赁期届满，兴华公司收回该项投资性房地产，并以55 000万元出售，出售款项已收讫。假设兴华公司采用公允价值模式计量。兴华公司账务处理如下：

（1）20×8年4月15日，存货转换为投资性房地产。

借：投资性房地产——成本 470 000 000
　　贷：开发产品 450 000 000
　　　　其他综合收益 20 000 000

（2）20×8年12月31日，公允价值变动。

借：投资性房地产——公允价值变动 10 000 000
　　贷：公允价值变动损益 10 000 000

（3）20×8年6月，收回并出售投资性房地产。

借：银行存款 550 000 000
　　贷：其他业务收入 550 000 000
借：其他业务成本 480 000 000
　　贷：投资性房地产——成本 470 000 000
　　　　　　　　——公允价值变动 10 000 000

（4）投资性房地产累计公允价值变动损益转入其他业务成本。

借：公允价值变动损益 10 000 000
　　贷：其他业务成本 10 000 000

（5）原转换日计入资本公积的部分转入其他业务成本。

借：其他综合收益 20 000 000
　　贷：其他业务成本 20 000 000

七、投资性房地产后续计量模式的变更

为保证会计信息的可比性，企业对投资性房地产的计量模式一经确定，不得随意变更。只有在存在确凿证据表明投资性房地产的公允价值能够持续可靠取得，且

135

能够满足采用公允价值模式计量条件的情况下，才允许企业对投资性房地产从成本模式计量变更为公允价值模式计量。但是，同一企业只能采用一种模式对所有投资性房地产进行后续计量，不得同时采用两种计量模式。

成本模式转为公允价值模式的企业应当做会计政策变更处理，并按计量模式变更时公允价值与账面价值的差额，调整期初留存收益。已采用公允价值模式计量的投资性房地产不得从公允价值模式转为成本模式。

【例 8-40】20×8 年，兴华公司将一栋写字楼对外出租，采用成本模式进行后续计量。20×9 年 2 月 1 日，假设兴华公司持有的投资性房地产满足采用公允价值模式计量的条件，兴华公司决定采用公允价值模式对该写字楼进行后续计量。20×9 年 2 月 1 日，该写字楼的原价为 9 000 万元，已计提折旧为 270 万元，账面价值为 8 730 万元，公允价值为 9 500 万元。兴华公司按净利润的 10% 计提盈余公积。兴华公司账务处理如下：

借：投资性房地产——成本		95 000 000
累计折旧		2 700 000
贷：投资性房地产		90 000 000
利润分配——未分配利润		6 930 000
盈余公积		770 000

【本章小结】

本章主要介绍了固定资产的概念及账务处理、投资性房地产的概念及账务处理等。

【主要概念】

固定资产；折旧；投资性房地产；资本化；费用化等。

【简答题】

1. 简述固定资产的特征及确认条件。
2. 固定资产折旧方法一般有几种？各有什么特点？
3. 确定固定资产使用寿命时，主要应当考虑的因素有哪些？
4. 有可能表明固定资产发生减值的情况有哪些？
5. 投资性房地产的范围有哪些，不包括哪些？

第九章
无形资产与其他资产

‑‑‑

【学习目标】

知识目标：理解并掌握无形资产及其他资产的概念、范围和分类。

技能目标：掌握无形资产及其他资产的内容及其账务处理。

能力目标：掌握无形资产入账价值的确定，无形资产的取得、转让和摊销的账务处理。

【知识点】

无形资产、其他资产、摊销等。

【篇头案例】

永泰能源公司主要从事煤矿及其他矿山投资、电厂投资等业务，被资本市场誉为"麻雀变凤凰"的典范。该公司通过三年三增发，资产由 2009 年年初的 8 亿元增加到 2011 年年初的 366 亿元，创造了一个神话。神话的背后是潜在的泡沫。该公司总资产中无形资产占了 56%，而无形资产由采矿权、探矿权、土地使用权和软件四部分构成，其中采矿权、探矿权又占无形资产的 99.8%，而且大多数采矿权和探矿权恰恰是在煤炭行业景气指数最高的时候获得的。煤炭市场处于供大于求且短期内无法改变的局面时，该公司潜藏着巨大风险。采矿权和探矿权的价值都将受市场价格的影响，一旦市场发生变故，无形资产将受到减值的威胁，而该公司并没有计提减值。该公司对此的解释为：一是石油行业虽然没有盈利空间，但煤炭行业仍有一定的盈利空间，只是这部分空间变小了；二是该公司当时在收购时期进行盈利评估时非常保守，收购价格和市场价格相比相对偏低。

那么，无形资产究竟应该如何正确核算呢？

第一节　无形资产

一、无形资产的确认

（一）无形资产的概念

《企业会计准则第 6 号——无形资产》规定，无形资产是指企业拥有或控制的

137

没有实物形态的可辨认非货币性资产。资产满足下列条件之一的，即符合上述无形资产定义中的可辨认性标准：

（1）能够从企业中分离或者划分出来，并能单独或者与相关合同、资产或负债一起，用于出售、转移、授予许可、租赁或者交换。

（2）源自合同性权利或其他法定权利，无论这些权利是否可以从企业或其他权利和义务中转移或者分离。

企业自创商誉以及内部产生的品牌、报刊名等，不应确认为无形资产。《〈企业会计准则第6号——无形资产〉解释》明确说明，商誉是企业合并成本大于合并取得被购买方各项可辨认资产、负债公允价值份额的差额，其存在无法与企业自身分离，不具有可辨认性，不属于无形资产。

（二）无形资产的内容

无形资产主要包括专利权、非专利技术、商标权、著作权、土地使用权、特许权等。

1. 专利权

专利权是指经政府批准有独家应用某种特定配方、制造工艺、生产程序或生产某种特定产品的专有权利，包括发明专利权、实用新型专利权和外观设计专利权。

2. 非专利技术

非专利技术又称技术秘密或技术诀窍，是指生产中实用的、先进的、新颖的不申请专利的技术或资料。非专利技术一般包括为生产某种产品或采用某项工艺流程和工艺技术所需要的知识、经验与技巧的总和。

3. 商标权

商标权是指使用特定名称或符号的专有权利，由企业向政府注册。一经注册，商标权便归企业专用，并获得了法律上的保障，他人不得在同种商品或类似商品上再使用同样商标。

4. 著作权

著作权又称版权，是指对文学、艺术、学术、音乐、电影、音像等创作或翻译的出版、销售、表演、演唱、广播等的权利。版权经注册登记后，法律禁止他人翻印、仿制或其他侵权行为。

5. 土地使用权

土地使用权又称场地使用权，是指国家准许某一企业在一定期间内对国有土地享有开发、利用、经营的权利。

6. 特许权

特许权也称经营特许权、专营权，是指政府授予企业的在某一地区经营或销售某种特定商品的权利，或者是一家企业依照签订的合同使用另一家企业的商标、商号、技术秘密等的权利。

（三）无形资产的分类

无形资产可以按不同的标准进行分类。无形资产按期限不同划分，可以分为有期限无形资产和无期限无形资产。有期限无形资产的有效期由法律规定，如专利权、商标权等；无期限无形资产的有效期在法律上并无规定，如非专利技术。无形资产按不同来源划分，可以分为购入无形资产和自创无形资产。前者如从其他单位购进的专利权，后者如本企业因研制新产品而申请获得的专利权。

（四）无形资产的确认条件

无形资产同时满足下列条件的，才能予以确认：

（1）与该无形资产有关的经济利益很可能流入企业。

（2）该无形资产的成本能够可靠计量。

企业在判断无形资产产生的经济利益是否很可能流入时，应当对无形资产在预计使用寿命内可能存在的各种经济因素做出合理估计，并且应当有明确证据支持。

二、研究开发支出

企业内部研究开发支出应当区分研究阶段支出与开发阶段支出。研究是指为获取并理解新的科学或技术知识而进行的独创性的有计划调查。开发是指在进行商业性生产或使用前，将研究成果或其他知识应用于某项计划或设计，以生产出新的或具有实质性改进的材料、装置、产品等。

（一）研究阶段与开发阶段的区分

企业自行进行的研究开发项目，区分为研究阶段与开发阶段，企业应当根据研究与开发的实际情况加以判断。

1. 研究阶段

研究阶段是探索性的，为进一步的开发活动进行资料及相关方面的准备，已进行的研究活动将来是否会转入开发、开发后是否会形成无形资产等，都具有较大的不确定性。例如，意在获取知识而进行的活动，研究成果或其他知识的应用研究、评价和最终选择，材料、设备、产品、工序、系统或服务替代品的研究，新的或经改进的材料、设备、产品、工序、系统或服务的可能替代品的配制、设计、评价和最终选择等。

2. 开发阶段

相对于研究阶段而言，开发阶段应当是已完成研究阶段的工作，在很大程度上具备了形成一项新产品或新技术的基本条件。例如，生产前或使用前的原型和模型的设计、建造和测试，不具有商业性生产经济规模的试生产设施的设计、建造和运营等，都属于开发活动。

（二）研究阶段支出和开发阶段支出的处理

企业内部研究开发项目研究阶段的支出应当于发生时计入当期损益（管理费用）。企业内部研究开发项目开发阶段的支出，同时满足下列条件的，才能确认为无形资产：

（1）完成该无形资产以使其能够使用或出售在技术上具有可行性。判断无形资产的开发在技术上是否具有可行性，应当以目前阶段的成果为基础，并提供相关证据和材料，证明企业进行开发所需的技术条件等已经具备，不存在技术上的障碍或其他不确定性。例如，企业已经完成了全部计划、设计和测试活动，这些活动是使资产能够达到设计规划书中的功能、特征和技术所必需的活动，或者经过专家鉴定等。

（2）具有完成该无形资产并使用或出售的意图。企业能够说明其开发无形资产的目的。

（3）无形资产产生经济利益的方式包括能够证明运用该无形资产生产的产品存在市场或无形资产自身存在市场，无形资产将在内部使用的，应当证明其有用性。无形资产是否能够为企业带来未来经济利益，应当对运用该无形资产生产产品的市场情况进行可靠预计，以证明所生产的产品存在市场并能够带来经济利益，或者能够证明市场上存在对该无形资产的需求。

（4）有足够的技术、财务资源和其他资源支持，以完成该无形资产的开发，并有能力使用或出售该无形资产。企业应能够证明其可以取得无形资产开发所需的技术、财务和其他资源以及获得这些资源的相关计划。企业自有资金不足以提供支持的，企业应能够证明存在外部其他方面的资金支持，如银行等金融机构声明愿意为该无形资产的开发提供所需资金等。

（5）归属于该无形资产开发阶段的支出能够可靠计量。企业对研究开发的支出应当单独核算，如直接发生的研发人员工资、材料费以及相关设备折旧费等。同时，企业从事多项研究开发活动的，所发生的支出应当按照合理的标准在各项研究开发活动之间进行分配；无法合理分配的，应当计入当期损益。

开发阶段的支出只有符合上述资本化条件的，才能确认为无形资产；不符合资本化条件的计入当期损益（管理费用）。无法区分研究阶段支出和开发阶段支出，企业应当将其发生的研发支出全部费用化，计入当期损益（管理费用）。

三、无形资产的初始计量

（一）有关科目的设置

为了核算无形资产的取得、摊销和减值情况，企业应设置"无形资产""累计摊销""无形资产减值准备""研发支出"科目。

"无形资产"科目用来核算企业持有的无形资产，包括专利权、非专利技术、商标权、著作权、土地使用权等。企业应当按照无形资产项目进行明细核算。该科目期末为借方余额，反映企业无形资产的成本。

"累计摊销"科目用来核算企业对使用寿命有限的无形资产计提的累计摊销。该科目应按无形资产项目进行明细核算。该科目期末为贷方余额，反映企业无形资产累计摊销额。

"无形资产减值准备"科目用来核算企业无形资产发生减值时计提的减值准备。该科目应按无形资产项目进行明细核算。该科目期末为贷方余额，反映企业已计提但尚未转销的无形资产减值准备。

"研发支出"科目用来核算企业进行研究与开发无形资产过程中发生的各项支出。企业应当按照研究开发项目，区分费用化支出与资本化支出进行明细核算。该科目期末为借方余额，反映企业正在进行中的研究开发项目中满足资本化条件的支出。

（二）无形资产取得的核算

1. 外购的无形资产

外购的无形资产按应计入无形资产成本的金额，借记"无形资产"科目，贷记"银行存款"等科目。购入无形资产超过正常信用条件延期支付价款，实质上具有融资性质的，应按所购无形资产购买价款的现值，借记"无形资产"科目；按应支付的金额，贷记"长期应付款"科目；按其差额，借记"未确认融资费用"科目。

【例9-1】兴华公司购入一项专利技术，增值税专用发票注明价款为15万元，增值税为0.9万元，款项15.9万元通过银行转账支付。兴华公司账务处理如下：

借：无形资产——专利技术　　　　　　　　　　　　150 000
　　应交税费——应交增值税（进项税额）　　　　　　9 000
　　贷：银行存款　　　　　　　　　　　　　　　　　159 000

2. 自行开发的无形资产

企业自行开发无形资产发生的研发支出，不满足资本化条件的，借记"研发支出——费用化支出"科目，满足资本化条件的，借记"研发支出——资本化支出"科目，贷记"原材料""银行存款""应付职工薪酬"等科目。研究开发项目达到预定用途形成无形资产的，应按"研发支出——资本化支出"科目的余额，借记"无形资产"科目，贷记"研发支出——资本化支出"科目。期末，企业应将"研发支出"科目归集的费用化支出金额转入"管理费用"科目，借记"管理费用"科目，贷记"研发支出——费用化支出"科目。

内部研发取得的无形资产分为免增值税项目和非免增值税项目，根据《财政部国家税务总局关于全面推开营业税改征增值税试点的通知》（财税〔2016〕36号）的相关规定，纳税人提供技术转让、技术开发和与之相关的技术咨询、技术服务免征增值税。

（1）内部研发取得的非免征增值税无形资产的核算。

【例9-2】兴华公司开发一项专利技术——A专利技术，20×8年5月已证实该专利技术必然成功，开始转入开发阶段。20×8年6月1日，兴华公司购买原材料10万元，增值税1.3万元，用于该专利技术研发并交付科研部门，款项已付，支付人工费5万元。20×8年9月30日，该专利技术开发完成投入使用。兴华公司账务处理如下：

①购买原材料。

借：原材料　　　　　　　　　　　　　　　　　　　100 000
　　应交税费——应交增值税（进项税额）　　　　　13 000
　　贷：银行存款　　　　　　　　　　　　　　　　　113 000

②领用原材料、支付人工费。

借：研发支出——资本化支出　　　　　　　　　　　150 000
　　贷：原材料　　　　　　　　　　　　　　　　　　100 000
　　　　应付职工薪酬　　　　　　　　　　　　　　　50 000

③专利技术开发完成投入使用。

借：无形资产——A专利技术　　　　　　　　　　　150 000
　　贷：研发支出——资本化支出　　　　　　　　　　150 000

（2）内部研发取得的免征增值税无形资产的核算。

【例9-3】接【例9-2】，假定兴华公司研发的是一项免征增值税的新工艺，则兴华公司账务处理如下：

①购买原材料。

借：原材料	100 000	
应交税费——应交增值税（进项税额）	13 000	
贷：银行存款		113 000

②领用原材料、支付人工费。

借：研发支出——资本化支出	163 000	
贷：原材料		100 000
应交税费——应交增值税（进项税额转出）		13 000
应付职工薪酬		50 000

③新工艺开发完成投入使用。

借：无形资产——新工艺	163 000	
贷：研发支出——资本化支出		163 000

3. 投资者投入的无形资产

被投资企业接受投资企业作为股本投入的无形资产，按投资企业开具的增值税专用发票上注明的金额，借记"无形资产""应交税费——应交增值税（进项税额）"科目，贷记"实收资本"或"股本"等科目。

【例9-4】A公司于20×8年6月1日以一项商标权向兴华公司投资，兴华公司开具的增值税专用发票上注明价款为50万元、增值税为3万元。双方约定，总价款53万元中的50万元为股本，3万元为股本溢价。兴华公司账务处理如下：

借：无形资产——商标权	500 000	
应交税费——应交增值税（进项税额）	30 000	
贷：股本——丙公司		500 000
资本公积——股本溢价		30 000

四、无形资产摊销和减值的核算

（一）无形资产摊销

1. 无形资产的摊销期和摊销方法

无形资产属于企业的非流动资产，能在较长时期内给企业带来经济利益。同时，无形资产通常有一定的有效期限，在这个期限内，随着无形资产为企业带来经济利益，其价值会发生转移，具有价值的权利会终结或消失。因此，使用寿命有限的无形资产，应自取得当月起在预计使用年限内采用系统合理的方法对应摊销金额进行摊销。无形资产的应摊销金额是指其成本扣除预计残值后的金额。已计提减值准备的无形资产，还应扣除已计提的减值准备累计金额。无形资产的摊销方法有直线法、产量法等。企业选择的无形资产摊销方法，应根据与无形资产有关的经济利益的预期消耗方式作出决定，并一致地运用于不同会计期间。无法可靠确定其预期消耗方式的，应当采用直线法进行摊销。无形资产摊销期限一经确定，不得随意变更。

2. 残值的确定

无形资产的残值一般为零，除非有第三方承诺在无形资产使用寿命结束时愿意以一定的价格购买该项无形资产，或者是该资产存在活跃的市场，通过市场可以得到无形资产使用寿命结束时的残值信息。目前，在无形资产使用寿命结束时，该市场还可能存在的情况下，无形资产存在残值。

3. 账务处理

为了核算无形资产的摊销情况，企业应当设置"累计摊销"账户。该账户属于"无形资产"账户的调整账户，用来核算企业对使用寿命有限的无形资产计提的累计摊销，贷方登记企业计提的无形资产摊销，借方登记处置无形资产时转出的累计摊销，期末贷方余额，反映企业现有无形资产的累计摊销额。

【例9-5】兴华公司购入了一项商标权，入账价值为600 000元，合同规定有效期限为5年，每月摊销额10 000元（600 000/5/12）。每月摊销时，兴华公司账务处理如下：

借：管理费用　　　　　　　　　　　　　　　　　　　　10 000
　贷：累计摊销　　　　　　　　　　　　　　　　　　　　　　10 000

（二）无形资产减值

1. 检查账面价值

无形资产由于技术进步或其他原因导致其可收回金额低于账面价值，这种情况称为无形资产的减值。

企业应定期对无形资产的账面价值进行检查，至少于每年年末检查一次。如果发现无形资产存在减值情况，企业应对无形资产的可收回金额进行估计，并按该无形资产的账面价值超过可收回金额的部分（减值）计提减值准备，并列为当期费用。这也说明，企业无形资产是按照账面价值与可收回金额孰低的方式计量的。

检查无形资产，发现存在以下一种或几种情况的，可以确定为无形资产减值：

（1）该项无形资产已被其他新技术等替代，使其为企业创造经济利益的能力受到重大不利影响。

（2）该项无形资产的市价在当期大幅度下跌，预计在剩余年限内不会恢复。

（3）该项无形资产已超过法律保护期限，但仍然具有部分使用价值。

（4）其他足以表明该无形资产的账面价值已超过可收回金额的情形。

2. 确定可收回金额

资产存在减值迹象的，应当估计其可收回金额。可收回金额应当根据资产的公允价值减去处置费用后的净额与资产预计未来现金流量的现值两者之中较高者确定。处置费用包括与资产处置有关的法律费用、相关税费以及为使资产达到可销售状态所发生的直接费用等。

3. 计提减值准备

企业所持有的无形资产的账面价值高于其可收回金额的，其差额应确认为无形资产减值，借记"资产减值损失"账户，贷记"无形资产减值准备"账户。"无形资产减值准备"账户用来核算无形资产减值准备，可按无形资产项目进行明细核算。

【例9-6】20×8年1月1日，兴华公司购入一项专利权，实际支付的价款为

960 000元。根据相关法律的规定，该专利权的有效年限为10年，已使用1年。兴华公司估计该专利权的受益年限为8年。20×8年12月31日，与该专利权相关的经济因素发生不利变化，致使该专利权发生价值减值，兴华公司估计其可收回金额为672 000元。兴华公司账务处理如下：

（1）20×8年1月1日购入专利权。

借：无形资产——专利权　　　　　　　　　　　　　　　960 000
　贷：银行存款　　　　　　　　　　　　　　　　　　　　　960 000

（2）该无形资产的法定剩余有效年限为9年，受益年限为8年，摊销期根据两者之中较短者确定为8年。该无形资产年摊销额为120 000元（960 000/8），月摊销额为10 000元（120 000/12）。20×8年，兴华公司按月计提无形资产摊销时账务处理如下：

借：管理费用　　　　　　　　　　　　　　　　　　　　10 000
　贷：累计摊销　　　　　　　　　　　　　　　　　　　　　10 000

（3）20×8年12月31日，无形资产的账面价值为840 000元（960 000 - 120 000），其估计可收回金额为672 000元，因此需要计提168 000元减值准备。计提减值准备时，兴华公司账务处理如下：

借：资产减值损失　　　　　　　　　　　　　　　　　　168 000
　贷：无形资产减值准备　　　　　　　　　　　　　　　　　168 000

（4）20×9年1月1日，无形资产的账面价值为672 000元。20×9年，该无形资产年摊销额为96 000元（672 000/7），月摊销额为8 000元（96 000/12）。按月计提无形资产摊销时，兴华公司账务处理如下：

借：管理费用　　　　　　　　　　　　　　　　　　　　8 000
　贷：累计摊销　　　　　　　　　　　　　　　　　　　　　8 000

五、无形资产减少的会计处理

（一）对外转让无形资产的核算

企业出售无形资产时，应按实际收到的金额借记"银行存款"等科目，按已计提的累计摊销额，借记"累计摊销"科目，贷记"无形资产""应交税费——应交增值税（销项税额）"科目，按其差额，贷记或借记"资产处置损益"科目。

【例9-7】兴华公司将一商标权转让给A公司，开具的增值税专用发票上注明价款为30万元、税款为1.8万元，款项已存入银行。该商标权成本为18万元，出售时已摊销3万元。兴华公司账务处理如下：

借：银行存款　　　　　　　　　　　　　　　　　　　　318 000
　　累计摊销　　　　　　　　　　　　　　　　　　　　　30 000
　贷：无形资产——商标权　　　　　　　　　　　　　　　　180 000
　　　应交税费——应交增值税（销项税额）　　　　　　　　18 000
　　　资产处置损益　　　　　　　　　　　　　　　　　　　150 000

（二）对外出租无形资产的核算

企业持有无形资产期间，可以让渡无形资产使用权并收取租金。企业收到租金收入时，借记"银行存款"等科目，贷记"其他业务收入""应交税费——应交增值税（销项税额）"等科目。期末，企业对无形资产成本进行摊销，借记"其他业务成本"科目，贷记"累计摊销"科目。

【例9-8】兴华公司将一著作权出租给乙企业使用，租期为3年，租金每年12万元（不含税），每月月初收取当月租金10 600元并存入银行，每月摊销成本4 000元。兴华公司账务处理如下：

借：银行存款		10 600
贷：其他业务收入		10 000
应交税费——应交增值税（销项税额）		600

月末，摊销成本。

借：其他业务成本		4 000
贷：累计摊销		4 000

（三）对外投资无形资产的核算

企业以投资者身份对外投资无形资产，按投资合同或协议约定的价值计入投资的实际成本，投资者按视同销售进行账务处理。

【例9-9】兴华公司于20×8年1月1日以一商标权向乙公司投资，兴华公司提供的增值税专用发票上注明价款为50万元、税款为3万元。该商标的账面余额为40万元，累计摊销5万元。兴华公司账务处理如下：

借：长期股权投资	530 000
累计摊销	50 000
贷：无形资产	400 000
应交税费——应交增值税（销项税额）	30 000
资产处置损益	150 000

（四）对外捐赠无形资产的核算

企业将持有的无形资产无偿转让给其他单位或个人，用于非公益事业，虽不属于销售行为，会计上也不确认收入，但要按照视同销售无形资产计算销项税额，缴纳增值税。

【例9-10】20×8年1月1日，兴华公司将一项商标权无偿赠送给丁企业，用于非公益事业，该商标权的公允价值为20万元（不含税），账面余额为15万元，累计摊销20万元。兴华公司账务处理如下：

借：营业外支出	142 000
累计摊销	20 000
贷：无形资产	150 000
应交税费——应交增值税（销项税额）	12 000

六、无形资产的披露、分析与管理

（一）无形资产的披露

在资产负债表中，"无形资产"项目反映企业期末持有的无形资产的实际价值。该项目应根据"无形资产"科目的期末余额，减去"累计摊销"和"无形资产减值准备"科目期末余额后的金额填列。

在会计报表附注中，企业应当按照无形资产的类别披露与无形资产有关的下列信息：

（1）无形资产的期初和期末账面余额、累计摊销额以及减值准备累计金额。

（2）使用寿命有限的无形资产，其使用寿命的估计情况；使用寿命不确定的无形资产，其使用寿命不确定的判断依据。

（3）无形资产的摊销方法。

（二）无形资产的分析与管理

由于无形资产能带来的未来经济利益具有不确定性，因此其价值的衡量就带有很大的不确定性，反映在资产负债表上，就是无形资产是高风险、高收益的资产。因此，对无形资产的价值做出跟踪分析是必要的，一旦出现价值减损的情况，就应当确认减值，尽量避免虚增资产。为此，企业一是要做明细分析，了解无形资产的具体内容。一般来说，土地使用权减值的风险相对较低，其他类型的无形资产减值的风险相对较高。二是要做结构分析，计算除土地使用权以外的无形资产占总资产的比重。因为除土地使用权以外的其他无形资产必须与有形资产相结合才能发挥出这些无形资产的作用，因此一般来说，除土地使用权以外的无形资产占总资产的比重不应超过 20%。

第二节　其他资产

一、其他资产的概念与内容

其他资产是指除流动资产、长期投资、固定资产、无形资产等以外的各项资产，主要是长期性质的待摊费用和其他长期资产。

（一）长期待摊费用

长期待摊费用是指企业已经支出，但摊销期限在一年以上（不含一年）的各项费用。应当由本期负担的借款利息、租金等，不得作为长期待摊费用处理。长期待摊费用应当单独核算，在费用项目的受益期限内分期平均摊销。

除购置和建造固定资产以外，所有筹建期间所发生的费用，先在长期待摊费用中归集，从企业开始生产经营当月起一次计入开始生产经营当期的损益。

如果长期待摊的费用项目不能使以后会计期间受益的，应当将尚未摊销的该项目的摊余价值全部转入当期损益。

（二）其他长期资产

其他长期资产一般包括国家批准储备的特种物资、银行冻结存款以及临时设施和涉及诉讼中的财产等。其他长期资产可以根据资产的性质及特点单独设置相关科目进行核算。

二、其他资产的核算

（一）"长期待摊费用"账户的设置

"长期待摊费用"账户用于核算企业已经支出，但摊销期限在一年以上（不含一年）的各项费用，包括固定资产修理支出、租入固定资产的改良支出以及摊销期限在一年以上的其他待摊费用。在"长期待摊费用"账户下，企业应按费用的种类设置明细账，进行明细核算，并在会计报表附注中按照费用项目披露其摊余价值、摊销期限、摊销方式等。

（二）其他长期资产的账户设置

"特准储备物资"账户用于核算有特准储备物资的企业（主要是商业企业）中，特准储备物资的增减变动和结存情况。"特准储备物资"账户下，企业应按特准储备物资的品种、规格设置明细账户。

【本章小结】

本章主要介绍了无形资产的入账价值的确定；无形资产取得与处置的核算等。

【主要概念】

无形资产；摊销；计价。

【简答题】

1. 简述无形资产的概念及内容。
2. 无形资产的入账价值如何确定？
3. 无形资产如何进行摊销？
4. 取得无形资产如何进行账务处理？

第十章
负　债

【学习目标】

知识目标：了解负债的基本概念、种类。

技能目标：掌握短期借款、应付账款、应付票据等流动负债的核算方法。

能力目标：掌握长期借款的核算方法。

【知识点】

流动负债、非流动负债、短期借款、应付账款、应付票据等。

【篇头案例】

在收购沃尔沃后，尽管其负债激增至 700 亿元，但吉利依然十分自信。面对现金流吃紧、财务状况恶化的质疑，吉利发布公告称，欧美大型汽车企业资产负债率一般保持在 70%~80%，有的甚至更高，因此吉利 73% 的负债率仍在合理区间。将吉利从民营企业"收购神坛"拉下马的，是一次募资。2011 年 6 月，吉利发行 10亿元 7 年期、利率为 6.40% 的公司债券，也因此晋升为国内第一家发行民营企业债券的民营车企。吉利发布的募资说明书中显示的财务状况也令外界大跌眼镜。

2008—2009 年，吉利的总负债从 86.13 亿元上升至 160.53 亿元，时至 2010 年年末，该项指标增长至 710.71 亿元，吉利当年的资产负债率也由 69.99% 上升至73.47%。在 2009 年 8 月，吉利"蛇吞象"式将沃尔沃收购之后，负债总额在一年内增加了 550 亿元，负债的年增长速度也由此前的 86.38% 增长至 343.75%。

更值得注意的是，在吉利 710.71 亿元负债中，流动负债 479.72 亿元，非流动负债 230.99 亿元。流动负债占比达到 67.5%，是吉利手中现金总量的两倍，流动负债过高显然会令吉利在短期内面临巨大的还款压力。除此之外，流动负债中尚包含着 169.91 亿元的应付账款及 28.15 亿元的预收账款。在中国车市整体增长放缓的情况下，整个汽车产业链的资金都在绷紧，偿还这部分应付账款对吉利来说压力不小。

吉利的公告援引 2010 年年度审计报告：合并沃尔沃后，2010 年吉利合并报表货币资产为人民币 210 多亿元；2011 年上半年吉利总货币资产持续增加，吉利具备良好的偿付能力。

吉利表示，2010 年 12 月 31 日世界 500 强企业上榜的汽车企业的财务信息显示，欧美大型汽车企业资产负债率一般保持在 70%~80%，有的甚至更高。《中国 500 强企业发展报告 2010》显示，中国企业 500 强平均资产负债率为 79.8%。

这一解释并没有得到普遍的认同。民族证券汽车行业分析师曹鹤认为，虽然通用、大众等公司的资产负债率超过了 70%，但其与吉利面对的市场不同，其生产经营链条也截然不同，不具有可类比性。目前，国内车企的资产负债率一般都在 60% 左右，吉利集团 73.47% 的资产负债率是明显偏高的。

曹鹤同时认为，吉利为沃尔沃在大庆、嘉定、成都拟建的三个基地最低投入预计也需要 120 亿元。未来几年，吉利的负债额度还会大幅提高。

那么，我们该如何正确处理负债的相关问题呢？

第一节　负债概述

一、负债的概念

负债是指由企业过去的交易或事项形成的，预期会导致经济利益流出企业的现时义务。

二、负债的特征

负债具有以下特征：

（一）负债是一项偿还义务

负债是现时存在的债务，是由企业过去或当前的经济活动所引起的一种经济义务。企业在生产经营过程中经常会因为获取资金、商品、劳务而形成负债，如企业从银行借入资金、赊购商品或劳务等。

（二）负债应当以企业资产或劳务进行偿还

在会计上，企业只要确认负债，就需要未来以资产或劳务进行清偿。企业在未来的债务结算会导致体现经济利益的企业资源的流出。在特殊情况下，企业也可以通过与债权人协商，按照规定将企业的负债予以资本化，即将债权转化为股权。

（三）负债一般具有确切的受偿人及偿还日期

一项负债的成立，一般要有确切的受偿人及偿还日期。在偿还期限内，企业以其资产或劳务进行清偿。但在有些情况下，受偿人或偿付日期可能无法确指，但也可以确认为负债。也就是说，确切的受偿人及偿付日期并不是确认负债的必然约束条件。

（四）负债是一项权利义务关系

负债是一项由于财产变动而引起的权利义务关系，债务人由于取得了资金、商品、劳务等，按照规定负有偿还的经济义务；而债权人由于让渡了其商品、资金或劳务等而获得了索取的经济权利。负债的确认意味着权利义务关系的形成，负债的偿还又表明一项权利义务关系的解除。

三、负债的分类

企业负债按偿还期的长短，可以分为流动负债和非流动负债。

（一）流动负债

流动负债是指将在一年或超过一年的一个营业周期内偿还的债务，主要包括短期借款、应付票据、应付账款、预收账款、应付职工薪酬、应交税费、应付股利、其他应付款等。

（二）非流动负债

非流动负债是指偿还期在一年或超过一年的一个营业周期以上的债务，包括长期借款、应付债券、长期应付款等。

第二节　流动负债

流动负债又称短期负债，是指企业将在一年或超过一年的一个营业周期内偿还的债务，具体包括短期借款、应付票据、应付账款、预收账款、应付职工薪酬、应交税费、应付股利、其他应付款等。

一、短期借款

短期借款是指企业向银行或其他金融机构等借入的期限在一年以下（含一年）的各种借款。短期借款通常是为了满足企业正常生产经营的需要。

企业应设置"短期借款"账户，用来对短期借款的借入、利息的发生、本金和利息的偿还情况进行会计核算。"短期借款"账户贷方登记借入短期借款的本金，借方登记偿还的短期借款的本金；期末余额在贷方，反映企业尚未归还的短期借款的本金。"短期借款"账户应按照借款种类、贷款人进行明细核算。

企业借入各种短期借款时，借记"银行存款"账户，贷记"短期借款"账户。

企业发生的短期借款利息应分情况处理。如果短期借款到期连本带息一起归还，应采用预提的方法，按月预提计入费用，借记"财务费用"账户，贷记"应付利息"账户；实际支付利息时，根据已预提的利息，借记"应付利息"账户，贷记"银行存款"账户。

如果短期借款利息是按月支付，企业在实际支付或收到银行的计息通知时，直接计入当期损益，借记"财务费用"账户，贷记"银行存款"账户。

企业在短期借款到期偿还借款本金时，借记"短期借款"账户，贷记"银行存款"账户。

【例10-1】兴华公司20×8年向某银行借入一笔生产经营用借款200 000元，期限为半年，年利率为6%，按月计提利息，到期一次还本付息。兴华公司账务处理如下：

（1）借入款项。

借：银行存款　　　　　　　　　　　　　　　　　　　200 000
　　贷：短期借款　　　　　　　　　　　　　　　　　　　　　200 000

（2）每月月末应计提的借款利息费用（200 000×6%÷12）。

借：财务费用　　　　　　　　　　　　　　　　　　　　1 000
　　贷：应付利息　　　　　　　　　　　　　　　　　　　　　1 000

（3）还本付息（最后一个月应付利息可不预提，直接计入财务费用）。

借：财务费用	1 000	
应付利息	5 000	
短期借款	200 000	
贷：银行借款		206 000

二、应付票据

应付票据是指企业购买材料、商品和接受劳务供应等开出、承兑的商业汇票，包括银行承兑汇票和商业承兑汇票。

为了核算和管理的需要，企业应设置"应付票据"账户。该账户贷方登记企业因购买材料、商品等而开出、承兑的商业汇票，借方登记已支付的商业汇票；期末为贷方余额，反映企业尚未到期的商业汇票的票面金额。

企业应当设置应付票据备查簿，详细登记每一商业汇票的种类、号数、出票日期、到期日、票面余额、交易合同号、收款人姓名或单位名称以及付款日期和金额等资料。应付票据到期结清时，企业应当在应付票据备查簿内逐笔注销。

企业开出、承兑商业汇票或以承兑商业汇票抵付货款、应付账款时，应按开出承兑汇票的面值入账，借记"原材料""库存商品""应付账款""应交税费——应交增值税（进项税额）"等账户，贷记"应付票据"账户。应付票据到期，企业如无力支付票款，按应付票据的账面余额，借记"应付票据"账户，贷记"应付账款"账户。

【例10-2】兴华公司为增值税一般纳税人，20×8年4月10日开出一张面值为113 000元、期限为3个月的商业汇票用于采购一批材料，增值税专用发票上注明的材料价款为100 000元、增值税为13 000元。材料已验收入库。兴华公司账务处理如下：

（1）取得增值税专用发票及有关凭证。

借：原材料	100 000	
应交税费——应交增值税（进项税额）	13 000	
贷：应付票据		113 000

（2）票据到期用银行存款支付。

| 借：应付票据 | 113 000 | |
| 贷：银行存款 | | 113 000 |

如果企业到期无力支付票款，应将"应付票据"账户转入"应付账款"账户。

| 借：应付票据 | 113 000 | |
| 贷：应付账款 | | 113 000 |

三、应付账款和预收账款

（一）应付账款

应付账款是指企业因购买材料、商品和接受劳务等经营活动应支付的款项。应付账款的入账时间，应为所购物资的所有权转移，或者接受劳务已发生的时间。

为了反映企业发生的应付账款，企业应设置"应付账款"账户。该账户贷方登记企业购买材料、商品和接受劳务等发生的应支付的款项，借方登记已支付、已转销或转作商业汇票结算方式的款项；期末为贷方余额，反映尚未支付的应付款项。"应付账款"账户应按债权人设置明细账。

企业购买材料、物资时，借记"原材料""应交税费——应交增值税（进项税额）"等账户，贷记"应付账款"账户。企业支付款项时，借记"应付账款"账户，贷记"银行存款"等账户。

【例10-3】兴华公司为增值税一般纳税人，20×8年4月1日从A公司购入一批材料，增值税专用发票上注明的材料价款为100 000元、增值税为13 000元。材料已验收入库，款项尚未支付。兴华公司账务处理如下：

（1）材料验收入库。

借：原材料		100 000
应交税费——应交增值税（进项税额）		13 000
贷：应付账款——A公司		113 000

（2）支付货款。

借：应付账款——A公司		113 000
贷：银行存款		113 000

【例10-4】兴华公司本月应付电费48 000元，其中生产车间电费32 000元、行政管理部门电费16 000元，款项尚未支付。兴华公司账务处理如下：

借：制造费用		32 000
管理费用		16 000
贷：应付账款——供电公司		48 000

（二）预收账款

预收账款是指企业按照合同规定预收的款项。为了核算预收账款的情况，企业应设置"预收账款"账户。该账户贷方登记预收的货款，借方登记销售产品的收入和余款退回；期末如为贷方余额，反映企业预收的款项，期末如为借方余额，反映企业尚未转销的款项。

预收账款不多的企业，可以不设置"预收账款"账户，发生的预收账款通过"应收账款"账户进行账务处理。

【例10-5】兴华公司为增值税一般纳税人，20×8年3月1日与A公司签订一项供货合同，货款为200 000元。合同规定，A公司先预付货款的50%，余款在交货时结清。兴华公司账务处理如下：

（1）兴华公司收到A公司的预付货款。

借：银行存款		100 000
贷：预收账款——A公司		100 000

（2）兴华公司交货后，收取余款及增值税。

借：银行存款		126 000
预收账款		100 000

　　　　贷：主营业务收入　　　　　　　　　　　　　　　　　　200 000
　　　　　　应交税费——应交增值税（销项税额）　　　　　　26 000

四、应付职工薪酬

（一）应付职工薪酬的核算内容

职工薪酬是指企业为获得职工提供的服务或解除劳动关系而给予的各种形式的报酬或补偿。职工薪酬包括短期薪酬、离职后福利、辞退福利和其他长期职工福利。企业提供给职工配偶、子女、受赡养人、已故职工遗属及其他受益人等的福利，也属于职工薪酬。

《〈企业会计准则第9号——职工薪酬〉解释》对职工薪酬的相关概念进行了具体说明，即企业因职工提供服务而产生的义务，全部纳入职工薪酬的范围。企业对职工的股份支付本质上也属于职工薪酬，但具有期权性质，股份支付的确认和计量，由相关会计准则进行规范。

职工薪酬主要包括以下内容：

（1）职工工资、奖金、津贴和补贴。

（2）职工福利费。

（3）医疗保险费、养老保险费（包括基本养老保险费和补充养老保险费）、失业保险费、工伤保险费和生育保险费等社会保险费。

（4）住房公积金。

（5）工会经费和职工教育经费。

（6）非货币性福利。

（7）因解除与职工的劳动关系给予的补偿（下称辞退福利）。

（8）股份支付。

（9）除上述（1）至（8）项外给予的其他形式的报酬。

企业应设置"应付职工薪酬"账户，核算企业根据有关规定应付给职工的各种薪酬。该账户贷方登记应支付给职工的各种薪酬，借方登记支付给职工的各种薪酬；期末为贷方余额，反映企业应付未付的职工薪酬。该账户可以按"工资""职工福利""社会保险费""住房公积金""工会经费""职工教育经费""非货币性福利""辞退福利""股份支付"等进行明细核算。

（二）应付职工薪酬的主要账务处理

企业应当在职工为其提供服务的会计期间，根据职工提供服务的受益对象，借记"生产成本""制造费用""劳务成本""在建工程""研发支出""管理费用"和"销售费用"等账户，贷记"应付职工薪酬（工资）"账户；按照职工工资总额的既定比例计提职工福利费、社会保险费和住房公积金等，借记各种当期损益账户，贷记"应付职工薪酬"的各明细账户。

【例10-6】兴华公司20×8年4月工资汇总资料如下：4月应付工资总额118 000元。其中，车间生产工人工资80 000元，车间管理人员工资8 000元，企业管理部门人员工资25 000元，在建工程人员工资5 000元。

根据当地政府规定，兴华公司分别按照职工工资总额的10%、12%、5%和8%

计提医疗保险费、养老保险费、失业保险费和住房公积金。根据本年实际发生的职工福利费情况，兴华公司预计下一年应承担的职工福利费金额为职工工资总额的1.5%。兴华公司分别按照职工工资总额的2%和1.5%计提工会经费和职工教育经费。

兴华公司20×8年4月应付职工薪酬明细项目计算表如表10-1所示。

表 10-1　应付职工薪酬明细项目计算表　　　　　　　　　单位：元

项目	工资	职工福利（1.5%）	社会保险（27%）	住房公积金（8%）	工会经费（2%）	教育经费（1.5%）	合计
生产成本	80 000	1 200	21 600	6 400	1 600	1 200	112 000
制造费用	8 000	120	2 160	640	160	120	11 200
管理费用	25 000	375	6 750	2 000	500	375	35 000
在建工程	5 000	75	1 350	400	100	75	7 000
合计	118 000	1 770	31 860	9 440	2 360	1 770	165 200

兴华公司月末分配工资的账务处理如下：

借：生产成本　　　　　　　　　　　　　　　　　　　　112 000
　　制造费用　　　　　　　　　　　　　　　　　　　　 11 200
　　管理费用　　　　　　　　　　　　　　　　　　　　 35 000
　　在建工程　　　　　　　　　　　　　　　　　　　　　7 000
　　贷：应付职工薪酬——工资　　　　　　　　　　　　　118 000
　　　　　　　　——职工福利　　　　　　　　　　　　　 1 770
　　　　　　　　——社会保险费　　　　　　　　　　　　31 860
　　　　　　　　——住房公积金　　　　　　　　　　　　 9 440
　　　　　　　　——工会经费　　　　　　　　　　　　　 2 360
　　　　　　　　——职工教育经费　　　　　　　　　　　 1 770

各企业应根据劳动工资制度编制工资单和工资汇总表，向职工支付工资，借记"应付职工薪酬（工资）"账户，贷记"库存现金"或"银行存款"账户。对从应付职工薪酬中扣还的各种款项（代垫的家属药费、个人所得税等）等，企业应借记"应付职工薪酬"账户，贷记"其他应收款""应交税费（应交个人所得税）"等账户。

企业按照国家有关规定缴纳社会保险费和住房公积金，借记"应付职工薪酬"账户，贷记"银行存款"账户。

【例10-7】接【例10-6】，兴华公司20×8年4月按应发工资总额发放工资，同时代扣职工个人所得税总额8 000元。

　　借：应付职工薪酬——工资　　　　　　　　　　　　　118 000
　　　贷：银行存款　　　　　　　　　　　　　　　　　　110 000
　　　　　应交税费——应交个人所得税　　　　　　　　　 8 000

【例10-8】兴华公司20×8年5月缴纳社会保险费31 860元和住房公积金

9 440元。

> 借：应付职工薪酬——社会保险费　　　　　　　　　31 860
> 　　　　　　　　——住房公积金　　　　　　　　　9 440
> 　　贷：银行存款　　　　　　　　　　　　　　　　　　　41 300

五、应交税费

应交税费是指企业按照税法等规定计算应缴纳的各种税费，包括增值税、消费税、所得税、资源税、土地增值税、城市维护建设税、房产税、土地使用税、车船使用税、教育费附加、矿产资源补偿费等。"应交税费"账户贷方登记企业应缴纳的各种税费，借方登记企业实际缴纳的税费；贷方余额表示企业尚未缴纳的税费，借方余额反映企业多缴或尚未抵扣的税费。"应交税费"账户可以按税种设置明细账。企业代扣代交的个人所得税，也通过"应交税费"账户核算。企业不需要预计应交数的税金，如印花税、耕地占用税等，不在"应交税费"账户核算。

企业计算出应缴纳而未缴纳的税费时，借记有关账户，贷记"应交税费"账户；实际缴纳时，借记"应交税费"账户，贷记"银行存款"账户。

（一）应交增值税

增值税是以商品生产、流通和加工、修理修配各个环节的增值额为征税对象的一种流转税。

"应交税费——应交增值税"账户应按"进项税额""销项税额""进项税额转出""出口退税""已交税金"等设置明细账户。

增值税的纳税义务人分为一般纳税人和小规模纳税人，两种纳税义务人在计税方法和会计核算上有所区别。

一般纳税人的当期销项税额和当期进项税额分别按所销售货物和购进货物的价格乘以增值税税率计算。

（1）进项税额的会计核算。一般纳税人在购买货物、进口货物，或者接受加工、修理修配劳务时，根据取得增值税专用发票或完税证明注明的金额确认应交增值税的进项税额，借记"应交税费——应交增值税（进项税额）"账户，贷记"银行存款"等账户。进项税额可以从本月发生的销项税额中予以抵扣。

【例10-9】兴华公司本月购入原材料一批，增值税专用发票上注明货款60 000元，增值税7 800元，货物已验收入库，货款已支付。兴华公司账务处理如下：

> 借：原材料　　　　　　　　　　　　　　　　　　　　60 000
> 　　应交税费——应交增值税（进项税额）　　　　　　7 800
> 　　贷：银行存款　　　　　　　　　　　　　　　　　　　67 800

（2）进项税额转出的会计核算。如果企业外购的存货发生了非常损失、作为非货币性福利向职工发放时，按照税法的规定，其进项税额应予以转出，记入"应交税费——应交增值税（进项税额转出）"账户的贷方，同时借记有关成本费用账户。

（3）销项税额的会计核算。一般纳税人在对外销售商品或提供劳务时，应向购货方或接受劳务方开出增值税专用发票，按照商品或劳务计税价格乘以适用税率确认应交所得税的销项税额，借记"银行存款"等账户，贷记"应交税费——应交增值税（销项税额）"账户。

【例10-10】兴华公司本月销售产品一批，增值税专用发票上注明货款为500 000元、增值税为65 000元，货款尚未收到。兴华公司账务处理如下：

借：应收账款   565 000
　贷：主营业务收入   500 000
　　　应交税费——应交增值税（销项税额）   65 000

（4）缴纳增值税和期末结转的会计核算。企业在规定时间缴纳增值税时，应按照下列公式计算应交增值税：

本期应交增值税＝销项税额－进项税额＋进项税额转出

企业缴纳本期增值税时，借记"应交税费——应交增值税（已交税金）"账户，贷记"银行存款"账户；缴纳上期增值税时，借记"应交税费——未交增值税"账户，贷记"银行存款"账户。

【例10-11】兴华公司以银行存款缴纳本月增值税74 800元。

借：应交税费——应交增值税（已交税金）   74 800
　贷：银行存款   74 800

期末，企业应将本期欠交或多交的增值税转到"应交税费——未交增值税"科目。

（5）不予抵扣的增值税。下列情况产生的增值税进项税额按照税法的规定不允许从销项税中抵扣：

①用于非应税项目的购进货物或应税劳务。

②用于免应税项目的购进货物或应税劳务。

③用于集体福利或个人消费的购进货物或应税劳务。

④非正常损失的购进货物、非正常损失的在产品、库存商品损耗的购进货物或应税劳务。

小规模纳税人在计税方法和会计核算上采取相对简化的方法处理。根据我国税法的规定，符合以下条件之一的纳税人视同小规模纳税人：

①从事货物生产或以货物生产为主的纳税人，年应纳增值税额在500万元以下的。

②从事货物批发或零售的纳税人，年应纳增值税额在500万元以下的。

③年应纳增值税额超过规定标准，但会计核算不健全的。

④虽然符合一般纳税人条件，但不申请办理一般纳税人认定手续的。

小规模纳税人具有如下特点：

①只能开具普通发票，符合规定的可以开具增值税专用发票。

②按照销售额的一定比例计算应纳税额。

③应先根据增值税征收率将其还原为不含税的销售价格，再据以计算本月应交增值税。

小规模纳税人购买货物或接受劳务时，所应支付的全部价款计入存货的入账价值。其支付的增值税税额不确认为增值税进项税额。小规模纳税人销售货物或提供劳务时，应先按照增值税征收率将其还原为不含税的销售价格，再计算应交增值税的金额，贷记"应交税费——应交增值税"科目。

具体计算公式为：

不含税的销售价格=含税的销售价格÷（1+征收率）

应交增值税=不含税的销售价格×征收率

小规模纳税人的征收率通常为3%。

【例10-12】某公司为小规模纳税人，购入材料一批，发票上注明价款为100 000元、增值税为13 000元，货款以银行存款支付，材料已收到。

借：原材料   113 000

  贷：银行存款   113 000

【例10-13】某公司为小规模纳税人，销售商品一批，货款20 000元已收到。

不含税的销售价格=20 000÷（1+3%）=19 417.5（元）

应交增值税=19 417.5×3%=582.5（元）

借：银行存款   20 000

  贷：主营业务收入   19 417.5

     应交税费——应交增值税   582.5

（二）应交消费税、城市维护建设税和教育费附加

消费税是对在我国境内生产、委托加工和进口应税特定消费品（如烟酒、珠宝首饰、汽油、柴油、汽车、摩托车等）的企业和个人征收的一种流转税。

消费税的计征方法主要有从价定率和从量定额两种。

从价定率计征方法，共有13个档次的税率，最低3%、最高56%。应纳税额按以下公式计算：

应纳税额=销售额×税率

从量定额计征方法应纳税额按以下公式计算：

应纳税额=销售数量×单位税额

城市维护建设税和教育费附加是一种附加税费，分别按实际缴纳的增值税与消费税的税额乘以适用的税率计算缴纳。

企业按规定计算应交的消费税、城市维护建设税和教育费附加，借记"税金及附加"账户，贷记"应交税费（应交消费税、城市维护建设税、教育费附加）"账户。企业实际缴纳上述税费，借记"应交税费"账户，贷记"银行存款"账户。

【例10-14】兴华公司销售所生产的烟丝，价款180 000元，适用的消费税税率是30%。兴华公司账务处理如下：

借：税金及附加   54 000

  贷：应交税费——应交消费税   54 000

【例10-15】兴华公司根据本月应交增值税15 000元计算应交城市维护建设税1 050元、应交教育费附加450元。兴华公司账务处理如下：

借：税金及附加   1 500

  贷：应交税费——应交城市维护建设税   1 050

          ——应交教育费附加   450

（三）应交房产税、土地增值税和车船使用税

企业按规定计算应交的房产税、土地增值税、车船使用税，借记"税金及附加"账户，贷记"应交税费（应交房产税、土地使用税、车船使用税）"账户。

【例10-16】兴华公司本年度按照税法规定计算应交的土地使用税为200 000元。

借：税金及附加 200 000

　　贷：应交税费——应交城镇土地使用税 200 000

（四）不通过"应交税费"账户核算的税费

不通过"应交税费"账户核算的税种主要有车辆购置税、印花税、耕地占用税、契税等。

1. 车辆购置税

企业和个人购置（包括购买、进口、自产、受赠、获奖或通过其他方式取得并自用）应税车辆的行为，均应按规定缴纳车辆购置税。车辆购置税实行从价定率征收，购买车辆以支付给销售者的全部价款和价外费用（不包括增值税税款）之和为计税依据；进口车辆以关税完税价格、关税和应纳消费税三者之和为计税依据。车辆购置税税率为10%。车辆购置税实行一次征收制度，购置已征车辆购置税的车辆，不需再缴纳车辆购置税。

车辆购置税应由购置应税车辆的企业在办理车辆注册登记前计算缴纳，因此车辆购置税不形成应交款项，不必通过"应交税费"账户核算，应由企业在购置车辆计算缴纳税款时，直接计入固定资产价值，借记"固定资产"账户，贷记"银行存款"账户。

企业购置的减税、免税车辆在购置后用途发生变化的，应按规定补交车辆购置税。企业补交税款时，借记"固定资产"账户，贷记"银行存款"账户。

【例10-17】兴华公司购置自用汽车一辆，买价300 000元，增值税税额39 000元，相关费用10 000元，价税款共计349 000元，已用银行存款支付。兴华公司应缴纳的车辆购置税计算如下：

应纳车辆购置税＝（300 000+10 000）×10%＝31 000（元）

兴华公司以银行存款一次性支付购置车辆价税款349 000元、缴纳车辆购置税31 000元时，编制会计分录如下：

借：固定资产（300 000+10 000+31 000） 341 000

　　应交税费——应交增值税（进项税额） 39 000

　　贷：银行存款 380 000

2. 印花税

企业缴纳的印花税是由纳税人根据规定自行计算应纳税额以购买并一次贴足印花税票的方式缴纳的一种税款。一般情况下，企业需要预先购买印花税票，待发生应税行为时，再根据凭证的性质和规定的比例税率或按件计算应纳税额，将已购买的印花税票粘贴在应纳税凭证上，并在每枚税票的骑缝处盖戳注销或划销，办理完税手续。企业缴纳的印花税，不会发生应付未付税款的情况，不需要预计应纳税金额，同时也不存在与税务机关结算或清算的问题。

企业购买印花税票时，借记"税金及附加"账户，贷记"银行存款"或"库存

现金"账户。企业一次购买印花税票数额较大的，为均衡费用负担，可以分期摊销。

【例10-18】兴华公司以银行存款购买印花税票5 400元，编制会计分录如下：

借：税金及附加   5 400

    贷：银行存款   5 400

注：耕地占用税的核算从略。

六、应付股利

应付股利是指企业分配的现金或利润。企业与其他单位或个人的合作项目，按协议或合同规定，应支付利润的，也应通过"应付股利"账户核算。企业分配的股票股利不通过"应付股利"账户核算。"应付股利"账户贷方登记应支付的现金股利和利润，借方登记实际支付的现金股利和利润，贷方余额表示应付未付的现金股利或利润。

企业根据股东大会或类似机构审议批准的利润分配方案，按应支付的现金股利或利润，借记"利润分配——应付股利"账户，贷记"应付股利"账户；实际支付现金股利或利润时，借记"应付股利"账户，贷记"银行存款"等账户。

【例10-19】兴华公司按股东大会批准的利润分配方案，应付给其他单位投资利润30 000元。兴华公司账务处理如下：

（1）根据利润分配方案，结转应付股利。

借：利润分配——应付股利   30 000

    贷：应付股利   30 000

（2）支付股利。

借：应付股利   30 000

    贷：银行存款   30 000

七、其他应付款

其他应付款是指企业除应付票据、应付账款、预收账款、应付职工薪酬、应付利息、应付股利、应交税费、长期应付款等以外的其他各项应付和暂收的款项。"其他应付款"账户可以按其他应付款的项目和对方单位（或个人）进行明细核算。

企业发生各种应付和暂收款项时，借记"银行存款""管理费用"等账户，贷记"其他应付款"账户；支付时，借记"其他应付款"账户，贷记"银行存款"账户。

【例10-20】兴华公司对外出租包装物一批，对方交来保证金30 000元，已存入银行。兴华公司账务处理如下：

借：银行存款   30 000

    贷：其他应付款——存入保证金   30 000

当租入方按期归还包装物时，企业应当退回保证金。

借：其他应付款——存入保证金   30 000

    贷：银行存款   30 000

第三节　非流动负债

非流动负债又称长期负债，是指偿还期在一年或超过一年的一个营业周期以上的债务，包括长期借款、长期债券、长期应付款等。企业的长期资金来源除了所有者权益之外，全部为长期负债，因此长期负债在企业的经营活动中发挥着重要作用。

一、借款费用的处理方法

借款费用是指企业因借入资金而发生的利息等其他相关成本，具体包借款的利息、折价或溢价的摊销、辅助费用以及因外币借款而发生的汇兑差额等。

企业发生的借款费用，可以直接归属于符合资本化条件的资产的购建或生产的，应当予以资本化，计入相关资产成本；其他借款费用应当在发生时根据其发生额确认为费用，计入当期损益。符合资本化条件的资产，是指需要经过相当长时间的购建或者生产活动才能达到预定可使用或者可销售状态的固定资产、投资性房地产和存货等资产。

企业在进行借款费用的账务处理时，根据已确定的借款费用资本化的金额，借记"在建工程""制造费用"等账户；根据已确定的费用化的金额，借记"财务费用"账户；根据计算的应支付的利息，贷记"长期借款""应付债券""应付利息"等账户。

（一）借款费用资本化的借款范围

借款费用应予资本化的借款范围既包括专门借款，也包括一般借款。

1. 专门借款

专门借款是指为购建或生产符合资本化条件的资产而专门借入的款项。专门借款应当有明确的专门用途，即为购建或生产某项符合资本化条件的资产而专门借入的，通常应当具有标明该借款用途的借款合同。

2. 一般借款

一般借款是指除专门借款之外的借款。一般借款在借入时，通常没有特指必须用于符合资本化条件的资产的购建或生产。

只有在购建或生产符合资本化条件的资产占用了一般借款时，才应将与该部分一般借款相关的借款费用资本化；否则，所发生的借款费用应当计入当期损益。

（二）借款费用资本化的期间

借款费用资本化的期间是指借款费用开始资本化时点到停止资本化时点的期间，但不包括借款费用暂停资本化的期间。

1. 资本化开始时间

借款费用允许资本化必须同时满足三个条件，即资产支出已经发生、借款费用已经发生、为使资产达到预定可使用状态或可销售状态所必要的购建或生产活动已经开始。在这三个条件中，只要其中一个条件没有满足，借款费用就不能开始资本化。

2. 资本化结束时间

当所购建或生产符合资本化条件的资产达到预定可使用或可销售状态时，借款费用应当停止资本化。以后发生的借款费用应当在发生时根据其发生额确认为费用，计入当期损益。

资产达到预定可使用或可销售状态是指所购建或生产符合资本化条件的资产已达到购买方、建造方或企业自身等预先设计、计划或合同约定的可以使用或可以销售的状态。

3. 资本化暂停时间

符合资本化条件的资产在购建或生产过程中发生了非正常中断，并且中断时间连续超过三个月（含三个月），则中断期间所发生的借款费用应当暂停资本化，将其计入当期损益，直至购建或生产活动重新开始。但是，如果中断是使所购建或生产符合资本化条件的资产达到预定可使用或可销售状态所必要的程序，或者由于可预见的不可抗拒因素（如雨季或冰冻季节的原因）导致施工出现停顿，则借款费用的资本化应当继续进行。

（三）借款费用资本化的金额

根据借款费用的处理原则，企业应先确定每期应资本化的借款费用金额，每期应计入当期损益的借款费用金额则根据当期发生的借款费用总额减去当期应资本化的借款费用金额后确定。

1. 专门借款资本化金额

为购建或生产符合资本化条件的资产而借入专门借款的，应当以专门借款当期实际发生的利息费用，减去将尚未动用的借款资金存入银行取得的利息收入或者进行暂时性投资取得的投资收益后的金额，确定为专门借款利息费用的资本化金额。

【例10-21】兴华公司于20×9年1月1日正式动工兴建一栋办公楼，工期预计为一年。公司为建造办公楼于20×9年1月1日向A银行专门借款600万元，借款期限为两年，年利率为6%；同时，向B银行专门借款500万元，借款期限为两年，年利率为8%。两项借款均到期一次还本付息。兴华公司20×9年度除了上述两项借款外，没有其他借款。兴华公司按年计算应予资本化的利息金额。年末，两笔专门借款尚未动用期间的利息收益为2.2万元。兴华公司的账务处理如下：

应计利息 = 600×6%+500×8% = 76（万元）

资本化利息金额 = 76-2.2 = 73.8（万元）

借：在建工程　　　　　　　　　　　　　　　　　　738 000

　　银行存款（或应收利息）　　　　　　　　　　　22 000

　　贷：长期借款　　　　　　　　　　　　　　　　760 000

2. 一般借款资本化金额

为购建或生产符合资本化条件的资产占用了一般借款的，企业应当根据累计资产支出超过专门借款部分的资产支出加权平均数乘以所占用一般借款的资本化率，计算确定一般借款应予资本化的利息金额。企业占用一般借款购建或生产符合资本化条件的资产时，一般借款的借款费用资本化金额的确定应当与资产支出挂钩。有关计算公式如下：

一般借款利息费用资本化金额＝累计资产支出超过专门借款部分的资产支出加权平均数×所占用一般借款的资本化率

累计资产支出超过专门借款部分的资产支出加权平均数＝Σ（超过专门借款部分的每笔资产支出金额×$\dfrac{每笔资产支出占用的天数}{会计期间涵盖的天数}$）

在上述公式中，"每笔资产支出占用的天数"是指发生在购建或生产符合资本化条件的资产上的支出应承担的借款费用的时间长度。"会计期间涵盖的天数"是指计算应予资本化的借款费用金额的会计期间的长度。

所占用一般借款的资本化率＝所占用一般借款加权平均利率＝Σ（$\dfrac{所占用一般借款当期实际发生的利息之和}{所占用一般借款本金加权平均数}$）

所占用一般借款本金加权平均数＝Σ（所占用每笔一般借款本金×$\dfrac{每笔一般借款在当期所占用的天数}{当期天数}$）

二、长期借款

长期借款是指企业向银行或其他金融机构借入的期限在一年以上（不含一年）的各项借款。长期借款账务处理的基本要求是反映和监督企业长期借款的借入、借款利息的结算和借款本息的归还情况。

（一）长期借款利息的计算

长期借款的利息通常有单利和复利两种计算方法。单利计息方法是指只按借款本金计算利息，所生利息不再加入本金重复计算利息。复利计息方法是指将本金经过一定时期所生利息加入本金重复计算利息。

（1）单利的计算公式如下：

利息＝本金×利率×期数

本利和＝本金×（1+利率×期数）

（2）复利的计算公式如下：

本利和＝本金×（1+利率）^{期数}

（二）长期借款的核算

为了反映和监督长期借款的借入、应计利息和归还本息的情况，企业应设置"长期借款"账户。该账户贷方登记借款本金的增加额，借方登记借款本金的减少额，贷方余额表示尚未偿还的长期借款。"长期借款"账户应当按照贷款单位和贷款种类，分别按"本金""利息调整""应计利息"等进行明细核算。

企业发生的长期借款利息，可以直接归属于符合资本化条件的资产（如固定资产、产品等）的购建和生产的，应直接计入相关资产的成本；其他借款利息应当在发生时确认为费用，计入当期损益。符合资本化条件的资产是指需要经过相当长时间的购建和生产活动才能达到预定可使用或可销售状态的固定资产、投资性房地产和存货等资产。

企业借入长期借款时，应按实际收到的金额，借记"银行存款"账户，贷记"长期借款（本金）"账户。企业对长期借款的利息费用，借记"在建工程""制造费用""财务费用"等账户，贷记"长期借款（应计利息）"账户。企业对归还的长期借款本金，借记"长期借款（本金、应计利息）"账户，贷记"银行存款"账户。

【例10-22】兴华公司20×8年年初为购建某项固定资产从银行借款200万元，期限2年，年利率为8%，按单利计息，每年计息一次，到期一次还本付息，所借款项存入银行。兴华公司所购建固定资产于20×9年6月30日交付使用。兴华公司账务处理如下：

（1）20×8年年初从银行取得借款。

借：银行存款 2 000 000
　　贷：长期借款——本金 2 000 000

（2）20×8年年末计算应付利息。

应付利息=2 000 000×8%=160 000（元）

借：财务费用 160 000
　　贷：长期借款——应计利息 160 000

（3）20×9年年末计算应付利息。

借：财务费用 160 000
　　贷：长期借款——应计利息 160 000

（4）20×9年年末偿还长期借款。

借：长期借款——本金 2 000 000
　　　　　　　　——应计利息 320 000
　　贷：银行存款 2 320 000

三、长期债券

企业由于生产经营的需要，除向银行或其他金融机构贷款外，还可以通过发行债券来筹集资金。长期债券又称为公司债券，是指企业为筹集长期资金而依照法定程序发行的，约定在一定期限还本付息的有价证券。公司债券本质上是一种债权债务关系的凭证，通常公司债券应当标明以下主要内容：公司名称、债券面额、债券利率、还本期限和还本方式、利息的支付方式、债券的发行日期。公司债券由于向社会和公众发行，因此其筹资的范围要比从银行或其他金融机构大得多。公司债券依照规定可以上市交易流通，是一种较为有效的融资手段。

为了反映和监督长期债券的资金收入、归还和付息情况，企业应设置"应付债券"账户。该账户贷方登记应付债券的本息，借方登记归还债券的本息，期末贷方余额反映尚未偿还的长期债券摊余成本。该账户应按"面值""利息调整""应计利息"等进行明细核算。

（一）债券的发行价格

债券的发行价格是指债券发行时使用的价格。债券的发行价格通常有三种：平价、溢价和折价。

平价是指以债券的票面金额为发行价格；溢价是指以高出债券票面金额的金额为发行价格；折价是指以低于债券票面金额的金额为发行价格。债券发行价格的形成受多种因素的影响，其中最主要的是票面利率与市场利率的一致程度。债券的票面金额、票面利率在债券发行前就已参照市场利率和发行公司的具体情况确定下来，并载明于债券之上，但在发行债券时已确定的票面利率不一定与当时的市场利率一致。为了协调债券购销双方在债券利息上的利益，就要调整发行价格，即当票面利率高于市场利率时，企业以溢价发行债券，溢价发行表明企业以后多付利息而事先得到的补偿；当票面利率低于市场利率时，企业以折价发行债券，折价发行表明企业以后少付利息而预先给投资者的补偿；当票面利率等于市场利率时，企业以平价发行债券。溢价或折价是发行债券企业在债券存续期内对利息费用的一种调整。

（二）长期债券发行与利息调整的核算

企业发行的公司债券，可能按面值发行，也可能溢价或折价发行。企业发行公司债券时，按实际收到的款项，借记"银行存款"账户；按债券票面价值，贷记"应付债券（面值）"账户；按实际收到的款项与票面价值之间的差额，贷记或借记"应付债券（利息调整）"账户。

资产负债表日，对分期付息、一次还本的债券，企业应按长期债券的摊余成本和实际利率计算确定的债券利息费用，借记"在建工程""制造费用""财务费用"等账户；按票面利率计算确定的应付未付利息，贷记"应付利息"账户；按其差额，借记或贷记"应付债券（利息调整）"账户。

对一次还本付息的债券，企业应于资产负债表日按摊余成本和实际利率计算确定的债券利息费用，借记"在建工程""制造费用""财务费用"等账户；按票面利率计算确定的应付未付利息，贷记"应付债券（应计利息）"账户；按其差额，借记或贷记"应付债券（利息调整）"账户。

（1）公司债券按票面价值发行。

【例10-23】兴华公司20×7年1月1日发行3年期的公司债券100万元，票面利率为年利率6%。每年付息一次，债券到期时一次偿还本金。实际收到的款项存入银行。兴华公司账务处理如下：

①发行债券。

| 借：银行存款 | 1 000 000 |
| 贷：应付债券——面值 | 1 000 000 |

②每年年末支付利息60 000元（1 000 000×6%）。

| 借：财务费用 | 60 000 |
| 贷：银行存款 | 60 000 |

（2）公司债券溢价发行。

【例10-24】假设【例10-23】中债券发行时的市场利率小于票面利率，兴华公司按1 027 232元价格溢价发行，溢价额为27 232元。兴华公司账务处理如下：

借：银行存款	1 027 232
贷：应付债券——面值	1 000 000
——利息调整	27 232

公司债券溢价发行时多收入的金额将用于补偿自发行至债券到期期间多付的利息，并需将现款支付的利息超过实际利息费用的差额作为溢价的摊销。

由于债券发行价=本金的贴现值+各期利息的贴现值，因此可以计算得出债券的实际利率（贴现率）为5%（计算过程略）。

兴华公司可以通过编制债券溢价摊销表来计算摊销过程，如表10-2所示。

表10-2 债券溢价摊销表 单位：元

| 付息日期 | 票面利息（1） | 实际利息（2） | 溢价摊销（3） | 摊余成本（4） |
	面值×6%	摊余成本×5%	（1）-（2）	上期（3）-（4）
20×7.1.1				1 027 232
20×7.12.31	60 000	51 362	8 638	1 018 594
20×8.12.31	60 000	50 930	9 070	1 009 524
20×9.12.31	60 000	50 476	9 524	1 000 000
合计	180 000	152 768	27 232	

下面以20×7年12月31日为例，说明资产负债表日计提利息和摊销溢价的账务处理。

借：财务费用 51 362
  应付债券——利息调整 8 638
 贷：应付利息 60 000

债券溢价逐期摊销，债券溢价逐期减少，当最后一期溢价摊销完毕后，企业债券账面价值和债券面值应相等，"应付债券（利息调整）"账户应无余额。

债券到期时，偿还本金和最后一期利息的账务处理如下：

借：应付债券——面值 1 000 000
  应付利息 60 000
 贷：银行存款 1 060 000

（3）公司债券折价发行（在我国，公司债券不允许折价发行）。

【例10-25】仍用【例10-23】兴华公司资料，若债券发行时市场利率大于票面利率，兴华公司按948 458元折价发行公司债券，折价额为51 542元。兴华公司账务处理如下：

借：银行存款 948 458
  应付债券——利息调整 51 542
 贷：应付债券——面值 1 000 000

公司债券折价发行时少收入的金额是给予债券持有人少得利息的补偿，用同样原理计算得出实际利率为8%（计算过程略）。

兴华公司可以通过编制债券折价摊销表来计算摊销过程，如表10-3所示。

表 10-3　公司债券折价摊销表　　　　　　　　　　　　　单位：元

付息日期	票面利息（1）	实际利息（2）	折价摊销（3）	摊余成本（4）
	面值×6%	摊余成本×8%	（2）-（1）	上期（4）+（3）
20×7.1.1				948 458
20×7.12.31	60 000	75 877	15 877	964 335
20×8.12.31	60 000	77 147	17 147	981 481
20×9.12.31	60 000	78 519	18 519	1 000 000
合计	180 000	231 542	51 542	

注：尾数有处理，下同。

下面以 20×7 年 12 月 31 日为例，说明资产负债表日计提利息和摊销折价的账务处理。

借：财务费用　　　　　　　　　　　　　　　　　　75 877
　　贷：应付利息　　　　　　　　　　　　　　　　　　60 000
　　　　应付债券——利息调整　　　　　　　　　　　　15 877

债券折价逐期摊销，债券折价逐期减少，当最后一期折价摊销完毕后，企业债券账面价值和债券面值应相等，"应付债券（利息调整）"账户应无余额。

（三）债券到期偿还的核算

长期债券无论采用何种方式发行，到期都应进行偿还。无论是平价、溢价还是折价发行的债券，都应按面值偿还。

【例 10-26】兴华公司 20×7 年 1 月 1 日发行 3 年期的公司债券 100 万元，票面年利率为 6%。20×9 年 12 月 31 日到期，兴华公司偿还债券本金及最后一年利息的账务处理如下：

借：应付债券——面值　　　　　　　　　　　　　　1 000 000
　　应付利息　　　　　　　　　　　　　　　　　　60 000
　　贷：银行存款　　　　　　　　　　　　　　　　　1 060 000

四、其他长期负债

（一）长期应付款

长期应付款是指企业采用补偿贸易方式引进国外设备或融资租入固定资产，在尚未偿还价款或尚未支付租赁费前形成的一项长期负债。

长期应付款主要包括应付补偿贸易引进设备价款、应付融资租入固定资产的租赁费等。

补偿贸易是指企业从国外引进设备，再用该设备生产的产品归还设备价款。企业按照补偿贸易方式引进设备时，应按设备、工具、零配件等的价款以及国外运杂费的外币金额和规定的汇率折合为人民币记账，借记"在建工程""原材料"等科目，贷记"长期应付款——应付补偿贸易引进设备款"科目。

企业用人民币借款支付进口关税、国内运杂费和安装费时，借记"在建工程"

"原材料"等科目，贷记"银行存款""长期借款"等科目。

企业按照补偿贸易方式引进的国外设备交付验收使用时，企业应将其全部价值，借记"固定资产"科目，贷记"在建工程"科目。

企业归还引进设备款时，借记"长期应付款——应付补偿贸易引进设备款"科目，贷记"银行存款""应收账款"等科目。

（二）租赁负债

承租人对所有的租赁资产，不再区分经营租赁和融资租赁。除短期租赁和低价值资产租赁外，在租赁期开始日，承租人应当对租赁确认使用权资产和租赁负债。使用权资产是指承租人可以在租赁期内使用租赁资产的权利。

租赁期开始日是指出租人提供租赁资产使其可供承租人使用的起始日期。

1. 使用权资产的初始计量

使用权资产应当按照成本进行初始计量。该成本包括：

（1）租赁负债的初始计量金额。

（2）在租赁期开始日或之前支付的租赁付款额，存在租赁激励的，扣除已享受的租赁激励相关金额。其中，租赁激励是指出租人为达成租赁向承租人提供的优惠，包括出租人向承租人支付的与租赁有关的款项、出租人为承租人偿付或承担的成本等。

（3）承租人发生的初始直接费用。初始直接费用是指为达成租赁所发生的增量成本。增量成本是指若企业不取得该租赁，则不会发生的成本。

（4）承租人为拆卸及移除租赁资产、复原租赁资产所在场地或将租赁资产恢复至租赁条款约定状态预计将发生的成本。为核算承租人持有的使用权资产的原价，承租人应设置"使用权资产"账户。该账户可以按照租赁资产的类别和项目进行明细核算。

2. 租赁负债的初始计量

租赁负债应当按照租赁期开始日尚未支付的租赁付款额的现值进行初始计量。在计算租赁付款额的现值时，承租人应当采用租赁内含利率作为折现率；无法确定租赁内含利率的，承租人应当采用承租人增量借款利率作为折现率。其中，租赁内含利率是指使出租人的租赁收款额的现值与未担保余值的现值之和等于租赁资产公允价值与出租人的初始直接费用之和的利率。承租人增量借款利率是指承租人在类似经济环境下为获得与使用权资产价值接近的资产，在类似期间以类似抵押条件借入资金须支付的利率。

租赁付款额是指承租人向出租人支付的与在租赁期内使用租赁资产的权利相关的款项，包括：

（1）固定付款额及实质固定付款额，存在租赁激励的，扣除租赁激励相关金额。实质固定付款额是指在形式上可能包含变量但实质上无法避免的付款额。

（2）取决于指数或比率的可变租赁付款额。该款项在初始计量时根据租赁期开始日的指数或比率确定。可变租赁付款额是指承租人为取得在租赁期内使用租赁资产的权利，向出租人支付的因租赁期开始日后的事实或情况发生变化（非时间推移）而变动的款项。取决于指数或比率的可变租赁付款额包括与消费者价格指数挂钩的款项、与基准利率挂钩的款项和为反映市场租金费率变化而变动的款项等。

（3）购买选择权的行权价格（前提是承租人合理确定将行使该选择权）。

（4）行使终止租赁选择权需支付的款项（前提是租赁期反映出承租人将行使终止租赁选择权）。

（5）根据承租人提供的担保余值预计应支付的款项。担保余值是指与出租人无关的一方向出租人提供担保，保证在租赁结束时租赁资产的价值至少为某指定的金额。

为核算承租人尚未支付的租赁付款额的现值，承租人应设置"租赁负债"账户。该账户设置"租赁付款额""未确认融资费用"进行明细核算。

在租赁开始日，承租人按照尚未支付的租赁付款额，贷记"租赁负债——租赁付款额"账户，按尚未支付的租赁付款额的现值，借记"使用权资产"账户，按尚未支付的租赁付款额与现值的差额，借记"租赁负债——未确认融资费用"账户。

3. 租赁负债的后续计量

在租赁期开始日后，承租人应当采用成本模式对使用权资产进行后续计量。按照固定资产有关折旧的规定，对使用权资产计提折旧，确定使用权资产是否发生减值，同时对已识别的减值损失计提减值准备并进行会计处理。

为核算使用权资产的折旧和减值情况，承租人应分别设置"使用权资产累计折旧""使用权资产减值准备"账户。

在租赁期开始日后，承租人应当按以下原则对租赁负债进行后续计量：

（1）确认租赁负债的利息时，增加租赁负债的账面价值。

（2）支付租赁付款额时，减少租赁负债的账面价值。

（3）因重估或租赁变更等原因导致租赁付款额发生变动时，重新计量租赁负债的账面价值。

承租人应当按照固定的周期性利率，即租赁内含利率，计算租赁负债在租赁期内各期间的利息费用，并计入当期损益。如果按照《企业会计准则第17号——借款费用》等其他准则规定应当计入相关资产成本的，从其规定。承租人在确认租赁期内各个期间的利息时，应当借记"财务费用""在建工程"等账户，贷记"租赁负债——未确认融资费用"账户。承租人支付租赁付款额时，借记"租赁负债——租赁付款额"等账户，贷记"银行存款"等账户。

【例10-27】2018年12月31日，甲公司向乙公司租赁一设备，起租日期为租赁物运抵甲公司生产车间之日，即2019年1月1日。该设备尚可使用5年。租赁期为从起租日算起36个月，即2019年1月1日至2021年12月31日。租金支付方式为自起租日起每年年末支租金1 000 000元。折现率为8%，（P/A，8%，3）为2.577 1，设备利息费用满足资本化条件。

甲公司的账务处理如下：

（1）租赁开始日。

租赁付款额的现值＝1 000 000×（P/A，8%，3）＝1 000 000×2.577 1＝2 577 100（元）

借：使用权资产　　　　　　　　　　　　　　　　　　2 577 100

　　租赁负债——未确认融资费用　　　　　　　　　　　422 900

　　贷：租赁负债——租赁付款额　　　　　　　　　　　　　3 000 000

（2）2019 年 12 月 31 日，支付第一期租金时。

借：租赁负债——租赁付款额　　　　　　　　　　1 000 000

　　贷：银行存款　　　　　　　　　　　　　　　　　1 000 000

（3）2019 年 1 至 12 月，每月分摊利息时。

2 577 100×8%÷12＝206 168÷12＝17 180.67（元）

借：在建工程　　　　　　　　　　　　　　　　17 180.67

　　贷：租赁负债——未确认融资费用　　　　　　　　17 180.67

（4）2020 年 12 月 31 日，支付第二期租金时。

借：租赁负债——租赁付款额　　　　　　　　　　1 000 000

　　贷：银行存款　　　　　　　　　　　　　　　　　1 000 000

（5）2020 年 1 月至 12 月，每月分摊利息时。

（2 577 100−1 000 000+206 168）×8%÷12＝142 661.44÷12＝11 888.45（元）

借：在建工程　　　　　　　　　　　　　　　　11 888.45

　　贷：租赁负债——未确认融资费用　　　　　　　　11 888.45

（6）2021 年 12 月 31 日，支付第三期租金时。

借：租赁负债——租赁付款额　　　　　　　　　　1 000 000

　　贷：银行存款　　　　　　　　　　　　　　　　　1 000 000

（7）2021 年 1 至 12 月，每月分摊利息时。

（422 900−206 168−142 661.44）÷12＝74 070.56÷12＝6 172.55（元）

借：在建工程　　　　　　　　　　　　　　　　6172.55

　　贷：租赁负债——未确认融资费用　　　　　　　　6 172.55

同时，每月计提使用权资产的折旧。

由于甲公司无法合理确定在租赁期满时能够取得使用权资产的所有权，因此应当在租赁期与租赁资产尚可使用年限两者中的较短的期间内计提折旧。在本例中，租赁期为 3 年，短于租赁资产尚可使用年限 5 年，因此按 3 年计提折旧。按年限平均法计算每月折旧额如下：

每月折旧额＝2 577 100÷3÷12 ＝859 033.33÷12＝71 586.11（元）

借：制造费用　　　　　　　　　　　　　　　　71 586.11

　　贷：使用权资产累计折旧　　　　　　　　　　　71 586.11

（三）专项应付款

为核算专项应付款，企业应设置"专项应付款"账户，并按资本性投资项目的种类进行明细核算。企业收到款项，借记"银行存款"等账户，贷记"专项应付款"账户，用于工程项目的，借记"在建工程"等账户，贷记"银行存款""应付职工薪酬"等账户。

工程项目完工，企业根据形成长期资产的部分，借记"专项应付款"账户，贷记"资本公积——资本溢价"账户；根据未形成长期资产的部分，借记"专项应付款"账户，贷记"在建工程"等账户；根据结余款项，借记"专项应付款"账户，贷记"银行存款"账户。

上述资本溢价转增资本时，借记"资本公积——资本溢价"账户，贷记"实收资本"账户。

【本章小结】

本章主要介绍了负债的基本概念、种类以及短期借款、应付账款、应付票据、长期借款等的核算。

【主要概念】

负债；短期借款；长期借款。

【简答题】

1. 会计上负债的含义是什么？负债有哪些特征？
2. 什么是流动负债？流动负债是如何分类、确认和计量的？
3. 什么是应收账款？如何确定应收账款的入账金额？
4. 非流动负债的含义是什么？其内容包括哪些？
5. 长期借款的利息费用如何处理？

第十一章
所有者权益

【学习目标】

知识目标：掌握所有者权益各个组成部分的核算，熟悉所有者权益的概念，了解所有者权益的构成。

技能目标：能够运用本章所学知识对投入资本、资本公积、盈余公积和未分配利润等内容进行正确的账务处理。

能力目标：理解并掌握所有者权益的概念、构成及其账务处理。

【知识点】

投入资本、资本公积、盈余公积和未分配利润等。

【篇头案例】

某银行 20×8 年度利润预分配方案为：按当年税后利润 10% 的比例提取法定盈余公积，共计 12.51 亿元；按当年度税后利润 20% 的比例提取一般任意盈余公积，共计 25.02 亿元；以 20×8 年年末总股本 5 661 347 506 股为基数，向全体股东每 10 股派送红股 4 股、现金股利 2.3 元（含税），合计分配 35.67 亿元；根据规定，持社会公众股的个人股东、境外合格机构投资者（QFII）实际派发现金红利为每股 0.167 元，扣税 0.063 元；持社会公众股的机构投资者不代扣所得税，实际派发现金红利为每股 0.23 元。上述分配方案执行后，结余未分配利润 53.22 亿元，结转到下一年度。该银行总股本为 5 661 347 506 股，全部为无限售条件流通股；本次利润分配实施送红股后的总股本为 7 925 886 508 股。那么，什么是股本总额？什么是盈余公积和税后利润呢？盈余公积是怎么形成的？盈余用到了哪里？税后利润又是怎样进行分配的？

第一节　所有者权益概述

一、所有者权益的含义

根据《企业会计准则——基本准则》的规定，所有者权益是指企业资产扣除负债后由所有者享有的剩余权益。企业的所有者权益又称为股东权益。所有者权益是所有者对企业资产的剩余索取权，它是企业资产中扣除债权人权益后应由所有者享有的部分。其在数量上等于企业全部资产减去全部负债后的余额，可以通过对会计恒等式的变形来表示，即资产−负债＝所有者权益。

企业的负债和所有者权益同属企业资产的来源，都是对企业资产的要求权，即债权人的权益（企业的负债）和所有者的权益，所有者权益反映的是企业所有者对企业资产的索取权，负债反映的是企业债权人对企业资产的索取权，而且通常债权人对企业资产的索取权要优先于所有者对企业资产的索取权，但两者在企业中应有的权利及承担的义务是存在区别的。其主要表现在以下四个方面：

（1）法律地位不同。负债是企业债权人对企业全部资产的要求权，具有优先索取权；而所有者权益是企业投资人对企业全部资产减去负债后的剩余资产的要求权。

（2）享有的权利不同。债权人与企业只是债权债务关系，无权参与企业的经营管理与决策，而所有者则有参与经营管理企业的法定权利。

（3）偿还的期限不同。负债必须于约定日期偿还；所有者权益一般只有在企业解散清算时（除按法定程序减资等外），其破产财产在偿付了破产费用、债权人的债务等后，如有剩余财产，才可能按一定的比例偿还给投资者。所有者权益在企业存续期间无需偿还，投资人也不得要求返还，只能转让。

（4）风险的大小不同。债权人不能参与企业利润分配，但可以按事先约定取得固定利息收入和本金，与企业经营结果关系不大，风险较小。投资人可以按投资比例享有利润分配权，而且分配数额很不确定，多少基本上取决于企业经营的盈亏，风险较大。投资人在企业终止时承担着最后的风险，也享有最后的利益。

二、所有者权益的构成

所有者权益的来源包括所有者投入的资本、直接计入所有者权益的利得和损失、留存收益等。所有者权益通常由实收资本（或股本）、其他权益工具、资本公积（含资本溢价或股本溢价、其他资本公积）、其他综合收益和留存收益构成。

所有者投入的资本是指所有者投入企业的资本部分，既包括构成企业注册资本或股本部分的金额，也包括投入资本超过注册资本或股本部分的金额，即资本溢价或者股本溢价。这部分投入资本在我国企业会计准则体系中被计入了资本公积，并在资产负债表中的资本公积项目下反映。

直接计入所有者权益的利得和损失是指不应计入当期损益、会导致所有者权益发生增减变动的、与所有者投入资本或向所有者分配利润无关的利得或损失。其中，利得是指由企业非日常活动形成的、会导致所有者权益增加的、与所有者投入资本无关的经济利益的流入。利得包括直接计入所有者权益的利得和直接计入当期利润的利得。损失是指由企业非日常活动所发生的、会导致所有者权益减少的、与向所有者分配利润无关的经济利益的流出。损失包括直接计入所有者权益的损失和直接计入当期利润的损失。直接计入所有者权益的利得和损失主要包括可供出售金融资产的公允价值变动额、现金流量套期中套期工具公允价值变动额（有效套期部分）等。

留存收益是企业历年实现的净利润留存于企业的部分，主要包括累计计提盈余公积和未分配利润。

三、所有者权益的确认条件

所有者权益的确认、计量主要取决于资产、负债、收入、费用等其他会计要素的确认和计量。所有者权益，即企业的净资产，是企业资产总额中扣除债权人权益后的净额，反映所有者（股东）财富的净增加额。通常，企业收入增加时，会导致资产的增加，相应地会增加所有者权益；企业发生费用时，会导致负债的增加，相应地会减少所有者权益。因此，企业日常经营的好坏和资产负债的质量直接决定着企业所有者权益的增减变化和资本的保值增值。

第二节　实收资本

一、实收资本概述

实收资本（或股本）是企业的投资人按照合同、协议或企业申请书中所规定的注册资本及其在资本总额中所占比例实际缴付企业的出资额。实收资本是企业注册登记的法定资本总额的来源，表明了所有者对企业的基本产权关系。实收资本在股份有限公司称为股本。

《中华人民共和国企业法人登记管理条例》第七条规定，企业申请开业，必须具备符合国家规定并与其生产经营和服务规模相适应的资金数额。我国实行的是注册资本制，要求企业的实收资本与其注册资本相一致。《中华人民共和国公司法》对各类公司注册资本的最低限额有明确规定：有限责任公司的注册资本最低限额为人民币 3 万元，一人有限责任公司的注册资本最低限额为人民币 10 万元；股份有限公司注册资本的最低限额为人民币 500 万元。法律、行政法规对公司注册资本的最低限额有较高规定的，从其规定。

实收资本一般按投资主体的不同，分为国家投入资本（简称"国家资本"）、法人投入资本（简称"法人资本"）、个人投入资本（简称"个人资本"）和外商投入资本（简称"外商资本"）四类；按投资方式的不同，分为现金资产投资和非现金资产投资两类。现金资产投资是指投资者直接以现金、银行存款等货币资产对企业的投资，包括人民币投资和外币投资。非现金资产投资是指投资者以实物资产和无形资产对企业的投资。实物资产是指设备、材料、商品等，无形资产是指专利权、非专利技术、商标权、专有技术、土地使用权等。

二、实收资本的核算

为了反映投资者投入资本的情况，有限责任公司设置"实收资本"账户、股份有限公司设置"股本"账户，用来核算投资者投入资本的增减变动及结存情况。该账户的贷方登记企业收到投资者实际缴入企业的资本额或资本公积、盈余公积转增的资本额，借方登记按规定程序实际减少的注册资本；期末余额在贷方，反映公司资本实有数额。当投资人缴足出资额后，"实收资本"账户的贷方余额应与注册资本金额相等。但当投资者投入的资金超过其合同或协议约定的比例时，其超过部分应作为资本溢价，通过"资本公积"账户单独核算。"实收资本"账户应按投资者名称设置明细账户进行核算。股份有限公司应设置"股本"账户，用来核算公司在核定的股本总额及核定的股份总额范围内实际发行股票的数额。该账户贷方登记实际发行的股票面值总额，借方登记按法定程序经批准减少的股本数额；期末余额在贷方，反映公司期末股本实有数额。

（一）接受投资的核算

企业接受现金资产投资的，应以实际收到的金额，借记"库存现金""银行存款"等账户，贷记"实收资本"账户；企业接受非现金资产投资的，应按投资合同或协议约定的价值（合同或协议约定价值不公允的除外）将非现金资产入账，同时按其投资在注册资本中享有的份额将其计入"实收资本"账户，将投资合同或协议约定的价值超过其在注册资本中所占份额的部分，计入"资本公积"账户。

【例11-1】兴华公司20×8设立时收到A公司投入厂房一幢，双方确认该厂房的价值为420万元；投入设备一台，双方确认的价值为220万元。B公司投入银行存款170万元，投入的非专利技术项目，双方确认的价值为440万元；投入的原材料，双方确认的价值为40万元，增值税为5.2万元。假定该增值税允许抵扣，不考虑其他因素，则兴华公司在收到投入资本时的账务处理如下：

借：固定资产——厂房	4 200 000
——设备	2 200 000
贷：实收资本——A公司	6 400 000
借：银行存款	1 700 000
无形资产——非专利技术	4 400 000
原材料	400 000
应交税费——应交增值税（进项税额）	52 000
贷：实收资本——B公司	6 552 000

股份有限公司发行股票取得的收入与股本总额往往不一致，公司发行股票取得的收入大于股本总额的，称为溢价发行；小于股本总额的，称为折价发行；等于股本总额的，称为面值发行。我国不允许企业折价发行股票。

【例11-2】兴华公司20×8年委托乙证券公司发行每股面值为1元的普通股1 000 000股，每股发行价1元。假设兴华公司应支付给发行机构的费用为30 000元，款项已收存银行。兴华公司账务处理如下：

借：银行存款	970 000
资本公积——股本溢价	30 000
贷：股本	1 000 000

（二）实收资本增减变动的核算

一般情况下，企业的实收资本应相对固定不变，但在某些特定情况下，实收资本也可能发生增减变动。《中华人民共和国企业法人登记管理条例》规定，除国家另有规定外，企业的注册资本应当与实有资金相一致。当实有资金比注册资本数额增加或减少超过20%时，企业应持资金证明或验资证明，向原登记机关申请变更登记。

1. 实收资本增加的核算

企业增加实收资本的途径主要如下：

（1）以资本公积、盈余公积转增资本。

（2）原企业所有者和新投资者投入。股份有限公司可以通过发放股票股利、发行新股来增资。

（3）可转换公司债券持有人行使转换权利，将其持有的债券转换为股票。

【例11-3】兴华公司20×8年按法定程序将1 000 000元资本公积转增资本，A、B、C三方投资比例是2∶3∶5。兴华公司账务处理如下：

借：资本公积   1 000 000

　　贷：实收资本——A   200 000

　　　　　　——B   300 000

　　　　　　——C   500 000

2. 实收资本减少的核算

企业如果经营规模缩小，资本相对过剩或发生重大亏损，则必须减少注册资本。企业按法定程序报经批准减少注册资本时，除股份有限公司外的各类公司，一般是发还股款。企业按发还股款数额，借记"实收资本"科目，贷记"银行存款"等科目。股份有限公司则是采用收购本公司股票方式减资的。进行减资时，企业按股票面值和注销股数计算的股票面值总额，借记"股本"科目；按所注销库存股的账面余额，贷记"库存股"科目；按其差额，借记"资本公积——股本溢价"科目；股本溢价不足冲减的，应借记"盈余公积""利润分配——未分配利润"科目。购回股票支付的价款低于面值总额的，企业应按股票面值总额，借记"股本"科目；按所注销库存股的账面余额，贷记"库存股"科目；按其差额，贷记"资本公积——股本溢价"科目。

【例11-4】兴华公司20×8年2月8日通过证券市场以市场价收购本公司股票30 000 000股，股票面值1元，每股市场价为6.2元。兴华公司"资本公积——股本溢价"科目余额为160 000 000元。20×9年3月20日，兴华公司办理完相关股票注销手续。兴华公司账务处理如下：

20×8年2月8日收购本公司股票。

借：库存股   186 000 000

　　贷：银行存款   186 000 000

20×9年3月20日注销股票。

借：股本   30 000 000

　　资本公积——股本溢价   156 000 000

　　贷：库存股   186 000 000

如果市场价为每股0.9元，则相关账务处理如下：

借：库存股   27 000 000

　　贷：银行存款   27 000 000

借：股本   30 000 000

　　贷：库存股   27 000 000

　　　　资本公积——股本溢价   3 000 000

175

第三节 资本公积

一、资本公积的含义

资本公积是由投资者投入，但不能构成实收资本，或者从其他来源获得，由所有者享有的资金。从资本公积的形成来看，资本公积是由投资者出资额超出其在注册资本或股本中所占份额的部分以及直接计入所有者权益的利得和损失形成的，主要包括资本（或股本）溢价和其他资本公积两部分。资本公积归全体投资者所有，可用于转增资本，但是不得用于弥补亏损。

二、资本公积的核算

企业应设置"资本公积"账户，用来核算资本公积的增减变动情况。该账户的贷方登记企业资本公积的增加额，借方登记企业资本公积的减少额；期末余额在贷方，反映期末企业资本公积的实有数额。该账户应当下设"资本溢价（股本溢价）""其他资本公积"进行明细核算。

（一）资本溢价（股本溢价）的核算

资本溢价是指投资者缴付企业的出资额大于其在企业注册资本中所拥有份额的数额。

【例11-5】兴华公司20×8年由甲、乙两位投资者组成，甲、乙各投入100万元。现丙投资者愿出资170万元而占该公司投资比例的1/3。兴华公司账务处理如下：

```
借：银行存款                              1 700 000
    贷：实收资本——丙                        1 000 000
        资本公积——资本溢价                    700 000
```

股本溢价是指股份公司溢价发行股票时，实际收到的款项超过股本总额的数额。股份有限公司发行股票时，通常是采用溢价发行，且会产生发行费用，而发行费用要从溢价收入中扣除，溢价收入不足冲减的，应冲减留存收益。因此，在溢价发行股票的情况下，企业应将相当于面值的部分计入"股本"账户，其余部分在扣除手续费、佣金等发行费用后计入"资本公积"账户。

【例11-6】兴华公司20×8年委托甲证券公司发行普通股30 000 000股，每股发行价5元，发行过程中，发生各种费用5 000 000元，发行总收入扣除发行费用后的股款已全部存入银行。兴华公司账务处理如下：

发行总收入 = 30 000 000×5 = 150 000 000（元）

兴华公司收到券商汇入股款 = 150 000 000-5 000 000 = 145 000 000（元）

```
借：银行存款                              145 000 000
    贷：股本——普通股                         30 000 000
        资本公积——股本溢价                   115 000 000
```

（二）其他资本公积的核算

其他资本公积是除资本溢价或股本溢价以外形成的资本公积。其主要包括以下内容：

（1）长期股权投资在权益法核算和在持股比例不变的情况下，被投资单位除净损益以外所有者权益的其他变动，企业按持股比例计算应享有的份额，借记或贷记"长期股权投资——其他权益变动"账户，贷记或借记"资本公积——其他资本公积"账户。企业处置采用权益法核算的长期股权投资，应结转原计入"资本公积"账户的相关金额，借记或贷记"资本公积——其他资本公积"账户，贷记或借记"投资收益"账户。

【例11-7】兴华公司20×7年持有H公司30%的股份，采用权益法核算。20×8年12月31日，H公司持有的一项成本为1 000万元的可供出售金融资产，公允价值升至1 300万元。20×9年5月20日，兴华公司将其持有的H公司股份全部转让，收到转让款670万元。转让日，该项股权投资的账面价值为570万元，其中成本300万元，损益调整（借方）180万元，其他权益变动（借方）90万元。兴华公司账务处理如下：

①20×8年12月31日。

应享有资本公积份额＝300×30%＝90（万元）

借：长期股权投资——H公司（其他权益变动）　　　　　900 000
　　贷：资本公积——其他资本公积　　　　　　　　　　　　　　900 000

②20×9年5月20日转让。

借：银行存款　　　　　　　　　　　　　　　　　　　6 700 000
　　贷：长期股权投资——H公司（成本）　　　　　　　　　3 000 000
　　　　　　　　——H公司（损益调整）　　　　　　　　1 800 000
　　　　　　　　——H公司（其他权益变动）　　　　　　　900 000
　　　　投资收益　　　　　　　　　　　　　　　　　　　1 000 000

借：资本公积——其他资本公积　　　　　　　　　　　　900 000
　　贷：投资收益　　　　　　　　　　　　　　　　　　　　900 000

（2）企业以权益结算的股份支付换取职工或其他地方提供服务的，应按照确定的金额，借记"管理费用"等账户，贷记"资本公积——其他资本公积"账户。

行权日，企业应按实际行权的权益工具数量计算确定的金额，借记"资本公积——其他资本公积"账户，按计入实收资本或股本的金额贷记"实收资本（或股本）"账户，按其差额，贷记"资本公积——股本溢价"账户。

【例11-8】兴华公司20×7年向公司100名管理人员每人授予1 000份股份期权，每股面值1元。兴华公司要求这些人员从20×8年1月1日起必须在该公司连续服务1年，服务期满时才能以每股5元购买1 000股本公司的股票。兴华公司估计该期权在授予日的公允价值为12元每股。不到一年时间，已有20名管理人员离开了兴华公司。兴华公司账务处理如下：

①20×7年1月1日授予股票期权时不做会计处理。

②20×8年12月31日。

计入当期费用的金额＝（100-20）×1 000×12＝960 000（元）

借：管理费用   960 000

  贷：资本公积——其他资本公积   960 000

③20×9年1月，剩余80名管理人员行权。

借：银行存款   400 000

  资本公积——其他资本公积   960 000

  贷：股本   80 000

    资本公积——股本溢价   1 280 000

（3）企业自用房地产或存货转换为采用公允价值模式计量的投资性房地产，应按其在转换日的公允价值，借记"投资性房地产"账户；按其账面余额，贷记"开发产品"或"固定资产"账户；按其差额，贷记"其他综合收益"账户或借记"公允价值变动损益"账户。固定资产还要结转已计提的累计折旧，贷记"累计折旧"账户。已计提跌价（或减值）准备的，应同时结转跌价（或减值）准备。企业处置投资性房地产时，按该项投资性房地产在转换日计入资本公积的金额，借记"其他综合收益"账户，贷记"其他业务成本"账户。

【例11-9】兴华公司20×8年有一办公楼，原价为1 500万元，累计折旧为75万元，于20×8年1月1日用于对外出租，以赚取租金。由于该办公楼位于市中心，存在活跃市场，公允价值能够持续取得并可靠计量，因此兴华公司采用公允价值模式对该办公楼进行计量。出租当日该办公楼的公允价值为1 600万元。兴华公司账务处理如下：

①出租。

借：投资性房地产   16 000 000

  累计折旧   750 000

  贷：固定资产   15 000 000

    其他综合收益   1 750 000

②处置该项投资性房地产，应转出原计入资本公积的金额。

借：资本公积——其他资本公积   1 750 000

  贷：其他业务成本   1 750 000

（4）企业将债权投资重分类为其他债权投资时，应在重分类日按其公允价值，借记"其他债权投资"账户；按其账面余额，贷记"债权投资（成本、利息调整、应计利息）"账户；按其差额，贷记或借记"其他综合收益"账户。企业已计提减值准备的，应同时结转减值准备。

企业出售其他债权投资，应按实际收到的金额，借记"银行存款"账户；按其账面余额，贷记"其他债权投资（成本、公允价值变动、利息调整、应计利息）"账户；按应从所有者权益中转出的公允价值累计变动额，借记或贷记"其他综合收益"账户；按其差额，贷记或借记"投资收益"账户。

（5）股份有限公司采用收购本公司股票方式减资的，按股票面值和注销股数计算的股票面值总额，借记"股本"账户；按所注销的库存股的账面余额，贷记"库存股"账户；按其差额，借记"资本公积——股本溢价"账户。股本溢价不足冲减的，企业应借记"盈余公积""利润分配——未分配利润"账户。购回股票支付的价款低于面值总额的，企业应按股票面值总额，借记"股本"账户；按所注销的库存股的账面余额，贷记"库存股"账户；按其差额，贷记"资本公积——股本溢价"账户。

第四节　留存收益

留存收益是企业在历年实现的利润中提取或未分配而留存于企业内部的积累，主要来自企业生产经营活动中实现的利润。其内容按是否指定用途，分为盈余公积和未分配利润两部分。

一、盈余公积

盈余公积分为两种：一是法定盈余公积。法定盈余公积是企业按照《中华人民共和国公司法》的规定从税后利润中提取的公积金。其提取比例为税后利润的10%。在法定盈余公积累计提取额已达到注册资本的50%时，企业可不再提取。二是任意盈余公积。经股东大会决议批准，企业可以按一定的比例从税后利润中提取任意盈余公积。企业提取的盈余公积主要用于弥补亏损、转增资本，符合规定条件的企业，也可以将盈余公积用于分派现金股利。

为了核算盈余公积的提取、使用，企业应设置"盈余公积"账户。该账户贷方登记企业按规定从净利润中提取的盈余公积，借方登记使用的盈余公积，期末贷方余额表示企业提取的盈余公积的实有数额。企业应在该账户下分别设置"法定盈余公积""任意盈余公积"进行明细核算。

（一）提取盈余公积的核算

企业按规定提取公积金时，应借记"利润分配——提取法定盈余公积（或提取任意盈余公积）"，贷记"盈余公积——法定盈余公积（或任意盈余公积）"。

【例11-10】兴华公司20×8年税后利润为3 000万元，现决定按10%提取法定盈余公积，按20%提取任意盈余公积。兴华公司账务处理如下：

借：利润分配——提取法定盈余公积　　　　　　　　　3 000 000
　　　　　　——提取任意盈余公积　　　　　　　　　6 000 000
　　贷：盈余公积——法定盈余公积　　　　　　　　　　3 000 000
　　　　　　　　——任意盈余公积　　　　　　　　　　6 000 000

（二）盈余公积使用的核算

1. 转增资本（或股本）

为了满足企业扩大再生产对资本增加的要求，经企业决策机构决议，盈余公积可以转增资本。转增时，企业应按投资人持有的比例转增资本，这样才能保证股权结构的一致性。转增时，企业借记"盈余公积"账户，贷记"实收资本"或"股本"账户。需要注意的是，盈余公积转增资本后留存的盈余公积的数额不得少于注册资本的25%。

【例11-11】经批准，兴华公司用法定盈余公积1 000 000元转增资本。兴华公司账务处理如下：

借：盈余公积——法定盈余公积   1 000 000

    贷：实收资本   1 000 000

2. 弥补亏损

企业发生亏损后，可以用以后年度实现的利润去弥补，若亏损数额较大，经股东大会批准后，也可以用盈余公积弥补亏损。弥补亏损时，企业借记"盈余公积"账户，贷记"利润分配——盈余公积补亏"账户。

【例11-12】兴华公司20×8年发生亏损900 000元，经批准，可用以前年度积累的法定盈余公积来弥补亏损。兴华公司账务处理如下：

借：盈余公积——法定盈余公积   900 000

    贷：利润分配——盈余公积补亏   900 000

二、未分配利润

未分配利润是企业留待以后年度进行分配的结存利润，是企业实现的净利润（或亏损）在经过一系列分配后的结余部分。从数量上来说，年末未分配利润等于年初未分配利润加上本年实现的净利减去提取的各种盈余公积和向投资者分配的利润。未分配利润是企业所有者权益的组成部分，但相对于所有者权益的其他组成部分而言，因为未分配利润是未指定用途的税后利润，因此企业在使用上具有较大的自主权。

为了反映企业未分配利润的情况，企业需要在"利润分配"账户下设置"未分配利润"明细账户。年度终了，企业将"利润分配"账户下的其他明细账户的余额转入"未分配利润"明细账户中。结转后，"未分配利润"明细账户的借方余额表示未弥补的亏损，贷方余额表示未分配的利润。

【例11-13】兴华公司20×8年年初未分配利润为1 000 000元，本年实现净利润3 000 000元，已按10%提取法定盈余公积，发放现金股利1 000 000元。兴华公司账务处理如下：

（1）结转本年实现的净利润。

借：本年利润   3 000 000

    贷：利润分配——未分配利润   3 000 000

（2）结转本年已分配的利润。

借：利润分配——未分配利润   1 300 000

    贷：利润分配——提取法定盈余公积   300 000

            ——应付现金股利   1 000 000

兴华公司20×8年末未分配利润 = 1 000 000+3 000 000-1 300 000

$$= 2\ 700\ 000 \text{（元）}$$

【本章小结】

根据《企业会计准则——基本准则》的规定，所有者权益是指企业资产扣除负债后由所有者享有的剩余权益，是所有者对企业资产的剩余索取权，它是企业资产中扣除债权人权益后应由所有者享有的部分。其具体包括所有者投入的资本、直接计入所有者权益的利得和损失、留存收益等，通常由实收资本（或股本）、资本公积（含资本溢价或股本溢价、其他资本公积）、盈余公积和未分配利润构成。

【主要概念】

所有者权益；实收资本；资本公积；盈余公积；未分配利润。

【简答题】

1. 什么是所有者权益？所有者权益包括哪些内容？
2. 所有者权益与负债的区别是什么？
3. 所有者权益增减变动的主要原因是什么？
4. 资本公积包括哪些内容？
5. 企业留存收益包括哪些内容？

【练习题】

兴华公司 20×8 年 12 月有关经济业务资料如下：

（1）兴华公司收到 B 公司按投资合同规定投入的设备一台，确认价值为 400 000 元。

（2）兴华公司由三个企业投资组成，初始期每一投资者投入货币资金 500 000元。一年后，另一企业加入。经协商，兴华公司将注册资本增至 2 000 000 元，由新投资者出资 700 000 元，拥有公司 25% 的股份。

（3）兴华公司增发普通股 300 000 股，每股面值 1 元，委托证券公司代理发行，发行价每股 5.50 元，按 3% 计算发行手续费。

（4）兴华公司以前年度累计未弥补的亏损为 200 000 元，按规定已超过以税前利润弥补亏损的期间。公司董事会决定并经股东大会批准，以盈余公积弥补以前年度的全部亏损。

（5）兴华公司本年实现净利润 6 400 000 元，董事会提出公司当年的利润分配方案：按 10% 提取法定盈余公积，按 5% 提取任意盈余公积，派发现金股利1 000 000元。该方案经股东大会批准。

（6）兴华公司经批准同意，将资本公积 500 000 元、盈余公积 400 000 元转增资本。

要求：根据上述经济业务进行相应账务处理。

第十二章
费用与成本

第一节　费用概述

一、费用的概念

费用是企业在生产经营过程中的各项耗费，即企业在生产经营过程中为取得收入而支付或耗费的各项资产。费用的发生意味着资产的减少或负债的增加。收入表示企业经济利益的增加，费用表示企业经济利益的减少。我国《企业会计准则——基本准则》第三十三条将费用表述为："企业在日常活动中发生的、会导致所有者权益减少的、与向所有者分配利润无关的经济利益的总流出。"

（一）费用最终导致企业经济资源的减少

费用的发生会引起企业经济资源的减少，这种减少可能具体表现为各企业实际的现金或非现金支出，也可以是预期的现金支出。因此，这种减少也可以看成企业资源的流动，是资源流出企业。收入虽然也是企业资源的流动，但表现为资源流入企业。如果将现金及现金等价物流入视为企业未来经济利益的最终体现，那么，费用的本质就是一种现实的或预期的现金流出。例如，支付销售费用和工资是现实的现金流出；消耗原材料或机器设备的使用等同样是现金流出，不过是过去的现金流出；承担以前的负债，在未来期间履行相应义务时，也将导致现金的流出，但这是一项预期的或未来的现金流出。

（二）费用最终会减少企业的所有者权益

企业的收入会导致企业经济利益流入企业，因此会使企业所有者权益增加。费用会导致企业经济利益流出企业，因此会使企业所有者权益减少。但是，企业在生产经营过程中发生的支出并非都会引起企业所有者权益的减少。有两大类支出是不应归入费用的。一类是企业偿债性支出。例如，企业以银行存款偿还一项债务，只是一项资产和一项负债等额减少，对所有者权益没有影响，因此不构成费用。另一类是向所有者分配的利润和股利。这一类现金流出虽然减少了企业的资产，但按照所有权理论，向所有者分配利润或股利不是费用，这不是经营活动的结果，而是属于最终利润的分配。费用的这一特征表明，费用同盈利活动相联系，即费用是企业在取得收入过程中发生的各项支出。

二、费用的分类

费用有狭义和广义之分。广义的费用泛指企业各种日常活动发生的所有耗费，狭义的费用仅指与本期营业收入相配比的那部分耗费。费用的分类中最基本的是按照费用的经济内容分类和按照费用的经济用途分类。

（一）费用按其经济内容（或性质）分类

费用按其经济内容（或性质）分类，可以分为劳务对象方面的费用、劳务手段方面的费用和劳动方面的费用三大类，一般又可以细分为以下九大类：

（1）外购材料，即企业为进行生产而耗用的一切从外部购入的原材料及主要材料、半成品、辅助材料、包装物、修理用备件和周转材料（低值易耗品）等。

（2）外购燃料，即企业为进行生产而耗用的从外部购进的各种燃料。

（3）外购动力，即企业为进行生产而耗用的从外部购进的各种动力。

（4）工资，即企业员工的薪资。

（5）提取的职工福利费用，即企业按照一定比例从成本费用中提取的职工福利费用。

（6）折旧费，即企业按照核定的固定资产折旧率计算提取的折旧基金。

（7）利息支出，即企业应计入成本费用的利息支出减去利息收入后的净额。

（8）税金，即企业应计入成本费用的各种税金。

（9）其他支出，即不属于以上各要素的费用支出。

（二）费用按其经济用途分类

费用按其经济用途分类，可以分为直接材料、直接工资、其他直接支出、制造费用和期间费用。

（1）直接材料，即构成产品实体，或者有助于产品形成的各项原料及主要材料、辅助材料、燃料、备品备件、外购半成品和其他直接材料。

（2）直接工资，即直接从事产品生产的人员的工资、奖金、津贴和补贴。

（3）其他直接支出，即直接从事产品生产的人员的职工福利费。

（4）制造费用，即企业各生产单位为组织和管理生产发生的各项费用。

（5）期间费用，即企业在生产经营过程中发生的销售费用、管理费用和财务费用。

（三）费用按其同产量之间的关系分类

费用按其同产量之间的关系分类，可以分为固定费用和变动费用。

（1）固定费用是指产量在一定范围内，费用总额不随着产品产量的变动而变动的费用，如固定资产折旧费、管理人员工资、办公费等。

（2）变动费用是指费用随着产品产量变动而变动的费用，如原材料费用和生产工人计件工资等。

三、费用的确认与计量

（一）费用的确认

费用一般按照权责发生制和配比原则确认，凡应属于本期发生的费用，无论其款项是否支付，均确认为本期费用；反之，不属于本期发生的费用，即使其款项已在本期支付，也不确认为本期费用。也就是说，确认费用的标准主要有两点：第一，某项资产的减少或负债的增加，如果不会减少企业的经济利益，就不能作为费用。生产产品领用的材料、支付的工资和其他的支出，虽然已经减少了存货和货币资金，即某种资金已经减少，但是其又转化为一种新的资产形式，企业的经济利益并未减少，因此其只是成本不是费用。只有产品已完工并销售时，才能确认为费用。第二，某项资产的减少或负债的增加必须能够准确地加以计量。如果某项资产的耗费不能加以计量，也无法做出合理的估计，那么就不能在利润表中确认为费用。

在费用确认的过程中，费用先要划定一个时间上的总体界限，即按照支出的效益涉及的期间来确认费用。如果某项支出的效益仅涉及本会计年度或一个营业周期，就应将其作为收益性支出，在一个会计期间内确认为费用。如果某项支出的效益涉及几个会计年度或几个营业周期，该项支出则应予以资本化，不能作为当期费用，而应该在以后各期间逐渐确认为费用。

在此基础上，企业再按照费用与收入的关联关系来确认费用的实现。也就是说，企业是按照关联收入实现的期间来确认费用实现的期间的。费用与收入之间的关联不仅表现为经济性质上的因果关系，也表现为时间关系。联系收入来确认费用的配比原则也就表现为以下三个方面：

（1）按因果关系直接确认。这种确认方法以所发生的费用与所获得的具体收益项目之间的直接联系为基础，直接地、联合地将来自相同交易或其他事项的营业收入与费用合并起来予以确认。例如，企业在确认产品销售收入时，同时确认构成产品销售成本的各种费用，包括销售产品的产品成本、销售费用等。产品销售成本与产品销售收入之间存在着直接的因果关系，而费用与收入之间的因果关系除了直接的因果关系，还存在着间接的因果关系。

（2）按系统且合理的分配方法加以确认。这种确认方法是以系统的、合理的分配程序为基础，在利润表中确认费用。收入和费用之间的内在联系不仅表现为经济性质上的因果性，还表现为时间上的一致性。收入与费用的期间特征决定了费用必须与同一期间收入相配比，即本期确认的收入应该与本期费用相配比。如果收入要等到未来期间实现，相应的费用或已消耗成本就要递延到未来的实际受益期。这时费用便应当系统合理地分配于各个收益期。

（3）按期间配比确认。在现实工作中，有些支出很难找到直接相关、对应的收入，不能与特定营业收入相关联。一些支出在其发生期内消耗，但不产生未来的经济利益，或者是受益期难以确定。一些支出与当期收入虽然存在间接联系，但找不出一个系统而合理的分配基础。在会计上，这些支出与其发生的期间相联系，称为期间配比。例如，企业管理人员的工资、管理部门的办公费、水电费、差旅费等。我们一般将这类费用称为期间费用，并将其在发生期内确认为费用。

（二）费用的计量

由于费用一般被视为资产价值的减少，因此在理论上，已耗用的资产又可以从不同的角度来计量，与之相适应的费用也可以采用不同的计量属性。不过，通常的费用计量标准是实际成本。费用采用实际成本计量属性来计量，是因为实际成本代表企业获得商品或劳务时的交换价值由交易双方认可，具有客观性和可验证性，从而能够使会计信息具有足够的可靠性。

费用的实际成本是按企业为取得商品或劳务而放弃的资源的实际价值来计量的，即按交换价值或市场价格计量的。这种市场价格的确定取决于交易中具体采取的支付方式。交易中最基本的支付方式是现金。但费用的发生与现金支出在时间上有时是不一致的，一般有三种可能：现金支出与费用同时发生、费用发生在先、费用发生在后。第一种情况下，市场价格可以恰当地用于确认那些现金支出时发生的费用。例如，企业用现金支付管理部门的办公费和水电费等，费用的实际成本就代表了当时的市场价格。但在费用先于或后于现金支出的情况下，费用的实际成本与费用发生时的市场价格可能会出现一定的背离，最常见的费用的发生后于现金支出的例子是固定资产折旧。固定资产折旧的计提基础，是固定资产的购入成本，即取得资产时的市场价格，但一经入账就固定下来，成为历史成本。

第二节　生产成本

一、生产成本的概念

生产成本是指一定期间生产产品所发生的直接费用和间接费用的总和。生产成本与费用是一个既有联系又有区别的概念。首先，成本是对象化的费用，生产成本是相对于一定的产品而言所发生的费用，是按照产品品种等成本计算对象对当期发生的费用进行归集所形成的。在按照费用的经济用途分类中，企业一定期间发生的直接费用和间接费用的总和构成一定期间内产品的生产成本。费用的发生过程也就是产品成本的形成过程。其次，成本与费用是相互转化的。企业在一定期间发生的直接费用按照成本计算对象进行归集；间接费用则通过分配计入各成本计算对象，使本期发生的费用予以对象化，转化为成本。

企业的产品成本项目可以根据企业的具体情况自行设定，一般为直接材料、燃料及动力、直接人工和制造费用等。

（1）直接材料。直接材料是指构成产品实体的原料、主要材料以及有助于产品形成的辅助材料、设备配件、外购半成品。

（2）燃料及动力。燃料及动力是指直接用于产品生产的外购和自制的燃料动力。

（3）直接人工。直接人工是指直接参加生产的工人工资及按生产工人工资和规定比例计提的职工福利费、住房公积金、工会经费、职工教育经费等。

（4）制造费用。制造费用是指直接用于产品生产的、不便于直接计入产品成本的、没有专设成本项目的费用以及间接用于产品生产的各项费用，如生产单位管理人员的职工薪酬、生产单位固定资产的折旧费和修理费、物资消耗、办公费、水电费、保险费等费用。

二、生产成本核算应设置的账户

企业为了核算各种产品发生的各项生产费用，应设置"生产成本"账户和"制造费用"账户。"生产成本"账户是用来核算企业进行工业性生产发生的各项生产费用的账户。该账户的借方反映企业发生的各项直接材料、直接人工和制造费用，贷方反映期末按实际成本计价的、生产完工入库的工业产品、自制工具以及提供工业性劳务的成本结转；期末余额一般在借方，表示期末尚未加工完成的在产品制造成本。"生产成本"账户应按不同的成本计算对象来设置明细分类账户，并按直接材料、直接人工和制造费用等成本项目设置专栏进行明细核算。企业可以根据自身生产特点和管理要求，将"生产成本"账户分为"基本生产成本"和"辅助生产成本"两个明细账户。前者用来核算企业为完成主要生产目的而进行的产品生产所发生的费用，计算基本生产的产品成本；后者用来核算企业为基本生产服务而进行的产品生产和劳务供应所发生的费用，计算辅助生产成本和劳务成本。

"制造费用"账户用来核算企业为生产产品或提供劳务而发生的各项间接费用，包括生产车间管理人员的职工薪酬、折旧费、维修费、办公费、水电费、劳动保护费、租赁费、保险费、季节性或修理期间的停工损失等。该账户借方反映企业发生的各项制造费用，贷方反映期末按照一定的分配方法和分配标准将制造费用在各成本计算对象间的分配结转，期末结转后该账户一般无余额。"制造费用"账户通常按照不同的车间、部门设置明细账，并按费用的经济用途和费用的经济性质设置专栏，而不应将各车间、部门的制造费用汇总起来，在整个企业范围内统一进行分配。

三、生产成本的归集和分配

（一）材料费用的估计和分配

产品生产中消耗的各种材料物资的货币表现就是材料费用。在一般情况下，材料费用包括产品生产中消耗的原料、主要材料、辅助材料和外购半成品等。材料费用的归集和分配是由财会部门在月份终了时，将当月发生的应计入成本的全部领料单、限额领料单、退料单等原始凭证，按产品和用途进行归集，编制发出材料汇总表，对直接用于制造产品的材料费用，能够直接计入的，直接计入该产品成本计算单中的"直接材料"项目。只有在几种产品合用一种材料时才采用适当方法，分配计入产品成本计算单中的"直接材料"项目。在实际工作中，常用的分配方法是按各种产品的材料定额耗用量的比例，或者按各种产品的重量比例分配。通过归集分配后，企业根据分配结果，编制发出材料汇总表，据此登记有关明细账和产品成本计算单。

【例 12-1】兴华公司 20×8 年 12 月发出材料汇总表如表 12-1 所示。

表 12-1　发出材料汇总表

20×8 年 12 月 31 日　　　　　　　　　　　　　　　单位：元

会计科目	领用单位及用途	原材料	周转材料——低值易耗品	合计
生产成本	一车间：甲产品	20 000		20 000
	乙产品	15 000		15 000
	二车间：甲产品	10 000		10 000
	乙产品	12 000		12 000
	小计	57 000		57 000
制造费用	一车间	1 000	7 500	8 500
	二车间	1 500	3 000	4 500
	小计	2 500	10 500	13 000
生产成本	机修	2 500	300	2 800
管理费用	厂部	200	450	650
合计		62 200	11 250	73 450

兴华公司账务处理如下：

(1) 借：生产成本 ——基本生产成本（甲产品）　　　　30 000
　　　　　　　　——基本生产成本（乙产品）　　　　27 000
　　　　　　　　——辅助生产成本　　　　　　　　　2 500
　　　　制造费用　　　　　　　　　　　　　　　　　2 500
　　　　管理费用　　　　　　　　　　　　　　　　　200
　　　　贷：原材料　　　　　　　　　　　　　　　　　　62 200
(2) 借：制造费用　　　　　　　　　　　　　　　　　10 500
　　　　生产成本——辅助生产成本　　　　　　　　　300
　　　　管理费用　　　　　　　　　　　　　　　　　450
　　　　贷：周转材料——低值易耗品　　　　　　　　　　11 250

(二) 工资费用的归集和分配

1. 职工薪酬的构成内容

职工薪酬是指企业为获得职工提供的服务而给予的各种形式的报酬以及其他相

关支出。也就是说，凡是企业为获得职工提供的服务给予或付出的各种形式的对价，都构成职工薪酬。

2. 职工薪酬的确认与计量

职工薪酬作为企业的一项负债，除因解除与职工的劳动关系给予职工的补偿外，都应根据职工提供服务的受益对象分别进行处理。

（1）应由生产产品、提供劳务负担的职工薪酬，计入产品成本或劳务成本。生产产品、提供劳务中的直接生产人员和直接提供劳务人员发生的职工薪酬，计入生产成本，借记"生产成本"账户，贷记"应付职工薪酬"账户。

（2）应由在建工程负担的职工薪酬，计入固定资产成本。自建固定资产过程中发生的职工薪酬，计入固定资产的成本，借记"在建工程"账户，贷记"应付职工薪酬"账户。

（3）应由无形资产负担的职工薪酬，计入无形资产成本。企业在自行研发无形资产的过程中发生的职工薪酬要区别情况进行处理。在研究阶段发生的职工薪酬不能计入无形资产的成本；在开发阶段发生的职工薪酬符合资本化条件的应当计入无形资产的成本，借记"研发支出——资本化支出"账户，贷记"应付职工薪酬"账户。

（4）除以上三项以外的职工薪酬，如公司管理人员、董事会和监事会成员等人员的职工薪酬，因难以确定受益对象，都应当在发生时确认为当期损益。当支出发生时，企业借记"管理费用"账户，贷记"应付职工薪酬"账户。

3. 工资费用的分配

企业的工资费用应按其发生的地点和用途进行分配。企业的工资费用的归集和分配，是根据工资结算凭证和工时统计记录，通过编制工资结算汇总表和工资费用分配表进行的。

对生产车间直接从事产品生产的工人的工资，企业能直接计入各种产品成本的，应根据工资结算汇总表直接计入基本生产成本明细账和产品成本计算单，并借记"基本生产成本——直接人工"账户。对车间管理人员的工资和企业管理部门的工资，企业应分别计入有关费用明细账，并分别计入"制造费用"账户和"管理费用"账户。对福利部门人员的工资，企业应计入"基本生产成本——职工福利费"账户。对固定资产建造等工程人员的工资，企业应计入"在建工程"账户。长期生病人员的工资不属于企业的工资费用，企业应在"管理费用"账户中列支。

【例12-2】兴华公司生产车间发生工资 17 816.6 元，供电车间发生工资 1 710.8 元，锅炉车间发生工资 1 925.2 元，一车间管理人员发生工资 972.4 元，二车间管理人员发生工资 820.6 元，企业管理部门发生工资 3 110 元，医护人员和长病假人员分别发生工资 627 元和 274.5 元。

根据上述信息，兴华公司账务处理如下：

借：生产成本——基本生产成本   17 816.6

         ——辅助生产成本   3 636.0

   制造费用   1 793.0

   管理费用   4 011.5

     贷：应付职工薪酬   27 257.1

（三）制造费用的归集和分配

制造费用是企业为组织和管理生产发生的各项费用。制造费用主要包括企业各个生产单位（分厂、车间）为组织和管理生产发生的生产单位管理人员工资，职工福利费，生产单位房屋建筑物、机器设备等的折旧费、修理费、机物料消耗，水电费，办公费，劳动保护费，季节性或修理期间的停工损失以及其他制造费用。

这些费用是由于管理和组织生产而发生的间接费用，不是生产产品的直接费用，因此这些费用在发生时，不能直接计入产品成本，需要通过"制造费用"账户进行归集，然后分配计入各种产品成本。在实际工作中，企业应设置"制造费用"的明细账户，按费用项目归集这些费用。由于制造费用可以直接计入产品成本，因此企业在生产多种产品的情况下，就需要将制造费用在不同产品之间进行分配。常用的分配方法有生产工时比例法、生产工人工资比例法、机器工时比例法、年度计划分配率法。

为了正确反映制造费用的发生和分配，控制费用预算的执行情况，企业应将发生的制造费用计入"制造费用"账户，并建立"制造费用"的明细账户，按不同车间、部门和费用项目进行明细核算。

"制造费用"账户属于集合分配账户，借方登记制造费用的发生数，贷方登记制造费用的分配数。在一般情况下，企业在期末应将全部费用都分配出去，不留余额。制造费用是各种产品共同发生的一般费用，需要采用一定标准分配计入各种产品的成本。在分配时，该账户的贷方转入"生产成本"账户的借方。当车间除加工制造工业产品外，还制造一些自制材料、自制设备和自制工具时，企业应按各自负担的数额分配转入"原材料""在建工程""周转材料"等账户的借方。

【例12-3】兴华公司本月发生各种制造费用及相应账务处理如下：

（1）兴华公司计提本月车间使用的固定资产折旧，共计40 000元。

借：制造费用　40 000
　　贷：累计折旧　40 000

（2）车间领用一般性消耗材料，实际成本为5 000元。

借：制造费用　5 000
　　贷：银行存款　5 000

（3）兴华公司支付本月固定资产租金4 000元，以银行存款支付。

借：制造费用　4 000
　　贷：银行存款　4 000

（4）兴华公司以现金100元购买车间办公用纸。

借：制造费用　100
　　贷：库存现金　100

（5）车间办事员小王报销差旅费1 500元，预借款为2 000元。

借：制造费用　1 500
　　库存现金　500
　　贷：其他应收款　2 000

（6）兴华公司支付车间管理人员工资。

借：制造费用　6 000
　　贷：应付职工薪酬　6 000

（7）甲车间领用活动扳手，价值 12 000 元（该厂周转材料采用分次摊销法，分6 个月摊销）。

借：周转材料——在用   12 000
 贷：周转材料——在库   12 000
借：制造费用   2 000
 贷：周转材料——摊销   2 000

（8）甲车间支付本月设备租金 3 000 元，以银行存款支付。

借：制造费用   3 000
 贷：银行存款   3 000

（9）兴华公司分配本期制造费用，总计 61 600 元，其中甲产品负担 32 400 元、乙产品负担 29 200 元。

借：生产成本——基本生产成本（甲产品）   32 400
    ——基本生产成本（乙产品）   29 200
 贷：制造费用   61 600

（四）辅助生产材料的归集和分配

辅助生产是为基本生产服务的，其生产的产品和劳务大部分都被基本生产车间和管理部门所消耗，一般很少对外销售。辅助生产按提供产品或劳务的种类不同，可以分为以下两类：

（1）只生产一种产品或提供一种劳务的辅助生产，如供电、供水、运输等。

（2）生产多种产品或劳务的辅助生产，如工具、模型、机修等。

辅助生产的类型不同，其费用分配、转出程序也不一样。生产多种产品的辅助生产车间，如工具、模型等车间，其发生的费用应在产品完工入库后，从"辅助生产"账户和明细账中转出，计入"原材料"或"周转材料"账户，有关车间或部门领用时，再从"原材料"或"周转材料"账户转入"生产成本"或"管理费用"等账户。只生产单一品种的辅助生产车间，如供电、供水等产品或劳务所发生的费用，应在月末汇总后，按各受益车间或部门耗用劳务的数量，选择适当的分配方法进行分配后，从"生产成本"的"辅助生产成本"和明细账中转出，计入有关账户。分配单一产品或劳务费用常用的方法有直接分配法、一次交互分配法、计划成本分配法、代数分配法和顺序分配法，这里只对直接分配法进行具体说明。

直接分配法是指将各辅助生产车间的实际成本，在基本生产车间和管理部门之间，按其受益数量进行分配，对各辅助生产车间互相提供的产品或劳务则不进行分配。

四、在产品成本的计算和完工产品成本的结转

工业企业生产过程中发生的各项生产费用，经过在各种产品之间的归集和分配，都已集中登记在"生产成本"明细账和产品成本计算单中。在产品成本计算单中，在产品成本减去交库废料价值后，就是该产品本月发生的费用。当月初、月末都没有在产品时，本月发生的费用就等于本月完工产品的成本；如果月初、月末都有在产品时，本月发生的生产费用加上月初在产品成本之后的合计数额，还要在完工产

品和在产品之间进行分配，计算完工产品成本。完工产品成本一般按下式计算：

完工产品成本＝月初在产品成本＋本月发生费用－月末在产品成本

从上述公式可以看出，完工产品成本是在月初在产品成本加本期发生费用的合计数基础上，减去月末在产品成本后计算出来的。因此，计算月末在产品成本是正确计算完工产品成本的关键。

（一）在产品成本的计算

工业企业的在产品是指生产过程中尚未完工的产品。从整个企业来讲，在产品包括在加工中的产品和加工已经告一段落的自制半成品，即广义的在产品。从某一加工阶段来讲，在产品是指正在加工中的产品，即狭义的在产品。

企业应根据生产特点、月末在产品数量的多少、各项费用比重的大小以及定额管理基础的好坏等具体条件，采用适当的方法计算在产品成本。

如果在产品数量很少，计算与不计算在产品成本对完工产品成本的影响很小，为了简化计算工作，企业可以不计算在产品成本。也就是说，某种产品每月发生的生产费用，全部作为当月完工产品的成本。如果在产品数量较少，或者在产品数量虽然多，但各月之间变化不大，因此月初、月末在产品成本的差额对完工产品成本的影响不大，企业就可以将在产品成本按年初数固定不变，把每月发生的生产费用全部作为当月完工产品的成本。但在年终时，企业必须根据实际盘点的在产品数量，重新计算一次在产品成本，以免在产品成本与实际出入过大，影响成本计算的正确性。

在产品数量较多且各月变化较大的企业要根据实际结存的产品数量，计算在产品成本。一般来说，在产品成本计算的方法通常有以下几种：在产品成本按其所耗用的原材料费用计算、按定额成本计算、按约当产量计算、按定额比例分配计算。

（二）完工产品成本的结转

在计算出当期完工产品成本后，对验收入库的成品，企业应结转成本。企业结转本期完工成本时，借记"产成品"或"库存商品"科目，贷记"生产成本"科目。通过在产品成本的计算，生产费用在完工产品和月末在产品之间进行分配之后，企业就可以确定完工产品的成本。企业根据计算的完工成品成本，将其从有关产品成本计算单中转出，编制完工产品成本汇总计算表，计算出完工产品总成本和单位成本。结转时，企业借记"库存商品"科目，贷记"生产成本"科目。

第三节　期间费用

期间费用是企业当期发生的费用中的重要组成部分，指本期发生的、不能直接或间接归入某种产品成本的、直接计入损益的各项费用，包括管理费用、销售费用和财务费用。

一、管理费用

（一）管理费用的内容

管理费用是指企业为组织和管理企业生产经营所发生的管理费用，包括企业在筹建期间发生的开办费，董事会和行政管理部门在企业的经营管理中发生的或应该由企业统一负担的公司经费（包括行政管理部门职工工资及福利费、物资消耗、低值易耗品摊销、办公费和差旅费等），工会经费，董事会费（包括董事会成员津贴、会议费和差旅费等），聘请中介机构费，研发费，排污费以及企业生产车间（部门）和行政管理部门等发生的固定资产修理费用等。

（二）管理费用的核算

企业应设置"管理费用"账户，发生的管理费用在"管理费用"账户中核算，并按费用项目设置明细账进行明细核算。企业发生管理费用，借记"管理费用"账户，贷记"库存现金""银行存款""原材料""应付职工薪酬""累计折旧""研发支出""应交税费"等账户。月末，企业将"管理费用"账户的借方归集的管理费用全部由该账户的贷方转入"本年利润"账户的借方，计入当期损益。结转管理费用后，"管理费用"账户无余额。

【例12-4】兴华公司20×8年8月发生以下管理费用：以银行存款支付业务招待费7 200元；计提管理部门使用的固定资产折旧费8 000元；分配管理人员工资12 000元，提取职工福利费1 680元；以银行存款支付董事会成员差旅费3 500元，摊销无形资产2 000元。月末，兴华公司结转管理费用。兴华公司账务处理如下：

（1）支付业务招待费。

借：管理费用——业务招待费	7 200	
贷：银行存款		7 200

（2）计提折旧费。

借：管理费用——折旧费	8 000	
贷：累计折旧		8 000

（3）分配工资及计提福利费。

借：管理费用——工资及职工福利	13 680	
贷：应付职工薪酬——工资		12 000
——职工福利		1 680

（4）支付董事会成员差旅费。

借：管理费用——董事会费	3 500	
贷：银行存款		3 500

（5）摊销无形资产。

借：管理费用——无形资产摊销	2 000	
贷：累计摊销		2 000

（6）结转管理费用。

借：本年利润	34 380	
贷：管理费用		34 380

二、销售费用

（一）销售费用的内容

销售费用是指企业在销售商品和材料、提供劳务过程中发生的各种费用，包括企业在销售商品过程中发生的保险费、包装费、展览费和广告费、商品维修费、装卸费等以及为销售本企业商品而专设的销售机构（含销售网点、售后服务网点等）的职工薪酬、业务费、折旧费、固定资产修理费等费用。

（二）销售费用的核算

企业发生的销售费用在"销售费用"账户中核算，并按费用项目设置明细账进行明细核算。企业发生销售费用，借记"销售费用"账户，贷记"库存现金""银行存款""应付职工薪酬"等账户；月末，企业将"销售费用"账户的借方归集的销售费用全部由该账户的贷方转入"本年利润"账户的借方，计入当期损益。结转销售费用后，"销售费用"账户无余额。

【例12-5】兴华公司20×8年8月发生以下销售费用：以银行存款支付广告费5 000元；以现金支付应由公司负担的销售甲产品的运输费800元；分配给专设销售机构的职工工资4 000元，提取职工福利费560元。月末，兴华公司将全部销售费用予以结转。兴华公司账务处理如下：

（1）支付广告费。

借：销售费用——广告费　　　　　　　　　　　　　　5 000
　　贷：银行存款　　　　　　　　　　　　　　　　　　　　5 000

（2）支付运输费。

借：销售费用——运输费　　　　　　　　　　　　　　800
　　贷：库存现金　　　　　　　　　　　　　　　　　　　　800

（3）分配职工工资及提取福利费。

借：销售费用——工资及职工福利　　　　　　　　　　4 560
　　贷：应付职工薪酬——工资　　　　　　　　　　　　　　4 000
　　　　　　　　　　——职工福利　　　　　　　　　　　　560

（4）月末结转销售费用。

借：本年利润　　　　　　　　　　　　　　　　　　　10 360
　　贷：销售费用　　　　　　　　　　　　　　　　　　　　10 360

三、财务费用

（一）财务费用的内容

财务费用是指企业为筹集生产经营所需资金等发生的筹资费用，包括利息支出（减利息收入）、汇兑损益以及相关的手续费、企业发生的现金折扣或收到的现金折扣等。

（二）财务费用核算

企业发生的财务费用在"财务费用"账户中核算，并按费用项目设置明细账进行明细核算。企业发生财务费用，借记"财务费用"账户，贷记"银行存款"等账户；企业发生利息收入、汇兑收益，借记"银行存款"等账户，贷记"财务费用"账户。月末，企业将"财务费用"账户的借方归集的财务费用全部由该账户的贷方转入"本年利润"账户的借方，计入当期损益。结转当期财务费用后，"财务费用"账户无余额。

【例12-6】兴华公司20×8年8月发生以下事项：接到银行通知，已经划拨本月银行借款利息5 000元；银行转来存款利息2 000元。月末，兴华公司结转财务费用。兴华公司账务处理如下：

（1）划拨本月银行借款利息。

借：财务费用——利息支出   5 000
　　贷：银行存款   5 000

（2）银行转来存款利息。

借：银行存款   2 000
　　贷：财务费用——利息收入   2 000

（3）月末结转财务费用。

借：本年利润   3 000
　　贷：财务费用   3 000

【本章小结】

本章主要介绍了费用、生产成本和期间费用的概念与财务处理。

【主要概念】

期间费用；生产成本。

【简答题】

1. 什么是费用？费用与成本、损失是什么关系？

2. 费用的确认原则包括哪些内容？

3. 期间费用通常包括哪些内容？期间费用的发生通常有哪几种形式？

4. 为什么企业的期间费用要直接与当期营业收入相配比？

5. 简述产品成本的构成。

第十三章
收入与利润

【学习目标】

知识目标：熟悉收入的不同类型，掌握收入的确认条件，掌握利润的组成部分。

技能目标：能够运用本章所学知识对不同类型的收入进行正确的账务处理，核算对应会计期间的利润。

能力目标：理解并掌握收入和利润的概念、构成及其账务处理。

【知识点】

收入的分类、收入的确认、收入的计量、利润的构成、利润的计量等。

【篇头案例】

一位衣着华丽的女子走进一家商店，她看中了一款饰品，在与老板讨价还价后，讲好价钱是 80 元。女子拿出一张 100 元的纸币，商店老板为了找零钱，拿了这张 100 元的纸币去向隔壁杂货店兑换零钱，然后把饰品和 20 元钱交给女子。

女子走后，杂货店老板仔细检查收到的这张 100 元的纸币，发现是假的。商店老板只能拿出 100 元赔偿给杂货店老板。

商店老板在这笔交易中损失了多少钱？

第一节　收入及其分类

一、收入的概念与特征

收入是指企业在日常活动中形成的、会导致所有者权益增加的、与所有者投入资本无关的经济利益的总流入。

收入具有如下特征：

（一）收入是企业日常活动形成的经济利益流入

日常活动是指企业为完成其经营目标所从事的经常性活动以及与之相关的其他活动。企业的有些活动属于为完成其经营目标所从事的经常性活动，如工业企业制造并销售产品、商业企业购进和销售商品、租赁企业出租资产、商业银行对外贷款、保险公司签发保单、咨询公司提供咨询服务、软件企业为客户开发软件、安装公司提供安装服务、建筑企业提供建造服务、广告商提供广告策划服务等，由此产生的经济利益的总流入构成收入。企业还有一些活动属于与经常性活动相关的活动，如工业企业出售不需用的原材料、出售或出租固定资产及无形资产、利用闲置资金对外投资等，由此产生的经济利益的总流入也构成收入。除了日常活动以外，企业的有些活动不是为完成其经营目标所从事的经常性活动，也不属于与经常性活动相关的其他活动，如企业处置报废或毁损的固定资产和无形资产、进行债务重组、接受捐赠等活动，由此产生的经济利益的总流入不构成收入，应当确认为营业外收入。

（二）收入必然导致所有者权益的增加

收入无论表现为资产的增加还是表现为负债的减少，根据"资产＝负债＋所有者权益"的会计恒等式，最终都必然导致所有者权益的增加。不符合这一特征的经济利益流入，不属于企业的收入。例如，企业代税务机关收取的税款，旅行社代客户购买门票、飞机票等收取的票款等，性质上属于代收款项，应作为暂收应付款计入相关的负债类账户，而不能作为收入处理。

（三）收入不包括所有者向企业投入资本导致的经济利益流入

收入只包括企业自身获得的经济利益流入，而不包括企业的所有者向企业投入资本导致的经济利益流入。所有者向企业投入的资本，在增加资产的同时，直接增加所有者权益，不能作为企业的收入。

二、收入的分类

（一）收入按交易性质分类

1. 转让商品收入

转让商品收入是指企业通过销售产品或商品实现的收入，如工业企业销售产成品、半成品、原材料等实现的收入，商业企业销售商品实现的收入，房地产开发企业销售自行开发的房地产实现的收入等。

2. 提供服务收入

提供服务收入是指企业通过提供各种服务实现的收入，如工业企业提供工业性劳务作业服务实现的收入、商业企业提供代购代销服务实现的收入、建筑企业提供建造服务实现的收入、金融企业提供各种金融服务实现的收入、交通运输企业提供运输服务实现的收入、咨询公司提供咨询服务实现的收入、软件开发企业为客户开发软件实现的收入、安装公司提供安装服务实现的收入、服务性企业提供餐饮等各类服务实现的收入等。

（二）收入按在经营业务中所占的比重分类

1. 主营业务收入

主营业务收入又称基本业务收入，是指企业为完成其经营目标从事的主要经营活动实现的收入。不同行业的企业具有不同的主营业务。例如，工业企业的主营业务是制造和销售产成品及半成品，商业企业的主营业务是销售商品，商业银行的主营业务是存贷款和办理结算，保险公司的主营业务是签发保单，租赁公司的主营业务是出租资产，咨询公司的主营业务是提供咨询服务，软件开发企业的主营业务是为客户开发软件，安装公司的主营业务是提供安装服务，旅游服务企业的主营业务是提供景点服务以及客房、餐饮服务等。企业通过主营业务形成的经济利益的总流入，属于主营业务收入。主营业务收入经常发生，并在收入中占有较高的比重。

2. 其他业务收入

其他业务收入又称附营业务收入，是指企业除主要经营业务以外的其他经营活动实现的收入，如工业企业出租固定资产、出租无形资产、出租周转材料、销售不需用的原材料等实现的收入。其他业务收入不经常发生，金额一般较小，在收入中所占比重较低。

第二节　收入的确认与计量

一、收入的确认与计量的基本方法

（一）收入确认的原则

企业应当在履行了合同中的履约义务，即在客户取得相关商品控制权时确认收入。取得相关商品控制权是指客户能够主导该商品的使用并从中获得几乎全部经济利益，也包括有能力阻止其他方主导该商品的使用并从中获得经济利益。取得商品控制权包括以下三个要素：

（1）客户必须拥有现时权利，能够主导该商品的使用并从中获得几乎全部经济利益。如果客户只能在未来的某一期间主导该商品的使用并从中获益，则表明其尚未取得该商品的控制权。

（2）客户有能力主导该商品的使用，即客户在其活动中有权使用该商品，或者能够允许或阻止其他方使用该商品。

（3）客户能够获得商品几乎全部的经济利益。商品的经济利益是指商品的潜在现金流量，既包括现金流入的增加，也包括现金流出的减少。客户可以通过使用、消耗、出售、处置、交换、抵押或持有等方式直接或间接地获得商品的经济利益。

需要说明的是，本章所称的客户是指与企业订立合同以向该企业购买其日常活动产出的商品并支付对价的一方；所称的商品包括商品和服务。本章的收入不涉及企业对外出租资产收取的租金、进行债权投资收取的利息、进行股权投资取得的现金股利以及保费收入等。

（二）收入确认的前提条件

企业与客户之间的合同同时满足以下五个条件的，企业应当在客户取得相关商品控制权时确认收入：

（1）合同各方已批准该合同并承诺将履行各自义务。

（2）该合同明确了合同各方与所转让商品相关的权利和义务。

（3）该合同有明确的与所转让商品相关的支付条款。

（4）该合同具有商业实质，即履行该合同将改变企业未来现金流量的风险、时间分布或金额。

（5）企业因向客户转让商品而有权取得的对价很可能收回。

（三）收入确认与计量的步骤

1. 识别与客户订立的合同

合同是指双方或多方之间订立有法律约束力的权利义务的协议。合同有书面形式、口头形式以及其他形式。合同的存在是企业确认客户合同收入的前提，企业与客户之间的合同一经签订，企业即享有从客户取得与转移商品和服务对价的权利，同时负有向客户转移商品和服务的履约义务。关于合同，有以下三种情况需要注意：

2. 合同的持续评估

合同开始日是指合同开始赋予合同各方具有法律约束力的权利和义务的日期，通常是指合同生效日。

企业与客户之间的合同，在合同开始日即满足确认收入的五项条件的，企业在后续期间无需对其进行重新评估，除非有迹象表明相关事实和情况发生重大变化。企业与客户之间的合同，不符合确认收入的五项条件的，企业应当在后续期间对其进行持续评估，判断其能否满足确认收入的五项条件。

3. 合同合并

企业与同一客户（或该客户的关联方）同时订立或在相近时间内先后订立的两份或多份合同，在满足下列条件之一时，应当合并为一份合同进行会计处理：

（1）该两份或多份合同基于同一商业目的而订立并构成一揽子交易，如一份合同在不考虑另一份合同的对价的情况下将会发生亏损。

（2）该两份或多份合同中的一份合同的对价金额取决于其他合同的定价或履行情况，如一份合同如果发生违约，将会影响另一份合同的对价金额。

（3）该两份或多份合同中承诺的商品（或每份合同中承诺的部分商品）构成单项履约义务。

两份或多份合同合并为一份合同进行会计处理的，仍然需要区分该合同中包含的各单项履约义务。

4. 合同变更

合同变更是指经合同各方批准对原合同范围或价格做出的变更。

合同各方已批准合同范围变更，但尚未确定相应价格变动的，企业应当按照企业会计有关可变对价的规定对合同变更导致的交易价格变动进行估计。

企业应当区分以下三种情形对合同变更进行会计处理：

（1）合同变更部分作为单独合同。合同变更增加了可明确区分的商品及合同价款，且新增合同价款反映了新增商品单独售价的，应当将该合同变更部分作为一份单独的合同进行会计处理。此类合同变更不影响原合同的会计处理。

（2）合同变更作为原合同终止及新合同订立。合同变更不属于上述第（1）种情形，且在合同变更日已转让的商品或已提供的服务（以下简称"已转让的商品"）与未转让的商品或未提供的服务（以下简称"未转让的商品"）之间可以明确区分的，应当视为原合同终止，同时将原合同未履约部分与合同变更部分合并为新合同进行会计处理。未转让的商品既包括原合同中尚未转让的商品，也包括合同变更新增的商品。

（3）合同变更部分作为原合同的组成部分。合同变更不属于上述第（1）种情形，且在合同变更日已转让的商品与未转让的商品之间不可明确区分的，应当将该合同变更部分作为原合同的组成部分，在合同变更日重新计算履约进度，并调整当期收入和相应成本等。

（四）识别合同中的单项履约义务

履约义务是指合同中企业向客户转让可明确区分商品或服务的承诺。企业应当将向客户转让可明确区分商品（或商品的组合）的承诺以及向客户转让一系列实质相同且转让模式相同的、可明确区分商品的承诺作为单项履约义务。例如，企业与客户签订合同，向其销售商品并提供安装服务，该安装服务简单，除该企业外其他供应商也可以提供此类安装服务，该合同中销售商品和提供安装服务为两项单项履约义务。若该安装服务复杂且商品需要按客户要求修改，则合同中销售商品和提供安装服务合并为单项履约义务。企业为履行合同而应开展的初始活动，通常不构成履约义务，除非该活动向客户转让了承诺的商品。

合同开始日，企业应当对合同进行评估，识别该合同包含的各单项履约义务。企业应当将下列向客户转让商品的承诺作为单项履约义务：

1. 企业向客户转让可明确区分商品（或者商品或服务的组合）的承诺

企业向客户承诺的商品同时满足下列两项条件的，应当作为可明确区分的商品：

（1）客户能够从该商品本身或从该商品与其他易于获得资源的一起使用中受益，即该商品本身能够明确区分。

（2）企业向客户转让该商品的承诺与合同中的其他承诺可以单独区分，即转让该商品的承诺在合同中是可以明确区分的。

下列情形通常表明企业向客户转让商品的承诺与合同中的其他承诺不可以单独区分：

一是企业需要提供重大的服务以将该商品与合同中承诺的其他商品进行整合，形成合同约定的某个或某些组合产出转让给客户。

二是该商品将对合同中承诺的其他商品予以重大修改或定制。

三是该商品与合同中承诺的其他商品具有高度关联性。

2. 企业向客户转让一系列实质相同且转让模式相同的、可明确区分的商品的承诺

企业应当将实质相同且转让模式相同的一系列商品作为单项履约义务，即使这些商品可以明确区分。其中，转让模式相同是指每一项可以明确区分的商品都满足在某一时段内履行履约义务的条件，且采用相同方法确定其履约进度。

企业在判断转让的一系列商品是否实质相同时，应当考虑合同中承诺的性质，如果企业承诺的是提供确定数量的商品，那么需要考虑这些商品本身是否实质相同；如果企业承诺的是在某一期间内随时向客户提供某项服务，那么需要考虑企业在该期间内的各个时间段（如每天或每小时）的承诺是否相同，而并非具体的服务行为本身。例如，企业向客户提供两年的酒店管理服务，具体包括保洁、维修、安保等，但没有具体的服务次数或时间的要求，尽管企业每天提供的具体服务不一定相同，但是企业每天对客户的承诺都是相同的，因此该服务符合"实质相同"的条件。

（五）确定交易价格

交易价格是指企业因向客户转让商品而预期有权收取的对价金额。企业代第三方收取的款项（如增值税）以及企业预期将退还给客户的款项，应当作为负债进行会计处理，不计入交易价格。

合同标价并不一定代表交易价格，企业应当根据合同条款，并结合以往的习惯做法等确定交易价格。企业在确定交易价格时，应当考虑可变对价、合同中存在的重大融资成分、非现金对价、应付客户对价等因素的影响。合同条款所承诺的对价，可能是固定金额、可变金额或两者兼有。例如，甲公司与客户签订合同为其建造一栋厂房，约定的价款为100万元，4个月完工，交易价格就是固定金额100万元。假如合同中约定提前1个月完工，客户将额外奖励甲公司10万元，甲公司对合同估计工程提前1个月完工的概率为95%，则甲公司预计有权收取的对价为110万元。因此，交易价格包括固定金额100万元和可变金额10万元，总计为110万元。

1. 可变对价

企业与客户的合同中约定的对价金额可能会因折扣、价格折让、返利、退款、奖励积分、激励措施、业绩奖金、索赔等因素而变化。此外，根据一项或多项或有事项的发生而收取不同对价金额的合同，也属于可变对价的情形。

2. 合同中存在的重大融资成分

当合同各方以在合同中（或者以隐含的方式）约定的付款时间为客户或企业就该交易提供了重大融资利益时，合同就包含了重大融资成分。例如，企业以赊销的方式销售商品等。合同中存在重大融资成分的，企业应当按照假定客户在取得商品控制权时即以现金支付的应付金额（现销价格）确定交易价格。该交易价格与合同对价之间的差额，应当在合同期间内采用实际利率法摊销。

为简化实务操作，如果在合同开始日，企业预计客户取得商品控制权与客户支付价款间隔不超过一年的，可以不考虑合同中存在的重大融资成分。

3. 非现金对价

非现金对价包括实物资产、无形资产、股权、客户提供的广告服务等。客户支付非现金对价时，在通常情况下，企业应当按照非现金对价在合同开始日的公允价值确定交易价格。非现金对价公允价值不能合理估计的，企业应当参照其承诺向客户转让商品的单独售价间接确定交易价格。

4. 应付客户对价

企业存在应付客户对价的，应当将该应付对价冲减交易价格，但应付客户对价是为了向客户取得其他可明确区分商品的除外。企业应付客户对价是为了向客户取得其他可明确区分商品的，应当采用与企业其他采购相一致的方式确认所购买的商品。

企业应付客户对价超过向客户取得可明确区分商品公允价值的，超过金额应当冲减交易价格。向客户取得的可明确区分商品公允价值不能合理估计的，企业应当将应付客户对价全额冲减交易价格。在将应付客户对价冲减交易价格时，企业应当在确认相关收入与支付（或承诺支付）客户对价两者孰晚的时点冲减当期收入。

（六）将交易价格分摊至各单项履约义务

当合同中包含两项或多项履约义务时，为了使企业分摊至每一单项履约义务的交易价格能够反映其因向客户转让已承诺的相关商品（或提供已承诺的相关服务）而预期有权收取的对价金额，企业应当在合同开始日，按照各单项履约义务所承诺商品的单独售价的相对比例，将交易价格分摊至各单项履约义务。通过分摊交易价格，企业分摊至各单项履约义务的交易价格能够反映其因向客户转让已承诺的相关商品而有权收取的对价金额。

1. 确定单独售价

单独售价是指企业向客户单独销售商品的价格。单独售价无法直接观察的，企业应当综合考虑其能够合理取得的全部相关信息，采用市场调整法、成本加成法、余值法等方法合理估计单独售价。市场调整法是指企业根据某商品或类似商品的市场售价，考虑本企业的成本和毛利等进行适当调整后，确定其单独售价的方法。成本加成法是指企业根据某商品的预计成本加上其合理毛利后的价格，确定其单独售价的方法。余值法是指企业根据合同交易价格减去合同中其他商品可观察的单独售价后的余值，确定某商品单独售价的方法。企业应当最大限度地采用可观察的输入值，并对类似的情况采用一致的估计方法。

2. 分摊合同折扣

合同折扣是指合同中各单项履约义务所承诺商品的单独售价之和高于合同交易价格的金额。对于合同折扣，企业应当在各单项履约义务之间按比例分摊。有确凿证据表明合同折扣仅与合同中一项或多项（而非全部）履约义务相关的，企业应当将该合同折扣分摊至相关一项或多项履约义务。合同折扣的分摊，需要区分以下三种情况：

（1）在通常情况下，企业应当在各单项履约义务之间按比例分摊合同折扣。

（2）有确凿证据表明合同折扣与合同中一项或多项（而非全部）履约义务相关的，企业应当将该合同折扣分摊至相关一项或多项履约义务。

（3）合同折扣仅与合同中一项或多项（而非全部）履约义务相关，且企业采用余值法估计单独售价的，应当首先在该一项或多项（而非全部）履约义务之间分摊合同折扣，然后采用余值法估计单独售价。

3. 分摊可变对价

对于可变对价及可变对价后续变动额，企业应当按照与分摊合同折扣相同的方法，将其分摊至与之相关的一项或多项履约义务，或者分摊至构成单项履约义务的一系列可明确区分商品中的一项或多项商品。

对于已履行的履约义务，其分摊的可变对价后续变动额应当调整变动当期的收入。

【例13-1】2×18年8月20日，兴华公司与乙公司签订合同，向其销售A产品和B产品。合同约定，A产品于2×18年10月31日前交付乙公司，B产品于2×19年1月31日前交付乙公司；合同约定的对价包括50 000元的固定对价和估计金额为6 000元的可变对价。该可变对价应计入交易价格。A产品的单独售价为36 000元，B产品的单独售价为24 000元，因此兴华公司为客户一揽子购买商品给予了折扣。兴华公司认为，没有可观察的证据表明可变对价和合同折扣是专门对 A 产品或 B 产品的，因此可变对价和合同折扣应在 A、B 两种产品之间按比例进行分摊。合同开始日，兴华公司对可变对价和合同折扣的分摊如表 13-1 所示。

表 13-1　兴华公司对可变对价和合同折扣的分摊表　　　　　单位：元

合同产品	按比例分摊	交易价格
A 产品	36 000÷(36 000+24 000)×56 000	33 600
B 产品	24 000÷(36 000+24 000)×56 000	22 400
合计		56 000

（七）履行各单项履约义务时确认收入

合同开始日，企业应当在对合同进行评估并识别该合同包含的各单项履约义务的基础上，确定各单项履约义务是在某一时段内履行，还是在某一时点履行，然后在履行了各单项履约义务，即客户取得相关商品控制权时分别确认收入。企业应当先判断履约义务是否满足属于在某一时段内履行履约义务的条件。如果不能满足，则属于在某一时点履行的履约义务。因此，当企业将商品转移给客户，客户取得了相关商品的控制权，意味着企业履行了合同履约义务，此时企业应确认收入。

满足下列条件之一的，属于在某一时段内履行的履约义务：

（1）客户在企业履约的同时即取得并消耗企业履约所带来的经济利益。企业向客户提供的服务，大多属于在履约过程中持续向客户提供服务，而客户在企业提供服务的同时持续取得并消耗该服务所带来的经济利益。

（2）客户能够控制企业在履约过程中在建的商品包括在产品、在建工程、尚未完成的研发项目、正在进行的服务等。如果客户能够控制企业在履约过程中形成的这些在建商品，则表明该合同义务属于在某一时段内履行的履约义务。

（3）企业在履约过程中产出的商品具有不可替代用途，且企业在整个合同期间内有权就累计至今已完成的履约部分收取款项。具有不可替代用途是指因合同限制或实际可行性限制，企业不能轻易地将商品用于其他用途。有权就累计至今已完成的履约部分收取款项，是指在由于客户或其他方原因终止合同的情况下，企业有权就累计至今已完成的履约部分收取能够补偿其已发生成本和合理利润的款项，并且该权利具有法律约束力。收入的确认与计量的五个步骤中，第一步、第二步和第五步主要与收入的确认有关，第三步和第四步主要与收入的计量有关。

需要说明的是，一般而言，确认与计量任何一项合同收入应考虑全部的五个步骤。但履行某些合同义务确认收入不一定都经过五个步骤，如企业按照第二步确定某项合同仅为单项履约义务时，可以从第三步直接进入第五步确认收入，不需要第四步（分摊交易价格）。

二、收入核算应设置的会计科目

为了核算企业与客户之间的合同产生的收入及相关的成本费用，企业一般需要设置"主营业务收入""其他业务收入""主营业务成本""其他业务成本""合同取得成本""合同履约成本""合同资产""合同负债"等科目。

"主营业务收入"科目用来核算企业确认的销售商品、提供服务等主营业务的收入。该科目贷方登记企业主营业务活动实现的收入，借方登记期末转入"本年利润"科目的主营业务收入，结转后该科目应无余额。该科目可按主营业务的种类进行明细核算。

"其他业务收入"科目用来核算企业确认的除主营业务活动以外的其他经营活动实现的收入，包括出租固定资产、出租无形资产、出租包装物和商品、销售材料等实现的收入。该科目贷方登记企业其他业务活动实现的收入，借方登记期末转入"本年利润"科目的其他业务收入，结转后该科目应无余额。该科目可按其他业务的种类进行明细核算。

"主营业务成本"科目用来核算企业确认销售商品、提供服务等主营业务收入时应结转的成本。该科目借方登记企业应结转的主营业务成本，贷方登记期末转入"本年利润"科目的主营业务成本，结转后该科目应无余额。该科目可按主营业务的种类进行明细核算。

"其他业务成本"科目用来核算企业确认的除主营业务活动以外的其他经营活动所形成的成本，包括出租固定资产的折旧额、出租无形资产的摊销额、出租包装物的成本或摊销额、销售材料的成本等。该科目借方登记企业应结转的其他业务成本，贷方登记期末转入"本年利润"科目的其他业务成本，结转后该科目应无余额。该科目可按其他业务的种类进行明细核算。

"合同取得成本"科目用来核算企业取得合同发生的、预计能够收回的增量成本。该科目借方登记发生的合同取得成本，贷方登记摊销的合同取得成本，期末借方余额，反映企业尚未结转的合同取得成本。该科目可按合同进行明细核算。

"合同履约成本"科目用来核算企业为履行当前或预期取得的合同所发生的、不属于其他企业会计准则规范范围且按照《企业会计准则第14号——收入》应当确认为一项资产的成本。该科目借方登记发生的合同履约成本，贷方登记摊销的合同履约成本，期末借方余额，反映企业尚未结转的合同履约成本。该科目可按合同分别按"服务成本""工程施工"等进行明细核算。

"合同资产"科目用来核算企业已向客户转让商品而有权收取对价的权利。该权利取决于时间流逝之外的其他因素（如履行合同中的其他履约义务）。该科目借方登记因已转让商品而有权收取的对价金额，贷方登记取得无条件收款权的金额，期末借方余额，反映企业已向客户转让商品而有权收取的对价金额。该科目按合同进行明细核算。

"合同负债"科目用来核算企业已收或应收客户对价而应向客户转让商品的义务。该科目贷方登记企业在向客户转让商品之前，已经收到或已经取得无条件收取合同对价权利的金额；借方登记企业向客户转让商品时冲销的金额；期末贷方余额，反映企业在向客户转让商品之前，已经收到的合同对价或已经取得的无条件收取合同对价权利的金额。该科目按合同进行明细核算。

此外，企业发生减值的，还应当设置"合同履约成本减值准备""合同取得成本减值准备""合同资产减值准备"等科目进行核算。

三、履行履约义务确认收入的账务处理

（一）在某一时点履行履约义务确认收入

对在某一时点履行履约义务，企业应当在客户取得相关商品控制权的时点确认收入。在判断控制权是否转移时，企业应当综合考虑下列迹象：

（1）企业就该商品享有现时收款权利，即客户就该商品负有现时付款义务。例如，甲企业与客户签订销售商品合同，约定客户有权定价且在收到商品无误后10日内付款。客户在收到企业开具的发票、商品验收入库后，能够自主确定商品的销售价格或商品的使用情况。此时，企业享有收款权利，客户负有现时付款义务。

（2）企业已将该商品的法定所有权转移给客户，即客户已拥有该商品的法定所有权。例如，房地产企业向客户销售商品房，在客户付款后取得房屋产权证时，表明企业已将该商品房的法定所有权转移给客户。

（3）企业已将该商品实物转移给客户，即客户已占有该商品实物。例如，企业与客户签订交款提货合同，在企业销售商品并送货到客户指定地点，客户验收合格并付款，表明企业已将该商品实物转移给客户，即客户已占有该商品实物。

（4）企业已将该商品所有权上的主要风险和报酬转移给客户，即客户已取得该商品所有权上的主要风险和报酬。例如，房地产企业向客户销售商品房，办理产权转移手续后，该商品房价格上涨或下跌带来的利益或损失全部属于客户，表明客户已取得该商品房所有权上的主要风险和报酬。

（5）客户已接受该商品。例如，企业向客户销售为其定制生产的节能设备，客户收到商品并验收合格后办理入库手续，表明客户已接受该商品。

（6）其他表明客户已取得商品控制权的迹象。

1. 一般销售商品业务收入的账务处理

【例13-2】甲公司向乙公司销售一批商品，开具的增值税专用发票上注明售价为400 000元、增值税税额为52 000元。甲公司收到乙公司开出的不带息银行承兑汇票一张，票面金额为452 000元，期限为2个月。甲公司以银行存款支付代垫运费，增值税专用发票上注明运输费为2 000元、增值税税额为180元，所垫运费尚未收到。该批商品成本为320 000元，乙公司收到商品并验收入库。

本例中，甲公司已经收到乙公司开出的不带息银行承兑汇票，乙公司收到商品并验收入库。因此，销售商品为单项履约义务且属于在某一时点履行的履约义务。甲公司应编制如下会计分录：

（1）确认收入时。

借：应收票据	452 000
贷：主营业务收入	400 000
应交税费——应交增值税（销项税额）	52 000
借：主营业务成本	320 000
贷：库存商品	320 000

（2）代垫运费时。

借：应收账款	2 180
贷：银行存款	2 180

2. 已经发出商品但不能确认收入的账务处理

企业按合同发出商品，合同约定客户只有在商品售出取得价款后才支付货款。企业向客户转让商品的对价未达到"很可能收回"的收入确认条件。在发出商品时，企业不应确认收入，应将发出商品的成本记入"发出商品"科目，即借记"发出商品"科目，贷记"库存商品"科目。如已发出的商品被客户退回，应编制相反的会计分录。"发出商品"科目核算企业已将商品发出但客户没有取得商品的控制权的商品成本。企业在收到货款或取得收取货款权利时确认收入，借记"银行存款""应收账款"科目，贷记"主营业务收入""应交税费——应交增值税（销项税额）"科目，同时结转已销商品成本，借记"主营业务成本"科目，贷记"发出商品"科目。

【例13-3】甲公司与乙公司均为增值税一般纳税人。2×19年6月3日，甲公司与乙公司签订委托代销合同，甲公司委托乙公司销售W商品1 000件。W商品已经发出，每件商品成本为70元。合同约定乙公司应按每件100元对外销售，甲公司按不含增值税的销售价格的10%向乙公司支付手续费。除非这些商品在乙公司存放期间内由于乙公司的责任发生毁损或丢失，否则在W商品对外销售之前，乙公司没有义务向甲公司支付货款。乙公司不承担包销责任，没有售出的W商品须退回给甲公司。同时，甲公司也有权要求收回W商品或将其销售给其他客户。2×19年6月30日，乙公司实际对外销售W商品1 000件，开出的增值税专用发票上注明的销售价款为100 000元、增值税税额为13 000元。

本例中，甲公司将W商品发送至乙公司后，乙公司虽然已经承担W商品的实物保管责任，但仅为接受甲公司的委托销售W商品，并根据实际销售的数量赚取一定比例的手续费。甲公司有权要求收回W商品或将其销售给其他的客户，乙公司并不能主导这些商品的销售，这些商品对外销售与否、是否获利以及获利多少等不由乙公司控制，乙公司没有取得这些商品的控制权。因此，甲公司将W商品发送至乙公司时，不应确认收入，而应当在乙公司将W商品销售给最终客户时确认收入。

（1）2×19年6月3日，甲公司按合同约定发出商品时。

借：发出商品——乙公司　　　　　　　　　　　　　　　70 000
　　贷：库存商品——W商品　　　　　　　　　　　　　　　　　70 000

（2）2×19年6月30日，甲公司收到乙公司开具的代销清单时。

借：应收账款　　　　　　　　　　　　　　　　　　　113 000
　　贷：主营业务收入　　　　　　　　　　　　　　　　　　100 000
　　　　应交税费——应交增值税（销项税额）　　　　　　　13 000
借：主营业务成本　　　　　　　　　　　　　　　　　　70 000
　　贷：发出商品　　　　　　　　　　　　　　　　　　　　70 000
借：销售费用　　　　　　　　　　　　　　　　　　　　10 000
　　应交税费——应交增值税（进项税额）　　　　　　　　　600
　　贷：应收账款　　　　　　　　　　　　　　　　　　　　10 600

（3）甲公司收到乙公司支付的货款时。

借：银行存款　　　　　　　　　　　　　　　　　102 400

　　贷：应收账款　　　　　　　　　　　　　　　　　　　　102 400

3. 商业折扣、现金折扣和销售退回的账务处理

（1）商业折扣。商业折扣是指企业为促进商品销售而给予的价格扣除。例如，企业为鼓励客户多买商品，可能规定购买 100 件以上商品给予客户 10% 的折扣。此外，企业为了尽快出售一些残次、陈旧、冷背的商品，也可能降价（打折）销售。商业折扣在销售前即已发生，并不构成最终成交价格的一部分，企业应当按照扣除商业折扣后的金额确定商品销售价格和销售商品收入金额。

（2）现金折扣。现金折扣是指债权人为鼓励债务人在规定的期限内付款而向债务人提供的债务扣除。现金折扣一般用符号"折扣率/付款期限"表示，如"2/10，1/20，N/30"，表示销货方允许客户最长的付款期限为 30 天，如果客户在 10 天内付款，销货方可按商品售价给予客户 2% 的折扣；如果客户在 11~20 天内付款，销货方可按商品售价给予客户 1% 的折扣；如果客户在 21~30 天内付款，将不能享受现金折扣。

现金折扣发生在商品销售之后，是否发生以及发生多少要视客户的付款情况而定，企业在确认销售商品收入时不能确定现金折扣金额。因此，企业销售商品涉及现金折扣的，应当按照扣除现金折扣前的金额确定销售商品收入金额。现金折扣实际上是企业为了尽快回笼资金而发生的理财费用，应在实际发生时计入当期财务费用。

在计算现金折扣时，企业还应注意是按不含增值税的价款计算确定，还是按含增值税的价款计算确定，两种情况下客户享有的折扣金额不同。例如，销售价格为 1 000 元的商品，增值税税额为 130 元，如计算现金折扣不考虑增值税，按 1% 的折扣率计算，客户享有的现金折扣金额为 10 元；如果企业与客户约定计算现金折扣时一并考虑增值税，则客户享有的现金折扣金额为 11.3 元。

【例13-4】甲公司为增值税一般纳税人，9 月 1 日销售 A 商品 5 000 件并开具增值税专用发票，每件商品的标价为 200 元（不含增值税）。A 商品适用的增值税税率为 13%。每件商品的实际成本为 120 元。由于是成批销售，甲公司给予客户 10% 的商业折扣，并在销售合同中规定现金折扣条件为"2/10，1/20，N/30"。A 商品于 9 月 1 日发出，客户于 9 月 9 日付款。该项销售业务属于在某一时点履行的履约义务。假定计算现金折扣不考虑增值税。

本例涉及商业折扣和现金折扣问题。销售商品收入的金额应是未扣除现金折扣但扣除商业折扣后的金额，现金折扣应在实际发生时计入当期财务费用。因此，甲公司应确认的销售商品收入的金额为 900 000 元（200×5 000-200×5 000×10%），增值税销项税额为 117 000 元（900 000×13%）。客户在 10 日内付款，享有的现金折扣为 18 000 元（900 000×2%）。甲公司应编制如下会计分录：

①9 月 1 日确认收入时。

借：应收账款　　　　　　　　　　　　　　　　　1 017 000

　　贷：主营业务收入　　　　　　　　　　　　　　　　　900 000

　　　　应交税费——应交增值税（销项税额）　　　　　　117 000

借：主营业务成本　　　　　　　　　　　　　　　　　　　600 000
　　贷：库存商品　　　　　　　　　　　　　　　　　　　　　　600 000

②9月9日收到货款时。

借：银行存款　　　　　　　　　　　　　　　　　　　　999 000
　　财务费用　　　　　　　　　　　　　　　　　　　　　18 000
　　贷：应收账款　　　　　　　　　　　　　　　　　　　　1 017 000

本例中，若客户于9月19日付款，则享受的现金折扣为9 000元（900 000×1%）。收到货款时，甲公司应编制如下会计分录：

借：银行存款　　　　　　　　　　　　　　　　　　　1 008 000
　　财务费用　　　　　　　　　　　　　　　　　　　　　9 000
　　贷：应收账款　　　　　　　　　　　　　　　　　　　　1 017 000

若客户于9月底付款，则应按全额付款。收到货款时，甲公司应编制如下会计分录：

借：银行存款　　　　　　　　　　　　　　　　　　　1 017 000
　　贷：应收账款　　　　　　　　　　　　　　　　　　　　1 017 000

（3）销售退回。销售退回是指企业因售出商品在质量、规格等方面不符合销售合同规定条款的要求，客户要求企业予以退货。企业销售商品发生退货，表明企业履约义务的减少和客户商品控制权及其相关经济利益的丧失。已确认销售商品收入的售出商品发生销售退回的，除属于资产负债表日后事项外，企业收到退回的商品时，应退回货款或冲减应收账款，并冲减主营业务收入和增值税销项税额，借记"主营业务收入""应交税费——应交增值税（销项税额）"等科目，贷记"银行存款""应收票据""应收账款"等科目。企业收到退回商品并验收入库，应按照商品成本，借记"库存商品"科目，贷记"主营业务成本"科目。如果该项销售退回已发生现金折扣，企业应同时调整相关财务费用的金额。

【例13-5】甲公司于2×19年5月20日销售A商品一批，增值税专用发票上注明售价为350 000元、增值税税额为45 500元。该批商品的成本为182 000元。A商品于2×19年5月20日发出，客户于5月27日付款。该项业务属于在某一时点履行的履约义务并确认销售收入。2×19年9月16日，该商品质量出现严重问题，客户将该批商品全部退回给甲公司。甲公司同意退货，于退货当日支付了退货款，并按规定向客户开具了增值税专用发票（红字）。假定不考虑其他因素，甲公司应编制如下会计分录：

①2×19年5月20日确认收入时。

借：应收账款　　　　　　　　　　　　　　　　　　　395 500
　　贷：主营业务收入　　　　　　　　　　　　　　　　　　350 000
　　　　应交税费——应交增值税（销项税额）　　　　　　　45 500
借：主营业务成本　　　　　　　　　　　　　　　　　　182 000
　　贷：库存商品　　　　　　　　　　　　　　　　　　　　182 000

207

②2×19 年 5 月 27 日收到货款时。

借：银行存款   395 500

  贷：应收账款   395 500

③2×19 年 9 月 16 日销售退回时。

借：主营业务收入   350 000

   应交税费——应交增值税（销项税额） 45 500

  贷：银行存款   395 500

借：库存商品   182 000

  贷：主营业务成本   182 000

4. 销售材料等存货的账务处理

企业在日常活动中会发生对外销售不需用的原材料、随同商品对外销售单独计价的包装物等业务。企业销售原材料、包装物等存货取得收入的确认和计量原则比照销售商品。企业销售原材料、包装物等存货确认的收入作为其他业务收入处理，结转的相关成本作为其他业务成本处理。

【例 13-6】甲公司向乙公司销售一批原材料，开具的增值税专用发票上注明售价为 100 000 元、增值税税额为 13 000 元。甲公司收到乙公司支付的款项存入银行。该批原材料的实际成本为 90 000 元。乙公司收到原材料并验收入库。

本例中，甲公司已经收到乙公司支付的货款，乙公司收到原材料并验收入库，因此该项业务为单项履约义务且属于在某一时点履行的履约义务。甲公司应编制如下会计分录：

（1）确认收入时。

借：银行存款   113 000

  贷：其他业务收入   100 000

    应交税费——应交增值税（销项税额） 13 000

（2）结转原材料成本。

借：其他业务成本   90 000

  贷：原材料   90 000

（二）在某一时段内履行履约义务确认收入

对在某一时段内履行履约义务，企业应当在该段时间内按照履约进度确认收入，履约进度不能合理确定的除外。满足下列条件之一的，属于在某一时段内履行履约义务：

（1）客户在企业履约的同时即取得并消耗企业履约所带来的经济利益。

（2）客户能够控制企业履约过程中在建的商品。

（3）企业履约过程中所产出的商品具有不可替代用途，且该企业在整个合同期间内有权就累计至今已完成的履约部分收取款项。

企业应当考虑商品的性质，采用实际测量的完工进度、评估已实现的结果、时间进度、已完工或交付的产品等产出指标，或者采用投入的材料数量、花费的人工工时、机器工时、发生的成本和时间进度等投入指标确定恰当的履约进度，并在确定履约进度时，扣除那些控制权尚未转移给客户的商品和服务。在资产负债表日，企业按照合同的交易价格总额乘以履约进度扣除以前会计期间累计已确认的收入后的金额，确认当期收入。

【例13-7】甲公司为增值税一般纳税人，装修服务适用增值税税率为9%。2×19年12月1日，甲公司与乙公司签订一项为期3个月的装修合同，合同约定装修价款为500 000元，增值税税额为45 000元，装修费用每月末按完工进度支付。2×19年12月31日，经专业测量师测量后，甲公司确定该项劳务的完工程度为25%。乙公司按完工进度支付价款及相应的增值税款。截至2×19年12月31日，甲公司为完成该合同累计发生劳务成本100 000元（假定均为装修人员薪酬），估计还将发生劳务成本300 000元。

假定该业务属于甲公司的主营业务，全部由其自行完成。该装修服务构成单项履约义务，并属于在某一时段内履行履约义务。甲公司按照实际测量的完工进度确定履约进度。甲公司应编制如下会计分录：

（1）实际发生劳务成本100 000元。

借：合同履约成本　　　　　　　　　　　　　　　　　　　　　100 000
　　贷：应付职工薪酬　　　　　　　　　　　　　　　　　　　　　　100 000

（2）2×19年12月31日确认劳务收入并结转劳务成本。

2×19年12月31日确认的劳务收入=500 000×25%−0=125 000（元）

借：银行存款　　　　　　　　　　　　　　　　　　　　　　　136 250
　　贷：主营业务收入　　　　　　　　　　　　　　　　　　　　　　125 000
　　　　应交税费——应交增值税（销项税额）　　　　　　　　　　　11 250

借：主营业务成本　　　　　　　　　　　　　　　　　　　　　100 000
　　贷：合同履约成本　　　　　　　　　　　　　　　　　　　　　　100 000

2×20年1月31日，经专业测量师测量后，确定该项劳务的完工程度为70%。乙公司按完工进度支付价款同时支付对应的增值税税款。2×20年1月，甲公司为完成该合同发生劳务成本180 000元（假定均为装修人员薪酬），为完成该合同估计还将发生劳务成本120 000元。甲公司应编制如下会计分录：

（1）实际发生劳务成本180 000元

借：合同履约成本　　　　　　　　　　　　　　　　　　　　　180 000
　　贷：应付职工薪酬　　　　　　　　　　　　　　　　　　　　　　180 000

（2）2×20年1月31日确认劳务收入并结转劳务成本。

2×20年1月31日确认的劳务收入=500 000×70%−125 000=225 000（元）

借：银行存款　　　　　　　　　　　　　　　　　　　　　　　245 250
　　贷：主营业务收入　　　　　　　　　　　　　　　　　　　　　　225 000
　　　　应交税费——应交增值税（销项税额）　　　　　　　　　　　20 250

借：主营业务成本　　　　　　　　　　　　　　　　　　　　　180 000
　　贷：合同履约成本　　　　　　　　　　　　　　　　　　　　　　180 000

2×20年2月28日，装修完工。乙公司验收合格，按完工进度支付价款同时支付对应的增值税税款。2×20年2月，甲公司为完成该合同发生劳务成本120 000元（假定均为装修人员薪酬）。甲公司应编制如下会计分录：

（1）实际发生劳务成本 120 000 元。

借：合同履约成本　　　　　　　　　　　　　　　　　120 000
　　贷：应付职工薪酬　　　　　　　　　　　　　　　　　　　120 000

（2）2×20 年 2 月 28 日确认劳务收入并结转劳务成本。

2×20 年 2 月 28 日确认的劳务收入 = 500 000－125 000－225 000 = 150 000（元）

借：银行存款　　　　　　　　　　　　　　　　　　　163 500
　　贷：主营业务收入　　　　　　　　　　　　　　　　　　　150 000
　　　　应交税费——应交增值税（销项税额）　　　　　　　　 13 500
借：主营业务成本　　　　　　　　　　　　　　　　　120 000
　　贷：合同履约成本　　　　　　　　　　　　　　　　　　　120 000

【例 13-8】甲公司经营一家健身俱乐部。2×19 年 7 月 1 日，某客户与甲公司签订合同，成为甲公司的会员，并向甲公司支付会员费 3 600 元（不含税价），可在未来的 12 个月内在该俱乐部健身，且没有次数的限制。该业务适用的增值税税率为 6%。

本例中，客户在会籍期间可以随时来俱乐部健身，且没有次数限制，客户已使用俱乐部健身的次数不会影响其未来继续使用的次数。甲公司在该合同下的履约义务是承诺随时准备在客户需要时为其将供健身服务。因此，该义务属于在某一时段内履行履约义务，并且该履约义务在会员的会籍期间内随时间的流逝而被履行。因此，甲公司按照直线法确认收入。每月应当确认的收入为 300 元（3 600÷12）。甲公司应编制如下会计分录：

（1）2×19 年 7 月 1 日收到会员费时。

借：银行存款　　　　　　　　　　　　　　　　　　　3 600
　　贷：合同负债　　　　　　　　　　　　　　　　　　　　　3 600

本例中，客户签订合同时支付了合同对价，可以于未来的 12 个月内在该俱乐部进行健身消费，且没有次数的限制。企业在向客户转让商品之前已经产生一项负债，即合同负债。

（2）2×19 年 7 月 31 日确认收入，开具增值税专用发票并收到税款时。

借：合同负债　　　　　　　　　　　　　　　　　　　300
　　银行存款　　　　　　　　　　　　　　　　　　　 18
　　贷：主营业务收入　　　　　　　　　　　　　　　　　　　300
　　　　应交税费——应交增值税（销项税额）　　　　　　　　 18

2×19 年 8 月至 2×20 年 6 月，每月确认收入时编制的会计分录同上。

当履约进度不能合理确定时，企业已经发生的成本预计能够得到补偿的，应当按照已经发生的成本金额确认收入，直到履约进度能够合理确定为止。

第三节 利润及其分配

一、利润的构成

企业作为独立的经济实体，应当以其经营收入抵补其成本费用，并且实现盈利。企业盈利的多少在很大程度上反映了企业生产经营的经济效益，表明企业的每一会计期间的最终经营成果。

利润是指企业在一定会计期间内的经营成果。利润包括收入减去费用后的净额、直接计入当期利润的利得和损失等。

直接计入当期利润的利得和损失是指应当计入当期损益、会导致所有者权益发生增减变动的、与所有者投入资本或向所有者分配利润无关的利得或损失。

（一）营业利润

营业利润＝营业收入－营业成本－税金及附加－销售费用－管理费用－财务费用－资产减值损失+公允价值变动收益（－公允价值变动损失）+投资收益（－投资损失）

其中，营业收入是指企业经营业务实现的收入总额，包括主营业务收入和其他业务收入。营业成本是指企业经营业务发生的实际成本总额，包括主营业务成本和其他业务成本。资产减值损失是指企业计提各项资产减值准备形成的损失。公允价值变动收益（或损失）是指企业交易性金融资产等公允价值变动形成的应计入当期损益的利得（或损失）。投资收益（或损失）是指企业以各种方式对外投资所得的收益（或发生的损失）。

（二）利润总额

利润总额＝营业利润+营业外收入－营业外支出

其中，营业外收入（或支出）是指企业发生的与日常活动无直接关系的各项利得（或损失）。

（三）净利润

净利润＝利润总额－所得税费用

其中，所得税费用是指企业确认的应从当期利润总额中扣除的所得税费用。

二、营业外收支的会计处理

营业外收支是指企业发生的与日常活动无直接关系的各项收支。营业外收支虽然与企业生产经营活动没多大的关系，但从企业主体来考虑，同样带来收入或形成企业的支出，也是增加或减少利润的因素，对企业的利润总额及净利润产生较大的影响。

（一）营业外收入

营业外收入是指企业发生的营业利润以外的收益。营业外收入并不是由企业经营资金耗费所产生的，不需要企业付出代价，实际上是一种纯收入，不可能也不需要与有关费用进行配比。因此，会计处理应当严格区分营业外收入和营业收入的界限。营业外收入主要包括非流动资产损毁报废利得、债务重组利得、盘盈利得、与企业日常活动无关的政府补助、捐赠利得等。

非流动资产毁损报废利得是指因为自然灾害等发生毁损、已丧失使用功能而报废的非流动资产清理产生的收益。

债务重组利得是指重组债务的账面价值超过清偿债务的现金、非现金资产的公允价值、由债务或债权转成股份的公允价值，或者重组后债务账面价值之间的差额。

盘盈利得是指企业对于现金等资产清查盘点中盘盈的资产，报经批准后计入营业外收入的金额。

政府补助是指与企业日常活动无关的、企业从政府无偿取得货币性资产或非货币性资产形成的利得。

捐赠利得是指企业接受捐赠产生的利得。企业接受道德捐赠和债务豁免，按照企业会计准则规定符合确认条件的，通常应当确认为当期收益。但是，企业接受控股股东（或控股股东的子公司）或非控股股东（或非控股股东的子公司）直接或间接代为偿债、债务豁免或捐赠，经济实质表明属于控股股东或非控股股东对企业的资本性投入，应当将相关利得计入所有者权益（资本公积）。

企业发生破产重组，其非控股股东因执行人民法院批准的破产重整计划，通过让渡所持有的该企业部分股份向企业债权人偿债的，企业应将非控股股东让渡股份按照其在让渡之日的公允价值计入所有者权益（资本公积），减少所豁免债务的账面价值，并将让渡股份公允价值与被豁免的债务账面价值之间的差额计入当期损益。控股股东按照破产重整计划让渡了所持有的部分该企业股权向企业债权人偿债的，该企业也按此原则处理。

企业应当通过"营业外收入"账户核算营业外收入的取得和结转情况。该账户可以按营业外收入项目进行明细核算。期末，企业应将该账户余额转入"本年利润"账户，结转后该账户无余额。

（二）营业外支出

营业外支出是指企业发生的营业外利润以外的支出，主要包括非流动资产毁损报废损失、债务重组损失、公益性捐赠支出、非常损失、盘亏损失等。

非流动资产毁损报废损失是指因自然灾害等发生毁损、已丧失使用功能而报废对流动资产产生的清理损失。

债务重组损失是指重组债权的账面余额超过受让资产的公允价值、所转股份的公允价值，或者重组后债权的账面价值之间的差额。

公益性捐赠支出是指企业对外进行公益性捐赠发生的支出。

非常损失是指企业对于客观因素（如自然灾害等）造成的损失，在扣除保险公司赔偿后计入营业外支出的净损失。

盘亏损失是指企业对于现金等资产清查盘点中盘亏的资产，报经批准后计入营业外支出的金额。

"营业外支出"账户用来核算营业外支出的发生及结转情况。该账户可以按营业外支出项目进行明细核算。期末，企业应将该账户的余额转入"本年利润"账户，结转后该账户无余额。

需要注意的是，营业外收入和营业外支出应当分别核算。在具体核算时，不得以营业外支出直接冲减营业外收入，也不得以营业外收入直接冲减营业外支出，即企业在会计核算时，应当区别营业外收入和营业外支出进行核算。

三、本年利润的会计处理

（一）利润的结转

企业应设置"本年利润"账户，用来核算企业当期实现的净利润（或发生的净损失）。

企业期（月）末结转利润时，应将各损益类账户的金额转入"本年利润"账户，结平各损益类账户。结转后，"本年利润"账户的贷方余额为当期实现的净利润，借方余额为当期发生的净亏损。

年度终了，企业应将本年收入、利得和费用、损失相抵后结出的本年实现的净利润，转入"利润分配"账户，借记"利润分配"账户，贷记"利润分配——未分配利润"账户（如为净亏损编制相反的会计分录）。结转后，"利润分配"账户应无余额。

【例13-9】兴华公司20×8年度取得主营业务收入5 000万元，其他业务收入1 800万元，投资净收益700万元，营业外收入250万元；发生主营业务成本3 500万元，其他业务成本1 400万元，税金及附加60万元，销售费用380万元，管理费用340万元，财务费用120万元，资产减值损失150万元，公允价值变动损益100万元，营业外支出200万元；本年度确认的所得税费用为520万元。假定兴华公司中期期末不进行利润结转，年末一次性结转利润。兴华公司结转利润的账务处理如下：

（1）20×8年12月31日，结转本年损益类科目余额。

借：主营业务收入		50 000 000
其他业务收入		18 000 000
投资收益		7 000 000
营业外收入		2 500 000
贷：本年利润		77 500 000
借：本年利润		67 700 000
贷：主营业务成本		35 000 000
其他业务成本		14 000 000
税金及附加		600 000
销售费用		3 800 000
管理费用		3 400 000
财务费用		1 200 000
资产减值损失		1 500 000
公允价值变动损失		1 000 000
营业外支出		2 000 000
所得税费用		5 200 000

（2）20×8年12月31日，结转本年利润。

借：本年利润		9 800 000
贷：利润分配——未分配利润		9 800 000

（二）利润的分配

企业当期实现的净利润，加上上年年初未分配利润（减去上年年初未弥补亏损）后的余额，为可供分配的利润。可供分配的利润，一般按下列顺序分配：

（1）提取法定盈余公积，即企业根据有关法律的规定，按照净利润的 10% 提取的盈余公积。法定盈余公积累计金额超过企业注册资本的 50% 以上时，可以不再提取。

（2）提取任意盈余公积，即企业按照股东大会决议提取盈余公积。

（3）应付现金股利或利润，即企业按照利润分配方案分配给股东的现金股利，也包括非股份有限公司分配给投资者的利润。

（4）转作股本的股利，即企业按照利润分配方案以分配股票股利的形式转做股本的股利，也包括非股份有限公司以利润转增资本。

企业应当设置"利润分配"账户，用来核算利润的分配（或亏损的弥补）情况以及历年积存的未分配利润（或未弥补亏损）。该账户应当分别按"提取法定盈余公积""提取任意盈余公积""应付现金股利（或利润）""转做股本的股利""盈余公积补亏"和"未分配利润"等进行明细核算。年度终了，企业应将"利润分配"账户所属其他明细账户余额转入"未分配利润"明细账户。结转后，除"未分配利润"明细账户外，其他明细账户应当无余额。

【例 13-10】兴华公司 20×8 年度实现净利润 980 万元，按净利润的 10% 提取法定盈余公积，按净利润的 15% 提取任意盈余公积，向股东分派现金股利 350 万元，同时分派每股面值 1 元的股票股利 250 万股。兴华公司账务处理如下：

（1）提取盈余公积。

借：利润分配——提取法定盈余公积   980 000

          ——提取任意盈余公积   1 470 000

  贷：盈余公积——法定盈余公积   980 000

           ——任意盈余公积   1 470 000

（2）分配现金股利。

借：利润分配——应付现金股利   3 500 000

  贷：应付股利   3 500 000

（3）分配股票股利，已经办妥增资手续。

借：利润分配——转做股本的股利   2 500 000

  贷：股本   2 500 000

（4）结转"利润分配"账户所属其他明细账户余额。

借：利润分配——未分配利润   8 450 000

  贷：利润分配——提起法定盈余公积   980 000

          ——提取任意盈余公积   1 470 000

          ——应付现金股利   3 500 000

          ——转做股本的股利   2 500 000

第四节　所得税

一、所得税会计概述

企业会计准则和所得税法是遵循不同的原则制定的，两者在资产与负债的计量标准、收入与费用的确认原则等诸多方面存在一定的分歧，导致企业一定期间按照企业会计准则的要求确认的会计利润往往不等同于按照税法规定计算的应纳税所得额。所得税会计是研究如何处理会计利润和应纳税所得额之间的差异的会计理论与方法。

（一）会计利润与应纳税所得额之间的差异

会计利润与应纳税所得额是两个既有联系又有区别的概念。会计利润是指企业根据企业会计准则的要求，采用一定的会计程序与方法确定的所得税税前利润总额。其目的是向财务报告使用者提供关于企业经营成果的会计信息，为其决策提供相关的、可靠的依据。应纳税所得额是指企业按照要求，以一定期间应税收入扣减税法准予扣除的项目后计算的应税所得。其目的是为企业进行纳税申报和国家税收机关对企业的经营所得征税提供依据。由于会计利润和应纳税所得额的确定依据和目的的不同，因此两者之间往往存在一定的差异。这种差异按其性质不同，可以分为永久性差异和暂时性差异两种类型。

1. 永久性差异

永久性差异是指在某一会计期间，由于企业会计准则和税法在计算收益、费用或损失时的口径不同所产生的税前会计利润与应纳税所得额之间的差异。例如，企业购买国债取得的利息收入，在会计核算上作为投资收益，计入当期利润表，但根据税法的规定，不属于应税收入，不计入应纳税所得额。永久性差异的特点是在本期发生，不会在以后期间转回。

2. 暂时性差异

暂时性差异是指资产、负债的账面价值与计税基础不同产生的差异，该差异的存在将影响未来期间的应纳税所得额。例如，按照企业会计准则的规定，交易性金融资产期末应以公允价值计量，公允价值的变动计入当期损益；按照税法的规定，交易性金融资产在持有期间的公允价值变动不计入应纳税所得额，待处置交易性金融资产时，按实际取得成本从处置收入中扣除，因而计税基础保持不变，仍为初始投资成本，由此产生了交易性金融资产账面价值与计税基础之间的差异，该项差异将会影响处置交易性金融资产期间的应纳税所得额。暂时性差异的特点是发生于某一会计期间，但在以后一期或若干期内能够转回。

（二）所得税的会计处理方法

1. 应付税款法和纳税影响会计法

如果会计利润和应纳税所得额之间仅存在永久性差异，企业应根据确定的应纳税所得额和适用税率计算当期应纳所得税，并确认为当期所得税费用，不存在复杂的会计处理问题。如果存在暂时性差异，则所得税的会计处理方法有应付税款法和纳税影响会计法之分。

（1）应付税款法。应付税款法是指企业不确认暂时性差异对所得税的影响金额，按照当期计算的应纳所得税确认当期所得税费用的方法。在这种方法下，当期确认的所得税费用等于当期应纳所得税。

采用应付税款法进行所得税的会计处理，不需要区分永久性差异和暂时性差异，本期发生的各类差异对所得税的影响金额，都在当期确认为所得税费用，或者抵减所得税费用，不将暂时性差异对所得税的影响金额递延和分配到以后各期。

应付税款法的会计处理比较简单，但不符合权责发生制，因此我国企业会计准则不允许采用这种方法。

（2）纳税影响会计法。纳税影响会计法是指企业确认暂时性差异对所得税的影响金额，按照当期应纳所得税和暂时性差异对所得税影响金额的合计确认所得税费用的方法。

采用纳税影响会计法进行会计处理，暂时性差异对所得税的影响金额需要递延和分配到以后各期，即采用跨期摊配的方法逐渐确认和依次转回暂时性差异对所得税的影响金额。在资产负债表中，尚未转销的暂时性差异对所得税的影响金额反映为一项资产或一项负债。

应付税款法和纳税影响会计法对永久性差异的会计处理是一致的，如果本期发生的永久性差异已从会计利润中扣除，但不能从应纳税所得额中扣除，永久性差异对所得税的影响金额构成本期的所得税费用；如果本期发生的永久性差异未从会计利润中扣除，但可以从应纳税所得额中扣除，永久性差异对所得税的影响金额可以抵减本期的所得税费用。

应付税款法和纳税影响会计法的主要区别是：应付税款法不确认暂时性差异对所得税的影响金额，直接以本期应纳所得税作为本期的所得税费用；纳税影响会计法确认暂时性差异对所得税的影响金额，在资产负债表中单独作为递延所得税项目列示，同时在利润表中增加或抵减本期的所得税费用。

2. 递延法和债务法

（1）递延法。递延法是指在产生暂时性差异时，按当期的适用税率计算对所得税的影响金额并作为递延所得税项目确认入账，在税率发生变动的情况下，不需要按未来适用税率调整与入账的递延所得税项目，待转回暂时性差异对所得税的影响金额时，按照原确认递延所得税项目时的适用税率计算并予以转销的一种会计处理方法。

采用递延法进行会计处理，递延所得税项目的账面余额是按产生暂时性差异时的适用税率而不是按未来适用税率确认的，这使得递延所得税项目的账面余额不能完全代表企业未来收款的权利或付款的义务，不符合资产或负债的定义，因此其只能被视为一项递延所得税借项或递延所得税贷项。鉴于递延法的不足，我国企业会计准则不允许采用这种方法进行所得税的会计处理。

（2）债务法。债务法是指在产生暂时性差异时，按当期的适用税率计算确认对所得税的影响金额并作为递延所得税项目确认入账，在税率发生变动的情况下，需要按未来转回暂时性差异对所得税的影响金额期间的适用税率调整已入账的递延所得税项目，待转回暂时性差异对所得税的影响金额时，按照转回期间适用税率计算并予以转销的一种会计处理方法。

采用债务法进行会计处理，企业在税率发生变动时需要对已入账的递延所得税项目按未来适用税率进行调整，其账面余额均是按未来适用税率计算的，递延所得税项目的账面余额代表的是企业未来收款的权利或付款的义务，符合资产或负债的定义，因此可以分别称为递延所得税资产或递延所得税负债。

在税率没有变动的情况下，递延法与债务法的会计处理程序是相同的，两者的区别仅在于税率发生变动时，是否需要对已入账的递延所得税项目按未来适用税率进行调整。

3. 利润表债务法和资产负债表债务法

在债务法下，按照确定暂时性差异对未来所得税影响的目的的不同，区分为利润表债务法和资产负债表债务法。

（1）利润表债务法。利润表债务法是从利润表出发，将暂时性差异对未来所得税的影响看作本期所得税费用的一部分，先据以确定本期的所得税费用，并在此基础上倒推出递延所得税负债或递延所得税资产的一种方法。利润表债务法以"收入费用观"为理论基础，其主要目的是合理确认利润表中的所得税费用，递延所得税资产或递延所得税负债是由利润表间接得出来的。

在利润表债务法下，递延所得税项目设置"递延税款"账户核算。该账户的借方余额反映预付税款，贷方余额反映应付税款。在资产负债表中，该账户若为借方余额，以"递延所得税借项"反映，反之以"递延所得税贷项"反映。可见，利润表债务法是将递延所得税资产和递延所得税负债的数值直接抵销后予以列示的，这就是混淆了资产和负债的内涵，违背了财务报表中资产和负债项目不得互相抵销后以净额列报的基本要求，使得资产负债表无法真实、完整地揭示企业的财务状况，也降低了会计信息的可比性，不利于财务报表使用者对企业财务状况进行判断和评价。因此，我国企业会计准则已经不再允许采用利润表债务法。

（2）资产负债表债务法。资产负债表债务法是从资产负债表出发，通过分析暂时性差异产生的原因，将其对未来所得税的影响分别确认为递延所得税负债和递延所得税资产，并在此基础上倒推出各期所得税费用的一种方法。资产负债表债务法以"资产负债观"为理论基础，其主要目的是合理确认资产负债表中的递延所得税资产和递延所得税负债。所得税费用是由资产负债表间接得出来的。

在资产负债表债务法下，递延所得税项目分别设置"递延所得税资产"和"递延所得税负债"账户核算，并以"递延所得税资产"和"递延所得税负债"项目分别列示于资产负债表中。这就将递延所得税资产和负债区分开了，使资产负债表可以清晰地反映企业的财务状况，有利于财务报表使用者的正确决策。

综上所述，所得税的会计处理方法包括应付税款和纳税影响会计法，其中纳税影响会计法又有递延法和债务法之分，而债务法具体又分为利润表债务法和资产负债表债务法。我国企业会计准则只允许采用资产负债表债务法进行所得税的会计处理。

（三）资产负债表债务法的基本核算程序

在资产负债表债务法下，企业一般应于每一资产负债表日进行所得税的相关会计处理。如果发生企业合并等特殊交易或事项，企业应在确认该交易或事项取得的资产、负债的同时确认相关的所得税影响。资产负债表债务法的基本核算程序如下：

1. 确定资产和负债的账面价值

资产和负债的账面价值是指按照企业会计准则的相关规定对资产和负债进行会计处理后确定的在资产负债表中应列示的金额。资产和负债的账面价值可以直接根据有关账簿记录确定。

2. 确定资产和负债的计税基础

资产和负债的计税基础应按照企业会计准则中对资产和负债的计税基础的确定方法，以适用的税收法规为基础进行确定。

3. 确定递延所得税

企业比较资产、负债的账面价值和计税基础，对两者之间存在差异的，分析其性质，除企业会计准则中规定的特殊情况外，应分别按照应纳税暂时性差异和适用税率确定递延所得税负债的期末余额，按照可抵扣暂时性差异和适用税率确定递延所得税资产的期末余额，然后与递延所得税负债和递延所得税资产期初余额进行对比，确定当期应予以进一步确认或应予以转回的递延所得税负债和递延所得税资产的金额，并将两者的差额作为利润表中所得税费用的一个组成部分——递延所得税。

4. 确定当期所得税

企业按照适用的税法规定计算确定当期应纳税所得额，以应纳税所得额乘以适用的所得税税率计算确定当期应纳所得税，作为利润表中所得税费用的另一个组成部分——当期所得税。

5. 确定利润表中所得税费用

利润表中的所得税费用由当期所得税和递延所得税两部分组成。企业在计算确定当期所得税和递延所得税的基础上，将两者之和（或差）作为利润表中的所得税费用。

从资产负债表债务法的基本程序可以看出，所得税费用的确认包括当期所得税的确认和递延所得税的确认。当期所得税可以根据当期应纳税所得额和适用税率计算确定，而递延所得税则要根据当期确认（或转回）的递延所得税负债和递延所得税资产的差额予以确认。递延所得税负债和递延所得税资产取决于当期存在的应纳税暂时性差异和可抵扣暂时性差异的金额，而应纳税暂时性差异和可抵扣暂时性差异是通过分析比较资产与负债的账面价值和计税基础确定的。资产和负债的账面价值可以通过会计核算资料直接获取，而其计税基础需要根据会计人员的职业判断，以适用的税收法规为基础，通过合理的分析和计算予以确定。因此，所得税会计的关键在于确定资产和负债的计税基础。

二、资产和负债的计税基础

（一）资产的计税基础

资产的计税基础是指企业在收回资产账面价值的过程中，计算应纳税所得额时按照税法规定可以自应税经济利益中抵扣的金额，即某一项资产在未来期间计税时按照税法规定可以予以税前扣除的金额。

在通常情况下，企业取得资产的实际成本为税法所认可，即企业为取得某项资产而支付的成本在未来收回资产账面价值过程中准予税前扣除。因此，资产在初始确认时，其计税基础一般为资产的取得成本，或者说资产初始确认的账面价值等于计税基础。资产在持有期间，其计税基础是指资产的取得成本减去以前期间按照税法规定已经从税前扣除的金额后的余额。该余额代表的是按照税法规定相关资产在未来期间计税时仍然可以从税前扣除的金额。例如，固定资产、无形资产等。在持续使用期间某一资产负债表日的计税基础是指取得成本扣除按照税法规定已经在以前期间从税前扣除的累计折旧额或累计摊销额后的金额。资产在后续计量过程中，如果企业会计准则与税法的规定不同，将会导致资产账面价值与计税基础之间产生差异。

1. 固定资产

企业以各种方式取得的固定资产，初始确认时按照企业会计准则的规定确定入账价值基本上为税法所认可，即固定资产在取得时的计税基础一般是等于账面价值的，但固定资产在持续使用期间，由于企业会计准则规定按照"成本-累计折旧-固定资产减值准备"进行后续计量，因此导致了固定资产的账面价值与其计税基础之间产生差异，包括折旧方法及折旧年限不同导致的差异和计提固定资产减值准备导致的差异。

（1）折旧方法及折旧年限不同导致的差异。企业会计准则规定，企业应当根据与固定资产有关的经济利益预期实现方式合理选择折旧方法，可供选择的折旧方法包括年限平均法、工作量法、双倍余额递减法和年数总和法。税法规定，固定资产一般按照年限平均法计提折旧，由于技术进步等原因确需加速折旧的，也可以采用双倍余额递减法或年数总和法计提。另外，企业会计准则规定，折旧年限由企业根据固定资产的性质和使用情况自行合理确定；而税法则对每一类固定资产的最低折旧年限做了明确的规定。如果企业进行会计处理时采用的折旧方法、折旧年限与税法的规定不同，将导致固定资产的账面价值与其计税基础之间产生差异。

【例13-11】20×8年12月25日，兴华公司购入一套设备，实际成本800万元，预计使用年限为8年，预计净残值为0，采用年限平均法计提折旧。假设税法对该类固定资产折旧年限和净残值的规定与会计相同，但可以采用加速折旧法计提折旧并于税前扣除。兴华公司在计税时采用双倍余额递减法计提折旧费用。20×9年12月31日，兴华公司确定的该项固定资产的账面价值和计税基础如下：

账面价值 = 800 - 800 ÷ 8 = 700（万元）

计税基础 = 800 - 800 × 25% = 600（万元）

该项固定资产因会计处理和计税时的折旧方法不同，导致其账面价值大于计税基础100万元，该差额将于未来期间增加企业的应纳税所得额。

【例13-12】接【例13-11】，假定税法规定的最短折旧年限为10年，并要求采用平均法计提折旧，其他条件不变，兴华公司20×8年12月31日确定的该项固定资产的账面价值和计税基础如下：

账面价值＝800－800÷8＝700（万元）

计税基础＝800－800÷10＝720（万元）

该项固定资产因会计处理和计税时采用的折旧年限不同，导致其账面价值小于计税基础20万元，该差额将于未来期间减少企业的应纳税所得额。

（2）计提固定资产减值准备导致的差异。企业会计准则规定，企业在持有固定资产期间，如果固定资产发生了减值，应当对固定资产计提减值准备；税法的规定，企业计提的资产减值准备在发生实质性损失前不允许税前扣除，即固定资产的计税基础不会随减值准备的提取发生变化，由此导致固定资产的账面价值与其计税基础之间产生差异。

【例13-13】20×7年12月25日，兴华公司购入一套管理设备，实际成本200万元，预计使用年限为8年，预计净残值为0，采用年限平均法计提折旧。假设税法对该类设备规定的最短折旧年限、净残值和折旧方法与企业会计准则的规定相同。20×8年12月31日，兴华公司估计该设备的可回收金额为100万元。20×8年12月31日，兴华公司确定的该项固定资产的账面价值和计税基础如下：

计提减值准备前的账面价值＝200－200÷8×2＝150（万元）

应计提的减值准备＝150－100＝50（万元）

计提减值准备后的账面价值＝150－50＝100（万元）

计税基础＝200－200÷8×2＝150（万元）

该项固定资产应计提减值准备，导致其账面价值小于计税基础50万元，该差额将于未来期间减少企业的应纳税所得额。

2. 无形资产

除内部研究开发形成的无形资产外，企业通过其他方式取得的无形资产，初始确认时按照企业会计准则规定确定的入账价值与按税法规定的计税基础之间一般不存在差异。无形资产的账面价值与其计税基础之间的差异主要产生于企业内部研究开发形成的无形资产、使用寿命不确定的无形资产和计提无形资产减值准备。

（1）企业内部研究开发形成的无形资产导致的差异。企业会计准则规定，企业内部研究开发活动中研究阶段的支出和开发阶段符合资本化条件前发生的支出应当费用化，计入当期损益；符合资本化条件后至达到预期用途前发生的支出应当资本化，计入无形资产成本。税法规定，自行开发的无形资产，以开发过程中该资产符合资本化条件后至达到预定用途前发生的支出为计税基础。因此，企业内部研究开发形成的无形资产，一般情况下初始确认时按照企业会计准则规定确定的成本与计税基础是相同的。但是，企业为开发新技术、新产品、新工艺发生的研究开发费，税法规定，未形成无形资产而计入当期损益的，在按照规定据实扣除的基础上，按照研究开发费用的75%加计扣除；形成无形资产的，按照无形资产成本的175%摊销。因此，对于开发新技术、新产品、新工艺发生的研发支出，在形成无形资产时，该项无形资产的计税基础应当在会计确定的成本基础上加计50%确定，由此产生了内部研究开发形成的无形资产在初始确认时账面价值与计税基础的差异。

【例13-14】20×8年1月1日，兴华公司开发的一项新技术达到预定使用状态，作为无形资产确认入账。兴华公司将开发阶段符合资本化条件后至达到预定用途前发生的支出 1 000 万元确认为该项无形资产的成本，并从 20×8 年起分期摊销。该项内部研究开发活动形成的无形资产在初始确认时的账面价值和计税基础如下：

账面价值＝入账成本＝1 000（万元）

计税基础＝1 000×175%＝1 750（万元）

该项自行研发的无形资产因符合税法加计扣除的规定，其初始确认的账面价值小于计税基础 750 万元，该差额将于未来期间减少企业的应纳税所得额。

（2）使用寿命不确定的无形资产导致的差异。企业会计准则规定，无形资产在取得之后，应根据其使用寿命是否确定，分为使用寿命有限的无形资产和使用寿命不确定的无形资产两类。使用寿命不确定的无形资产不要求摊销，但持有期间每年都应当进行减值测试。税法没有按使用寿命对无形资产分类，要求所有无形资产的成本均按一定期限进行摊销。使用寿命不确定的无形资产在会计处理时不予以摊销，但计税时按照税法规定确定的摊销额允许税前扣除，由此导致该类无形资产在后续计量时账面价值与计税基础之间产生差异。

【例 13-15】20×8 年 1 月 1 日，兴华公司以 200 万元的成本取得一项无形资产，由于无法合理预计使用寿命，将其划分为使用寿命不确定的无形资产。20×8 年 12 月 31 日，兴华公司对该项无形资产进行了减值测试，结果表明未发生减值。假设税法规定该无形资产应采用直线法按 10 年进行摊销，摊销金额允许税前扣除。20×8 年 12 月 31 日，兴华公司确定的该项无形资产的账面价值和计税基础如下：

账面价值＝入账成本＝200（万元）

计税基础＝200-200÷10＝180（万元）

该项使用寿命不确定的无形资产因会计处理和计税时的后续计量要求不同，导致其账面价值大于计税基础 20 万元，该差额将于未来期间增加企业的应纳税所得额。

（3）计提无形资产减值准备导致的差异。企业会计准则规定，企业在持有无形资产期间，如果无形资产发生了减值，应当对无形资产计提减值准备；税法规定，企业计提的资产减值准备在发生实质性损失前不允许税前扣除，即无形资产的计税基础不会随减值准备的提取发生变化，由此导致无形资产的账面价值与其计税基础之间产生差异。

【例 13-16】20×7 年 1 月 1 日，兴华公司购入一项专利权，实际成本为 600 万元，预计使用年限 10 年，采用直线法分期摊销。假设税法有关使用年限、摊销方法的规定与会计相同。20×8 年 12 月 31 日，兴华公司估计该项专利权可收回金额为 300 万元。20×8 年 12 月 31 日，兴华公司确定的该项无形资产的账面价值和计税基础如下：

计提减值准备前的账面价值＝600-600÷10×3＝420（万元）

应计提的减值准备＝420-300＝120（万元）

计提减值准备后的账面价值＝420-120＝300（万元）

计税基础＝600-600÷10×3＝420（万元）

该项无形资产应计提减值准备，导致其账面价值小于计税基础 120 万元，该差额将于未来期间减少企业的应纳税所得额。

3. 以公允价值进行后续计量的资产

企业会计准则规定，以公允价值进行后续计量的资产（主要有以公允价值计量且其变动计入当期损益的金融资产、可供出售金融资产、采用公允价值模式进行后续计量的投资性房地产等），某一会计期末的账面价值为该时点的公允价值。税法规定，以公允价值进行后续计量的金融资产、投资性房地产等，持有期间公允价值的变动不计入应纳税所得额，在实际处置时，处置取得的价款扣除其历史成本或以历史成本为基础确定的处置成本后的差额计入处置期间的应纳税所得额。因此，根据税法的规定，企业以公允价值进行后续计量的资产在持有期间计税时不考虑公允价值变动，其计税基础仍为取得成本或以取得成本为基础确定的成本，由此导致该类资产的账面价值与其计税基础之间产生差异。

【例13-17】20×8年9月20日，兴华公司自公开市场购入B公司股票200万股并划分为交易金融资产，支付购买价款（不含交易税费）1 800万元。20×8年12月31日，B公司股票市价为1 500万元。20×8年12月31日，兴华公司确定的该项交易性金融资产的账面价值和计税基础如下：

账面价值=期末公允价值=1 500（万元）

计税基础=初始入账成本=1 800（万元）

该项交易性金融资产应按公允价值进行后续计量，导致其账面价值小于计税基础300万元，该差额将于未来期间减少企业的应纳税所得额。

4. 采用权益法核算的长期股权投资

企业会计准则规定，长期股权投资在持有期间，应根据对被投资单位财务和经营政策的影响程度等，分别采用成本法和权益法核算。

长期股权投资采用权益法核算时，其账面价值会随着初始投资成本的调整、投资损益的确认、利润分配、应享有被投资单位其他综合收益及其他权益变动的确认而发生相应的变动。但税法中并没有权益法的概念，税法要求长期股权投资在处置时按照取得投资时确定的实际投资成本予以扣除，即长期股权投资的计税基础为其投资成本，由此导致了长期股权投资的账面价值与计税基础之间的差异。

5. 其他计提了减值准备的资产

如前所述，企业的固定资产、无形资产会因为计提减值准备而导致其账面价值与计税基础之间产生差异，企业的存货、金融资产、长期股权投资、投资性房地产等也同样会因为计提减值准备导致其账面价值与计税基础之间产生差异。

（二）负债的计税基础

负债的计税基础是指负债的账面价值减去未来期间计算应纳税所得额时按照税法规定可以予以扣除的金额。其计算公式表示如下：

负债的计税基础=负债的账面价值-未来期间按照税法规定可以予以税前扣除的金额

在通常情况下，负债的确认和偿还不会影响企业的损益，也不会影响企业的应纳税所得额，未来期间计算应纳税所得额时按照税法规定可以予以税前扣除的金额为零。因此，负债的计税基础一般等于账面价值。但是，在某些情况下，负债的确认可能会影响企业的损益，进而影响不同期间的应纳税所得额，导致其计税基础与账面价值之间产生差额，如按照企业会计准则的规定确认的某些预计负债等。

1. 因为提供产品售后服务等原因确认的预计负债

按照企业会计准则的规定，企业因为提供产品售后服务而预计将会发生的支出，在满足预计负债确认条件时，应于销售商品当期确认预计负债，同时确认相关费用。如果按照税法规定，与产品售后服务相关的支出在未来期间实际发生时允许全额税前扣除，则该类事项产生的预计负债的账面价值等于未来期间按照税法规定可以予以税前扣除的金额，即该项预计负债的计税基础为零。

某些事项所确认的预计负债，如果税法规定在未来期间实际发生相关支出时只允许部分税前扣除，则其计税基础为未来期间计税时按照税法规定不允许税前扣除的部分；如果税法规定相关支出无论何时发生及是否实际发生，一律不允许税前扣除，即按照税法规定可以予以税前扣除的金额为零，则该预计负债的计税基础等于账面价值。

【例 13-18】兴华公司对销售商品承诺 3 年的保修服务。20×8 年 12 月 31 日，兴华公司资产负债表中列示的因提供产品售后服务而确认的预计负债金额为 200 万元。假如按照税法规定，与产品售后服务相关的费用在实际发生时允许税前扣除。20×8 年 12 月 31 日，兴华公司确定的该项预计负债的账面价值和计税基础如下：

账面价值 = 入账金额 = 200（万元）

计税基础 = 200-200 = 0

该项预计负债的账面价值与计税基础之间产生了 200 万元的差额，该差额将于未来期间减少企业的应纳税所得额。

2. 预收账款

企业预收客户的款项，因为不符合企业会计准则规定的收入确认条件，会计上将其确认为负债，税法中对于收入的确认原则一般与会计规定相同，即会计上未确认收入的，计税时一般也不计入应纳税所得额。因此，预收款项形成的负债，其计税基础一般情况下等于账面价值。

某些因不符合收入确认条件而未确认为收入的预收账款，按照税法规定应计入收款当期的应纳税所得额，则该预收账款在未来期间确认为收入时，就不再需要计算应纳所得税，即未来期间确认的收入可全额从税前扣除。因此，在该预收账款产生期间，其计税基础为零。

【例 13-19】20×8 年 12 月 20 日，兴华公司预收一笔合同款，金额为 500 万元，其因为不符合收入确认条件而作为预收账款入账。假设按照税法规定，该款项应计入收款当期应纳税所得额计算应纳所得税。20×8 年 12 月 31 日，兴华公司确定的该项预收账款的账面价值和计税基础如下：

账面价值 = 入账金额 = 500（万元）

计税基础 = 500-500 = 0

该项预收账款的账面价值与计税基础之间产生了 500 万元的差额，该差额将于未来期间减少企业应纳税所得额。

3. 应付职工薪酬

企业会计准则规定，企业为获得职工提供的服务给予的各种形式的报酬以及其他支出都作为职工薪酬，根据职工提供服务的受益对象，计入有关成本费用，同时确认为负债（应付职工薪酬）。税法规定，企业发生的合理的职工薪酬，准予税前扣除，如支付给职工的工资薪金、按国家规定的范围和标准为职工缴纳的基本社会保险费、住房公积金、补充养老保险费、补充医疗保险费等。对有些职工薪酬，税法规定了税前扣除的标准，如企业发生的职工福利费支出，不超过工资薪金总额14%的部分准予税前扣除。对有些职工薪酬，税法规定不得税前扣除，如企业为职工支付的商业保险费（企业为特殊工种职工支付的人身安全保险等按规定可以税前扣除的商业保险费除外）。

发生当期准予税前扣除的职工薪酬，以后期间不存在税前扣除问题，因此所确认的负债的账面价值等于计税基础。超过税前扣除标准支付的职工薪酬及不得税前扣除的职工薪酬，在以后期间一般也不允许税前扣除，因此所确认的负债的账面价值也等于计税基础。

【例13-20】20×8年12月，兴华公司计入成本费用的职工薪酬总额为5 600万元。其中，应支付的工资薪金为3 500万元，应缴纳的社会保险和住房公积金为1 500万元，应支付的职工福利费为600万元。上述职工薪酬至20×8年12月31日都为实际支付，形成资产负债表中的应付职工薪酬。按照税法的规定，计入当期成本费用的职工薪酬中，工资薪金、社会保险费和住房公积金都可予以税前扣除，职工福利费可予以税前扣除的金额为490万元（3 500×14%）。

工资薪金、社会保险费和住房公积金都允许于当期在税前扣除，不存在以后期间税前扣除问题；职工福利费大于允许税前扣除金额的差额110万元（600-490）不允许于当期在税前扣除，并且在以后期间也不得从税前扣除，即应付职工薪酬未来期间允许扣除的金额为零。因此，应付职工薪酬的计税基础为5 600万元（5 600-0），等于账面价值，两者之间不存在差异。

三、暂时性差异

暂时性差异是指资产、负债的账面价值与其计税基础不同而产生的差额。暂时性差异按照对未来期间应纳税所得额的不同影响，分为应纳税暂时性差异和可抵扣暂时性差异。

（一）应纳税暂时性差异

应纳税暂时性差异是指企业在确定未来收回资产或清偿负债期间的应纳税所得额时，将导致产生应税金额的暂时性差异，即该项暂时性差异在未来期间转回时，将会增加转回期间的应纳税所得额和相应的应纳所得税。应纳税暂时性差异通常产生于下列情况：

（1）资产的账面价值大于其计税基础。资产的账面价值代表的是企业在持续使用和最终处置该项资产时将取得的经济利益总额，而计税基础代表的是资产在未来期间可予以税前扣除的金额。如果资产的账面价值大于其计税基础，则表明该资产未来期间产生的经济利益不能全部在税前扣除，两者之间的差额需要缴纳所得税，从而产生应纳税暂时性差异。在前面的例子中，【例13-11】、【例13-15】列举的差异都属于资产的账面价值大于其计税基础导致的应纳税暂时性差异。

（2）负债的账面价值小于其计税基础。负债的账面价值为企业预计在未来期间清偿该项负债时的经济利益流出，而其计税基础代表的是账面价值为企业预计在未来期间清偿该项负债时的经济利益流出。负债的账面价值与其计税基础不同产生的暂时性差异，本质上是与该项负债相关的费用支出在未来期间计税时可予以税前扣除的金额。

负债产生的暂时性差异＝负债的账面价值−负债的计税基础＝负债的账面价值−（负债的账面价值−未来期间计税时按照税法可予以税前扣除的金额）＝未来期间计税时按照税法规定可予以税前扣除的金额

负债的账面价值小于其计税基础，就意味着该项负债在未来期间计税时可予以税前扣除的金额为负数，即应在未来期间应纳税所得额的基础上进一步增加应纳税所得额和相应的应交所得税，产生应纳税暂时性差异。

（二）可抵扣暂时性差异

可抵扣暂时性差异是指企业在确定未来收回资产或清偿负债期间的应纳税所得额时，将导致产生可抵扣金额的暂时性差异，即该项暂时性差异在未来期间转回时，将会减少转回期间的应纳税所得额和相应的应交所得税。可抵扣暂时性差异通常产生于下列情况：

（1）资产的账面价值小于其计税基础。资产的账面价值小于其计税基础，意味着资产在未来期间产生的经济利益小于按照税法规定允许税前扣除的金额，两者之间的差额可以减少企业在未来的应纳税所得额，从而减少未来期间的应纳所得税，产生可抵扣暂时性差异。在前面的例子中，【例13-12】、【例13-13】、【例13-14】、【例13-16】、【例13-17】所列举的差异都属于资产的账面价值小于其计税基础导致的可抵扣暂时性差异。

（2）负债的账面价值大于其计税基础。负债的账面价值大于其计税基础，就意味着该项负债在未来期间可予以税前扣除的金额为正数，即按照税法规定，与该项负债相关的费用支出在未来期间计税时可以全部或部分自应税经济利益中扣除，从而减少未来期间的应纳税所得额和相应的应纳所得税，产生可抵扣暂时性差异。在前面的例子中，【例13-18】、【例13-19】所列举的差异都属于负债的账面价值大于其计税基础导致的可抵扣暂时性差异。

（三）特殊项目产生的暂时性差异

（1）未作为资产、负债确认的项目产生的暂时性差异。某些交易或事项发生以后，因为不符合资产、负债的确认条件而未确认为资产负债表中的资产或负债，但按照税法规定能够确定其计税基础的，其账面价值与计税基础之间的差异也构成暂时性差异。

（2）可抵扣亏损及税款递减产生的暂时性差异。按照税法规定，可以结转以后年度的未弥补亏损及税款抵减，虽然不是资产、负债的账面价值与计税基础不同导致的，但与可抵扣暂时性差异具有同样的作用，都能减少未来期间的应纳税所得额和相应的应纳所得税，应视同可抵扣暂时性差异。

四、递延所得税负债和递延所得税资产

在资产负债表日，企业通过比较资产、负债的账面价值与计税基础，确定应纳税暂时性差异和可抵扣暂时性差异，进而按照企业会计准则规定的原则确认相关的递延所得税负债和递延所得税资产。

（一）递延所得税负债的确认和计量

应纳税暂时性差异在未来期间转回时，会增加转回期间的应纳税所得额和相应的应纳所得税，导致经济利益流出企业。因此，在其产生期间，相关的所得税影响金额构成一项未来的纳税义务，应确认为一项负债，即递延所得税负债产生于应纳税暂时性差异。

1. 递延所得税负债的确认原则

为了充分反映交易或事项发生后引起的未来期间纳税义务，除企业会计准则明确规定了可不确认递延所得税负债的特殊情况外，企业对所有的应纳税暂时性差异都应确认相关的递延所得税负债。

企业在确认应纳税暂时性差异形成的递延所得税负债的同时，由于导致应纳税暂时性差异产生的交易或事项在发生时大多会影响到会计利润或应纳税所得额，因此相关的所得税影响通常应增加利润表中的所得税费用，但与直接计入所有者权益的交易或事项相关的所得税影响以及与企业合并中取得的资产、负债相关的所得税影响除外。

2. 不确认递延所得税负债的特殊情况

在有些情况下，虽然资产、负债的账面价值与其计税基础不同，产生了应纳税暂时性差异，但基于各种考虑，企业会计准则明确规定不确认相关的递延所得税负债。其主要有以下几种情况：

（1）商誉的初始确认。非同一控制下的企业合并中，合并成本大于合并中取得的被购买方可辨认净资产公允价值份额的差额，按照企业会计准则的规定应确认为商誉。企业合并的税收处理，通常情况下，被合并企业应视为按公允价值转让、处置全部资产，计算资产的转让所得，依法缴纳所得税；合并企业接受被合并企业的有关资产，计税时可以按照经评估确认的公允价值确定计税基础。因此，商誉在确认时，计税基础一般等于账面价值，两者之间不存在差异。该商誉在后续计量过程中因企业会计准则规定与税法规定不同产生应纳税暂时性差异时，应确认相关的所得税影响。但是，如果企业合并符合税法规定的免税合并条件，在企业按照税法规定进行免税处理的情况下，购买方在企业合并中取得的被购买方有关资产、负债应维持其原计税基础不变，被购买方原账面尚未确认商誉，计税时也不认可商誉的价值，即商誉的计税基础为零，商誉初始确认的账面价值大于其计税基础的差额形成一项应纳税暂时性差异。商誉的账面价值大于其计税基础产生的应纳税暂时性差异，企业会计准则规定不确认与其相关的递延所得税负债。其原因在于：第一，如果确认该部分暂时性差异产生的递延所得税负债，意味着购买方在企业合并中获得的可辨认净资产的价值量下降，企业应增加商誉的价值，而商誉的账面价值增加以后，可能很快就要计提减值准备，同时商誉账面价值的增加还会进一步产生应纳税暂时

性差异，使得递延所得税负债和商誉价值量的变化不断循环。第二，商誉本身就是企业合并成本在取得的被购买方可辨认资产、负债之间进行分配后的剩余价值，确认递延所得税负债进一步增加其账面价值又违背历史成本原则，会影响会计信息的可靠性。

（2）除企业合并以外的其他交易或事项中，如果该项交易或事项发生时既不影响会计利润，也不影响应纳税所得额，则所产生的资产、负债的初始确认金额与其计税基础不同形成应纳税暂时性差异的，交易或事项发生时不确认相应的递延所得税负债。这种情况下不确认相关的递延所得税负债，主要是因为交易发生时既不影响会计利润，也不影响应纳税所得额。确认递延所得税负债的直接结果是增加有关资产的账面价值或减少有关负债的账面价值，使得资产、负债在初始确认时不符合历史成本原则，影响会计信息的可靠性。

（3）与子公司、联营企业、合营企业投资等相关的应纳税暂时性差异，一般应确认相关的递延所得税负债，但同时满足下列两个条件的除外：一是投资企业能够控制暂时性差异转回时间的；二是该暂时性差异在可预见的未来很可能不会转回。满足上述条件时，投资企业可以运用自身的影响力决定暂时性差异的转回，如果不希望其转回，则在可预见的未来不转回该项暂时性差异，从而对未来期间不会产生所得税影响，无需确认相应的递延所得税负债。

采用权益法核算的长期股权投资，其账面价值与计税基础不同产生的暂时性差异是否需要确认相关的所得税影响，应当考虑持有该投资的意图。第一，企业拟长期持有该项长期股权投资，一般不需要确认相关的所得税影响。长期股权投资采用权益法核算导致的暂时性差异中，因为初始投资成本的调整而产生的暂时性差异和因为确认应享有被投资单位其他综合收益、其他权益变动而产生的暂时性差异，要待处置该项投资时才能转回。因为确认投资收益而产生的暂时性差异，一部分会随着被投资单位分配现金股利或利润而转回，另一部分也要待处置该项投资时才能转回的暂时性差异在可预见的未来期间不会转回，对未来期间没有所得税影响。因为被投资单位分配现金股利或利润而转回的暂时性差异，如果分回的现金股利或利润免税，也不存在对未来期间的所得税影响。因此，在企业拟长期持有该项长期股权投资的情况下，企业一般不需要确认相关的所得税影响。第二，企业改变持有意图拟近期对外出售该项长期股权投资，应该确认相关的所得税影响。按照税法的规定，企业在转让或处置投资资产时，投资资产的成本准予扣除，即长期股权投资的计税基础为其投资成本。如果企业拟近期对外出售该项长期股权投资，则意味着采用权益法核算导致的暂时性差异都将随投资的出售而转回，从而影响出售股权期间的应纳税所得额和相应的应纳所得税。因此，企业在改变持有意图拟近期对外出售长期股权投资的情况下，应该确认相关的所得税影响。

3. 递延所得税负债的计量

在资产负债表日，递延所得税负债应当根据税法的规定，按照预期清偿该负债期间的适用税率计量，即递延所得税负债应以相关应纳税暂时性差异转回期间的适用税率计量。无论应纳税暂时性差异的转回期间如何，相关递延所得税负债都不要求折现。

（二）递延所得税资产的确认和计量

可抵扣暂时性差异在转回期间将减少企业的应纳税所得额和相应的应纳所得税，导致经济利益流入企业，因此在其产生期间，相关所得税影响金额构成一项未来的经济利益，应确认为一项资产。

1. 递延所得税资产的确认原则

企业应当以可抵扣暂时性差异转回的未来期间可能取得的应纳税所得额为限，确认可抵扣暂时性差异所产生的递延所得税资产。

递延所得税资产能够给企业带来的未来经济利益，表现在可以减少可抵扣暂时性差异转回期间的应纳所得税。因此，该项经济利益是否能够实现，取决于在可抵扣暂时性差异转回的未来期间内，企业是否能够产生足够的应纳税所得额用以抵扣可抵扣暂时性差异。如果企业有明确的证据表明在可抵扣暂时性差异转回的未来期间能够产生足够的应纳税所得额，使得与可抵扣暂时性差异相关经济利益能够实现的，应当确认可抵扣暂时性差异产生的递延所得税资产。如果企业在可抵扣暂时性差异转回的未来期间无法产生足够的应纳税所得额，使得与可抵扣暂时性差异相关的经济利益无法全部实现的，应当以可能取得的应纳税所得额为限，确认相应的可抵扣暂时性差异产生的递延所得税资产。如果企业在可抵扣暂时性差异转回的未来期间无法产生应纳税所得额，使得与可抵扣暂时性差异相关的经济利益无法实现的，就不应该确认递延所得税资产。在判断企业于可抵扣暂时性差异转回的未来期间是否能够产生足够的应纳税所得额时，企业应考虑在未来期间通过正常的生产经营活动能够实现的应纳税所得额和以前期间产生的应纳税暂时性差异在未来期间转回时将增加的应纳税所得额两方面的影响。

企业在确认可抵扣暂时性差异形成的递延所得税资产的同时，由于导致可抵扣暂时性差异产生的交易或事项在发生时大多会影响到会计利润或应纳税所得额，因此相关的所得税影响通常应减少利润表中的所得税费用，但与直接计入所有者权益的交易或事项相关的所得税影响以及与企业合并中取得的资产、负债相关的所得税影响除外。

2. 不确认递延所得税资产的特殊情况

除企业合并以外的其他交易或事项中，如果该项交易或事项发生时既不影响会计利润，也不影响应纳税所得额，则产生的资产、负债的初始确认金额因与其计税基础不同形成可抵扣暂时性差异的，交易或事项发生时不确认相应的递延所得税资产，其原因与这种情况下不确认应纳税暂时性差异的所得税影响相同。

3. 递延所得税资产的计量

在资产负债表日，递延所得税资产应当根据税法的规定，按照预期收回该资产期间的适用税率计量。无论可抵扣暂时性差异的转回期间如何，递延所得税资产都不进行折现。

企业在确认了递延所得税资产后，应当于资产负债表日对所得税资产的账面价值进行复核。如果根据新的情况估计未来期间很可能无法取得足够的应纳税所得额用以抵扣可抵扣暂时性差异，使得与递延所得税资产相关的经济利益无法全部实现的，企业应当按预期无法实现的部分减计金额应计入所有者权益外，其他情况都应增加当期的所得税费用。因为估计无法取得足够的应纳税所得额用以抵扣可抵扣暂时性差异而减计递延所得税资产账面价值的，后续期间根据新的环境和情况判断又能够产生足够的应纳税所得额抵扣可抵扣暂时性差异，使得递延所得税资产包含的经济利益预计能够实现的，企业应相应恢复递延所得税资产的账面价值。

（三）特殊交易或事项中涉及的递延所得税的确认

1. 与直接计入所有者权益的交易或事项相关的递延所得税

直接计入所有者权益的交易或事项主要有可供出售金融资产公允价值变动计入其他综合收益、会计政策变更采用追溯调整法调整期初留存收益、前期差错更正采用追溯重述法调整期初留存收益、同时包含负债与权益成分的金融工具在初始确认时将分拆的权益成分计入其他资本公积等。暂时性差异的产生与直接计入所有者权益的交易或事项相关的，在确认递延所得税负债或递延所得税资产的同时，相关的所得税影响应当计入所有者权益。

2. 与企业合并相关的递延所得税

企业会计准则与税法对企业合并的处理不同，可能会造成企业合并中取得的资产、负债的账面价值与其计税基础之间产生差异。暂时性差异的产生与企业合并相关的，在确认递延所得税负债或递延所得税资产的同时，相关的所得税影响应调整购买日确认的商誉或是计入合并当期损益的金额。

（四）适用税率变动时对确认递延所得税项目的调整

递延所得税负债和递延所得税资产代表的是未来期间有关暂时性差异转回时，导致转回期间应纳所得税增加或减少的金额。因此，企业在适用的所得税税率发生变动的情况下，按照原税率确认的递延所得税负债或递延所得税资产就不能反映有关暂时性差异转回时对应纳所得税金额的影响。在这种情况下，企业应对原已经确认的递延所得税负债和递延所得税资产按照新的税率进行重新计量，调整递延所得税负债及递延所得税资产金额，使之能够反映未来期间应当承担的纳税义务或可以获得的抵税利益。

在进行上市调整时，除对直接计入所有者权益的交易或事项产生的递延所得税负债与递延所得税资产的调整金额应计入所有者权益以外，其他情况下对递延所得税负债与递延所得税资产的调整金额应确认为税率变动当期的所得税费用（或收益）。

五、所得税费用的确认和计量

所得税会计的主要目的之一是确定当期应纳所得税及利润表中的所得税费用。在资产负债表债务法下，利润表中的所得税费用由当期所得税和递延所得税两部分组成。

（一）当期所得税

当期所得税是指企业对当期发生的交易或事项按照税法的规定计算确定的应该向税务部门缴纳的所得税金额，即当期应纳所得税。企业在确定当期应纳所得税时，对当期发生的交易或事项，会计处理与纳税处理不同的，应在会计利润的基础上，按照适用税法的规定进行调整，计算出当期应纳税所得额，按照应纳税所得额与适用所得税税率计算确定当期应纳所得税。一般情况下，应纳税所得额可在会计利润的基础上，考虑会计处理与纳税处理之间的差异，按照下列公式计算确定：

应纳税所得额＝会计利润＋计入利润表但不允许税前扣除的费用±计入利润表的费用与可予以税前扣除的费用之间的差额±计入利润表的收入与计入应纳税所得额的收入之间的差额－计入利润表但不计入应纳税所得额的收入±其他需要调整的因素

当期应纳所得税＝应纳税所得额×适用的所得税税率

（二）递延所得税

递延所得税是指按照企业会计准则的规定应当计入当期利润表的递延所得税费用（或收益），其金额为当期应予以确认的递延所得税负债减去当期应予以确认的递延所得税资产的差额，用公式表示如下：

递延所得税＝（期末递延所得税负债－期初递延所得税负债）－（期末递延所得税资产－期初递延所得税资产）

其中，期末递延所得税负债＝期末应纳税暂时性差异×适用税率

期末递延所得税资产＝期末可抵扣暂时性差异×适用税率

期末递延所得税负债减去期初递延所得税负债，为当期应予以确认的递延所得税负债；期末递延所得税资产减去期初递延所得税资产，为当期应予以确认的递延所得税资产。当期应予以确认的递延所得税负债与当期应予以确认的递延所得税资产之间的差额，为当期应予以确认的递延所得税。其中，当期应予以确认的递延所得税负债大于当期应予以确认的递延所得税资产的差额，为当期应予以确认的递延所得税费用，递延所得税费用应当计入当期所得税费用；当期应予以确认的递延所得税负债小于当期应予以确认的递延所得税资产的差额，为当期应予以确认的递延所得税收益，递延所得税收益应当抵减当期所得税费用。

需要注意的是，由于递延所得税指的是应当计入当期利润表的递延所得税费用（或收益），因此企业在计算递延所得税时，不应当包括直接计入所有者权益的交易或事项产生的递延所得税负债和递延所得税资产以及企业合并中产生的递延所得税负债和递延所得税资产。

（三）所得税费用

企业在计算确定了当期所得税以及递延所得税的基础上，将两者之和确认为利润表中的所得税费用，即

所得税费用＝当期所得税＋递延所得税

【例13-21】20×8年1月1日，兴华公司递延所得税负债期初余额为400万元。其中，因其他债权投资公允价值变动而确认的递延所得税负债金额为60万元，递延所得税资产期初余额为200万元。20×8年，兴华公司发生下列会计处理与纳税处理存在差别的交易和事项：

（1）本年会计计提固定资产折旧费用为560万元，按照税法的规定允许税前扣除的折旧费用为720万元。

（2）向关联企业捐赠300万元现金，按照税法的规定不允许税前扣除。

（3）期末确认交易性金融资产公允价值变动收益300万元。

（4）期末确认其他债权投资公允价值变动收益140万元。

（5）当期支付产品保修费用 100 万元，前期已对产品保修费用计提了预计负债。

（6）违反环保法规的有关规定支付罚款 260 万元。

（7）期末计提存货跌价准备和无形资产减值准备各 200 万元。

20×8 年 12 月 31 日，兴华公司资产、负债的账面价值与其计税基础存在差异的项目如表 13-3 所示。

表 13-3　资产、负债账面价值与计税基础比较表

20×8 年 12 月 31 日　　　　　　　　　　　　单位：万元

项目	账面价值	计税基础	暂时性差异	
			应纳税暂时性差异	可抵扣暂时性差异
交易性金融资产	5 000	4 000	1 000	
其他债权投资	2 500	2 120	380	
存货	8 000	8 500		500
固定资产	6 000	5 200	800	
无形资产	3 400	3 600		200
预计负债	200	0		200
合计	—	—	2 180	900

20×8 年，兴华公司利润表中的利润总额为 6 000 万元，该公司适用的企业所得税税率为 25%。假定兴华公司不存在可抵扣亏损和税款抵减，预计在未来期间能够产生足够的应纳税所得额用以抵扣可抵扣暂时性差异。兴华公司有关企业所得税的会计处理如下：

（1）计算确定当期企业所得税。

应纳税所得额＝6 000−（720 −560）+300 −300 −100+260+200+200＝6 400（万元）

应纳所得税＝6 400×25%＝1 600（万元）

（2）计算确定递延所得税。

当期确认的递延所得税负债＝2 180×25%−400＝145（万元）

其中，应计入其他综合收益的递延所得税负债＝380×25%−60＝35（万元）

当期确认的递延所得税资产＝900×25%−200＝25（万元）

递延所得税＝（145−35）−25＝85（万元）

所得税费用＝1 600+85＝1 685（万元）

（3）确认所得税的会计分录如下：

借：所得税费用——当期所得税　　　　　　　　　　　　16 000 000

　　贷：应交税费——应交所得税　　　　　　　　　　　　　16 000 000

借：所得税费用——递延所得税　　　　　　　　　　　　850 000

　　递延所得税资产　　　　　　　　　　　　　　　　250 000

　　贷：递延所得税负债　　　　　　　　　　　　　　　　1 100 000

借：其他综合收益   350 000

     贷：递延所得税负债   350 000

【本章小结】

本章介绍了收入的概念和分类、收入的确认与计量、利润及其分配、所得税的相关知识。

【主要概念】

收入；所得税；利润。

【简答题】

1. 什么是收入？收入有什么主要特征？收入如何分类？
2. 销售商品收入的确认应满足哪些条件？
3. 什么是售后回购？如何进行会计处理？
4. 什么是现金折扣？如何进行会计处理？
5. 什么是营业利润？营业利润由哪些损益项目构成？
6. 会计利润与应纳税所得额有什么区别？
7. 什么是暂时性差异？其包括哪些类型？
8. 什么是资产或负债的计税基础？
9. 什么是所得税费用？其如何确认？

第十四章
财务报告

【学习目标】

知识目标：熟悉财务报表类型，掌握资产负债表各项组成部分，掌握利润表各项组成部分，掌握现金流量表的类型和组成部分，了解所有者权益变动表和报表附注。

技能目标：能够运用本章所学的知识进行正确的会计处理和报表编制。

能力目标：理解并掌握财务报表的概念、类型、构成及其会计处理。

【知识点】

财务报表的分类、资产负债表、利润表、现金流量表、所有者权益变动表等。

【篇头案例】

资产负债表的雏形源于古意大利。随着当地商业的发展，商人们对商业融资的需求日益加剧，而放贷者出于对贷款本金的安全考虑，开始关注商人们的自有资产，这就为资产负债表的产生孕育了基础。

随着近现代商业竞争的加剧，商业社会对企业的信息披露要求越来越高，静态的、局限于时点的资产负债表已无法满足披露的要求。人们日益关注的是企业的持续盈利能力，于是利润表开始步入舞台。随后，为了披露偿债能力和变现能力，现金流量表开始成为必备的财务报表。之后，权益的变动产生了所有者权益变动表。

第一节　财务报告概述

财务报告是指企业对外提供的反映企业在某一特定日期的财务状况和某一会计期间的经营成果、现金流量等会计信息的文件。财务报告包括财务报表和其他应当在财务报告中披露的相关信息和资料。

一、财务报表的定义和构成

财务报表是企业财务状况、经营成果和现金流量的构成性表述。财务报表至少应当包括以下组成部分：资产负债表、利润表、现金流量表、所有者权益（或股东权益）变动表、附注。财务报表的这些组成部分具有同等重要程度。

财务报表可以按照不同标准进行分类。财务报表按编报期间的不同，可以分为中期财务报表和年度财务报表。中期财务报表是以短于一个完整会计年度的报告期间为基础编制的财务报表，包括月报、季报和半年报等。财务报表按编报主体的不同，可以分为个别财务报表和合并财务报表。个别财务报表是由企业在自身会计核算基础上对账簿记录进行加工而编制的财务报表，主要用以反映企业自身的财务情况、经营成果和现金流量情况。合并财务报表是以母公司和子公司组成的企业集团为会计主体，根据母公司和所属子公司的财务报表，由母公司编制的综合反映企业集团财务状况、经营成果和现金流量的财务报表。

二、财务报表列报的基本要求

（一）依据各项企业会计准则确认和计量的结果编制财务报表

企业应当根据实际发生的交易和事项，遵循《企业会计准则——基本准则》及各项具体会计准则的规定进行确认和计量，并在此基础上编制财务报表。企业应当在附注中对这一情况做出声明，只有遵循了企业会计准则的所有规定，财务报表才能被称为"遵循了企业会计准则"。同时，企业不应以在附注中披露代替对交易或事项的确认和计量，不恰当的确认和计量也不能通过充分披露相关会计政策而纠正。

此外，如果按照各项企业会计准则的规定披露的信息不足以让财务报表使用者了解特定交易或事项对企业财务状况和经营成果的影响时，企业还应当披露其他的必要信息。

（二）列报基础

持续经营是会计的基本前提，也是会计确认、计量以及编制财务报表的基础。在编制财务报表的过程中，企业管理层应当利用其所有可获得信息来评价企业在报告期末至少 12 个月的持续经营能力。企业在评价时需要考虑的因素包括宏观政策风险、市场经营风险、企业目前或长期的盈利能力、偿债能力、财务弹性以及企业管理层改变经营政策的意向等。评价结果表明对持续经营能力产生重大怀疑的，企业应当在附注中披露导致对持续经营能力产生重大怀疑的因素及企业拟采取的改善措施。

企业在评估持续经营能力时应当结合考虑企业的具体情况。通常情况下，企业过去每年都有可观的净利润，并且易于获取所需的财务资源，则往往表明以持续经营为基础编制财务报表是合理的，而无需进行详细的分析即可得出企业持续经营的结论。反之，企业如果在过去多年都有亏损的记录等情况，则需要通过考虑更加广泛的相关因素来做出评价，如目前和预期未来的获利能力、债务清偿计划、替代融资的潜在来源等。

非持续经营是企业在极端情况下呈现的一种状态。企业存在以下情况之一的，通常表明企业处于非持续经营状态：

（1）企业已在当期进行清算或停止营业。

（2）企业已经正式决定在下个会计期间进行清算或停止营业。

（3）企业已确定在当期或下一个会计期间没有其他可供选择的方案而将被迫进行清算或停止营业。

企业处于非持续经营状态时，应当采用其他基础编制财务报表。例如，企业处于破产状态时，其资产应当采用可变现净值计量，负债应当按照其预计的结算金额计量。在非持续经营情况下，企业应当在附注中声明财务报表是以持续经营为基础列报的，披露以持续经营为基础的原因以及财务报表的编制基础。

（三）权责发生制

除现金流量表按照收付实现制编制外，企业应当按照权责发生制编制其他财务报表。

（四）列报的一致性

可比性是会计信息质量的一项重要质量要求，目的是使同一企业不同期间和同一期间不同企业的财务报表相互可比。为此，财务报表各项目的列报应当在各个会计期间保持一致，不得随意变更。这一要求，不仅针对财务报表中的项目的名称，还包括财务报表项目的分类、排列顺序等方面。

在以下特殊情况下，财务报表各项目的列报是可以改变的：

（1）企业会计准则要求改变。

（2）企业经营业务的性质发生重大变化或对企业经营影响较大的交易和事项发生后，变更财务报表各项目的列报能够提供更可靠、更相关的会计信息。

（五）依据重要性原则单独或汇总列报项目

各项目在财务报表中是单独列报还是汇总列报，应当依据重要性原则来判断。总体原则是，如果某项目单个看不具有重要性，则可以将其与其他项目汇总列报；如果某项目具有重要性，则应当单独列报。企业在进行重要性判断时，应当根据企业所处的具体环境，从项目的性质和金额两方面予以判断：一方面，企业应当考虑该项目的性质是否属于企业日常活动、是否显著影响企业的财务状况、经营成果和现金流量等因素；另一方面，企业应判断项目金额的大小，应当通过单项金额占资产总额、负债总额、所有者权益总额、营业收入总额、营业成本总额、净利润、综合收益总额等直接相关项目金额的比重或所属报表单列项目金额的比重加以确定。同时，企业对各项目重要性的判断标准一经确定，不得随意变更。

（1）性质或功能不同的项目，一般应当在财务报表中单独列报，如存货和固定资产在性质上与功能上都有本质差别，应当分别在资产负债表上单独列报，但是不具有重要性的项目可以汇总列报。

（2）性质或功能类似的项目，一般可以汇总列报，但是对其具有重要性的类别应该单独列报。例如，原材料、在产品等项目在性质上类似通过生产过程形成企业的产品存货，因此可以汇总列报，汇总之后的类别统称为"存货"，并在资产负债表上列报。

（3）项目单独列报的原则不仅适用于报表，还适用于附注。某些项目的重要性程度不足以在资产负债表、利润表、现金流量表或所有者权益变动表中单独列报，但是这些项目可能对附注而言却具有重要性，在这种情况下应当在附注中单独披露。

（4）企业会计准则规定单独列报的项目企业都应当予以单独列报。

（六）财务报表项目金额间的相互抵销

财务报表各项目应当以总额列报，资产和负债、收入和费用、直接计入当期利润的利得和损失项目的金额不能互相抵销，即不得以净额列报，但企业会计准则另有规定的除外。例如，企业欠客户的应付款不得与其他企业客户欠本企业的应收款相抵销，如果互相抵销就掩盖了交易的实质。

下列三种情况不属于抵销，可以以净额列示：

（1）一组类似交易形成的利得和损失以净额列示的，不属于抵销。例如，汇兑损益应当以净额列报，为交易目的而持有的金融工具形成的利得和损失应当以净额列报等。但是，如果相关利得和损失具有重要性，则应当单独列报。

（2）资产或负债项目按扣除备抵项目后的净额列示，不属于抵销。例如，企业对资产计提减值准备，表明资产的价值确实已经发生减损，按扣除减值准备后的净额列示，才反映了资产当时的真实价值。

（3）非日常活动产生的利得和损失以同一交易形成的收益扣减相关费用后的净额列示更能反映交易实质的，不属于抵销。非日常活动并非企业主要的业务，非日常活动产生的损益以收入扣减费用后的净额列示，更有利于列报使用者理解。例如，非流动资产处置形成的利得或损失，应当按处置收入扣除该资产的账面金额和相关销售费用后的净额列报。

（七）比较信息的列报

企业在列报当期财务报表时，至少应当提供所有列报项目上一个可比会计期间的比较数据以及与理解当期财务报表相关的说明，目的是为报表使用者提供对比数据，提高信息在会计期间的可比性，以反映企业财务状况、经营成果和现金流量的发展趋势，提高报表使用者的判断与决策能力。比较信息的列报这一要求适用于财务报表的所有组成部分，即既适用于"四张报表"，也适用于附注。

通常情况下，企业列报所有列报项目上一个可比会计期间的比较数据，至少包括两期各报表及相关附注。当企业追溯应用会计政策或追溯重述，或者重新分类财务报表项目时，按照《企业会计准则第28号——会计政策、会计估计变更和差错更正》等的规定，企业应当在一套完整的财务报表中列报最早可比期间期初的财务报表，即应当至少列报三期资产负债表、两期其他各报表（利润表、现金流量表和所有者权益变动表）以及相关附注。其中，列报的三期资产负债表分别指当期期末的资产负债表、上期期末（当期期初）的资产负债表以及上期期初的资产负债表。

在财务报表项目的列报确需发生变更的情况下，企业应当至少对可比期间的数据按照当期的列报要求进行调整，并在附注中披露调整的原因和性质以及调整的各项金额。但是，在某些情况下，对可比期间比较数据进行调整是不切实可行的，企业应当在附注中披露不能调整的原因以及假设金额重新分类可能进行的调整的性质。企业变更会计政策或更正差错时要求的对比信息的调整应遵循《企业会计准则第28号——会计政策、会计估计和差错更正》的规定。

（八）财务报表表首的列报要求

财务报表通常与其他信息（如企业年度报告等）一起公布，企业应当将按照企业会计准则编制的财务报告与一起公布的同一文件中的其他信息相区分。

财务报表一般分为表首、正表两部分。其中，企业应当在表首部分概括地说明下列基本信息：

（1）编制企业的名称，如企业名称在所属当期发生了变更的，还应明确标明。

（2）资产负债表应当披露报表涵盖的会计期间。

（3）货币名称和单位。按照我国企业会计准则的规定，企业应当以人民币作为记账本位币列报，并标明金额单位，如人民币元、人民币万元等。

（4）财务报表是合并财务报表的，应予以标明。

（九）报告期间

企业至少应当按年编制财务报表。根据《中华人民共和国会计法》的规定，会计年度自公历 1 月 1 日起至 12 月 31 日止。因此，企业在编制年度财务报表时，可能存在年度财务报表涵盖的期间短于一年的情况，如企业在年度中间（如 3 月 1 日）开始设立等。在这种情况下，企业应当披露年度财务报表的实际涵盖期间及其短于一年的原因，并说明由此引起财务报表项目与比较数据不具有可比性这一事实。

第二节　资产负债表

一、资产负债表的内容及结构

（一）资产负债表的内容

资产负债表是指反映企业在某一特定日期财务状况的报表。资产负债表反映企业在某一特定日期拥有或控制的经济资源、承担的现时义务和所有者对净资产的要求权。通过资产负债表，企业可以提供某一日期资产的总额及其结构，表明企业拥有或控制的资源及其分布情况，使用者可以一目了然地从资产负债表上了解企业在某一特定日期拥有的资产总量及其结构；可以提供某一日期的负债总额及其结构，表明企业未来需要用多少资产或劳务清偿债务以及清偿时间；可以反映所有者所拥有的权益，据以判断资本保值、增值的情况以及对负债的保障程度。此外，资产负债表还可以提供进行财务分析的基本资料，如将流动资产与流动负债进行比较，计算出流动比率；将速动资产与流动负债进行比较，计算出速动比率等，可以表明企业的变现能力、偿债能力和资金周转能力，从而有助于报表使用者做出经济决策。

（二）资产负债表的结构

在我国，资产负债表采用账户式结构，报表分为左右两方。左方列示资产各项目，反映全部资产的分布及存在形态；右方列示负债和所有者权益各项目，反映全部负债和所有者权益的内容及构成情况。资产负债表左右双方平衡，资产总计等于负债和所有者权益总计，即"资产＝负债＋所有者权益"。此外，为了使使用者通过比较不同时点资产负债表的数据，掌握企业财务状况的变动情况及发展趋势，企业需要提供比较资产负债表，资产负债表各项目再分为"年初余额"和"期末余额"两栏分别填列。资产负债表的具体格式如表 14-1 所示。

237

表 14-1　资产负债表

编制单位：　　　　　　　　　　　　年　月　日

会企 01 表　　　　　　　　　　　　　　　　　　　　　　　　　　单位：元

资产	期末余额	年初余额	负债和所有者权益	期末余额	年初余额
流动资产：			流动负债：		
货币资金			短期借款		
交易性金融资产			应付票据		
应收票据			应付账款		
应收账款			预收款项		
预付款项			合同负债		
应收利息			应付职工薪酬		
应收股利			应交税费		
其他应收款			应付利息		
存货			应付股利		
持有待售资产			其他应付款		
一年内到期的非流动资产			持有待售负债		
其他流动资产			一年内到期的非流动负债		
流动资产合计			其他流动负债		
非流动资产：			流动负债合计		
债权投资			非流动负债：		
其他债权投资			长期借款		
长期应收款			应付债券		
其他权益工具投资			其中：优先股		
投资性房地产			永续债		
固定资产			长期应付款		
在建工程			专项应付款		
工程物资			预计负债		
固定资产清理			递延收益		
生产性生物资产			递延所得税负债		
油气资产			其他非流动负债		
无形资产			非流动负债合计		
开发支出			负债合计		

表14-1（续）

资产	期末余额	年初余额	负债和所有者权益	期末余额	年初余额
商誉			所有者权益：		
长期待摊费用			实收资本（或股本）		
递延所得税资产			其他权益工具		
其他非流动资产			其中：优先股		
非流动资产合计			永续债		
			资本公积		
			减：库存股		
			其他综合收益		
			盈余公积		
			未分配利润		
			所有者权益合计		
资产总计			负债和所有者权益总计		

此外，高危行业企业如有按国家规定提取的安全生产费的，应当在资产负债表所有者权益项下"其他综合收益"项目和"盈余公积"项目之间增设"专项储备"项目，反映企业提取的安全生产费期末余额。

二、资产和负债按流动性列报

根据《企业会计准则第 30 号——财务报表列报》的规定，资产负债表上资产和负债应当按照流动性分为流动资产和非流动资产、流动负债和非流动负债列示。流动性通常按资产的变现或耗用时间长短，或者负债的偿还时间长短来确定。

一般企业（如工商企业）通常在明显可识别的营业周期内销售产品或提供服务，应当将资产和负债分为流动资产和非流动资产、流动负债和非流动负债列示，有助于反映本营业周期内预期能实现的资产和应偿还的负债。但是，对银行、证券、保险等金融企业而言，其有些资产或负债无法严格区分为流动资产和非流动资产，大体按照流动性顺序列示往往能够提供更可靠且相关的信息。

（一）资产的流动性划分

资产满足以下条件之一的，应当归类为流动资产：

（1）预计在一个正常流动营业周期中变现、出售或耗用。这主要包括存货、应收账款等资产。需要指出的是，变现一般针对应收账款等而言，指将资产变为现金；出售一般针对产品等存货而言；耗用一般指将存货（如原材料）转变成另一种形态（如产成品）。

（2）为交易目的而持有。例如，一些根据《企业会计准则第 22 号——金融工具确认和计量》划分的交易性金融资产。但是，并非所有交易性金融资产都是流动资产，如自资产负债表日起超过 12 个月到期且预期持有超过 12 个月的衍生工具应当划分为非流动资产或非流动负债。

（3）在资产负债表日起一年内（含一年，下同）变现。

（4）在资产负债表日起一年内，交换其他资产或清偿负债的能力不受限制的现金或现金等价物。

流动资产以外的资产应当归类为非流动资产。

所谓正常营业周期，是指企业从购买用于加工的资产起至实现现金或现金等价物的期间。正常营业周期通常短于一年，在一年内有几个营业周期。但是，因生产周期较长等导致正常营业周期长于一年的，尽管相关资产往往超过一年才变现、出售或耗用，仍应当划分为流动资产。当正常营业周期不能确定时，企业应当以一年（12 个月）作为正常营业周期。

（二）负债的流动性划分

流动负债的判断标准与流动资产的判断标准类似。负债满足下列条件之一的，应当归类为流动负债：

（1）预计在一个正常营业周期中清偿。

（2）主要为交易目的而持有。

（3）自资产负债表日起一年内到期应予以清偿。

（4）企业无权自主地将清偿推迟至资产负债表日后一年以上。

但是，企业正常营业周期中的经营性负债项目即使在资产负债表日后超过一年才予以清偿的，仍应划分为流动负债。经营性负债项目包括应付账款、应付职工薪酬等，这些项目属于企业在正常营业周期中使用的营运资金的一部分。关于可转换工具负债部分的分类还需要注意的是，负债在其对手方选择的情况下可以通过发行权益进行清查的条款与在资产负债表日负债的流动性划分无关。

此外，企业在判断负债的流动性划分时，对于资产负债表日后事项的相关影响需要特别加以考虑。总体判断原则是企业在资产负债表上对债务流动和非流动的划分，应当反映在资产负债表日有效的合同安排，考虑在资产负债表日起一年内企业是否必须无条件清偿，而资产负债表日之后（即使是财务报告批准报出日前）的再融资、展期或提供宽限期等行为，与资产负债表日判断负债的流动性状况无关。

（1）对在资产负债表日一年内到期的负债，企业有意图且有能力自主地将清偿义务展期至资产负债表日后一年以上的，应当归类为非流动负债；不能自主地将清偿义务展期的，即使在资产负债表日后、财务报告批准报出日前签订了重新安排清偿计划协议，该项负债在资产负债表日仍应当归类为流动负债。

（2）企业在资产负债表日或之前违反了长期借款协议，导致贷款人可以随时要求清偿的负债，应当归类为流动负债。但是，如果贷款人在资产负债表日或之前同意提供在资产负债表日后一年以上的宽限期，在此期限内企业能够改正违约行为，且贷款人不能要求随时清偿的，在资产负债表日的此项负债并不符合流动负债的判断标准，应当归类为非流动负债。企业的其他长期负债存在类似情况的，应当比照上述规定进行处理。

三、资产负债表的填列方法

（一）资产负债表"期末余额"栏的填列方法

资产负债表"期末余额"栏一般应根据资产、负债和所有者权益类科目的期末余额填列。

（1）根据总账科目的余额填列。"交易性金融资产""其他债权投资""其他权益工具投资""工程物资""固定资产清理""递延所得税资产""长期待摊费用""短期借款""应付票据""应付利息""应付股利""持有待售负债""其他应付款""专项应付款""递延收益""递延所得税负债""实收资本（或股本）""其他权益工具""库存股""资本公积""其他综合收益""专项储备""盈余公积"等项目，应根据相关总账科目的余额填列。其中，长期待摊费用摊销年限（或期限）只剩一年或不足一年的，或者预计在一年内（含一年）进行摊销的部分，仍在"长期待摊费用"项目中列示，不转入"一年内到期的非流动资产"项目。

有些项目应根据几个总账科目的余额计算填列，如"货币资金"需要根据"库存现金""银行存款""其他货币资金"三个总账科目余额的合计数填列。

（2）根据明细账科目的余额计算填列。"开发支出"应根据"研发支出"科目所属的"资本化支出"明细科目期末余额填列；"应付款项"应根据"应付账款""预付账款"科目所属的相关明细科目的期末贷方余额合计数填列；"预收款项"应根据"预收账款""应收账款"所属各明细科目的期末贷方余额合计数填列；"应交税费"应根据"应交税费"科目的明细科目期末余额分析填列，其中的借方余额应当根据流动性在"其他流动资产"或"其他非流动资产"中填列；"一年内到期的非流动资产""一年内到期的非流动负债"应根据有关非流动资产或负债项目的明细科目余额分析填列；"应付职工薪酬"应根据"应付职工薪酬"科目的明细科目期末余额分析填列；"长期借款""应付债券"应分别根据"长期借款""应付债券"科目的明细科目余额分析填列；"预计负债"应根据"预计负债"科目的明细科目期末余额分析填列；"未分配利润"应根据"利润分配"科目所属的"未分配利润"明细科目期末余额填列。

（3）根据总账科目和明细账科目的余额分析计算填列。"长期借款"应根据"长期借款"总账科目扣除"长期借款"科目所属的明细科目中将在资产负债表日一年内到期的且企业不能自主地将清偿义务展期的长期借款后的金额计算填列；"其他流动资产""其他流动负债"应根据有关总账科目及有关科目的明细科目期末余额分析填列；"其他非流动负债"应根据有关科目的期末余额减去将于一年内（含一年）到期偿还数后的金额填列。

（4）根据有关科目余额减去其备抵科目余额后的净额填列。"持有待售资产""债权投资""长期股权投资""在建工程""商誉"应根据相关科目的期末余额填列，已计提减值准备的，还应扣减相应的减值准备；"固定资产""无形资产""投资性房地产""生产性生物资产""油气资产"应根据相关科目的期末余额扣减相关的累计折旧（或摊销、折耗）填列，已计提减值准备的还应扣减相应的减值准备，折旧（或摊销、折耗）年限（或期限）只剩一年或不足一年的，或者预计在一年内

（含一年）进行折扣（或摊销、折耗）的部分，仍在上述项目中列示，不转入"一年内到期的非流动资产"，采用公允价值计量的上述资产，应根据相关科目的期末余额填列；"长期应收款"应根据"长期应收款"科目的期末余额，减去相应的"未实现融资收益"和"坏账准备"所属相关明细科目期末余额后的金额填列；"长期应付款"应根据"长期应付款"科目的期末余额，减去相应的"未确认融资费用"科目期末余额后的金额填列。

（5）综合运用上述填列方法分析填列。"应收票据""应收利息""应收股利""其他应收款"应根据相关项目的期末余额，减去"坏账准备"中有关坏账准备期末余额后的金额填列。"应收款项"应根据"应收账款"和"预收账款"所属各明细科目的期末借方余额合计数，减去"坏账准备"中有关应收账款计提的坏账准备期末余额后的金额填列。"预付款项"应根据"预付账款"和"应付账款"所属各项明细科目的期末借方余额合计数，减去"坏账准备"中有关预付款项计提的坏账准备期末余额后的金额填列。"合同资产""合同负债"应根据"合同资产"和"合同负债"的明细科目期末余额分析填列，同一合同下的合同资产和合同负债应当以净额列示，其中净额为借方余额的，应当根据其流动性在"合同资产"或"其他非流动资产"中填列，已计提减值准备的，还应减去"合同资产减值准备"中相应的期末余额后的金额填列，其中净额为贷方余额的，应当根据其流动性在"合同负债"或"其他非流动负债"中填列。"存货"应根据"材料采购""原材料""发出商品""库存商品""周转材料""委托加工物资""生产成本""受托代销商品"等科目的期末余额及"合同履约成本"科目的明细科目中初始确认时摊销期限不超过一年或一个正常营业周期的期末余额合计，减去"受托代销商品款""存货跌价准备"期末余额及"合同履约成本减值准备"中相应的期末余额后的金额填列，材料采用计划成本核算以及库存商品采用计划成本核算或售价核算的企业，还应按加或减材料成本差异、商品进销差价后的金额填列。"其他非流动资产"应根据相关科目的期末余额减去将于一年内（含一年）收回数后的金额及"合同取得成本"和"合同履约成本"的明细科目中初始确认时摊销期限在一年或一个正常营业周期以上的期末余额，减去"合同取得成本减值准备"和"合同履约成本减值准备"中相应的期末余额填列。

（二）资产负债表"年初余额"栏的填列方法

资产负债表中的"年初余额"栏通常根据上年年末有关项目的期末余额填列，且与上年年末资产负债表"期末余额"栏相一致。如果企业发生了会计政策变更、前期差错更正，应当对"年初余额"栏中的相关项目进行相应调整。如果上年度资产负债表规定的项目名称和内容与本年度不一致，企业应当对上年年末资产负债表相关项目的名称和金额按照本年度的规定进行调整，填入"年初余额"栏。

第三节　利润表

一、利润表的内容及结构

（一）利润表的内容

利润表是反映企业在一定会计期间的经营成果的报表。利润表的列报应当充分反映企业经营业绩的主要来源和构成，有助于使用者判断净利润的质量及其风险，预测净利润的持续性，从而做出正确的决策。利润表可以反映企业一定会计期间的收入实现情况，如实现的营业收入、实现的投资收益、实现的营业外收入各有多少；可以反映一定会计期间的费用耗费情况，如耗费的营业成本、税金及附加、销售费用、管理费用、财务费用、营业外支出各有多少；可以反映企业生产经营活动的成果，即净利润的实现情况，据以判断资本保值、增值情况，等等。利润表中的信息与资产负债表中的信息相结合，可以提供进行财务分析的基本资料，如将销货成本与存货平均余额进行比较计算出存货周转率，将净利润与资产总额进行比较计算出资产收益率等；可以表现企业资金周转情况及企业的盈利能力和水平，便于报表使用者判断企业未来的发展趋势，做出经济决策。

（二）利润表的结构

常见的利润表结构主要有单步式和多步式两种。在我国，企业利润表采用的基本上是多步式结构，即通过对当期的收入、费用、支出项目按性质加以归类，按利润形成的主要环节列示一些中间性利润指标，分步计算当期净损益，便于使用者理解企业经营成果的不同来源。企业利润表对费用的列报通常应当按照功能进行分类，即分为从事经营业务发生的成本、管理费用、销售费用和财务费用等，有助于使用者了解费用发生的活动领域。与此同时，为了有助于报表使用者预测企业的未来现金流，费用的列报还应当在附注中披露按照性质分类的补充资料，如分为耗用的原材料、职工薪酬费用、折旧费用、摊销费用等。

利润表主要反映以下七个方面的内容：

（1）营业收入。营业收入由主营业务收入和其他业务收入组成。

（2）营业利润，即营业收入减去营业成本（主营业务成本、其他业务成本）、税金及附加、销售费用、管理费用、财务费用、资产减值损失，加上公允价值变动收益、投资收益、资产处置收益、其他收益。

（3）利润总额，即营业利润加上营业外收入，减去营业外支出。

（4）净利润，即利润总额减去所得税费用。净利润按照经营可持续性具体分为持续经营净利润、终止经营净利润。

（5）其他综合收益的税后净额。其具体分为以后不能重分类进损益的其他综合收益和以后将重分类进损益的其他综合收益两类，并以扣除相关所得税影响后的净额列报。

（6）综合收益总额，即净利润加上其他综合收益税后净额。

（7）每股收益。每股收益包括基本每股收益和稀释每股收益。

其中，其他综合收益是指企业根据企业会计准则的规定在当期损益中确认的各项利得和损失。其他综合收益项目分为下列两类：

第一，以后不能重分类进损益的其他综合收益主要包括重新计量设定受益计划净负债或净资产导致的变动、按照权益法核算的在被投资单位不能重分类进损益的其他综合收益变动中享有的份额等。

第二，以后将重分类进损益的其他综合收益主要包括按照权益法核算的在被投资单位可重分类进损益的其他综合收益变动中所享有的份额、其他权益工具公允价值变动形成的利得或损失、金融资产重分类形成的利得或损失、现金流量套期工具产生的利得或损失中属于有效套期的部分、外币财务报表折算差额、自用房地产或作为存货的房地产转换为以公允价值模式计量的投资性房地产在转换日公允价值大于账面价值部分等。

此外，为了使报表使用者通过比较不同期间利润的实现情况，判断企业经营成果的未来发展趋势，企业需要提供比较利润表。利润表将各项目再分为"本期金额"栏和"上期金额"栏分别填列。利润表的具体格式如表14-2所示。

表14-2　利润表

年　月　　　　　　　　　　　　　　　单位：元

项目	本期金额	上期金额
一、营业收入		
减：营业成本		
税金及附加		
销售费用		
管理费用		
财务费用		
资产减值损失		
加：公允价值变动收益（损失以"-"号填列）		
投资收益（损失以"-"号填列）		
资产处置收益（损失以"-"号填列）		
其他收益		
二、营业利润（亏损以"-"号填列）		
加：营业外收入		
减：营业外支出		
三、利润总额（亏损总额以"-"号填列）		
减：所得税费用		
四、净利润（净亏损以"-"号填列）		

表14-2(续)

项目	本期金额	上期金额
（一）持续经营净利润（净亏损以"-"号填列）		
（二）终止经营净利润（净亏损以"-"号填列）		
五、其他综合收益的税后净额		
（一）以后不能重分类进损益的其他综合收益		
（二）以后将重分类进损益的其他综合收益		
六、综合收益总额		
七、每股收益		
（一）基本每股收益		
（二）稀释每股收益		

二、利润表的填列方法

（一）利润表"本期金额"栏的填列方法

利润表"本期金额"栏一般应根据损益类科目和所有者权益类有关科目的发生额填列。

（1）"营业收入""营业成本""税金及附加""销售费用""管理费用""财务费用""资产减值损失""公允价值变动收益""投资收益""资产处置收益""其他收益""营业外收入""营业外支出""所得税费用"等项目应根据有关损益类科目的发生额分析填列。

（2）"营业利润""利润总额""净利润""综合收益总额"项目应根据利润表中相关项目计算填列。

（3）"（一）持续经营净利润"和"（二）终止经营净利润"项目应根据《企业会计准则第42号——持有待售的非流动资产、处置组和终止经营》的相关规定分别填列。

（二）利润表"上期金额"栏的填列方法

利润表中的"上期金额"栏应根据上年同期利润表"本期金额"栏内所列数字填列。如果上年同期利润表规定的项目名称和内容与本期不一致，应对上年同期利润表各项目的名称和金额按照本期的规定进行调整，填入"上期金额"栏。

第四节　现金流量表

一、现金流量表的内容及结构

（一）现金流量表的内容

现金流量表是指反映企业在一定会计期间现金和现金等价物流入与流出的报表。

从编制原则上看，现金流量表按照收付实现制原则编制，将权责发生制下的盈利信息调整为收付实现制下的现金流量信息，便于信息使用者了解企业净利润的质量。从内容上看，现金流量表被划分为经营活动、投资活动和筹资活动三个部分，每类活动又分为各具体项目，这些项目从不同角度反映企业业务活动的现金流入和现金流出，弥补了资产负债表和利润表提供信息的不足。通过现金流量表，报表使用者能够了解现金流量的影响因素，评价企业的支付能力、偿债能力和周转能力，预测企业未来现金流量，为其决策提供有力证据。

（二）现金流量表的结构

在现金流量表中，现金及现金等价物被视为一个整体，企业现金形式的转换不会产生现金的流入和流出。例如，企业从银行提取现金，是企业现金存放形式的转换，并未流出企业，不构成现金流量。同样，现金与现金等价物之间的转换也不属于现金流量。例如，企业用现金购买三个月到期的国库券。根据企业业务活动的性质和现金流量的来源，现金流量表在结构上将企业一定期间产生的现金流量分为三类：经营活动产生的现金流量、投资活动产生的现金流量和筹资活动产生的现金流量。现金流量表的具体格式如表14-3所示。

表 14-3　现金流量表

年　月　　　　　　　　　　　　　　　　　单位：元

项目	本期金额	上期金额
一、经营活动产生的现金流量：		
销售商品、提供劳务收到的现金		
收到的税费返还		
收到其他与经营活动相关的现金		
经营活动现金流入小计		
购买商品、提供劳务支付的现金		
支付给职工以及为职工支付的现金		
支付的各项税费		
支付其他与经营活动有关的现金		
经营活动现金流出小计		
经营活动产生的现金流量净额		
二、投资活动产生的现金流量：		
收回投资收到的现金		
取得投资收益收到的现金		
处置固定资产、无形资产和其他长期资产收回的现金净额		
处置子公司及其他营业单位收到现金净额		
收到其他与投资活动有关的现金		

表14-3(续)

项目	本期金额	上期金额
投资活动现金流入小计		
构建固定资产、无形资产和其他长期资产支付的现金		
投资支付的现金		
取得子公司及其他营业单位支付的现金净额		
支付其他与投资活动有关的现金		
投资活动现金流出小计		
投资活动产生的现金流量净额		
三、筹资活动产生的现金流量：		
吸收投资收到的现金		
取得借款收到的现金		
收到其他与筹资活动有关的现金		
筹资活动现金流入小计		
偿还债务支付的现金		
分配股利、利润或偿付利息支付的现金		
支付其他与筹资活动有关的现金		
筹资活动现金流出小计		
筹资活动产生的现金流量净额		
四、汇率变动对现金及现金等价物的影响		
五、现金及现金等价物净增加额		
加：期初现金及现金等价物余额		
六、期末现金及现金等价物余额		

二、现金流量表的填列方法

（一）经营活动产生的现金流量

经营活动是指企业投资活动和筹资活动以外的所有交易或事项。各类企业由于行业特点不同，对经营活动的认定存在一定差异。对于工商企业而言，其经营活动主要包括销售商品、提供劳务、购买商品、接受劳务、支付职工薪酬、支付税费等。对于商业银行而言，其经营活动主要包括吸收存款、发放贷款、同业存放、同业拆借等。对于保险公司而言，其经营活动主要包括原保险业务和再保险业务等。对于证券公司而言，其经营活动主要包括自营证券、代理承销证券、代理兑付证券、代理买卖证券等。

在我国，企业经营活动产生的现金流量应当采用直接法填列。直接法是指通过现金收入和现金支出的主要类别列示经营活动的现金流量。

（二）投资活动产生的现金流量

投资活动是指企业长期资产的构建和不包括在现金等价物范围内的投资及其处置活动。长期资产是指固定资产、无形资产、在建工程、其他资产等持有期限在一年或一个营业周期以上的资产。这里所讲的投资活动，既包括实物资产投资，也包括金融资产投资。这里之所以将"包括在现金等价物范围内的投资"排除在外，是因为已经将包括在现金等价物范围内的投资视同现金。不同企业由于行业特点不同，对投资活动的认定也存在差异。例如，交易性金融资产产生的现金流量，对工商企业来说属于投资活动现金流量，而对证券公司来说属于经营活动现金流量。

（三）筹资活动产生的现金流量

筹资活动是指导致企业资本及债务规模和构成发生变化的活动。这里所说的资本，既包括实收资本（股本），也包括资本溢价（股本溢价）；这里所说的债务，是指对外举债，包括向银行借款、发行债券以及偿还债务等。通常情况下，应付账款、应付票据等商业应付款等属于经营活动，不属于筹资活动。

此外，企业日常活动之外的、不经常发生的特殊项目，如自然灾害损失、保险赔款、捐赠等，应当归并到相关类别中，并单独反映。例如，自然灾害损失和保险赔款，如果能够确指属于流动资产损失，应当列入经营活动产生的现金流量；属于固定资产损失，应当列入投资活动产生的现金流量。

（四）汇率变动对现金及现金等价物的影响

企业编制现金流量表时，应当将企业外币现金流量及境外子公司的现金流量折算成记账本位币。外币现金流量及境外子公司的现金流量，应当采用现金流量发生日的即期汇率或按照系统合理的方法确定的、与现金流量发生日即期汇率近似的汇率折算。汇率变动对现金的影响应当作为调节项目，在现金流量表中单独列报。

汇率变动对现金的影响是指企业外币现金流量及境外子公司的现金流量折算成记账本位币时，所采用的是现金流量发生日的即期汇率近似的汇率折算。汇率变动对现金的影响应当作为调节项目，在现金流量表中单独列报。

汇率变动对现金的影响指企业外币现金流量及境外子公司的现金流量折算成记账本位币时，所采用的是现金流量发生日的即期汇率或按照系统合理的方法确定的、与现金流量发生日即期汇率近似的汇率，而现金流量表"现金及现金等价物净增加额"项目中外币现金净增加额是按资产负债表日的即期汇率折算的。这两者的差额即为汇率变动对现金的影响。

企业在编制现金流量表时，对当前发生的外币业务，也可不必逐笔计算汇率变动对现金的影响，而是通过现金流量表补充资料中现金及现金等价物净增加额与现金流量表中经营活动产生的现金流量净额、投资活动产生的现金流量净额、筹资活动产生的现金流量净额三项之和比较，其差额即为汇率变动对现金的影响。

（五）现金流量表补充资料

除现金流量表反映的信息外，企业还应在附注中披露将净利润调节为经营活动现金流量、不涉及现金收支的重大投资和筹资活动、现金及现金等价物净变动情况等信息。

1. 将净利润调节为经营活动现金流量

现金流量表采用直接法反映经营活动的现金流量。同时，企业还应采用间接法反映经营活动产生的现金流量。间接法是指以本期净利润为起点，通过调整不涉及现金的收入、费用、营业外收支以及经营性应收应付等项目的增减变动，调整不属于经营活动的现金收支项目，据此计算并列报经营活动产生的现金流量的方法。在我国，现金流量表补充资料应采用间接法反映经营活动产生的现金流量情况，以对现金流量表中采用直接法反应的经营活动现金流量进行核对和补充说明。

采用间接法列报经营活动产生的现金流量时，需要对以下四类项目进行调整：

（1）实际没有支付现金的费用。

（2）实际没有收到现金的收益。

（3）不属于经营活动的损益。

（4）经营性应收应付项目的增减变动。

2. 不涉及现金收支的重大投资和筹资活动

不涉及现金收支的重大投资和筹资活动反映企业在一定期间内影响资产或负债但不形成该期现金收支的所有投资和筹资活动的信息。这些投资和筹资活动虽然不涉及现金收支，但对以后各期的现金流量有重大影响。例如，企业融资租入设备，将形成负债计入"长期应付款"账户，当期并不支付设备款及租金，但以后各期必须为此支付现金，从而在一定期间内形成了一项固定的现金支出。

企业应当在附注中披露不涉及当期现金收支、影响企业财务状况或在未来可能影响企业现金流量的重大投资和筹资活动。其内容主要包括以下三类项目：

（1）债务转为资本，反映企业本期转为资本的债务金额。

（2）一年内到期的可转换公司债券，反映企业一年内到期的可转换公司债券的本息。

（3）融资租入固定资产，反映企业本期融资租入的固定资产。

3. 现金及现金等价物净变动情况

企业应当在附注中披露与现金及现金等价物有关的下列信息：

（1）现金及现金等价物的构成及其在资产负债表中的相应金额。

（2）企业持有但不能由母公司或集团内其他子公司使用的大额现金及现金等价物金额。企业持有现金及现金等价物余额但不能被集团使用的情形多种多样。例如，国外经营的子公司，由于受到当地外汇管制或其他立法的限制，其持有的现金及现金等价物，不能由母公司或其他子公司正常使用。

三、现金流量表的编制方法及程序

（一）直接法和间接法

企业编制现金流量表时，列报经营活动现金流量的方法有两种：一是直接法，二是间接法。在直接法下，一般是以利润表中的营业收入为起算点，调节与经营活动有关的项目的增减变动情况，然后计算出经营活动产生的现金流量。在间接法下，企业将净利润调整为经营活动现金流量，实际上就是将按权责发生制原则确定的净利润调整为现金净流入，并剔除投资活动和筹资活动对现金流量的影响。

采用直接法编报的现金流量表，便于分析企业经营活动产生的现金流量的来源和用途，预测企业现金流量的未来前景；采用间接法编报的现金流量表，便于将净利润与经营活动产生的现金流量净额进行比较，了解净利润与经营活动产生的现金流量差异的原因，从现金流量的角度分析净利润的质量。因此，我国企业会计准则规定，企业应当采用直接法编报现金流量表，同时要求在附注中提供以净利润为基础调节到经营活动现金流量的信息。

（二）工作底稿法、T形账户法和分析填列法

企业在具体编制现金流量表时，既可以采用工作底稿法或T形账户法，也可以根据有关科目记录分析填列。

1. 工作底稿法

工作底稿法是以工作底稿为手段，以资产负债表和利润表数据为基础，对每一项目进行分析并编制调整分录，从而编制现金流量表的方法。工作底稿法的程序如下：

第一步，将资产负债表的期初数和期末数过入工作底稿的期初数栏和期末数栏。

第二步，对当期业务进行分析并编制调整分录。编制调整分录时，企业要以利润表项目为基础，从"营业收入"开始，结合资产负债表项目逐一进行分析。在调整分录中，有关现金和现金等价物的事项，并不直接借记或贷记"库存现金"，而是分别计入"经营活动产生的现金流量""投资活动产生的现金流量""筹资活动产生现金流量"有关项目，借记表示现金流入，贷记表示现金流出。

第三步，将调整分录过入工作底稿中的相应部分。

第四步，核对调整分录，借方、贷方合计数相等，资产负债表项目期初数加减调整分录中的借贷金额以后等于期末数。

第五步，根据工作底稿中的现金流量编制正式的现金流量表。

2. T形账户法

T形账户法是以T形账户为手段，以资产负债表和利润表数据为基础，对每一项目进行分析并编制调整分录，从而编制现金流量表的方法。T形账户法的程序如下：

第一步，为所有的现金项目（包括资产负债表项目和利润表项目）分别开设T形账户，并将各自的期末期初变动过入各账户。如果项目的期末数大于期初数，则将差额过入和项目余额相同的方向，反之则过入相反的方向。

第二步，开设一个大的"现金及现金等价物"T形账户，每边分为经营活动、投资活动和筹资活动三个部分，左边登记现金流入，右边登记现金流出。该账户与其他账户一样，过入期末期初变动数。

第三步，以利润表项目为基础，结合资产负债表分析每一个非现金项目的增减变动，并据此编制调整分录。

第四步，将调整分录过入各T形账户，并进行核对。该账户借贷相抵后的余额与原先过入的期末期初变动数应当一致。

第五步，根据大的"现金及现金等价物"T形账户编制正式的现金流量表。

3. 分析填列法

分析填列法是直接根据资产负债表、利润表和有关会计科目明细账的记录，分析计算出现金流量表各项目的金额，并据以编制现金流量表的一种方法。

第五节　所有者权益变动表

一、所有者权益变动表的内容及结构

（一）所有者权益变动表的内容

所有者权益变动表是指反映构成所有者权益各组成部分当期增减变动情况的报表。所有者权益变动表应当全面反映一定时期所有者权益变动的情况，不仅包括所有者权益总量的增减变动，还包括所有者权益增减变动的重要结构性信息，让报表使用者准确理解所有者权益增减变动的根源。

在所有者权益变动表中，综合收益和与所有者（或股东）的资本交易导致的所有者权益的变动应当分别列示。企业至少应当单独列示反映下列信息的项目：

（1）综合收益总额。

（2）会计政策变更和前期差错更正的累积影响金额。

（3）所有者投入资本和向所有者分配利润等。

（4）提取的盈余公积。

（5）所有者权益各组成部分的期初和期末余额及其调节情况。

（二）所有者权益变动表的结构

为了清晰地表明构成所有者权益的各组成部分当期的增减变动情况，所有者权益变动表应当以矩阵的形式列示。一方面，企业列示导致所有者权益变动的交易或事项，改变了以往仅仅按照所有者权益的各组成部分反映所有者权益变动情况，而是从所有者权益变动的来源对一定时期的所有者权益变动情况进行全面反映；另一方面，企业按照所有者权益各组成部分（包括实收资本、资本公积、其他综合收益、盈余公积、未分配利润和库存股等）及其总额列示交易或事项对所有者权益的影响。此外，企业所有者权益变动表将各项目再分为"本年金额"和"上年金额"两栏分别填列。

二、所有者权益变动表的填列方法

（一）上年金额栏的填列方法

所有者权益变动表"上年金额"栏内各项数字，应根据上年度所有者权益变动表"本年金额"栏内所列数字填列。如果上年度所有者权益变动表规定的项目的名称和内容与本年度不一致，企业应对上年度所有者权益变动表各项目的名称和金额按照本年度的规定进行调整，填入所有者权益变动表"上年金额"栏内。

（二）本年金额栏的填列方法

所有者权益变动表"本年金额"栏内各项数字一般应根据"实收资本（或股本）""其他股权工具""资本公积""盈余公积""其他综合收益""利润分配""库存股""以前年度损益调整"等科目及其明细科目的发生额分析填列。

251

第六节　财务报表附注披露

一、附注披露的总体要求

（一）附注概述

附注是对在资产负债表、利润表、现金流量表和所有者权益变动表等财务报表中列示项目的文字描述或明细资料以及对未能在这些报表中列示项目的说明等。《企业会计准则第 30 号——财务报表列报》对附注的披露要求是对企业附注披露的最低要求，应当适用于所有类型的企业，企业还应当按照各项具体企业会计准则的规定在附注中披露相关信息。

（二）附注披露的总体要求

附注相关信息应当与资产负债表、利润表、现金流量表和所有者权益变动表中列示的项目互相参照，以有利于使用者联系相关联的信息，并由此从整体上更好地理解财务报表。

企业在披露附注信息时，应当将定量、定性信息相结合，按照一定的结构对附注信息进行系统合理的排列和分类，以便于使用者理解和掌握。

二、附注的主要内容

附注应当按照顺序至少披露以下内容：

（一）企业的基本情况

（1）企业注册地、组织形式和总部地址。

（2）企业的业务性质和主要经营活动。

（3）母公司以及集团最终母公司的名称。

（4）财务报告的批准报出者和财务报告批准报出日，或者以签字人及其签字日期为准。

（5）营业期限有限的企业还应当披露有关营业期限的信息。

（二）财务报表的编制基础

企业应当披露其财务报表的编制基础。

（三）遵循企业会计准则的声明

企业应当声明编制的财务报表符合企业会计准者的要求，真实、完整地反映了企业的财务状况、经营成果和现金流量等有关信息，以此明确企业编制财务报表所依据的制度基础。

如果企业编制的财务报表只是部分地遵循了企业会计准则，附注中不得做出上述表述。

（四）重要会计政策和会计估计的说明

1. 重要会计政策的说明

企业应当披露采用的重要会计政策，并结合企业的具体实际披露其重要会计政策的确定依据的财务报表项目的计量基础。其中，会计政策的确定依据主要是指在运用会计政策过程中所做的重要判断，这些判断对在报表中确认的项目金额具有重要影响。例如，企业如何判断与租赁资产相关的所有风险和报酬已经转移给企业从而符合融资租赁的标准、投资性房地产的判断标准是什么等。财务报表项目的计量基础包括历史成本、重置成本、可变现净值、现值和公允价值等会计计量属性。

2. 重要会计估计的说明

企业应当披露重要会计估计，并结合企业的具体实际披露其会计估计采用的关键假设和不确定因素。重要会计估计的说明包括可能导致下一个会计期间内资产、负债账面价值重大调整的会计的确定依据等。例如，固定资产可收回金额的计算需要根据其公允价值减去处置费用后的净额与预计未来现金流量的现值两者之间的较高者确定，企业在计算资产预计未来现金流量的限制时需要对未来现金流量进行预测，并选择适当的折现率，企业应当在附注中披露未来现金流量预测采用的假设及其依据、选择的折现率为什么是合理的等。又如，企业对正在进行中的诉讼提取准备，应当披露最佳估计数的确定依据等。

（五）会计政策和会计估计变更以及差错更正的说明

企业应当按照《企业会计准则第 28 号——会计政策、会计估计变更和差错更正》及其应用指南的规定，披露会计政策和会计估计变更以及差错更正的有关情况。

（六）报表重要项目的说明

企业应当将文字和数字描述相结合，尽可能以列表形式披露重要报表项目的构成或当期增减变动情况，并且报表重要项目的明细金额合计应当与报表项目金额相衔接。在披露顺序上，企业一般应当遵循资产负债表、利润表、现金流量表、所有者权益变动表的顺序及其报表项目列示的顺序。

（七）其他需要说明的重要事项

这部分主要包括或有和承诺事项、资产负债表日后调整事项、关联方关系及其交易等。

此外，附注的主要内容还应包括有助于财务报表使用者评价企业管理资本的目标、政策及程序的信息。

三、关联方披露

（一）关联方关系的认定

关联方关系的存在是以控制、共同控制或重大影响为前提条件的。在判断是否存在关联方关系时，企业应当遵循实质重于形式的原则。从一个企业的角度出发，预期存在关联方关系的各方如下：

（1）该企业的母公司，不仅包括直接或间接地控制该企业的其他企业，也包括能够对该企业实施直接或间接控制的单位等。

①某一个企业直接控制一个或多个企业。例如，母公司控制一个或若干个子公司，则母公司与子公司之间存在关联方关系。

②某一个企业通过一个或若干个中间企业间接控制一个或多个企业。例如，母

公司通过其子公司间接控制子公司的子公司，表明母公司与其子公司的子公司存在关联方关系。

③一个企业直接或通过一个或若干个中间企业间接地控制一个或多个企业。

（2）该企业的子公司，既包括直接或间接地被该企业控制的其他企业，也包括直接或间接地被该企业控制的企业、单位、基金等特殊目的实体。

（3）与该企业受同一母公司控制的其他企业。例如，兴华公司和 B 公司同受 C 公司控制，从而兴华公司和 B 公司之间构成关联方关系。

（4）对该企业实施共同控制的投资方。这里的共同控制包括直接共同控制和间接共同控制。对企业实施直接或间接共同控制的投资方与该企业之间是关联方关系，但这些投资方之间并不能因为仅仅共同控制了同一家企业而被视为存在关联方关系。例如，兴华公司、B 公司、C 公司三家企业共同控制 D 公司，从而兴华公司和 D 公司、B 公司和 D 公司以及 C 公司和 D 公司成为关联方关系。如果不存在其他关联方关系，兴华公司和 B 公司、兴华公司和 C 公司以及 B 公司和 C 公司之间不构成关联方关系。

（5）对该企业施加重大影响的投资方。这里的重大影响包括直接的重大影响和间接的重大影响。虽然企业实施重大影响的投资方与该企业之间是关联方关系，但这些投资方之间并不能仅仅因为对同一家企业具有重大影响而视为存在关联方关系。

（6）该企业的合营企业。合营企业包括合营企业的子公司。合营企业是以共同控制为前提的，两方或多方共同控制某一企业时，该企业则为投资者的合营企业。例如，兴华公司、B 公司、C 公司、D 公司各占 F 公司有表决权资本的 25%，按照合同规则，投资各方按照出资比例控制 F 公司。由于出资比例相同，F 公司由兴华公司、B 公司、C 公司、D 公司共同控制，在这种情况下，兴华公司和 F 公司、B 公司和 F 公司、C 公司和 F 公司以及 D 公司和 F 公司之间构成关联方关系。

（7）该企业的联营企业。联营企业包括联营企业的子公司。联营企业和重大影响是相联系的，如果投资者能对被投资企业施加重大影响，则该被投资企业应被视为投资者的联营企业。

（8）该企业的主要投资者个人及其关系密切的家庭成员。主要投资者个人是指能够控制、共同控制一个企业或对一个企业施加重大影响的个人投资者。

①某一企业与其主要投资者个人之间的关系。例如，张三是兴华公司的主要投资者，则兴华公司与张三构成关联方关系。

②某一企业与其主要投资者个人关系密切的家庭成员之间的关系。例如，兴华公司的主要投资者张三的儿子与兴华公司构成关联方关系。

（9）该企业或其母公司的关键管理人员及其关系密切的家庭成员。关键管理人员是指有权利并负责计划、指挥和控制企业活动的人员。在通常情况下，企业关键管理人员负责管理企业的日常经营活动，并且负责制定经营计划和战略目标、指挥调度生产经营活动等，主要包括董事长、董事、董事会秘书、总经理、总会计师、财务总监、主管各项事务的副总经理以及行使类似决策职能的人员等。

①某一企业预期关键管理人员间的关系。例如，兴华公司的总经理与兴华公司构成关联方关系。

②某一企业与其关键管理人员关系密切的家庭成员之间的关系。例如，兴华公司的总经理张三的儿子与兴华公司构成关联关系。

（10）该企业主要投资者个人、关键管理人员或与其关系密切的家庭成员控制、共同控制的其他企业。与主要投资者个人、关键管理人员关系密切的家庭成员是指在处理与企业的交易时可能影响该个人或受该个人影响的家庭成员，如父母、配偶、兄弟姐妹和子女等。这类关联方应当根据主要投资者个人、关键管理人员或与其关系密切的家庭成员对两家企业的实际影响力具体分析判断。

①某一企业与受该企业主要投资者个人控制、共同控制的其他企业之间的关系。例如，兴华公司的主要投资者 H 拥有 B 公司 60%的表决权资本，则兴华公司和 B 公司存在关联方关系。

②某一企业与受该企业主要投资者个人关系密切的家庭成员控制、共同控制的其他企业间的关系。例如，兴华公司的主要投资者 Y 的妻子拥有 B 公司 60%的表决权资本，则兴华公司和 B 公司存在关联方关系。

③某一企业与受该企业关键管理人员控制、共同控制的其他企业之间的关系。例如，兴华公司的关键管理人员 H 控制了 B 公司，则兴华公司和 B 公司存在关联方关系。

④某一企业与受该企业关键管理人员关系密切的家庭成员控制、共同控制的其他企业之间的关系。例如，兴华公司的财务总监 Y 的妻子是 B 公司的董事长，则兴华公司和 B 公司存在关联方关系。

（11）提供关键管理人员服务的主体与接受该服务的主体。提供关键管理人员服务的主体（以下简称"服务提供方"）向接受该服务的主体（以下简称"服务接受方"）提供关键管理人员服务的，服务提供方和服务接受方之间是否构成关联方关系应当具体分析判断。

（二）不构成关联方关系的情况

（1）与该企业发生日常往来的资金提供者、公用事业部门、政府部门和机构以及因与该企业发生大量交易而存在经济依存关系的单个客户、供应商、特许商、经销商和代理商之间不构成关联方关系。

（2）与该企业共同控制合营企业的合营者之间通常不构成关联方关系。

（3）仅仅同受国家控制而不存在控制、共同控制或重大影响关系的企业，不构成关联方关系。

（4）受同一方重大影响的企业之间不构成关联方关系。

（三）关联方交易的类型

存在关联方关系的情况下，关联方之间发生的交易为关联方交易。关联方的交易类型主要如下：

（1）购买或销售商品。购买或销售商品是关联方交易较常见的交易事项。例如，企业集团成员企业之间互相购买或销售商品，形成关联方交易。

（2）购买或销售除商品以外的其他资产。例如，母公司出售给其子公司的设备或建筑物等。

（3）提供或接受劳务。例如，兴华公司是 B 公司的联营企业，兴华公司专门从事设备维修服务，B 公司的所有设备都由兴华公司负责维修，B 公司每年支付设备维修费 300 万元，该维修服务构成关联方交易。

（4）担保。担保包括在借贷、买卖、货物运输、加工承揽等经济活动中，为了保障债权实现而实行的担保等。当存在关联方关系时，一方往往为另一方提供取得借款、买卖等经济活动中所需要的担保。

（5）提供资金（贷款或股权投资）。例如，企业从其关联方取得资金，或者权益性资金在关联方之间的增减变动等。

（6）租赁。租赁通常包括经营租赁和融资租赁等，关联方之间的租赁合同也是主要的交易事项。

（7）代理。代理主要是依据合同条款，一方可以为另一方代理某些事物，如代理销售货物或代理签订合同等。

（8）研究与开发项目的转移。在存在关联方关系时，有时某一企业所研究与开发的项目会由于一方的要求而放弃或转移给其他企业。

（9）许可协议。当存在关联方关系时，关联方之间可能达成某项协议，允许一方使用另一方商标等，从而形成了关联方交易。

（10）代表企业或由企业代表另一方进行债务结算。

（11）关键管理人员薪酬。企业支付给关键管理人员的报酬，也是一项主要的关联方交易。

关联方交易还包括就某特定事项在未来发生或不发生时做出的采取相应行为的任何承诺，如（已确认及未确认的）待执行合同。

（四）关联方的披露

（1）企业无论是否发生关联方交易，都应当在附注中披露与该企业之间存在直接控制关系的母公司和所有子公司有关的信息。母公司不是该企业最终控制方的，还应当披露企业集团内对该企业享有最终控制权的企业（或主体）的名称。母公司和最终控制方都不对外提供财务报表的，还应当披露母公司之上与其最相近的对外提供财务报表的母公司名称。

（2）企业与关联方发生关联方交易的，应当在附注中披露该关联方关系的性质、交易类型以及交易要素。关联方关系的性质是指关联方与该企业的关系，即关联方是该企业的子公司、合营企业、联营企业等。交易类型通常包括购买或销售商品、购买或销售商品以外的其他资产、提供或接受劳务、担保、提供资金（贷款或股权投资）、租赁、代理、研究与开发项目的转移、许可协议、代表企业或由企业代表另一方进行债务结算、就某特定事项在未来发生或不发生时做出的采取相应行动的任何承诺，包括（已确认及未确认的）待执行合同等。交易要素至少应当包括交易金额；未结算项目的金额、条款和条件（包括承诺）以及有关提供或取得担保的信息；未结算应收项目坏账准备金额；定价政策。关联方交易的金额应当披露相关比较数据。

（3）对外提供合并财务报表的，对已经包括在合并范围内各企业之间的交易不予披露。合并财务报表是将集团作为一个整体来反映与其有关的财务信息，在合并财务报表中，企业集团作为一个整体看待，企业集团内的交易已不属于交易，并且已经在编制合并财务报表时予以抵销。因此，《企业会计准则第 36 号——关联方披露》规定，对外提供合并财务报表的，除了应按上述要求进行披露外，对已经包括在合并范围内并已抵销的各企业之间的交易不予披露。

【本章小结】

本章主要介绍了财务报告的基本内容，资产负债表、利润表、现金流量表、所有者权益变动表，财务报表附注披露的相关知识。

【主要概念】

资产负债表；利润表；现金流量表；所有者权益变动表；附注。

【简答题】

1. 什么是财务报告？其编制的目的和主要构成内容是什么？
2. 财务报表提供的信息应达到的基本质量要求指的是什么？
3. 什么是资产负债表？其作用是什么？
4. 什么是利润表？其作用是什么？
5. 什么是现金流量表？其作用是什么？
6. 现金流量表中现金的含义是什么？
7. 财务报告列报的基本要求是什么？

257

第十五章
会 计 调 整

【学习目标】

知识目标：理解并掌握会计政策、会计估计、差错类型、资产负债表日后调整事项、资产负债表日后非调整事项等概念。

技能目标：能够区分给出事项属于会计政策变更还是会计估计变更以及区分给定事项属于资产负债表日后调整事项还是资产负债表日后非调整事项。

能力目标：掌握会计政策变更追溯调整法的会计处理、会计估计变更的会计处理、前期差错更正的会计处理、资产负债表日后调整事项的会计处理。

【知识点】

会计政策变更、会计估计变更、前期会计差错、资产负债表日后调整事项、资产负债表日后非调整事项。

【篇头案例】

2013 年 9 月 25 日，晋亿实业发布了关于公司会计估计变更的专项审计说明公告。公告称：公司对目前的应收款项坏账准备计提会计估计进行变更。关于会计变更的原因，晋亿实业"委婉"地解释，主要是随着高铁建设项目的不断增加，公司铁道扣件产品质保金、铁道扣件产品货款、一般紧固件产品货款采用同一的账龄分析法计提坏账准备不能反映应收款项减值的真实状况。此次会计估计变更有望给公司的三季报业绩"增肥"。晋亿实业表示：预计将增加公司净利润约 3 100 万元。

无独有偶，2013 年 9 月 25 日，利德曼公司发布公告，决定对固定资产——房屋及建筑物的折旧年限进行变更。变更前，公司房屋与建筑物折旧年限为 20 年，年折旧率为 5%。变更后，年折旧率分别为 3.33%~4% 和 4%~5%。经公司财务部门初步核算，2013 年固定资产折旧费用预计减少约 196.43 万元，净利润预计增加约166.97 万元。

第一节　会计政策及其变更

一、会计政策的概念

会计政策是指企业在会计确认、计量和报告中采用的原则、基础和会计处理方法。原则是指企业按照企业会计准则的规定，所采用的适合企业会计核算的特定会计原则；基础是指为了将会计原则应用于交易或事项而形成的基础；会计处理方法是指企业在会计核算中从诸多可选择的会计处理方法中选择的、适合本企业的具体会计处理方法。

企业会计政策的选择和运用具有如下特点：

（一）企业应在国家统一的会计准则制度规定的会计政策范围内选择适用的会计政策

会计政策是在允许的会计原则、计量基础和会计处理方法中做出指定或具体选择。由于企业经济业务的复杂性和多样化，某些经济业务在符合会计原则和计量基础的要求下，可以有多种会计处理方法，即存在不止一种可供选择的会计政策。例如，确定发出存货的实际成本时可以在先进先出法、加权平均法或个别计价法中进行选择。

同时，我国的企业会计准则和会计制度属于行政法规，会计政策包括的具体会计原则、计量基础和具体会计处理方法由企业会计准则或会计制度规定，具有一定的强制性。企业必须在法规允许的范围内选择适合本企业实际情况的会计政策。企业在发生某项经济业务时，必须从允许的会计原则、计量基础和会计处理方法中选择适合本企业特点的会计政策。

（二）会计政策涉及会计原则、会计基础和具体会计处理方法

会计原则包括一般原则和特定原则。会计政策所指的会计原则是指某一类会计业务的核算所应遵循的特定原则，而不是笼统地指所有的会计原则。例如，借款费用是费用化还是资本化就属于特定会计原则。可靠性、相关性、实质重于形式等属于会计信息质量要求，是为了满足会计信息质量要求而制定的原则，是统一的、不可选择的，不属于特定原则。

会计基础包括会计确认基础和会计计量基础。可供选择的会计确认基础包括权责发生制和收付实现制。会计计量基础主要包括历史成本、重置成本、可变现净值、现值和公允价值等。我国企业应当采用权责发生制作为会计确认基础，不具备选择性，因此会计政策所指的会计基础主要是会计计量基础（计量属性）。

具体会计处理方法是指企业根据国家统一的企业会计准则和会计制度的要求，对某一类会计业务的具体处理方法做出的具体选择。例如，《企业会计准则第1号——存货》允许企业在先进先出法、加权平均法和个别计价法之间对发出存货实际成本的确定方法做出选择，这些方法就是具体会计处理方法。

会计原则、会计基础和具体会计处理方法三者之间是一个具有逻辑性的、密不

可分的整体，通过这个整体，会计政策才能得以应用和落实。

（三）会计政策应当保持前后各期的一致性

企业通常应在每期采用相同的会计政策。企业选用的会计政策一般情况下不能也不应当随意变更，以保持会计信息的可比性。

企业在会计核算中采用的会计政策，通常应在报表附注中加以披露。需要披露的会计政策项目主要有以下几项：

（1）财务报表的编制基础、计量基础和会计政策的确定依据等。

（2）存货的计价，即企业存货的计价方法。例如，企业发出存货成本的计量是采用先进先出法，还是采用其他计量方法。

（3）固定资产的初始计量，即对取得的固定资产初始成本的计量。例如，企业取得的固定资产初始成本是以购买价款为基础进行计量，还是以购买价款的现值为基础进行计量。

（4）无形资产的确认，即对无形项目的支出是否确认为无形资产。例如，企业内部研究开发项目开发阶段的支出是确认为无形资产，还是在发生时计入当期损益。

（5）投资性房地产的后续计量，即企业在资产负债表日对投资性房地产进行后续计量所采用的会计处理。例如，企业对投资性房地产的后续计量是采用成本模式，还是采用公允价值模式。

（6）长期股权投资的核算，即长期股权投资的具体会计处理方法。例如，企业对被投资单位的长期股权投资是采用成本法，还是采用权益法核算。

（7）非货币性资产交换的计量，即非货币性资产交换事项中对换入资产成本的计量。例如，非货币性资产交换是以换出资产的公允价值作为确定换入资产成本的基础，还是以换出资产的账面价值作为确定换入资产成本的基础。

（8）收入的确认，即收入确认采用的会计方法。

（9）借款费用的处理，即借款费用的处理方法，如是采用资本化处理方法还是采用费用化处理方法。

（10）外币折算，即外币折算所采用的方法以及汇兑损益的处理。

（11）合并政策，即编制合并财务报表所采用的原则。例如，母公司与子公司的会计年度不一致的处理原则、合并范围的确定原则等。

二、会计政策变更及其条件

（一）会计政策变更的概念

会计政策变更是指企业对相同的交易或事项由原来采用的会计政策改为另一会计政策的行为。一般情况下，为保证会计信息的可比性，使财务报告使用者在比较企业一个以上期间的财务报表时，能够正确判断企业的财务状况、经营成果和现金流量的趋势，企业在不同的会计期间应采用相同的会计政策，不应也不能随意变更会计政策；否则，势必削弱会计信息的可比性，使财务报告使用者在比较企业的经营成果时发生困难。

需要注意的是，企业不能随意变更会计政策并不意味着企业的会计政策在任何情况下都不能变更。

（二）会计政策变更的条件

会计政策变更并不意味着以前期间的会计政策是错误的，只是由于情况发生了变化，或者掌握了新的信息、积累了更多的经验，使得变更会计政策能够更好地反映企业的财务状况、经营成果和现金流量。如果以前期间会计政策的选择和运用是错误的，则属于前期差错，应按前期差错更正的会计处理方法进行处理。符合下列条件之一的，企业可以变更会计政策：

1. 法律、行政法规或国家统一的会计制度等要求变更

这种情况是指依照法律、行政法规以及国家统一的会计准则和会计制度的规定，企业采用新的会计政策。在这种情况下，企业应按规定改变原会计政策，采用新的会计政策。例如，《企业会计准则第16号——政府补助》发布实施以后，对政府补助的确认、计量和相关信息的披露应采用新的会计政策；又如，实施《企业会计准则第6号——无形资产》的企业，对使用寿命不确定的无形资产应按照新的规定不予摊销。

2. 会计政策的变更能够提供更可靠、更相关的会计信息

这种情况是指由于经济环境、客观情况的改变，企业原来采用的会计政策所提供的会计信息已不能恰当地反映企业的财务状况、经营成果和现金流量等情况。在这种情况下，企业应改变原有会计政策，按照新的会计政策进行核算，以对外提供更可靠、更相关的会计信息。

需要注意的是，除法律、行政法规或国家统一的会计准则和会计制度等要求变更会计政策应当按照规定执行和披露外，企业因满足上述条件变更会计政策时，必须有充分、合理的证据表明其变更的合理性，并说明变更会计政策后，能够提供关于企业财务状况、经营成果和现金流量等更可靠、更相关会计信息的理由。企业对会计政策的变更，应经股东大会或董事会等类似机构批准。企业如果没有充分、合理的证据表明会计政策变更的合理性或未经股东大会等类似机构批准擅自变更会计政策的，或者连续、反复地自行变更会计政策的，视为滥用会计政策，按照前期差错更正的方法进行处理。

（三）不属于会计政策变更的情形

对会计政策变更的认定，直接影响到会计处理方法的选择。在会计实务中，企业应当分清哪些属于会计政策变更、哪些不属于会计政策变更。下列情况不属于会计政策变更：

1. 本期发生的交易或事项与以前相比具有本质差别而采用新的会计政策

例如，某企业以往租入的设备均为临时需要而租入的，企业按经营租赁进行会计处理，但自本年度开始租入的设备都采用融资租赁方式，则该企业自本年度起对新租赁的设备采用融资租赁会计处理方法核算。该企业原租入的设备均为经营租赁，本年度起租赁的设备均改为融资租赁。由于经营租赁和融资租赁存在本质差别，因此改变会计政策不属于会计政策变更。

2. 对初次发生的或不重要的交易或事项采用新的会计政策

例如，某企业第一次签订一项建造合同，为另一企业建造三栋厂房，该企业对该项建造合同采用完工百分比法确认收入。该企业初次发生该项交易，采用完工百分比法确认该项交易的收入，不属于会计政策变更。

三、会计政策变更的会计处理

（一）会计政策变更的会计处理的原则

（1）企业依据法律、行政法规或国家统一的会计制度等的要求变更会计政策的，应当按照国家相关规定执行。

（2）会计政策变更能够提供更可靠、更相关的会计信息的，应当采用追溯调整法处理，将会计政策变更累积影响数调整列报前期最早期初留存收益，其他相关项目的期初余额和列报前期披露的其他比较数据也应当一并调整。

（3）确定会计政策变更对列报前期影响数不切实可行的，应当从可追溯调整的最早期间期初开始应用变更后的会计政策。

（4）在当期期初确定会计政策变更对以前各期累计影响数不切实可行的，应当采用未来适用法处理。例如，企业因账簿资料保存期限满而销毁，可能使当期期初确定会计政策变更对以前各期累积影响数无法计算，即不切实可行。在这种情况下，会计政策变更采用未来适用法进行会计处理。

（二）追溯调整法

追溯调整法是指对某项交易或事项变更会计政策，视同该项交易或事项初次发生时即采用变更后的会计政策，并以此对财务报表相关项目进行调整的方法。

追溯调整法的运用通常由以下四个步骤构成：

第一步，计算会计政策变更的累积影响数。

会计政策变更累积影响数是指按照变更后的会计政策对以前各期追溯计算的列报前期最早期初留存收益应有金额与现有金额之间的差额。会计政策变更的累积影响数是假设与会计政策变更相关的交易或事项在初次发生时即采用新的会计政策，而得出的列报前期最早期初留存收益应有金额与现有金额之间的差额。这里的留存收益包括当年和以前年度的未分配利润以及按照相关法律规定提取并累积的盈余公积。会计政策变更的累积影响数是对变更会计政策导致的对净利润的累积影响以及由此导致的对利润分配及未分配利润的累积影响金额，不包括分配的利润或股利。

上述变更会计政策当期期初现有的留存收益金额，即上期资产负债表所反映的留存收益期末数，可以从上期资产负债表项目中获得。追溯调整后的留存收益金额指扣除所得税后的净额，即按新的会计政策计算确定留存收益时，应当考虑由于损益变化导致的所得税影响的情况。

会计政策变更的累积影响数，通常可以通过以下程序计算获得：

① 根据新的会计政策重新计算受影响的前期交易或事项。

② 计算两种会计政策下的差异。

③ 计算差异的所得税影响金额。

④ 确定前期中每一期的税后差异。

⑤ 计算会计政策变更的累积影响数。

第二步，做出相关账务处理。

第三步，调整财务报表相关项目。

第四步，财务报表附注说明。

采用追溯调整法时，会计政策变更的累积影响数应包括变更当期期初留存收益。但是，如果提供可比财务报表，对比较财务报表期间的会计政策变更，企业应调整各期间净利润项目和财务报表其他相关项目，视同该政策在比较财务报表期间一直采用。对比较财务报表可比期间以前的会计政策变更的累积影响数，企业应调整比较财务报表最早期间的期初留存收益，财务报表其他相关项目的数字也应一并调整。

【例15-1】甲公司20×7年、20×8年分别以4 500 000元和1 100 000元的价格从股票市场购入A、B两只以交易为目的的股票（假设不考虑购入股票发生的交易费用），市价一直高于购入成本。甲公司采用成本与市价孰低法对购入股票进行计量。甲公司从20×9年起对其以交易为目的购入的股票由成本与市价孰低改为公允价值计量。甲公司保存的会计资料比较齐备，可以通过会计资料追溯计算。假设所得税税率为25%，甲公司按净利润的10%提取法定盈余公积，按净利润的5%提取任意盈余公积。甲公司发行普通股4 500万股，未发行任何稀释性潜在普通股。两种方法计量的交易性金融资产账面价值如表15-1所示。

表15-1 两种方法计量的交易性金融资产账面价值   单位：元

股票	会计政策		
	成本与市价孰低	20×7年年末公允价值	20×8年年末公允价值
A股票	4 500 000	5 100 000	5 100 000
B股票	1 100 000	—	1 300 000

根据上述资料，甲公司的会计处理如下：

（1）计算改变交易性金融资产计量方法后的累积影响数（见表15-2）。

表15-2 改变交易性金融资产计量方法后的累积影响数   单位：元

时间	公允价值	成本与市价孰低	税前差异	所得税影响	税后差异
20×7年年末	5 100 000	4 500 000	600 000	150 000	450 000
20×8年年末	1 300 000	1 100 000	200 000	50 000	150 000
合计	6 400 000	5 600 000	800 000	200 000	600 000

甲公司20×9年12月31日的比较财务报表列报前期最早期初为20×8年1月1日。

甲公司在20×7年年末按公允价值计量的账面价值为5 100 000元，按成本与市价孰低计量的账面价值为4 500 000元，两者的所得税影响合计为150 000元，两者差异的税后净影响额为450 000元，即为该公司20×8年期初由成本与市价孰低计量改为公允价值计量的累积影响数。

甲公司在20×8年年末按公允价值计量的账面价值为6 400 000元，按成本与市价孰低计量的账面价值为5 000 000元，两者的所得税影响合计为200 000元，两者差异的税后净影响额为600 000元。其中，450 000元是调整20×8年年初累积影响数，150 000元是调整20×8年当期金额。

甲公司按照公允价值重新计量 20×8 年年末 B 股票账面价值，其结果为公允价值变动收益少计了 200 000 元，所得税费用少计了 50 000 元，净利润少计了 150 000元。

（2）编制有关项目的调整分录。

①对 20×7 年有关事项的调整分录如下：

调整会计政策变更累积影响数。

借：交易性金融资产——公允价值变动　　　　　　　　　　600 000
　　贷：利润分配——未分配利润　　　　　　　　　　　　　　450 000
　　　　递延所得税负债　　　　　　　　　　　　　　　　　　150 000

调整利润分配。甲公司按照净利润的 10% 提取法定盈余公积，按照净利润的 5% 提取任意盈余公积，共计提取盈余公积 450 000×15% = 67 500（元）

借：利润分配——未分配利润　　　　　　　　　　　　　　67 500
　　贷：盈余公积　　　　　　　　　　　　　　　　　　　　　67 500

②对 20×8 年有关事项的调整分录如下：

调整交易性金融资产。

借：交易性金融资产——公允价值变动　　　　　　　　　　200 000
　　贷：利润分配——未分配利润　　　　　　　　　　　　　　150 000
　　　　递延所得税负债　　　　　　　　　　　　　　　　　　 50 000

调整利润分配。甲公司按照净利润的 10% 提取法定盈余公积，按照净利润的 5% 提取任意盈余公积，共计提取盈余公积 150 000×15% = 22 500（元）

借：利润分配——未分配利润　　　　　　　　　　　　　　22 500
　　贷：盈余公积　　　　　　　　　　　　　　　　　　　　　22 500

（3）财务报表调整调整和重述（财务报表略）。甲公司在列报 20×9 年财务报表时，应调整 20×9 年资产负债表有关项目的年初余额、利润表有关项目的上年金额以及所有者权益变动表有关项目的上年金额和本年金额。

①资产负债表项目的调整。甲公司调增交易性金融资产年初余额 800 000 元，调增递延所得税负债年初余额 200 000 元，调增盈余公积年初余额 90 000 元，调增未分配利润年初余额 510 000 元。

②利润表项目的调整。甲公司调增公允价值变动收益上年金额 200 000 元，调增所得税费用上年金额 50 000 元，调增净利润上年金额 150 000 元，调增基本每股收益上年金额 0.003 3 元。

③所有者权益变动表项目的调整。甲公司调增盈余公积上年年初金额 67 500 元，未分配利润上年年初金额 382 500 元，所有者权益合计上年年初金额450 000元。

甲公司调增盈余公积上年金额 22 500 元，未分配利润上年金额 127 500 元，所有者权益合计上年金额 150 000 元。

甲公司调增盈余公积本年年初金额 90 000 元，未分配利润本年年初金额 510 000 元，所有者权益合计本年年初金额 600 000 元。

确定会计政策变更对列报前期影响数不切实可行的，企业应当从可追溯调整的最早期间期初开始应用变更后的会计政策。在当期期初确定会计政策变更对以前各期累积影响数不切实可行的，企业应当采用未来适用法处理。

（1）不切实可行的判断。不切实可行是指企业在做出所有合理努力后仍然无法采用某项规定。企业在采取所有合理的方法后，仍然不能获得采用某项规定所必需的相关信息，而导致无法采用该项规定，则该项规定在此时是不切实可行的。

对以下特定情况，企业对某项会计政策变更应用追溯调整法或进行追溯重述以更正一项前期差错是不切实可行的：

① 应用追溯调整法或追溯重述法的累积影响数不能确定。

② 应用追溯调整法或追溯重述法要求对管理层在该期当时的意图做出假定。

③ 应用追溯调整法或追溯重述法要求对有关金额进行重新估计，并且不可能将提供有关交易发生时存在状况的证据（例如，有关金额确认、计量或披露日期存在事实的证据以及在受变更影响的当期和未来期间确认会计估计变更的影响的证据）和该期间财务报告批准报出时能够取得的信息这两类信息与其他信息客观地加以区分。

在某些情况下，调整一个或多个前期比较信息以获得与当期会计信息的可比性是不切实可行的。例如，企业因账簿、凭证超过法定保存期限而销毁，或者因不可抗力而毁坏、遗失，如火灾、水灾等，或者因人为因素，如盗窃、故意毁坏等，可能使当期期初确定会计政策变更对以前各期累积影响数无法计算，即不切实可行。此时，会计政策变更应当采用未来适用法进行处理。

（2）未来适用法。未来适用法是指将变更后的会计政策应用于变更日及以后发生的交易或事项，或者在会计估计变更当期和未来期间确认会计估计变更影响数的方法。

在未来适用法下，企业不需要计算会计政策变更产生的累积影响数，也无须重新编制以前年度的财务报表。企业对会计账簿记录及财务报表上反映的金额，在变更之日仍保留原有的金额，不因会计政策变更而改变以前年度的既定结果，而是在现有金额的基础上再按新的会计政策进行核算。

第二节　会计估计及其变更

一、会计估计与会计估计变更的概念

（一）会计估计的概念

会计估计是指企业对其结果不确定的交易或事项以最近可利用的信息为基础所做的判断。会计估计具有以下特点：

1. 会计估计的存在是由于经济活动中内在的不确定因素的影响

企业总是力求保持会计核算的准确性，但有些交易或事项本身具有不确定性，因此企业需要根据经验做出估计；同时，由于采用权责发生制为基础编制财务报表，也使得企业有必要充分估计未来交易或事项的影响。可以说，在会计核算和信息披露过程中，会计估计是不可避免的，会计估计的存在是由于经济活动中内在的不确定性因素的影响造成的。例如，企业对固定资产折旧，需要根据固定资产的消耗方式、性能、技术发展等情况进行估计。

2. 会计估计应当以最近可利用的信息或资料为基础

由于经营活动内在的不确定性，企业在会计核算中，不得不经常进行估计。某些估计主要用于确定资产或负债的账面价值。例如，法律诉讼可能引起的赔偿等。还有一些估计主要用于确定将在某一期间记录的收入或费用的金额。例如，某一期间的折旧费用或摊销费用的金额、在某一期间内采用完工百分比法核算建造合同已实现收入的金额，等等。企业在进行会计估计时，通常应根据当时的情况和经验，以最近可利用的信息或资料为基础。但是，随着时间的推移、环境的变化，进行会计估计的基础可能会发生变化，因此进行会计估计依据的信息或资料不得不进行更新。最新的信息是最接近目标的信息，以其为基础所做的估计最接近实际，因此进行会计估计时应以最近可利用的信息或资料为基础。

3. 进行会计估计并不会削弱会计核算的可靠性

进行合理的会计估计是会计核算中必不可少的部分，它不会削弱会计核算的可靠性。企业为了定期、及时地提供有用的会计信息，将延续不断的经营活动人为地划分为一定的期间，并在权责发生制的基础上对企业的财务状况和经营成果进行定期确认和计量。例如，在会计分期的情况下，许多企业的交易跨越若干个会计年度，以至于需要在一定程度上做出决定：哪些支出可以在利润表中作为当期费用处理，哪些支出符合资产的定义应当递延至以后各期，等等。由于存在会计分期和货币计量的假设，企业在确认和计量的过程中，不得不对许多尚在延续中、其结果不确定的交易或事项予以估计入账。但是，估计是建立在具有确凿证据的前提下的，而不是随意的。例如，企业估计固定资产预计使用寿命，应当考虑该项固定资产的技术性能、历史资料、同行业同类固定资产的预计使用年限、本企业经营性质等诸多因素，并掌握确凿证据后确定。企业根据当时掌握的可靠证据做出的最佳估计，不会削弱会计核算的可靠性。

下列各项属于常见的需要进行估计的项目：

（1）存货可变现净值的确定。

（2）采用公允价值模式下的投资性房地产公允价值的确定。

（3）固定资产的预计使用寿命与净残值、固定资产的折旧方法。

（4）使用寿命有限的无形资产的预计使用寿命与净残值。

（5）可收回金额按照资产组的公允价值减去处置费用后的净额确定的，确定公允价值减去处置费用后的净额的方法；可收回金额按照资产组预计未来现金流量现值的确定。

（6）非同一控制下企业合并成本的公允价值的确定。

（7）金融资产公允价值的确定。

（8）预计负债初始计量的最佳估计数的确定。

（9）承租人对未确认融资费用的分摊，出租人对未实现融资收益的分配。

（10）其他重要的会计估计。

（二）会计估计变更的概念

由于企业经营活动中内在不确定因素的影响，某些财务报表项目不能精确地计量，而只能加以估计。如果赖以进行估计的基础发生了变化，或者由于取得新的信息、积累更多的经验以及后来的发展变化，企业可能需要对会计估计进行修正。

会计估计变更是指由于资产和负债的当前状况及预期经济利益和义务发生了变化，企业对资产或负债的账面价值，或者资产的定期消耗金额进行调整。

通常情况下，企业可能由于以下原因而发生会计估计变更：

1. 赖以进行估计的基础发生了变化

企业进行会计估计，总是要依赖于一定的基础，如果其依赖的基础发生了变化，则会计估计也应相应做出改变。例如，企业某项无形资产的摊销年限原定为 15 年，以后获得了国家专利保护，该资产的受益年限已变为 10 年，则应相应调减摊销年限。

2. 取得了新的信息，积累了更多的经验

企业进行会计估计是以现有资料对未来所做的判断，随着时间的推移，企业有可能取得新的信息、积累更多的经验。在这种情况下，企业也需要对会计估计进行修订。例如，企业原来对固定资产采用年限平均法按 15 年计提折旧，后来根据新得到的信息——使用 5 年后对该固定资产所能生产的产品产量有了比较准确的证据，企业改按工作量法计提固定资产折旧。

二、会计估计变更的会计处理

会计估计变更应采用未来适用法处理，即在会计估计变更当期及以后期间，采用新的会计估计，不改变以前期间的会计估计，也不调整以前期间的报告结果。具体会计处理如下：

（1）如果会计估计的变更仅影响变更当期，有关会计估计变更的影响应于当期确认。

（2）如果会计估计的变更既影响变更当期又影响未来期间，有关会计估计变更的影响在当期及以后各期确认。例如，固定资产的使用寿命或预计净残值的估计发生的变更，常常影响变更当期及资产以后使用年限内各个期间的折旧费用，因此这类会计估计的变更应于变更当期及以后各期确认。

会计估计变更的影响数应计入变更当期与前期相同的项目中。

【例 15-2】乙公司于 2×13 年 1 月 1 日起对某管理用设备计提折旧，原价为 84 000 元，预计使用寿命为 8 年，预计净残值为 4 000 元，按年限平均法计提折旧。2×17 年年初，由于新技术发展等原因，乙公司需要对原估计的使用寿命和净残值做出修正，修改后该设备预计尚可使用年限为 2 年，预计净残值为 2 000 元。乙公司适用的企业所得税税率为 25%。

乙公司对该项会计估计变更的会计处理如下：

① 不调整以前各期折旧，也不计算累计影响数。

② 变更日以后改按新的估计计提折旧。

按原估计，每年折旧额为 10 000 元，已提折旧 4 年，共计 40 000 元，该项固定资产账面价值为 44 000 元，则第 5 年相关科目的期初余额如下：

固定资产	84 000
减：累计折旧	40 000
固定资产账面价值	44 000

改变预计使用年限后，乙公司从 2×17 年起每年计提的折旧费用为 21 000 元〔（44 000-2 000）÷2〕。2×17 年，乙公司不必对以前年度已提折旧进行调整，只需按重新预计的尚可使用年限和净残值计算确定折旧费用。乙公司账务处理如下：

借：管理费用	21 000	
贷：累计折旧		21 000

③ 财务报表附注说明。乙公司一台管理用设备成本为 84 000 元，原预计使用寿命为 8 年，预计净残值为 4 000 元，按年限平均法计提折旧。由于新技术发展，该设备已不能按原预计使用寿命计提折旧，乙公司于 2×11 年年初将该设备的预计尚可使用寿命变更为 2 年，预计净残值变更为 2 000 元，以反映该设备在目前状况下的预计尚可使用寿命和净残值。此估计变更将减少本年度净利润 8 250 元〔（21 000-10 000）×（1-25%）〕。

（3）企业难以对某项变更区分为会计政策变更或会计估计变更的，应当将其作为会计估计变更处理。

第三节　前期差错更正

一、前期差错的概念

前期差错是指由于没有运用或错误运用下列两种信息，而对前期财务报表造成省略或错报：

（1）编报前期财务报表时预期能够取得并加以考虑的可靠信息。

（2）前期财务报告批准报出时能够取得的可靠信息。

前期差错通常包括以下三个方面：

第一，计算错误。例如，企业本期应计提折旧 50 000 000 元，但由于计算出现差错，得出错误数据为 45 000 000 元。

第二，应用会计政策错误。例如，按照《企业会计准则第 17 号——借款费用》的规定，为购建固定资产而发生的借款费用，在固定资产达到预定可使用状态前发生的、满足一定条件时应予以资本化，计入所购建固定资产的成本；在固定资产达到预定可使用状态后发生的，计入当期损益。如果企业固定资产达到预定可使用状态后发生的借款费用，也计入该项固定资产成本，予以资本化，则属于采用法律、行政法规或国家统一的会计准则和会计制度等不允许的会计政策。

第三，对事实的疏忽或曲解以及舞弊。例如，企业销售一批商品，商品已经发出，开出增值税专用发票，商品销售收入确认条件已经满足，但企业在期末未将已实现的销售收入入账。

二、前期差错更正的会计处理

前期差错按照重要程度分为重要的前期差错和不重要的前期差错。重要的前期差错是指足以影响财务报表使用者对企业财务状况、经营成果和现金流量做出正确判断的前期差错。不重要的前期差错是指不足以影响财务报表使用者对企业财务状况、经营成果和现金流量做出判断的前期差错。

（一）不重要的前期差错的会计处理

对于不重要的前期差错，企业无需调整财务报表相关项目的期初数，但应调整发现当期与前期相同的相关项目。属于影响损益的，企业应当直接计入本期与上期相同的净损益项目；属于不影响损益的，应直接调整本期与前期相同的相关项目。

（二）重要的前期差错的会计处理

对于重要的前期差错，如果能够合理确定前期差错累积影响数，则重要的前期差错的更正应当采用追溯重述法。追溯重述法是指在发现前期差错时，视同该项前期差错从未发生过，从而对财务报表相关项目进行调整的方法。前期差错累积影响数是指前期差错发生后对差错期间每期净利润的影响数之和。

如果确定前期差错累积影响数不切实可行，企业可以从可追溯重述的最早期间开始调整留存收益的期初余额，财务报表其他相关项目的期初余额也应当一并调整，也可以采用未来适用法。

重要的前期差错的调整结束后，企业还应调整发现年度财务报表的年初数和上年数。在编制比较财务报表时，对比较财务报表期间的重要的前期差错，企业应调整该期间的净损益和其他相关项目；对比较财务报表期间以前的重要的前期差错，企业应调整比较财务报表最早期间的期初留存收益，财务报表其他相关项目的数字也应一并调整。

【例15-3】2×19年12月31日，甲公司发现2×18年漏记一项管理用固定资产的折旧费用300 000元，所得税申报表中也未扣除该项费用。假定2×18年甲公司适用的所得税税率为25%，无其他纳税调整事项。甲公司按净利润的10%和5%分别提取法定盈余公积和任意盈余公积。假定税法允许调整应交所得税。

（1）分析前期差错的影响数。2×18年，甲公司少计折旧费用300 000元，多计所得税费用75 000元（300 000×25%），多计净利润225 000元，多计应交税费75 000元（300 000×25%），多提取法定盈余公积和任意盈余公积分别为22 500元（225 000×10%）和11 250元（225 000×5%）。

（2）编制有关项目的调整分录如下：

① 补提折旧。

借：以前年度损益调整——管理费用　　　　　　　　　　　300 000
　　贷：累计折旧　　　　　　　　　　　　　　　　　　　　　300 000

② 调整应纳所得税。

借：应交税费——应交所得税　　　　　　　　　　　　　　75 000
　　贷：以前年度损益调整——所得税费用　　　　　　　　　　75 000

③ 将"以前年度损益调整"科目余额转入未分配利润。

借：利润分配——未分配利润　　　　　　　　　　　　　　225 000

  贷：以前年度损益调整——本年利润   225 000

  ④ 因净利润减少，调减盈余公积。

  借：盈余公积——法定盈余公积   22 500

       ——任意盈余公积   11 250

   贷：利润分配——未分配利润   33 750

  （3）财务报表调整和重述（财务报表略）。甲公司在列报 2×19 年度财务报表时，应调整 2×18 年度财务报表的相关项目。

  ① 资产负债表项目的调整：调减固定资产 300 000 元，调减应交税费 75 000 元，调减盈余公积 33 750 元，调减未分配利润 191 250 元。

  ② 利润表项目的调整：调增管理费用 300 000 元，调减所得税费用 75 000 元，调减净利润 225 000 元（需要对每股收益进行披露的企业应当同时调整基本每股收益和稀释每股收益）。

  ③ 所有者权益变动表项目的调整：调减前期差错更正项目中盈余公积上年金额 33 750 元，未分配利润上年金额 191 250 元，所有者权益合计上年金额 225 000 元。

  ④ 财务报表附注说明：本年度发现 2×18 年漏记固定资产折旧 300 000 元，在编制 2×19 年和 2×18 年比较财务报表时，已对该项差错进行了更正。更正后，调减 2×18 年净利润 225 000 元，调增累计折旧 300 000 元。

第四节 资产负债表日后事项

一、资产负债表日后事项的概念及涵盖期间

（一）资产负债表日后事项的概念

  资产负债表日后事项是指资产负债表日至财务报告批准报出日之间发生的有利或不利事项。理解这一定义，需要注意以下四个方面：

  1. 资产负债表日

  资产负债表日是指会计年度末和会计中期期末。中期是指短于一个完整的会计年度的报告期间，包括半年度、季度和月度等。按照《中华人民共和国会计法》的规定，我国会计年度采用公历年度，即 1 月 1 日至 12 月 31 日。因此，年度资产负债表日是指每年的 12 月 31 日，中期资产负债表日是指各会计中期期末。

  2. 财务报告批准报出日

  财务报告批准报出日是指董事会或类似机构批准财务报告报出的日期，通常是指对财务报告的内容负有法律责任的单位或个人批准财务报告对外公布的日期。

  根据《中华人民共和国公司法》的规定，公司制企业的董事会有权批准对外公布财务报告，因此公司制企业的财务报告批准报出日是指董事会批准财务报告报出的日期，而不是股东大会审议批准的日期，也不是注册会计师出具审计报告的日期。对于非公司制企业，财务报告批准报出日是指经理（厂长）会议或类似机构批准财务报告报出的日期。

3. 资产负债表日后事项包括有利事项和不利事项

资产负债表日后事项包括有利事项和不利事项，即对资产负债表日后有利事项和不利事项的处理原则相同。资产负债表日后事项，如果属于调整事项，对有利的调整事项和不利的调整事项都应进行处理，并调整报告年度或报告中期的财务报表；如果属于非调整事项，对有利的非调整事项和不利的非调整事项都应在报告年度或报告中期的附注中进行披露。

4. 资产负债表日后事项不是在这个特定期间内发生的全部事项

资产负债表日后事项不是在这个特定期间内发生的全部事项，而是与资产负债表日存在状况有关的事项，或者虽然与资产负债表日存在状况无关，但对企业财务状况具有重大影响的事项。

（二）资产负债表日后事项涵盖的期间

资产负债表日后事项涵盖的期间是自资产负债表日次日起至财务报告批准报出日止的一段时间。具体而言，资产负债表日后事项涵盖的期间包括：

（1）报告年度次年的1月1日或报告期间下一期的第一天至董事会或类似机构批准财务报告对外公布的日期，即以董事会或类似权力机构批准财务报告对外公布的日期为截止日期。

（2）董事会或类似机构批准财务报告对外公布的日期，与实际对外公布日之间发生的与资产负债表日后事项有关的事项，由此影响财务报告对外公布日期的，应以董事会或类似机构再次批准财务报告对外公布的日期为截止日期。

如果企业管理层由此修改了财务报表，注册会计师应当根据具体情况实施必要的审计程序，并针对修改后的财务报表重新出具审计报告。新的审计报告日期不应早于董事会或类似机构批准修改后的财务报表对外公布的日期。

【例15-4】甲上市公司2×18年的年度财务报告于2×19年3月20日编制完成，注册会计师完成年度财务报表审计工作并签署审计报告的日期为2×19年4月15日，董事会批准财务报告对外公布的日期为2×19年4月17日，财务报告实际对外公布的日期为2×19年4月21日，股东大会召开日期为2×19年5月12日。

根据资产负债表日后事项涵盖期间的规定，甲上市公司2×18年度财务报告资产负债表日后事项涵盖的期间为2×19年1月1日至4月17日（财务报告批准报出日）。如果在2×19年4月17日至21日发生了重大事项，甲上市公司需要调整财务报表相关项目的数字或需要在财务报表附注中披露。假设经调整或说明后的财务报告再经董事会批准报出的日期为2×19年4月26日，实际报出的日期为2×19年4月29日，则资产负债表日后事项涵盖的期间为2×19年1月1日至4月26日。

二、资产负债表日后事项的内容

资产负债表日后事项包括资产负债表日后调整事项（以下简称"调整事项"）和资产负债表日后非调整事项（以下简称"非调整事项"）。

（一）调整事项

资产负债表日后调整事项是指对资产负债表日已经存在的情况提供了新的或进一步证据的事项。

如果资产负债表日及所属会计期间已经存在某种情况，但当时并不知道其存在或不能知道确切结果，资产负债表日后发生的事项能够证实该情况的存在或确切结果，则该事项属于资产负债表日后调整事项。资产负债表日后事项对资产负债表日的情况提供了进一步的证据，证据表明的情况与原来的估计和判断不完全一致，则需要对原来的会计处理进行调整。

调整事项的特点如下：

（1）在资产负债表日已经存在，资产负债表日后得以证实的事项。

（2）对资产负债表日存在状况编制的财务报表产生重大影响的事项。

企业发生的资产负债表日后调整事项，通常包括下列各项：

（1）资产负债表日后诉讼案件结案，法院判决证实了企业在资产负债表日已经存在现时义务，需要调整原先确认的与诉讼案件相关的预计负债，或者确认一项新负债。

（2）资产负债表日后取得确凿证据，表明某项资产在资产负债表日发生了减值或需要调整该项资产原先确认的减值金额。

（3）资产负债表日后进一步确定了资产负债表日前购入资产的成本或售出资产的收入。

（4）资产负债表日后发现了财务报表舞弊或差错。

【例15-5】甲公司因产品质量问题被客户起诉。2×19年12月31日法院尚未判决，考虑到客户胜诉要求甲公司赔偿的可能性较大，甲公司为此确认了3 000 000元的预计负债。2×20年2月25日，在甲公司2×19年度财务报告对外报出之前，法院判决客户胜诉，要求甲公司支付赔偿款6 000 000元。

本例中，甲公司在2×19年12月31日结账时已经知道客户胜诉的可能性较大，但不知道法院判决的确切结果，因此确认了3 000 000元的预计负债。2×20年2月25日，法院判决结果为甲公司预计负债的存在提供了进一步的证据。此时，甲公司按照2×19年12月31日存在状况编制的财务报表所提供的信息已不能真实反映实际情况，应据此对财务报表相关项目的数字进行调整。

（二）非调整事项

资产负债表日后非调整事项是指表明资产负债表日后发生的情况的事项。资产负债表日后非调整事项虽然不影响资产负债表日的存在情况，但不加以说明将会影响财务报告使用者做出正确的估计和决策。

企业发生的资产负债表日后非调整事项，通常包括下列各项：

（1）资产负债表日后发生重大诉讼、仲裁、承诺。

（2）资产负债表日后资产价格、税收政策、外汇汇率发生重大变化。

（3）资产负债表日后因自然灾害导致资产发生重大损失。

（4）资产负债表日后发行股票和债券以及其他巨额举债。

（5）资产负债表日后资本公积转增资本。

（6）资产负债表日后发生巨额亏损。

（7）资产负债表日后发生企业合并或处置子公司。

（8）资产负债表日后企业利润分配方案中拟分配的以及经审议批准宣告发放的

股利或利润。

（三）调整事项与非调整事项的区别

资产负债表日后发生的某一事项究竟是调整事项还是非调整事项，取决于该事项表明的情况在资产负债表日以前是否已经存在。如该情况在资产负债表日或之前已经存在，则属于调整事项；反之，则属于非调整事项。

【例15-6】甲公司2×19年11月向乙公司出售原材料30 000 000元，根据销售合同，乙公司应在收到原材料后3个月内付款。2×19年12月31日，乙公司尚未付款。假定甲公司在编制2×19年度财务报告时有两种情况：

（1）2×19年12月31日，甲公司根据掌握的资料判断乙公司有可能破产清算，估计该应收账款将有30%无法收回，因此按30%的比例计提坏账准备；2×20年1月10日，甲公司收到通知，乙公司已被宣告破产清算，甲公司估计有70%的应收账款无法收回。

（2）2×19年12月31日，乙公司的财务状况良好，甲公司预计应收账款可按时收回；2×20年1月10日，乙公司遭受重大雪灾，导致甲公司60%的应收账款无法收回。

2×20年3月10日，甲公司的财务报告经批准对外公布。

（1）导致甲公司应收账款无法收回的事实是乙公司财务状况恶化，该事实在资产负债表日已经存在，乙公司被宣告破产清算只是证实了资产负债表日乙公司财务状况恶化的情况，因此乙公司被宣告破产清算导致甲公司应收账款无法收回的事项属于调整事项。

（2）导致甲公司应收账款损失的因素是雪灾，不可预计，应收账款发生损失这一事实在资产负债表日以后才发生，因此乙公司遭受雪灾导致甲公司应收账款发生坏账的事项属于非调整事项。

三、资产负债表日后调整事项的会计处理

（一）资产负债表日后调整事项的处理原则

企业发生资产负债表日后调整事项，应当调整资产负债表日的财务报表。对于年度财务报告而言，由于资产负债表日后调整事项发生在报告年度的次年，报告年度的有关账目已经结转，特别是损益类科目在结账后已无余额，因此资产负债表日后发生的调整事项，应具体区别以下四种情况进行处理：

（1）涉及损益的事项，通过"以前年度损益调整"科目核算。调整增加以前年度利润或调整减少以前年度亏损的事项，记入"以前年度损益调整"科目的贷方；调整减少以前年度利润或调整增加以前年度亏损的事项，记入"以前年度损益调整"科目的借方。

涉及损益的调整事项，如果发生在资产负债表日所属年度（报告年度）所得税汇算清缴前的，应调整报告年度应纳税所得额、应纳所得税税额；由于以前年度损益调整增加的所得税费用，记入"以前年度损益调整"科目的借方，同时贷记"应交税费——应交所得税"等科目；由于以前年度损益调整减少的所得税费用，记入"以前年度损益调整"科目的贷方，同时借记"应交税费——应交所得税"等科目。

调整完成后,"以前年度损益调整"科目的贷方或借方余额转入"利润分配——未分配利润"科目。

涉及损益的调整事项,发生在报告年度所得税汇算清缴后的,应调整本年度(报告年度的次年)应纳所得税税额。

(2)涉及利润分配调整的事项,直接在"利润分配——未分配利润"科目中核算。

(3)不涉及损益及利润分配的事项,调整相关科目。

(4)通过上述账务处理后,企业还应同时调整财务报表相关项目的数字,包括:

①资产负债表日编制的财务报表相关项目的期末数或本年发生数。

②当期编制的财务报表相关项目的期初数或上年数。

③上述调整如果涉及报表附注内容的,还应当做出相应调整。

(二)资产负债表日后调整事项的具体会计处理方法

为简化处理,如无特别说明,本节所有的例题都假定如下:财务报告批准报出日是次年3月31日,企业所得税税率为25%,企业按净利润的10%提取法定盈余公积,提取法定盈余公积后不再做其他分配;调整事项按税法规定都可以调整应缴纳的所得税;涉及递延所得税资产的,都假定未来期间很可能取得用来抵扣暂时性差异的应纳税所得额;不考虑报表附注中有关现金流量表项目的数字。

(1)资产负债表日后诉讼案件结案,人民法院判决证实了企业在资产负债表日已经存在现时义务,需要调整原先确认的与该诉讼案件相关的预计负债或确认一项新负债。

这类事项是指导致诉讼的事项在资产负债表日已经发生,但尚不具备确认负债的条件而未确认,资产负债表日后至财务报告批准报出日之间获得了新的或进一步的证据(人民法院判决结果),表明符合负债的确认条件,因此应在财务报告中确认为一项新负债;或者在资产负债表日已确认某项负债,但在资产负债表日至财务报告批准日之间获得新的或进一步的证据,表明需要对已经确认的金额进行调整。

【例15-7】甲公司与乙公司签订一项销售合同,约定甲公司应在2×19年8月向乙公司交付A产品3 000件。但甲公司未按照合同发货,并致使乙公司遭受重大经济损失。2×19年11月,乙公司将甲公司告上法庭,要求甲公司赔偿9 000 000元。2×19年12月31日人民法院尚未判决,甲公司对该诉讼事项确认预计负债6 000 000元,乙公司未确认应收赔偿款。2×20年2月8日,经人民法院判决,甲公司应赔偿乙公司8 000 000元,甲、乙双方均服从判决。判决当日,甲公司向乙公司支付赔偿款8 000 000元。甲、乙两公司2×19年所得税汇算清缴均在2×20年3月10日完成(假定该项预计负债产生的损失不允许在预计时税前抵扣,只有在损失实际发生时,才允许税前抵扣)。

本例中,人民法院2×20年2月8日的判决证实了甲、乙两公司在资产负债表日(2×19年12月31日)分别存在现实赔偿义务和获赔权利,因此两公司都应将"人民法院判决"这一事项作为调整事项进行处理。甲公司和乙公司2×19年所得税汇算清缴均在2×20年3月10日完成,因此应根据法院判决结果调整报告年度应纳税所得额和应纳所得税税额。

甲公司账务处理如下:

①记录支付的赔偿款。

借:以前年度损益调整——营业外支出	2 000 000	
贷:其他应付款——乙公司		2 000 000
借:预计负债——未决诉讼	6 000 000	
贷:其他应付款——乙公司		6 000 000
借:其他应付款——乙公司	8 000 000	
贷:银行存款		8 000 000

注:资产负债表日后事项如涉及现金收支项目,均不调整报告年度资产负债表的货币资金项目和现金流量表各项目数字。本例中,虽然已经支付了赔偿款,但在调整会计报表相关数字时,只需调整上述第一笔和第二笔分录,第三笔分录作为2×20年的会计事项处理。

②调整递延所得税资产。

借:以前年度损益调整——所得税费用(6 000 000×25%)	1 500 000	
贷:递延所得税资产		1 500 000

2×19年年末,甲公司因确认预计负债6 000 000元时已确认相应的递延所得税资产,资产负债表日后事项发生后递延所得税资产不复存在,应予以转回。

③调整应交所得税。

借:应交税费——应交所得税(8 000 000×25%)	2 000 000	
贷:以前年度损益调整——所得税费用		2 000 000

④将"以前年度损益调整"科目余额转入未分配利润。

借:利润分配——未分配利润	1 500 000	
贷:以前年度损益调整——本年利润		1 500 000

⑤因净利润减少,调减盈余公积。

借:盈余公积——法定盈余公积(1 500 000×10%)	150 000	
贷:利润分配——未分配利润		150 000

⑥调整报告年度财务报表相关项目的数字(财务报表略)。

第一,资产负债表项目的调整。调减递延所得税资产1 500 000元,调减应交税费——应交所得税2 000 000元,调增其他应付款8 000 000元,调减预计负债6 000 000元,调减盈余公积150 000元,调减未分配利润1 350 000元。

第二,利润表项目的调整。调增营业外支出2 000 000元,调减所得税费用500 000元,调减净利润1 500 000元。

第三,所有者权益变动表项目的调整。调减净利润1 500 000元,提取盈余公积项目中盈余公积调减150 000元,调减未分配利润1 350 000元。

⑦调整2×20年2月资产负债表相关项目的年初数(资产负债表略)。甲公司在编制2×20年1月的资产负债表时,将调整前的2×19年12月31日的资产负债表的数字作为资产负债表的年初数。由于发生了资产负债表日后调整事项,甲公司除了调整2×19年度资产负债表相关项目的数字外,还应当调整2×20年2月资产负债表

相关项目的年初数，其年初数按照 2×19 年 12 月 31 日调整后的数字填列。

乙公司账务处理如下：

① 记录收到的赔款。

借：其他应收款——甲公司   8 000 000

   贷：以前年度损益调整——营业外收入   8 000 000

借：银行存款   8 000 000

   贷：其他应收款——甲公司   8 000 000

注：资产负债表日后事项如涉及现金收支项目，均不调整报告年度资产负债表的货币资金项目和现金流量表各项目数字。本例中，虽然已经收到了赔偿款，但在调整会计报表相关数字时，只需调整上述第一笔分录，第二笔分录作为 2×20 年的会计事项处理。

② 调整应交所得税。

借：以前年度损益调整——所得税费用（8 000 000×25%）   2 000 000

   贷：应交税费——应交所得税   2 000 000

③ 将"以前年度损益调整"科目余额转入未分配利润。

借：以前年度损益调整——本年利润   6 000 000

   贷：利润分配——未分配利润   6 000 000

④ 因净利润增加，补提盈余公积。

借：利润分配——未分配利润   600 000

   贷：盈余公积（6 000 000×10%）   600 000

⑤ 调整报告年度财务报表相关项目的数字（财务报表略）。

第一，资产负债表项目的调整。调增其他应收款 8 000 000 元，调增应交税费 2 000 000 元，调增盈余公积 600 000 元，调增未分配利润 5 400 000 元。

第二，利润表项目的调整。调增营业外收入 8 000 000 元，调增所得税费用 2 000 000 元，调增净利润 6 000 000 元。

第三，所有者权益变动表项目的调整。调增净利润 6 000 000 元，提取盈余公积项目中盈余公积调增 600 000 元，调增未分配利润 5 400 000 元。

⑥ 调整 2×20 年 2 月资产负债表相关项目的年初数（资产负债表略）。乙公司在编制 2×20 年 1 月的资产负债表时，将调整前的 2×19 年 12 月 31 日的资产负债表的数字作为资产负债表的年初数，由于发生了资产负债表日后调整事项，乙公司除了调整 2×19 年度资产负债表相关项目的数字外，还应当调整 2×20 年 2 月资产负债表相关项目的年初数，其年初数按照 2×19 年 12 月 31 日调整后的数字填列。

（2）资产负债表日后取得确凿证据，表明某项资产在资产负债表日发生了减值或需要调整该项资产原先确认的减值金额。

这类事项是指在资产负债表日，根据当时的资料判断某项资产可能发生了损失或减值，但没有最后确定是否会发生，因而按照当时的最佳估计金额反映在财务报表中。但在资产负债表日至财务报告批准报出日之间，企业取得的确凿证据能证明该事实成立，即某项资产已经发生了损失或减值，则应对资产负债表日所做的估计予以修正。

【例15-8】甲公司2×19年6月销售给乙公司一批物资，货款为2 000 000元（含增值税）。乙公司于2×19年7月收到所购物资并验收入库。按合同规定，乙公司应于收到所购物资后3个月内付款。由于乙公司财务状况不佳，到2×19年12月31日仍未付款。甲公司于2×19年12月31日已为该项应收账款计提坏账准备100 000元。2×19年12月31日，资产负债表上"应收账款"项目的金额为4 000 000元，其中1 900 000元为该项应收账款。甲公司于2×20年2月3日（所得税汇算清缴前）收到人民法院通知，乙公司已宣告破产清算，无力偿还所欠部分货款。甲公司预计可收回应收账款的60%。

本例中，甲公司在收到人民法院通知后，首先可以判断该事项属于资产负债表日后调整事项。甲公司原对应收乙公司账款计提了100 000元的坏账准备，按照新的证据应计提的坏账准备为800 000元（2 000 000×40%），差额700 000元，应当调整2×19年度财务报表相关项目的数字。

甲公司账务处理如下：

①补提坏账准备。

应补提的坏账准备 = 2 000 000×40% - 100 000 = 700 000（元）

借：以前年度损益调整——资产减值损失　　　　　　　700 000

　　贷：坏账准备　　　　　　　　　　　　　　　　　　　700 000

②调整递延所得税资产。

借：递延所得税资产　　　　　　　　　　　　　　　　175 000

　　贷：以前年度损益调整——所得税费用（700 000×25%）　175 000

③将"以前年度损益调整"科目的余额转入未分配利润。

借：利润分配——未分配利润　　　　　　　　　　　　525 000

　　以前年度损益调整——本年利润　　　　　　　　　　525 000

④因净利润减少，调减盈余公积。

借：盈余公积——法定盈余公积　　　　　　　　　　　　52 500

　　贷：利润分配——未分配利润（525 000×10%）　　　　52 500

⑤调整报告年度财务报表相关项目的数字（财务报表略）。

第一，资产负债表项目的调整。调减应收账款700 000元，调增递延所得税资产175 000元，调减盈余公积52 500元，调减未分配利润472 500元。

第二，利润表项目的调整。调增资产减值损失700 000元，调减所得税费用175 000元，调减净利润525 000元。

第三，所有者权益变动表项目的调整。调减净利润525 000元，提取盈余公积项目中盈余公积调减52 500元，调减未分配利润472 500元。

⑥调整2×20年2月资产负债表相关项目的年初数（资产负债表略）。甲公司在编制2×20年1月的资产负债表时，将调整前的2×19年12月31日的资产负债表的数字作为资产负债表的年初数，由于发生了资产负债表日后调整事项，甲公司除了调整2×19年度资产负债表相关项目的数字外，还应当调整2×20年2月资产负债表相关项目的年初数，其年初数按照2×19年12月31日调整后的数字填列。

（3）资产负债表日后进一步确定了资产负债表日前购入资产的成本或售出资产

的收入。

这类调整事项包括两方面的内容：一方面，若资产负债表日前购入的资产已经按暂估金额等入账，资产负债表日后获得证据，可以进一步确定该资产的成本，则应该对已入账的资产成本进行调整。例如，购建固定资产已经达到预定可使用状态，但尚未办理竣工决算，企业已办理暂估入账；资产负债表日后办理决算，此时应根据竣工决算的金额调整暂估入账的固定资产成本等。另一方面，企业符合收入确认条件确认资产销售收入，但资产负债表日后获得关于资产收入的进一步证据，如发生销售退回、销售折让等，此时也应调整财务报表相关项目的金额。需要说明的是，资产负债表日后发生的销售退回，既包括报告年度或报告中期销售的商品在资产负债表日后发生的销售退回，也包括以前期间销售的商品在资产负债表日后发生的销售退回。

资产负债表所属期间或以前期间所售商品在资产负债表日后退回的，应作为资产负债表日后调整事项处理。发生于资产负债表日后至财务报告批准报出日之间的销售退回事项，实际上发生于年度所得税汇算清缴之前。资产负债表日后事项中涉及报告年度所属期间的销售退回，应调整报告年度利润表的收入、费用等。由于纳税人所得税汇算清缴是在财务报告对外报出后才完成的，因此应相应调整报告年度的应纳税所得额。

【例 15-9】甲公司 2×19 年 10 月 25 日销售一批 A 商品给乙公司，取得收入 2 400 000元（不含增值税），并结转成本 2 000 000 元。2×19 年 12 月 31 日，该笔货款尚未收到，甲公司未对该应收账款计提坏账准备。2×20 年 2 月 8 日，由于产品质量问题，本批货物被全部退回。甲公司于 2×20 年 2 月 20 日完成 2×19 年所得税汇算清缴。甲公司适用的增值税税率为 13%。

本例中，销售退回业务发生在资产负债表日后事项涵盖期间内，属于资产负债表日后调整事项。由于销售退回发生在甲公司报告年度所得税汇算清缴之前，因此在所得税汇算清缴时，应扣除该部分销售退回所实现的应纳税所得额。

甲公司账务处理如下：

①调整销售收入。

借：以前年度损益调整——主营业务收入　　　　　　　　　　2 400 000

　　应交税费——应交增值税（销项税额）　　　　　　　　　312 000

　　贷：应收账款——乙公司　　　　　　　　　　　　　　　　　　　2 712 000

②调整销售成本。

借：库存商品——A 商品　　　　　　　　　　　　　　　　　2 000 000

　　贷：以前年度损益调整——主营业务成本　　　　　　　　　　　　2 000 000

③调整应缴纳的所得税。

借：应交税费——应交所得税〔（2 400 000−2 000 000）×25%〕

　　　　　　　　　　　　　　　　　　　　　　　　　　　　100 000

　　贷：以前年度损益调整——所得税费用　　　　　　　　　　　　　100 000

④将"以前年度损益调整"科目的余额转入未分配利润。

借：利润分配——未分配利润　　　　　　　　　　　　　　　300 000

　　贷：以前年度损益调整——本年利润　　　　　　　　　　　　　　300 000

⑤因净利润减少，调减盈余公积。

借：盈余公积——法定盈余公积（300 000×10%）   30 000

    贷：利润分配——未分配利润   30 000

⑥调整报告年度相关财务报表（财务报表略）。

第一，资产负债表项目的调整。调减应收账款 2 712 000 元，调增库存商品 2 000 000元，调减应交税费412 000元，调减盈余公积30 000元，调减未分配利润 270 000 元。

第二，利润表项目的调整。调减营业收入 2 400 000 元，调减营业成本 2 000 000元，调减所得税费用100 000 元，调减净利润 300 000 元。

第三，所有者权益变动表项目的调整。调减净利润 300 000 元，提取盈余公积项目调减 30 000 元，调减未分配利润 270 000 元。

⑦调整 2×20 年 2 月资产负债表相关项目的年初数（资产负债表略）。甲公司在编制 2×20 年 1 月的资产负债表时，将调整前 2×19 年 12 月 31 日的资产负债表的数字作为资产负债表的年初数，由于发生了资产负债表日后调整事项，甲公司除了调整 2×19 年度资产负债表相关项目的数字外，还应当调整 2×20 年 2 月资产负债表相关项目的年初数，其年初数按照 2×19 年 12 月 31 日调整后的数字填列。

（4）资产负债表日后发现了财务报表舞弊或差错。

这类事项是指资产负债表日至财务报告批准报出日之间发生的属于资产负债表期间或者以前期间存在的财务报表舞弊或差错。这种舞弊或差错应当作为资产负债表日后调整事项，调整报告年度的年度财务报告或中期财务报告相关项目的数字。

四、资产负债表日后非调整事项的处理

（一）资产负债表日后非调整事项的处理原则

资产负债表日后发生的非调整事项是表明资产负债表日后发生的情况的事项，与资产负债表日存在状况无关，不应当调整资产负债表日的财务报表。但有的非调整事项由于事项重大，对财务报告使用者具有重大影响。如不加以说明，将不利于财务报告使用者做出正确估计和决策。因此，企业应在财务报表附注中对其性质、内容以及对财务状况和经营成果的影响加以披露。

（二）资产负债表日后非调整事项的具体会计处理方法

对于资产负债表日后发生的非调整事项，企业应当在报表附注中披露每项重要的资产负债表日后非调整事项的性质、内容，及其对财务状况和经营成果的影响。无法做出估计的，应当说明原因。资产负债表日后非调整事项的主要情况如下：

1. 资产负债表日后发生重大诉讼、仲裁、承诺

资产负债表日后发生的重大诉讼等事项，对企业影响较大，为防止误导投资者及其他财务报告使用者，应当在财务报表附注中予以披露。

2. 资产负债表日后资产价格、税收政策、外汇汇率发生重大变化

资产负债表日后发生的资产价格、税收政策和外汇汇率的重大变化，虽然不会影响资产负债表日财务报表相关项目的数字，但对企业资产负债表日后的财务状况和经营成果有重大影响，应当在财务报表附注中予以披露。

279

【例 15-10】甲公司 2×19 年 9 月采用融资租赁方式从英国购入某大型生产线。租赁合同规定，该大型生产线的租赁期为 10 年，年租金为 300 000 英镑。甲公司在编制 2×19 年度财务报表时已按 2×19 年 12 月 31 日的即期汇率对该笔长期应付款进行了折算（假设 2×19 年 12 月 31 日的汇率为 1 英镑兑 9.0 元人民币）。假设国家规定从 2×20 年 1 月 1 日起调整人民币兑英镑的汇率，人民币兑英镑的汇率发生重大变化。

本例中，甲公司在资产负债表日已经按规定的汇率对有关账户进行调整，因此无论资产负债表日后汇率如何变化，均不影响资产负债表日的财务状况和经营成果。但是，如果资产负债表日后外汇汇率发生重大变化，甲公司应对由此产生的影响在财务报表附注中进行披露。

3. 资产负债表日后因自然灾害导致资产发生重大损失

自然灾害导致资产发生重大损失对企业资产负债表日后财务状况的影响较大，如果不加以披露，有可能使财务报告使用者做出错误的决策，因此应作为非调整事项在财务报表附注中进行披露。

【例 15-11】甲公司 2×19 年 12 月购入一批商品 10 000 000 元，至 2×19 年 12 月 31 日该批商品已全部验收入库，货款通过银行支付。2×20 年 1 月 12 日，甲公司所在地发生百年不遇的冰冻灾害，该批商品全部毁损。

本例中，冰冻灾害发生于 2×20 年 1 月 12 日，属于资产负债表日后才发生或存在的事项，但对甲公司资产负债表日后财务状况的影响较大，甲公司应当将此事项作为非调整事项在 2×19 年度财务报表附注中进行披露。

4. 资产负债表日后发行股票和债券以及其他巨额举债

企业在资产负债表日后发行股票、债券以及向银行或非银行金融机构举借巨额债务都是比较重大的事项。虽然这一事项与企业资产负债表日的存在状况无关，但这一事项的披露能使财务报告使用者了解与此有关的情况及可能带来的影响，因此应当在财务报表附注中进行披露。

【例 15-12】甲公司于 2×20 年 1 月 20 日经批准发行 5 年期债券 10 000 000 元，面值 100 元，年利率 6%，甲公司按 105 元的价格发行，并于 2×20 年 3 月 5 日结束发行。

本例中，甲公司发行债券虽然与公司资产负债表日（2×19 年 12 月 31 日）的存在状况无关，但这一事项的披露能使财务报告使用者了解与此有关的情况及可能带来的影响，甲公司应当将此事项作为非调整事项在 2×19 年度财务报表附注中进行披露。

5. 资产负债表日后资本公积转增资本

资产负债表日后企业以资本公积转增资本将会改变企业的资本（或股本）结构，影响较大，应当在财务报表附注中进行披露。

【例 15-13】甲公司 2×20 年 1 月经批准将 80 000 000 元资本公积转增资本。

本例中，甲公司于 2×20 年 1 月将资本公积转增资本，属于资产负债表日后才发生的事项，但对公司资产负债表日后财务状况的影响较大，甲公司应当将此事项作为非调整事项在 2×19 年度财务报表附注中进行披露。

6. 资产负债表日后发生巨额亏损

企业资产负债表日后发生巨额亏损将会对企业报告期以后的财务状况和经营成果产生重大影响，应当在财务报表附注中及时披露，以便为投资者或其他财务报告使用者做出正确决策提供信息。

【例 15-14】甲公司 2×20 年 1 月出现巨额亏损，净利润由 2×19 年 12 月的 70 000 000 元变为亏损 5 000 000 元。

本例中，甲公司出现巨额亏损发生于 2×20 年 1 月。虽然这属于资产负债表日后才发生的事项，但由盈利转为亏损，会对甲公司资产负债表日后财务状况和经营成果产生重大影响，甲公司应当将此事项作为非调整事项在 2×19 年度财务报表附注中进行披露。

7. 资产负债表日后发生企业合并或处置子企业

企业合并或处置子企业的行为可以影响股权结构、经营范围等，对企业未来的生产经营活动会产生重大影响，因此应当在财务报表附注中进行披露。

【例 15-15】甲公司 2×20 年 1 月 15 日将其全资子公司丙公司出售给乙公司。

本例中，甲公司出售子公司发生于 2×20 年 1 月，与公司资产负债表日（2×19年 12 月 31 日）的存在状况无关，但是出售子公司可能对甲公司的股权结构、经营范围等方面产生较大影响，甲公司应当将此事项作为非调整事项在 2×19 年度财务报表附注中进行披露。

8. 资产负债表日后企业利润分配方案中拟分配的及经审议批准宣告发放的股利或利润

资产负债表日后，企业利润分配方案中拟分配的以及经审议批准宣告发放的股利或利润，不确认为资产负债表日后负债，但应当在财务报表附注中单独披露。

【例 15-16】2×19 年 1 月 16 日，甲上市公司董事会审议通过了 2×18 年利润分配方案，决定以公司 2×18 年年末总股本为基数，分派现金股利 10 000 000 元，每10 股派送 1 元（含税）。该利润分配方案于 2×19 年 4 月 10 日经公司股东大会审议批准。

本例中，甲上市公司制订利润分配方案，拟分配或经审议批准宣告发放股利或利润的行为，并不会致使公司在资产负债表日形成现时义务。虽然该事项可导致公司负有支付股利或利润的义务，但支付义务在资产负债表日尚不存在，不应该调整资产负债表日的财务报告。因此，该事项为非调整事项。该事项对公司资产负债表日后的财务状况有较大影响，可能导致现金较大规模流出、公司股权结构变动等。为便于财务报告使用者更充分了解相关信息，甲上市公司需要在 2×18 年度财务报表附注中单独披露该信息。

【本章小结】

本章主要介绍了会计调整的事项，包括会计政策变更的会计处理、会计估计变更的会计处理、前期差错的会计处理以及资产负债表日后事项的会计处理。这些内容虽然在企业中都是不经常发生的，但是需要我们知道，而这也是中级财务会计实务的难点。学生应该理解这些会计调整事项，并掌握会计调整事项的处理原则。

【主要概念】

会计政策；会计估计；前期差错；资产负债表日后事项。

【简答题】

1. 什么是会计政策变更？会计政策变更的会计处理方法是什么？

2. 什么是会计估计变更？会计估计变更的会计处理方法是什么？

3. 什么是前期差错更正？前期差错更正的会计处理方法是什么？

4. 什么是资产负债表日后事项？资产负债表日后事项的会计处理方法是什么？

5. 如何理解追溯调整法的步骤。

第十六章
财务报表分析

【学习目标】

　　知识目标：掌握比率分析、结构分析、趋势分析、偿债能力分析、营运能力分析、盈利能力分析和杜邦分析的方法。

　　技能目标：能用财务分析方法分析企业的财务报表。

　　能力目标：通过对企业财务报表的分析，能够发现企业的问题，能提出合理的建议。

【知识点】

　　偿债能力指标、营运能力指标、盈利能力指标、杜邦分析体系等。

【篇头案例】

　　ABC 公司经营一年后，财务人员编制出了年末的资产负债表和本年的利润表、现金流量表。看到财务报表后，我们从财务报表中可以得到哪些信息呢？为什么企业只提供这三大报表？这三大报表有何关系呢？我们如何通过三大报表来观察企业的运营情况呢？企业连续多年的财务报表可不可以进行比较呢？通过对本章的学习，我们将解决以上问题。

第一节　财务报表分析概述

一、财务报表分析的目的

　　财务报表数据集中反映了企业的财务状况、经营成果和现金流量。财务报表分析的目的是将财务报表数据转换成有用的信息，以帮助信息使用者改善决策。从企业经营管理者的角度来看，财务报表可以帮助企业管理层分析自身的管理质量，还可以帮助其他的利益相关者分析企业的经营管理水平。具体而言，债权人（商业银行和债券投资者）可以利用财务报表作为其信用决策的参考，投资者（上市公司债券现有投资者及潜在投资者）可以通过财务报表分析修正其投资预期，供应商可以根据企业的财务指标来确定其赊销决策等。从国民经济管理的角度来看，财税、统计、工商、物价等经济监管部门需要通过分析企业的财务报表来了解特定企业乃至该企业所属行业及产业的发展状况，从而制定有效的宏观经济调控政策。

　　财务报表主要是为企业经营管理者和国民经济管理服务的，企业并没有义务向社会公开其财务报表。也就是说，并不是所有对财务报表感兴趣者都有资格获得财务报表。在实践中，要求企业提供财务报表的利益相关者必须具备法律或合同的授权。除企业管理当局当然获得财务报表，经济监管机构、商业银行和公司股东依法获得财务报表外，其他信息需求者若需要财务报表则需要依照合同约定（如供应商等）。

　　就短期利益而言，债权人比较重视债务人的偿债能力，股东优先关注企业的赢利能力。就长期利益而言，所有的报表使用者都需关注企业的管理水平、市场占有率、产品质量或服务水平、品牌信誉等关于企业发展前途的决定性因素。财务报表分析恰能提供用于评价管理水平的综合分析指标体系。

二、财务报表分析的方法

　　至于如何进行财务报表分析，法律法规对此并无规定。在实际工作中，可谓仁者见仁、智者见智。以下简单地介绍比较分析法和因素分析法。

　　（一）比较分析法

　　顾名思义，比较分析法试图通过数据之间的对比来揭示其差异和规律。

　　比较分析法按比较对象（参照物）可以大致分为以下三种类型：

　　（1）纵向比较（趋势分析），即与本公司历史上不同时期的指标相比，分析相关指标的发展趋势。

　　（2）横向比较，即与同类的特定公司（如竞争对手）的指标或行业平均水平进行对比。

　　（3）预算差异分析，即把实际执行结果与计划指标进行比较。

　　比较分析法按比较内容可以大致分为以下三种类型：

　　（1）总金额的比较，即对总资产、净资产、净利润等总量指标的时间序列分析，根据其变化趋势评估其增长潜力。总金额的比较有时也用于同业对比，考察公司的相对规模和竞争地位。

　　（2）结构百分比的比较。例如，分析资产负债表、利润表中的各个项目占某个合计数的比重。这种做法可以帮助财务报表使用者及时发现有显著问题的项目，提示其进一步分析的方向。

　　（3）财务比率的比较。财务比率是相对数，由于排除了规模的影响，因此便于不同企业之间的比较。需要注意的是，财务比率的计算虽然简单，但解释起来却并不容易。

　　（二）因素分析法

　　因素分析法是依据财务指标与其决定因素之间的因果关系，确定各个因素的变化对该指标的影响程度的一种分析方法。其具体又分为以下几种：

　　（1）差额分析法。例如，对固定资产账面价值变动情况的分析可以分解为对固定资产原值、累计折旧和固定资产减值准备的分析。

　　（2）指标分解法。例如，对资产报酬率的分析可以分解为对资产周转率和销售净利率的分析。

（3）连环替代法。在因果关系已明确界定的情况下，企业可以按照其认为合理的顺序，逐项测算各个自变量的变动比对因变量造成的影响。

（4）定基替代法。定基替代法指分别用分析值替代标准值，测定各因素对财务指标的影响。例如，对标准成本的差异分析。

计算财务比率是财务报表分析的基本技术。以下以工商企业为例，着重介绍偿债能力分析、管理效率分析和盈利能力分析的常用指标及其计算方法。

第二节　偿债能力分析

偿债能力分析旨在揭示企业偿付短期债务和长期债务的能力。企业法人不能清偿到期债务，并且资产不足以清偿全部债务或明显缺乏清偿能力的，必须依照《中华人民共和国企业破产法》的规定清偿债务。显然，企业管理当局需要确保有能力偿付到期债务，否则有陷入破产清算境地的风险。

一、短期偿债能力分析

在评价企业的短期偿债能力时，常用的财务比率有流动比率、速动比率和现金比率等。

（一）流动比率

流动比率是指流动资产与流动负债的比率。其计算公式为：

$$流动比率=\frac{流动资产}{流动负债}$$

流动资产主要包括货币资金、短期投资、应收及预付款项、存货和一年内到期的非流动资产等，即资产负债表中的期末流动资产合计；流动负债主要包括短期借款、应付及预收款项、各种应交款项、一年内到期的非流动负债等，即资产负债表中的期末流动负债合计。

流动比率究竟多高才算合适，并无放之四海而皆准的具体数值标准，实践中需要结合企业的行业特性、信用等级等因素进行具体分析。一般来说，这个比率越高，说明企业偿还流动负债的能力越强，流动负债得到偿还的保障越强。但是，过高的流动比率可能意味着企业的流动资产比重偏高，未能有效利用资金，而此类情形可能会影响企业的获利能力。可见，计算出来的流动比率是偏高还是偏低，只有结合行业平均水平、企业的历史水平进行比较才能评价偿债能力。

通常认为，对于制造业企业，其流动比率以不低于 2 为宜，因为通常假定存货这一流动性欠佳的项目占这类企业的流动资产的一半。但这没有什么理论依据，仅为经验之谈。

流动比率只是对短期偿债能力的粗略估计，并非全部的流动资产都能用来偿债，企业需要保持必要的流动资产用于持续经营。

（二）速动比率

速动比率是指速动资产与流动负债的比率。有的教材把这一指标称为"酸性测试比率"。其中：

速动资产＝流动资产-非速动资产

速动比率的计算公式为：

$$速动比率 = \frac{速动资产}{流动负债} = \frac{流动资产 - 非速动资产}{流动负债}$$

由于速动资产中已经剔除了非速动资产这类流动性欠佳的项目，因此速动资产与流动负债的比率更能够体现出企业偿付短期债务的能力。一般来说，速动比率越高，企业的短期偿债能力越强。

通常认为，对于制造业企业而言，速动比率以不低于1为宜，也是因为通常假定非速动资产这类流动性欠佳的项目占这类企业的流动资产的一半。当然，这也没有什么理论依据，仅是经验之谈。

在使用速动比率分析企业的偿债能力时，分析者需要注意分析应收账款的可收回性对该指标的影响。如果应收账款中有较大部分不易收回，那么再高的速动比率也无法证明企业具有较强的偿付短期债务的能力。

（三）现金比率

有的企业干脆就用现金比率来测度短期偿债能力。现金比率是现金类资产与流动负债的比率。此处的"现金"为金融分析意义上的用语，与通常的理解不同，在实践中计算口径因人而异，缺乏共识。现金比率的计算公式为：

$$现金比率 = \frac{现金 + 现金等价物}{流动负债}$$

二、长期偿债能力分析

所谓长期偿债能力，是指企业偿还全部负债的能力，或许称作"总体偿债能力"更为妥当。在评价长期偿债能力时，常用的财务比率是资产负债率（或权益乘数、产权比率）、利息保障倍数。

（一）资产负债率

资产负债率是负债总额与资产总额的比率，反映企业的资产总额中有多少是通过举债而得到的。其计算公式为：

$$资产负债率 = \frac{负债总额}{资产总额} \times 100\%$$

一般来说，资产负债率越低，偿债越有保证，融资的空间越大。

资产负债率有一个变形，即权益乘数。其计算公式如下：

$$权益乘数 = \frac{资产总额}{权益总额} \times 100\%$$

资产负债率越高，权益乘数也就越大。两者都反映了企业积极举借债务，"以小博大"的程度，因此一些教材常常统称此类指标为"财务杠杆比率"。

（二）利息保障倍数

利息保障倍数是指息税前利润相对于利息费用的倍数。这个指标是从欧美教材中翻译过来的。由于我国的财务报表格式中并未单列息税前利润，因此就需要间接地用"净利润+利息费用+所得税费用"计算得到。利息保障倍数的计算公式如下：

$$利息保障倍数=\frac{息税前利润}{利息费用}=\frac{净利润+利息费用+所得税费用}{利息费用}$$

从数字上来看，利息保障倍数越大，企业拥有的偿还利息的缓冲资金越多，利息支付越有保障；反之亦然。如果利息保障倍数小于1，表明企业自身产生的经济效益不能支持现有的债务规模。

在分析企业的偿债能力时，分析者应注意表外因素（如长期经营租赁合同、或有事项等）的影响。

第三节　管理效率分析

在评价企业的管理效率时，常用的财务指标有总资产周转率、存货周转率和应收账款周转率等。

一、总资产周转率

总资产周转率是企业营业收入与平均资产总额的比率，又称总资产报酬率。其计算公式为：

$$总资产周转率=\frac{营业收入}{平均资产总额}$$

$$平均资产总额=\frac{期初资产总额+期末资产总额}{2}$$

一般用主营业务收入来代表营业收入。

对同样的营业规模而言，占用的资产越少则管理效率越高，因此总资产周转率越高，说明企业利用其资产进行经营的效率越高。

【例16-1】甲公司与乙公司2019年均实现主营业务收入36 000 000元，前者的平均资产总额为6 000 000元，后者的平均资产总额为9 000 000元，试评价两者的管理效率。

$$甲公司的总资产周转率=\frac{36\ 000\ 000}{6\ 000\ 000}=6$$

$$乙公司的总资产周转率=\frac{36\ 000\ 000}{9\ 000\ 000}=4$$

就上述指标而言，甲公司的管理效率高于乙公司的管理效率。

二、存货周转率

存货周转率是企业一定时期的营业成本与平均存货的比率，是主要反映存货的管理效率的指标。其计算公式为：

$$存货周转率 = \frac{营业成本}{平均存货}$$

$$平均存货 = \frac{期初存货余额 + 期末存货余额}{2}$$

存货周转率越高，说明存货周转越快，营运资金占用在存货上的金额也越少。但是，存货周转率过高，也可能说明企业管理方面存在一些问题，如存货数量过少，甚至经常缺货，或者采购次数过于频繁、批量太小等。

存货周转率过低，常常意味着企业在产品销售方面存在一定的问题，但也有可能是企业增大库存的结果。具体分析时，分析者需要结合产品竞争态势等实际情况做出判断。

根据存货周转率可以推算出存货周转天数。存货周转天数是指存货从最初购进到销售完成周转一次所需要的天数。其计算公式为：

$$存货周转天数 = \frac{360}{存货周转率}$$

存货周转天数越短，说明存货周转的速度越快。

【例16-2】甲公司与乙公司2019年的销售成本均为24 000 000元。前者的平均存货为3 000 000元，后者的平均存货为4 000 000元，试评价两者的管理效率。

$$甲公司的存货周转率 = \frac{24\ 000\ 000}{3\ 000\ 000} = 8$$

$$乙公司的存货周转率 = \frac{24\ 000\ 000}{4\ 000\ 000} = 6$$

就上述指标而言，甲公司的管理效率高于乙公司的管理效率。

三、应收账款周转率

应收账款周转率是企业在一定时期的营业收入净额与应收账款平均余额的比率，又称应收账款周转次数，反映了企业催收账款的效率。其计算公式为：

$$应收账款周转率 = \frac{营业收入净额}{应收账款平均余额}$$

$$应收账款平均余额 = \frac{期初应收账款余额 + 期末应收账款余额}{2}$$

应收账款周转率越高，说明企业催收账款的速度越快。应收账款周转率如果偏低，则说明企业催收账款的效率太低，或者信用政策过于宽松，但这里有一个度的问题，过于苛刻的信用政策也是不宜提倡的。

根据应收账款周转率可以推算出应收账款周转天数。应收账款周转天数也称为应收账款的收现期，表明催收应收账款平均需要的天数。其计算公式为：

$$应收账款周转天数 = \frac{360}{应收账款周转率}$$

【例题16-3】甲公司与乙公司2019年实现的主营业务收入均为36 000 000元。

前者的应收账款平均余额为 3 000 000 元，后者的应收账款平均余额为 2 000 000 元，试评价两者的管理效率。

$$甲公司应收账款周转率 = \frac{36\ 000\ 000}{3\ 000\ 000} = 12$$

$$乙公司应收账款周转率 = \frac{36\ 000\ 000}{2\ 000\ 000} = 18$$

就上述指标而言，乙公司的管理效率高于甲公司的管理效率。

参照上述比率分析思路，有的教材中提到固定资产周转率、流动资产周转率等指标，鉴于其原理与上述指标无异，此处从略。

第四节　盈利能力分析

在评价盈利能力时，常用的指标有资产报酬率、净资产报酬率、销售毛利率和销售净利率等。对于上市公司而言，其还可以计算每股收益等每股指标。

一、资产报酬率

资产报酬率是指企业在一定时期内的净利润与平均资产总额的比率。其计算公式为：

$$资产报酬率 = \frac{净利润}{平均资产总额} \times 100\%$$

显然，资产报酬率越高，说明企业的获利能力越强。

二、净资产报酬率

净资产报酬率又称股东权益报酬率，是企业在一定时期内的净利润与平均净资产的比率。其计算公式为：

$$净资产报酬率 = \frac{净利润}{平均净资产} \times 100\%$$

$$平均净资产 = \frac{期初净资产 + 期末净资产}{2}$$

三、销售毛利率

销售毛利率是企业的销售毛利与销售收入的比率。其计算公式为：

$$净资产报酬率 = \frac{销售毛利}{销售收入} \times 100\%$$

$$= \frac{销售收入 - 销售成本}{销售收入} \times 100\%$$

销售毛利率越高，表明企业选择的经营项目的盈利水平越高。

四、销售净利率

销售净利率又称销售贡献率，是企业净利润与销售收入的比率。其计算公式为：

$$销售净利率 = \frac{净利润}{销售收入} \times 100\%$$

销售净利率越高，说明企业通过扩大销售获取收益的能力越强。

在实际工作中，有些企业根据上述指标的思路设计出了"成本费用净利润"指标，针对上市公司财务分析常常会用到"每股收益"指标，这些指标也反映企业的盈利能力，此处从略。

第五节　综合分析

前述分析指标都有所侧重，而管理层常常需要对企业进行总体的财务分析。那么，有没有可能构建出一个相互联系的指标分析体系呢？对此，美国杜邦公司的财务经理们给出了肯定的回答，这就是杜邦分析体系。

我们注意到，净资产报酬率可以拆分为资产报酬率与权益乘数的乘积，即

净资产报酬率 = 资产报酬率 × 权益乘数

资产报酬率又可以拆分为总资产周转率与销售净利率的乘积，即

资产报酬率 = 总资产周转率 × 销售净利率

因此，我们可以把净资产报酬率表示为三个指标的连乘积，即

$$净资产报酬率 = \frac{净利润}{销售收入} \times \frac{销售收入}{平均资产总额} \times \frac{平均资产总额}{净资产}$$

$$= 销售净利率 \times 总资产周转率 \times 权益乘数$$

由上式可见，净资产报酬率的因素被归纳为三项：一是经营项目的盈利性，由销售净利率来代表；二是企业管理的效率，由总资产周转率来代表；三是企业的举债经营能力，由权益乘数来代表。因此，企业要想获得较高的净资产报酬率，就应从寻找好的经营项目、提高管理质量和加强财务运作等方面入手。对上述三项内容进一步展开分析，企业便可以得知有针对性地提升净资产报酬率的改进意见。

【例16-4】市场分析人士发现，A、B、C三家公司的净资产报酬率显示，A公司的净资产报酬率低于B、C公司。采用杜邦分析法计算的主要财务指标如表16-1所示。

表16-1　杜邦分析法示例

项目	A公司	B公司	C公司
销售净利率	0.052	0.078	0.051
总资产周转率	1.3	1.68	2.17
总资产报酬率	0.067 6	0.125 7	0.109 6

表16-1(续)

项目	A 公司	B 公司	C 公司
权益乘数	1.57	1.93	2.51
净资产报酬率	0.106	0.253	0.278

由表16-1可见，A 公司在管理质量（以总资产报酬率为代表）和融资水平（以权益乘数为代表）方面明显落后，这是导致该公司的净资产报酬率偏低的主要原因。

第六节　财务报表分析的局限性

在进行财务报表分析时，我们要从报表本身的局限性和分析方法的局限性这两个方面着手，深入理解财务报表分析的局限性。

第一，认识到财务会计处理程序本身的局限性。会计本身并不着眼于预测企业的业绩，它的基本功能是列示企业的业绩以及由此形成的财产权利。报表数据呈现出的某种趋势仅具有参考价值。

第二，注意会计制度导致的数据口径变化的潜在影响。近年来，企业会计准则逐步引入估计、现值等所谓的"国际会计惯例"，导致会计报表中出现了大量的金融预期，即缺乏法律事实的信息。在分析财务报表时，我们应注意剔除交易性金融资产等项目导致的报表数据波动的影响。

第三，注意慎重选择参照系。进行财务分析时，我们需要有一个"参照系"。例如，与企业的历史水平相比较，与同行业平均水平或行业先进水平比较，与计划预算相比较等，否则单个指标没有什么说服力。横向比较时，需要使用同业标准，而同业的平均数只有一般性的参考价值，不一定具有代表性。我们可以选择一组有代表性的公司的指标并求其平均数作为同业标准，这可能比整个行业的平均数更有意义。但是，不少公司实行跨行业经营，没有明确的行业归属，这使得同业比较变得更加困难。

第四，警惕数字陷阱。比率的计算结果常常会误导报表使用者。例如，如果分母数值很小，则比率常常会大得出奇。

【本章小结】

本章主要介绍了财务报表分析基本知识，介绍了偿债能力分析、管理效率分析、盈利能力分析、综合分析以及财务报表分析的局限性。

【主要概念】

财务分析；偿债能力分析；营运能力分析；盈利能力分析；杜邦分析。

【简答题】

1. 财务报表分析方法有哪些?
2. 偿债能力分析指标有哪些?
3. 营运能力分析指标有哪些?
4. 盈利能力分析指标有哪些?
5. 杜邦综合分析如何应用?

参考文献

[1] 陈国辉，迟旭升. 基础会计 ［M］. 5 版. 大连：东北财经大学出版社，2016.

[2] 刘永泽，陈文铭. 会计学 ［M］. 大连：东北财经大学出版社，2018.

[3] 刘永泽，陈立军. 中级财务会计 ［M］. 6 版. 大连：东北财经大学出版社，2018.

[4] 郭秀珍，许义生. 初级财务会计学 ［M］. 广州：暨南大学出版社，2012.

[5] 余国杰，梁瑞红. 会计学新编 ［M］. 北京：清华大学出版社，2007.

[6] 魏素艳. 财务会计 ［M］. 北京：机械工业出版社，2007.

[7] 孙敏，李远慧，门瑢. 中级财务会计学 ［M］. 北京：北京交通大学出版社，2008.

[8] 许义生，陈莉，于敏. 初级财务会计学 ［M］. 广州：中山大学出版社，2002.

[9] 中华人民共和国财政部. 企业会计准则（2006）［M］. 北京：经济科学出版社，2006.

[10] 财政部会计司. 企业会计准则讲解（2006） ［M］. 北京：人民出版社，2007.

[11] 中华人民共和国财政部. 企业会计准则——应用指南（2006） ［M］. 北京：中国财政经济出版社，2006.

293

图书在版编目（CIP）数据

会计学/郭秀珍主编.—2 版.—成都:西南财经大学出版社,
2023.2
ISBN 978-7-5504-5643-3

Ⅰ.①会… Ⅱ.①郭… Ⅲ.①会计学 Ⅳ.①F230

中国版本图书馆 CIP 数据核字(2022)第 219271 号

会计学（第二版）

主　编　郭秀珍
副主编　昝文华　吕晓玥

责任编辑:李晓嵩
责任校对:王甜甜
封面设计:何东琳设计工作室
责任印制:朱曼丽

出版发行	西南财经大学出版社(四川省成都市光华村街 55 号)
网　　址	http://cbs.swufe.edu.cn
电子邮件	bookcj@ swufe.edu.cn
邮政编码	610074
电　　话	028-87353785
照　　排	四川胜翔数码印务设计有限公司
印　　刷	郫县犀浦印刷厂
成品尺寸	185mm×260mm
印　　张	19
字　　数	460 千字
版　　次	2023 年 2 月第 2 版
印　　次	2023 年 2 月第 1 次印刷
印　　数	1—3000 册
书　　号	ISBN 978-7-5504-5643-3
定　　价	39.80 元